U1020320

21 世纪哲学系列教材

实用逻辑教程

（第 5 版）

张绵厘　编著

中国人民大学出版社

· 北京 ·

五版前言
——逻辑学的妙用

《实用逻辑教程》从第一版到第四版已连续印刷 20 次（截至 2014 年 6 月底前），这次是第四次修订。第四次修订，主要侧重阐明逻辑学的妙用。

逻辑学有什么妙用？

回答是：它是一种很好的思维工具，是你最好的帮手。与逻辑学交朋友，它天天都会帮助你，使你一天比一天聪明，不犯或少犯错误。你不理睬它，它也会疏远你，你难免会犯这样那样的错误。

为了说明这一点，第五版增写了第十二章，题目是“从成功与失误的典型事例中学习逻辑学”。该章选取社会生活中事业成功和处置失误的许多典型事例，进一步说明各行各业学习逻辑学的重要性。

人们都把诸葛亮当成智慧的化身，你知道他为什么能预知未来吗？你知道为什么刘备自己提不出建国方针，而未出茅庐、尚在隆中务农的一个知识青年，就能为他谋划好一整套建国方略和方针而且切实可行吗？

你知道中美之间为什么摩擦不断、热点很多，但又斗而不破、疑而不战，只能建立新型大国关系，而不能有别的选择吗？

你知道为什么中俄不是盟国，却是最好的战略协作伙伴吗？中俄之间有很高的战略互信，为什么又不会结盟呢？

你知道解决这些问题和逻辑推理有什么关系吗？

以上这些问题，都涉及重大战略决策。而制定重大战略决策的过程，都充满了分析判断和逻辑推理。可以毫不夸张地说，人的决策能力，一半来自于分析判断，一半来自于逻辑推理。善于推理和判断，对事物才有洞察力，对未来才有预见性，做大事才能成功。

一位女士把汽车停在停车场上，锁上车进入超市买菜。回到家后，发现放在汽车后备箱内的65.5万元巨款不翼而飞，停车场没有监控录像，也没有其他任何破案线索。你知道警方是怎么靠一环套一环的逻辑推理，很快侦破此案吗？

你知道一种十多年来把人折磨得死去活来的怪病，病人跑遍了北京许多大医院都治不好，而善于逻辑推理的一位女医生怎么两天就把她治好了呢？

为什么全国有许多高中物理教材都给“力”下了一个错误的定义，而且过了五六十年仍然将错就错，至今没有改正呢？

为什么两个犯人受贿钱款的数额几乎相差30倍，而法官判的刑期都是10年，而且都有法律依据吗？

你读过《京华时报》吗？上面登载的一些社会新闻真是千奇百怪，你知道这些傻事都是怎么干出来的吗？

以上罗列的事业成功的事例，都和善于逻辑推理与判断有关；而处置失误的事例，也都和不善于逻辑推理与判断有关。真是成也萧何，败也萧何！成败都与逻辑学有联系。如果你认真阅读了本书的前十一章，再静下心来读一读新增的第十二章，也许会受到一些重要启迪，直接感悟到逻辑学的妙用。

逻辑学，不可不学。人人用得着，天天用得着。

作　者

二〇一四年十二月二十九日于北京

四版前言

——把道理讲透，让人一看就懂

《实用逻辑教程》从第一版至第三版已连续印刷16次，这次是第三次修订。第三次修订，主要有两个目的：

一、把道理讲透，让人一看就懂

大凡教科书，都需要系统阐明某一学科的概念体系和原理体系。而阐明这些概念和原理，就得讲道理。所以就文体而言，许多教科书都属于说理文的范畴。本书第十一章谈“文章的逻辑性”时，提出了说理文应该“说理透彻，分析精到，表述井然有序”的观点。这个观点包含多重含义，其中很重要的一层含义就是：说理透彻。所谓说理透彻，就是要把道理讲透，让人一看就懂（当然科技领域中有些非常高深的专业问题除外）。说理透彻，是写好说理文的精髓。尤其是各种教材，更应如此。但做到这一点并不容易。请看下例：

有个自学《实用逻辑教程》的读者对我说，他读了该书讲述的直言三段论推理规则的第四条，似懂非懂，仍然不完全明白为什么从两个否定前提推不出结论。书中的原文是（见第六章第三节第三小节之4）：

4. 从两个否定前提推不出结论（两否推不出）

如果两个前提都是否定的，大项与中项互相排斥，小项与中项也互相排斥，这样就无法通过中项来确定大项与小项之间是何种关系（是肯定还是否定），中项就起不到媒介作用，所以推不出结论来。

我本来以为这样写读者就明白了，实际上有些读者并不完全明白。原因是道理虽然讲了，但没有把道理讲透（这样讲有点抽象，不够直观），初学者仍不完全懂。好的说理文，一定要把道理讲透，让人家一看就明白。第三次修订时，我在这一部分增加了几段内容，还画了几组图形帮助理解。这一次把道理讲透了，我相信初学者一看就会懂的。

在学习"逻辑论证"一章时，有读者常把反证法、归谬法、反论题驳斥法混淆起来。为什么读者容易混淆？原因是作者没把道理讲透。为解决这个问题，这次修订时，对它们之间的区别进一步详细地加以说明。

在学习"选言判断"时，有些学员对如何识别相容的选言判断和不相容的选言判断及其真假问题，仍提出不少疑问。乍一看，这些问题十分简单，实际上并不那么简单。为了把道理讲得更透、让人一看就懂，我对这一部分也重新进行了改写。

本书出版后，我仍不时翻阅，只要发现道理没讲透的地方，就会在下一次修订时改写。本书第一版在讲到假言判断的真假时列举了四种不同情况，有些同学看懂了，但也有一些同学感到有点"绕"，觉得不好理解。这使我意识到，该处道理没讲透。第一次修订时，我增加了一个非常典型的例句（假若我当总理就任命你当财政部长），通过它来讲解假言判断的真假（见第五章第一节第二小节之4），所有同学都懂了。不但懂，而且记得牢。

从第一次修订到第三次修订我一直坚持这么做。可以说，把道理讲透，让人一看就懂，是本书追求的一种风格。

二、继续突出实用性，强化趣味性

这次修订，还有一个目的，就是继续突出实用性，强化趣味性。有个读者对我说："第八章第二节讲科学假说，我不是科研工作者，这一节内容和我关系不大，我觉得讲科学假说没有多少实用价值。"我想这是一种误解。科学假说的一般原则，不但对科研工作有重要的指导意义，就是对日常的工作和生活也有重要的指导意义。为了证明这一点，这次修订时增加了一小节，题目是"工作中常见的假说"。这一小节以 2009 年 6 月 5 日四川成都发生的在 9 路公共汽车上人为纵火造成重大伤亡、震惊全国的事件为案例，说明"侦查假说"的提出、推演和验证在案件侦破过程中所起的关键作用，进一步指明了科学假说的基本原理对实际工作所具有的指导作用和实用价值。在课后的练习题中，也举出了一个重大的盗窃案，让读者根据案情提出一些侦查假说，以便于自己在实践中运用科学假说的理论。这样做有两个目的，一是突出教材的实用性，二是强化教材的趣味性。

另外，为了突出教材的实用性，在第十章“逻辑论证”中，还以古代优秀的政论文为范本，详细说明应该如何驳斥论敌的错误观点，这样做对写驳论会有某种启发和帮助。

最后还需要说明，本教材原则上适用于高等院校文科各系，但由于本书涉猎较广，可能超出某些专业的范围，建议使用本教材时，可以根据不同的专业性质和学科要求在内容上有所增减。有些章节还可以让学生自学，教师给以必要的指导即可。

本书虽经多次修订，缺憾之处仍在所难免，望同行和读者指教。

作　者

二〇一〇年十二月二十六日于北京

三版前言
——实用逻辑重在用

本书第一版出版后10年间重印了7次，第二版出版后6年间又重印了7次，第二版平均10个月重印一次。近6年间，作者也有了一些新的想法，愿做第二次修订，以更好地为读者服务。

本书二次修订的主要目的，是进一步突出教材的实用性。“虚实结合，侧重应用”是写作本书主要的指导思想。坚持理论性，突出实用性，强化趣味性，兼顾普及性，是本书的主要特点。在这四个特点中，最主要的应该是实用性。只有进一步突出实用性，才能够更好地深化理论性，强化趣味性，兼顾普及性。本次修订，主要是从下列三个方面进一步突出它的实用性：

一、在概念的使用方面增加新的一节

原版第二章第三节、第四节讲述了使用概念应遵守的逻辑规则和逻辑要求，二次修订时又增加了第五节，第五节讲述使用概念应注意的其他问题。因为使用概念，除了需要遵守前两节所讲的各种逻辑规则之外，还需要考虑以下几个方面的具体问题。譬如：

在绝大多数情况下要使用内涵和外延都十分清晰的概念；在特殊情况下可以使用有一定模糊空间的概念；在对方不能完全理解时要善于阐明概念的内涵和外延；在说明复杂事件和过程时要善于使

用概括力强的概念；在涉及重大问题时要慎重地使用概念；在与人论辩中要巧妙地使用概念；有时候还需要研究“名”（概念）与“实”（概念反映的事物）之间的关系，循名责实。也就是说，概念的使用，有逻辑问题，也有其他方面需要注意的问题。这些问题在新增的第五节中都有具体论述。

二、在演绎推理方面增加新的一节

二次修订在演绎推理这一部分，增加了“在实践中提高演绎推理能力”一节。

逻辑推理规则在书本上可以很快学到，但逻辑推理能力却必须在长期的实践中逐步锻炼提高。不参加实践，不关注实践，你脑子里装的逻辑规则会长翅膀飞掉的。只有重视实践，逻辑知识才能在你的脑海里生根发芽，变成为鲜活的东西。这次修订，在第六章“演绎推理”中，增加了“在实践中提高演绎推理能力”一节，通过一系列典型事例说明应该如何在实践中提高演绎推理能力。古语说：观千剑而知器，操千曲而知音。通过大量的案例分析，对提高逻辑推理能力是大有裨益的。而这些案例的筛选是颇费工夫的。因为太复杂的案例在课本中展不开，太一般的案例又缺乏启发性，所以只有选择那些情节简单而又内涵深刻的典型案例进行分析，才会对人有所启迪。

三、增加“文章的逻辑性”一章

听说某人讲话逻辑性很强，受人称赞，大家都很羡慕。但是，对于应如何提高文章和讲话的逻辑性，却很少有人进行专题研究。因为文章的逻辑性问题既涉及逻辑问题，又涉及写作问题、语言表达问题。搞文学写作的，懒怠研究它；搞逻辑的研究它，又有不务正业之嫌。一来二去，这个问题就成了“两不管”。笔者破此一例，把它纳入实用逻辑的研究范畴，增设“文章的逻辑性”一章，努力探索其中的诀窍，以期对读者有所帮助。

该章主要是从分析文章的层次性入手谈文章的逻辑性的。所谓“层次”是指文章中，内容和功能互不相同的各个组成部分。而层次分明是逻辑思维清晰的具体表现，也是提高文章逻辑性的基础条件。但文章的层次性与文章的逻辑性又不能简单画等号。该章第二节还重点分析了如何提高文章逻辑性的五个关键问题，提出了加强文章逻辑性应注意的主要问题。讲话和文章的逻辑性问题，体现着一个人理论素养的高低、逻辑思维能力的强弱、语言表达能力的优劣。而讲话和文章的逻辑性强弱，又直接影响讲话和文章的感染力与说服力，是言者和笔者不可不重视的问题。

此外，二次修订时，还在课后作业中增加了少量练习题。增加的这些习题，都是从《京华时报·胡同版》上登载的趣味逻辑题中筛选出来的。增选的这些逻辑题，难度都不大，但趣味性较强，主要是为了激发学习兴趣，帮助学生熟悉推理规则。笔者不主张引导学生去做偏题难题，因为那样做会耗费大量时间，对实践并无多大帮助。

本书虽经二次修订，仍疏漏难免，望同行和读者指正。

作　者

二〇〇九年六月六日于北京方庄

再版前言
——梳理逻辑规则，简化逻辑公式

当全国许多大学自编的“形式逻辑”教材如繁星满天、山花遍地之时，《实用逻辑教程》从1993年10月问世以来，十年间连续印刷七次也算幸运了。它凭借理论性、实用性、趣味性、简明性四个特点受到了读者的青睐。最近，中国人民大学出版社李艳辉博士建议我修订一下，我欣然接受。这次修订，主要涉及以下几个方面：

一、梳理逻辑规则

在“形式逻辑”教材中，各种逻辑规则占有很大一部分内容。但这些逻辑规则散见于各个章节之中，不经过梳理读者只能窥豹一斑，很难掌握它的全貌。为了弥补这个不足，修订本对全书几乎所有的逻辑规则和逻辑规律进行了全面系统的梳理，用列表的方式，集中地罗列于附录一之内，以帮助初学者全面、系统地掌握全书的各种逻辑规则和逻辑规律。

二、简化逻辑公式

记住各种逻辑公式，是学好形式逻辑的重要一环。但有的逻辑公式，内容简单，便于记忆；有的逻辑公式，表述复杂，不便于记忆。这就需要化繁为简，对某些逻辑公式进行简化或表述上的通俗化。本书初版时对直言判断对当关系的逻辑规则，直言三段论第一格、第二格、第三格的推理公式进行了简化；再版修订时又对充分条件假言推理、必要条件假言推理、充分必要条件假言推理以及纯假言推理的推理公式进行了简化，用列表的方式，让读者能够轻松牢固地记住这些逻辑公式，并且用通俗化的办法让读者能够轻松牢固地记住二难推理的公式。

三、增加逻辑习题

做逻辑习题是深化、巩固逻辑知识的必要手段。大多数逻辑教材的作者都十分重视逻辑习题的选编工作。修订本对全书的逻辑习题重新审订，删减了原来的少量习题，新增加了二十几道练习题。增加的练习题大多是推理题和论证题。这些练习题大都具有启迪性（启发你思考问题）和趣味性（激发你的学习兴趣）两个特点。为了照顾初学者，所有练习题中都没有难题和偏题。对稍微复杂一点的练习题，在附录二内还有参考答案。

四、多处文字修改

和原版相比，修订本有多处文字修改，有些改动是技术性的，有些改动是内容方面的修改，主要是内容方面的深化。对原版中有些问题的论述不够深入透彻的地方，修订时进行了深入的论述。譬如对如何鉴别假言判断的真假问题，原版中讲得比较简单，修订时举出典型事例，详细地加以论述，努力使读者完全明白其中的道理。又如对同一律的应用问题，修订版举出社会生活中非常典型的事例，加以解剖分析，更深刻地说明在生活实践中遵守同一律的重要性。相信这些修改，对读者会有某些帮助。

本书虽经修订，但疏漏难免，恳请同行和读者指正。

作　者

二〇〇四年三月三十一日于北京方庄

突出实用性　强化趣味性
让形式逻辑走出书斋和课堂
——前言

如何让形式逻辑走出书斋和课堂，使它能被千百万群众所掌握，这是众多哲学工作者多年来不懈追求的目标，也是本人的夙愿。为实现这个初衷，作者把“虚实结合，侧重应用”作为写作《实用逻辑教程》一书的基本指导思想。本书坚持形式逻辑理论体系的完整性，突出实用性，强化趣味性，兼顾普及性，希望能为大专院校文科“形式逻辑”课的教学探索一条新的思路。本书有以下四个特点：

一、坚持理论性，突出实用性

形式逻辑的生命力在于实践与运用。本书特别注意把理论性和实用性结合起来，它一方面比较完整地保持了形式逻辑理论体系的基本框架，另一方面坚持“虚实结合，侧重应用”的原则，突出它的实用性和应用性。作者在论述各种逻辑规则、逻辑规律、逻辑方法时，都深入地分析了它们在思维实际中的具体应用和实践意义。此部分内容多为其他逻辑教材没有或简单论述的地方，本书则作详细论述。就全书看，阐述逻辑原理的部分约占 2/3，分析原理应用的部分约占 1/3。

二、坚持知识性，强化趣味性

枯燥乏味是逻辑教材容易出现的毛病。为解决这个问题，本书力求把形式逻辑和趣味逻辑的特点结合起来，使形式逻辑教学趣味化，努力使学习者在求知中得到无穷的乐趣，在求乐中得到科学的全面的知识。为做到这一点，作者在系统阐述逻辑原理的同时，穿插了许多有趣的逻辑故事，努力使抽象的原理生动具体，使教材趣味盎然。

三、坚持深入浅出，力求雅俗共赏

许多初学者因逻辑教材的内容令人费解而望而却步。本书力求做到启发性和普及性的统一，既浅显易懂，又发人深思。为具有普及性，本书在内容上努力做到繁简得当，深浅适度；在表述上努力做到深入浅出，通俗易懂。用人们身边熟悉的事例说明逻辑学的一些原理，把它运用到日常工作和生活中去，使大家看得见、摸得着、记得住、用得上。本书对逻辑原理的阐述和应用，努力做到有深度、有新意，对人有所启迪。

四、不搞繁琐哲学，力求简明扼要

本书在阐明逻辑原理时，既注意它体系的完整性，又注意不过细过繁，把系统性和简明性结合起来，提纲挈领，突出重点，努力做到既简明扼要，又系统全面。对于实用价值不大而又过于繁琐的内容从简从略。对于实用价值较大而规则条文较多的，抓住要领，化繁为简。对各种逻辑规则，作整体上的归纳、概括、提炼，以便于记忆。对纯学术的争论不过多涉及。全书行文尽量做到简明扼要。

在撰写本书的过程中，作者参阅了由教育部组织 11 所院校集体编写的《普通逻辑》、中国人民大学哲学系逻辑教研室编写的《形式逻辑》等许多逻辑教材和专著，受到不少启迪，吸收了它们的优点和一些资料性的东西。特别是刘锦方编写的《趣味逻辑 100 题》、李衍华主编的《逻辑病例分析》、吴家麟著的《破案审案与逻辑》等著作，对撰写本书帮助很大，本书引用了其中的一些案例、例句、习题。特向上述这些逻辑教材和专著的作者表示诚挚的谢意。秦桂英同志对出版此书进行了指导并提供了帮助，在此一并表示感谢。

由于时间仓促，水平有限，书中谬误之处，望专家、同行批评指正。

作　者

一九九五年二月十日于北京

21 世纪哲学系列教材

目 录

21世纪哲学系列教材

CONTENTS

21 世纪 哲学 系列教材

第一章 绪论

第一节 为什么要研究实用逻辑

什么是形式逻辑？通俗地说，它是研究概念、判断、推理等思维形式，指导人们正确地进行思维和准确地表达思想的一门科学。它的研究对象包括：思维形式、逻辑规则、思维规律、逻辑方法等。什么是实用逻辑？实用逻辑是形式逻辑的运用和发展，它不但要研究形式逻辑所研究的思维形式、逻辑规则、思维规律、逻辑方法等内容，更重要的是研究如何把这些逻辑知识运用到思维实际中去。那么，为什么有了形式逻辑还不够，还需要研究实用逻辑呢？

因为研究任何科学理论的最终目的，都是为了在实践中应用。学以致用，是学习的根本目的。形式逻辑比较抽象，从创立到现在几千年了，但至今仍停留在大学的课堂上，许多现代社会的人对它仍感到陌生。不少未进过大学之门的人，不知形式逻辑为何物，拿来形式逻辑课本一看，觉得既费解、又繁琐，既枯燥、又空泛。读不懂，学不进，记不住，用不上。即使上过大学、学过形式逻辑的人，也有不少是为了考试死记硬背了一些条文，仍不知如何灵活运用它。时日稍久，又渐渐淡忘。所以，为了使更多的人掌握逻辑学的一些原理并且能更好地运用它，非常需要一种简明扼要、通俗易懂、虚实结合、侧重应用的实用逻辑教材，使更多的人看得懂、记得住、用得上。实用逻辑学与形式逻辑学相比，应该既有理论性又有实用性，既有启发性又有普及性，既有系统性又有简明性，既有知识性又有趣味性，做到四个“统一”：

1. 理论性和实用性的统一

光看题目，容易使人产生误解。好像这本《实用逻辑教程》，只有实用性，没有理论性，不具备什么学术价值。其实不然。它的实用性和理论性是融为一体的，它的学术价值和实用价值是密不可分的。实用逻辑，一方面要讲理论，讲形式逻辑的一些基本概念、逻辑规则、思维规律、逻辑方法等；另一方面要讲它在实践中的应用。虚实结合，侧重应用，应该是实用逻辑的首要特点。

2. 启发性和普及性的统一

实用逻辑，不但要注意理论性和实用性的统一，还要注意启发性和普及性的统一，既通俗易懂，又发人深思。要具有普及性，在内容上就要繁简得当、深浅适度；在表述上就要深入浅出、通俗易懂，要用人们身边熟悉的事例说明逻辑学的一些原理，把它运用到日常工作和生活当中去，使大家看得见、摸得着，要让人们熟悉它、掌握它。有人轻视普及性的东西，实际上，普及性的东西，不一定都是低层次的东西；玄妙莫测的东西不一定都是高层次的东西。把逻辑学的一些原理通俗化，并不是一件容易的事情，把普及性和启发性结合起来，难度就更大了。所谓启发性，在于理论的深刻性和运用的灵活性。对逻辑学原理的阐述和运用，都要有深度，有新意，这样才能对人有所启迪。这样的实用逻辑才能雅俗共赏，高下咸宜，既适合具有中等文化程度的人学习，也适合具有高等文化程度的人学习，使中学生读得懂，大学生乐意读。

3. 系统性和简明性的统一

实用逻辑在阐明逻辑原理时，既要照顾它体系的完整性，又不能过细、过繁，而应提纲挈领，突出重点，把系统性和简明性结合起来，做到既简明扼要，又系统全面。对于实用价值不大，而又过于繁琐的内容可从简从略。对于实用价值较大，而规则条文较多的，要抓住要领，化繁为简。对各种逻辑规则，要作整体上的归纳、概括、提炼，以便于记忆。对纯学术性的争论不过多涉及。

4. 知识性和趣味性的统一

有些形式逻辑课本，看了以后使人感到枯燥，其不足就在于没有把知识性和趣味性有机地结合起来。而这本《实用逻辑教程》试图把知识性和趣味性有机地结合起来，使人在求知中得到无穷的乐趣，在求乐中获得深刻的知识，从而强化人们的求知欲，增强学习的自觉性。所以知识性和趣味性的统一，也应是实用逻辑不容忽视的一个重要特点。

第二节　逻辑学存在于你的工作和生活中

一提起形式逻辑，不少人不知其为何物。其实它一点也不神秘，它就存在于你的工作和生活当中。你天天和它打交道，运用它，却不甚了解它，甚至觉得它是你从来没有接触过的东西。实际上下至几岁的孩子，上至七八十岁的老太太，连斗大的字不识一升的人，都能不自觉地运用一些逻辑学的知识。谓予不信，请看下面四个事例。

事例之一：

姐弟二人站在卧室门口玩耍，妈妈在做饭。姐姐六岁，弟弟四岁。不知为什么姐弟俩发生了矛盾。弟弟高喊："妈妈，姐姐打我。"姐姐马上辩解说："我没打他，我只用手'扶'了他一下。"弟弟说："不是扶，疼着呢！"

姐弟俩都是学龄前的儿童，根本不知道什么叫逻辑学。但姐姐却用偷换概念的手法掩盖自己的错误。她把用手打弟弟，说成是用手"扶"了一下弟弟。"打"这个概念表示侵犯别人的不正当行为；"扶"这个概念表示帮助别人的正当行为。她为了逃避妈妈的指责，巧妙地运用了偷换概念的手法。所谓偷换概念，是指故意用一个概念代替另一个不同的概念。弟弟才四岁，更不懂什么叫逻辑学，但他在揭露姐姐的错误时，却使用了逻辑学上称之为"反驳"的手法。其推理过程是：

如果是扶我，那么就不疼
现在我感到疼
———————————
所以，不是扶我

这是根据假言推理的否定后件式来进行反驳。逻辑学神秘吗？连乳臭未干的孩子都在运用它呢！

事例之二：

如果问什么是“概念的限制”？很多没学过逻辑学的人，可能张口结舌答不上来。但它作为明确概念的一种逻辑方法，大家天天都在用。当你走进百货商场，就可以看到成千上万种商品。“商品”这个概念外延很宽，如果你不对它进行限制，你是无法买到自己所需要的商品的。请看一个六七十岁的老太太是怎么运用这种方法去水果店买苹果的。

老太太走进水果店，看见货架上摆放着梨、桃、苹果、葡萄等各种水果；卖苹果的货架上又摆着国光苹果、红香蕉苹果、黄元帅苹果等各种苹果；国光苹果又分为大的、中的、小的三个等级。她走过来，细细瞧了一阵，就对售货员说：“同志，我要大的国光苹果。”

在这里老太太使用了“概念的限制”这种逻辑方法。她对“水果”这个概念逐级进行了三次限制：水果→苹果→国光苹果→大的国光苹果。越限制，概念的内涵越多，外延越小，她所想要的东西越具体。这种通过增加概念内涵来缩小其外延的方法，就叫概念的限制。只有通过这种方法，她才能从售货员那里买到自己需要的东西。如果她说：“同志，我要水果”，售货员就无所适从了。概念的限制神秘吗？商店柜台前每天不都重复千百次吗？

事例之三：

这里讲一个很不雅致的事例，但它能使你对选言推理有着极深刻的印象。两个小男孩坐在一起聊天，忽然他们俩同时闻到一股难闻的气味。其中一个人立即指责另一个人说：“你污染空气了。”另一个摇摇头，想否认。第一个人说：“屋里就咱们两个人，不是我，当然是你。”他的推理过程是这样的：

污染空气的或者是你，或者是我

不是我

所以，污染空气的是你

不少人在童年时代似乎都发生过上面所说的经历，但是很少人意识到，当时你所运用的推理方法，正是形式逻辑课本上所讲的选言推理的否定肯定式呢！

在你的一生中，选言推理这种推理方式你可能使用过成千上万次，但当人们问起你什么叫选言推理时，你也许仍然感到迷惑不解呢！

事例之四：

初学形式逻辑的人，觉得二难推理比较复杂，它的四种不同的推理公式尤其难记。背了半天，勉强记住了，过不了十天半月就又全忘了。但在日常生活中，谁也不记什么公式不公式，无论大人孩子都会进行二难推理。请看：

一家人围坐在电视机旁，看第十一届亚运会乒乓球女子单打冠亚军决赛，参加决赛的运动员是中国的邓亚萍和陈子荷。

上大学的儿子说：“这场球赛甭看了，金牌肯定是中国的。”

爸爸说：“这一点连三岁的孩子都知道。不过我要问你，这中间是一个什么样的推理过程?”

儿子虽然学过形式逻辑，但被爸爸突然这么一问，仍然感到茫然。

爸爸接着说：

如果邓亚萍打胜了，金牌是中国的
如果陈子荷打胜了，金牌是中国的
或者邓亚萍胜或者陈子荷胜

所以，金牌总是中国的

儿子一听，恍然大悟说：

如果p则r
如果q则r
p或q

所以r

这是二难推理的简单构成式。

爸爸说：“你学的东西都是从老师那里趸来的，大部分还停留在书本上，还没有与实际结合在一起，还是一堆死知识啊!”

要把形式逻辑的死知识变成活知识，只有到生活和实践当中去。

第三节　学逻辑学有什么用

看了上述四个事例，一些同志可能打消了对形式逻辑学的神秘感，但也会产生一个新的误解：既然毛孩子都会运用一些逻辑知识，干吗浪费工夫去学逻辑学呢！不学语法，照样说话；不学逻辑学，不照样思考问题吗?

提到这个问题，人们很自然地想起了毛泽东在《实践论》中的一段话：感觉到了的东西，我们不能立刻理解它，只有理解了的东西才更深刻地感觉它。日常生活中不自觉地运用一些简单的逻辑知识，那只是来自直接经验的粗浅的感性认识，它有很大的局限性，遇到稍微复杂一些的问题，单凭生活经验就无能为力了。譬如，绝大多数没学过逻辑学的人都会进行下面这个三段论的推理：

金属都导电
铝是金属
——————
所以，铝也导电

这个三段论，前提是正确的，推出的结论也是正确的。

物质是不灭的
恐龙是物质
——————
所以，恐龙也是不灭的

这个三段论，前提是正确的，但推出的结论却是错误的。这两个三段论很相似，一个推出的结论是正确的，一个推出的结论是错误的，为什么？要弄清其中的奥妙，就要学习形式逻辑学，全面掌握直言三段论的推理规则。

所以，学习形式逻辑学的目的，是为了掌握思维规律和各种逻辑规则，更好地运用各种思维形式（概念、判断、推理），正确地进行思维活动，正确地认识客观事物，以及提高语言文字的表达能力。下面用具体事例加以说明：

（1）学习形式逻辑，可以提高逻辑思维能力，指导人们正确地进行思维活动。

思维是人们形成概念、判断并运用概念、判断进行推理和论证的过程。人们的思维要正确，首先要遵守思维规律和逻辑规则，这是进行正确思维的必要条件。善于运用逻辑学的一些原理，可以帮助我们更好地分析情况，找到原因，解决问题。逻辑思维能力强的人，往往具有惊人的洞察力。《三国演义》中描述过这样一个故事。魏国的大将军司马懿派偏将郑文到诸葛亮那里去假投降，又怕诸葛亮识破，就又装模作样地派前将军秦朗去追杀郑文，结果还是弄巧成拙，被诸葛亮揭穿。故事的梗概如下：

诸葛亮坐在祁山大寨，忽听禀报说魏将郑文来降，就唤他进来问话。郑文说："我乃魏之偏将，与秦朗同领兵马，不料司马懿偏听偏信，加封秦朗为前将军，视我为草芥，还想陷害我，所以来投降。"言未毕，又听禀报说魏将秦朗追来了，指名要与郑文交战。诸葛亮对郑文说："你杀了秦朗，我就重用你。"郑文提刀上马，只一回合，就斩秦朗于马下，然后提着秦朗的首级来见诸葛亮。诸葛亮勃然大怒，喝令把郑文推出斩首。其部下都感到迷惑不解。诸葛亮说："司马懿不轻易用人，若加封秦朗为前将军，他必武艺高强。与郑文交战，只一回合就被斩，必不是真秦朗，因此是假投降。"

诸葛亮何以料事如神？因为他善于进行逻辑推理。他的推理过程用逻辑竖式表示是这样的：

前将军秦朗是武艺高强的人

被杀的不是武艺高强的人，因为只一回合就被杀

所以，被杀的不是前将军秦朗

这是直言三段论的第二格。第二格的推理规则是：大全称（大前提是全称判断）；有一否（两个前提中有一个是否定判断）。如果前提是真实的，按照这个规则进行推理，其结论必然是正确的。诸葛亮虽然没学过形式逻辑学，但他是按照直言三段论的逻辑规则进行推理的，所以他得出的结论是正确的。

（2）学习形式逻辑，可以提高逻辑论证能力，指导人们正确地进行论证和反驳。

在中世纪的欧洲，"上帝是万能的"这种观点占绝对统治地位。为了驳倒这种观点，当时有人依据二难推理的规则，提出了这样一个问题：上帝能否制造一块连他自己也举不起来的石头？对这个问题，不管你回答"能"或者"不能"，都能证明上帝不是万能的。这个推理用逻辑竖式可以表示如下：

如果上帝能制造出一块连他自己也举不起来的石头，那么他不是万能的（因为有一块石头他举不起来）

如果上帝不能制造出一块连他自己也举不起来的石头，那么他也不是万能的（因为有一块石头他造不出来）

上帝或者能或者不能制造出这块石头

总之，上帝都不是万能的

中世纪时用一个二难推理证明"上帝不是万能的"，令人赞叹不已。古希腊的伊壁鸠鲁用一个三难推理来证明"仁慈和万能的神是根本不存在的，"更令人拍案叫绝。他认为：如果仁慈和万能的神存在，人世间就不应该有罪恶和灾难存在；既然人世间有很多罪恶和灾难存在，就说明仁慈和万能的神是不存在的。他按照三难推理的规则（尽管是不自觉的），提出了三种假设，推出同一个结论——不存在。

〔论题〕：仁慈和万能的神是不存在的。

〔论据〕：人世间有罪恶和灾难存在。

〔证明〕：

如果神愿意，而没有能够除尽世间的罪恶和灾难，那么他就不是万能的。这表明仁慈和万能的神是不存在的

如果神能够，而不愿意除尽世间的罪恶和灾难，那么他就不是仁慈的。这也表明仁慈和万能的神是不存在的

如果神愿意而且能够除尽世间的罪恶和灾难，那么世间早就应当没有罪恶和灾难。实际上世间有很多罪恶和灾难，这也表明仁慈和万能的神是不存在的

神或者愿意而不能够除尽世间的罪恶和灾难；或者能够而不愿意除尽世间的罪恶和灾难；或者既愿意又能够除尽世间的罪恶和灾难

所以，仁慈和万能的神是不存在的

用简单的推理来证明"仁慈和万能的神是不存在的"这个极其复杂的问题，是一件很难办到的事情。而古希腊的伊壁鸠鲁，凭着惊人的智慧，用形式逻辑的办法做到了。这个天衣无缝、无懈可击的三难推理，充分地显示了形式逻辑作为一门科学所迸发出的真理的光芒。

（3）学习形式逻辑，可以提高语言表达能力，指导人们准确地交流和表达思想。

要提高语言文字表达能力，从逻辑学的角度讲，就是要做到概念明确、判断恰当、推理有逻辑性、论证有说服力、布局谋篇逻辑层次分明。我们常常遇到这样的情况：谈话时由于使用的概念含糊不清，谈话双方的理解完全不同，引起不必要的纠纷。

古时候在一个小镇上住着一个教书先生。他左邻住着一个铜匠，右邻住着一个铁匠，整天叮叮当当，敲敲打打，影响他教书。有一天教书先生把铜匠和铁匠找去，对他们说："我给你们每人一百元钱，限你们三天内搬家，怎么样?"铜匠和铁匠小声嘀咕了几句，就一口答应了。到了第四天头上，教书先生刚要上课，不想又听到丁当乱敲的声音，禁不住火冒三丈，把铜匠铁匠二人找来，怒气冲冲地质问他们为什么不搬家。铜匠说："谁说我们俩没搬家，我从你的左边搬到右边，他从你的右边搬到左边，都搬家了。"教书先生无言以对，过了三天，他只好自己搬走了。

为什么教书先生花了钱却没有办成事呢?因为他使用的概念没有准确地表达出他的思想。他心里想的是让他们二人"搬走"，而嘴里说的是让他们"搬家"。"搬家"和"搬走"不是一对全同概念，教书先生由于用语含糊不清吃了大亏。如果他说"你们必须搬到不影响我教书的地方"，那就不会让人家钻空子了。

不但概念的内涵和外延含糊不清容易引起误会，而且判断的断定范围含糊不清也容易引起误会。

有这样一段相声：

有个人请了四位客人到饭馆吃饭。到了约定的时间，来了三位客人。有一位没来，越等越着急，主人就自言自语地说："该来的不来嘛!"已来的三人中，有

一位听了很不痛快："怎么？该来的不来？那我是不该来的呀！我走了。"说着拔腿走了。主人一看，更着急了，说："唉，又走了一位，不该走的走啦。"留下的两位又嘀咕起来了："什么，不该走的走了，这么说没诚意请我们俩呀！我们也走吧。"结果已来的客人又全给气走了。

主人的话明明是好意，但客人听了心里不舒服。主人说话的毛病，在于他使用的判断，断定范围含混不清，引起了客人的误会。"该来的不来"这个判断断定范围就含糊不清。按主人的原意，"该来的"包括已经来的人，而客人听了觉得"该来的"只是那个没来的人。"不该走的走了"，按主人的原意，"不该走的"包括没有走的人，而客人听了觉得"不该走的"只包括"走了的人"，所以留下的也气走了。因此，判断要恰当，判断的断定范围必须十分明确。断定范围含混不清，你这样理解，他那样理解，就大相径庭了。而形式逻辑就要研究概念如何明确、判断如何恰当、说理如何才能透彻，论证如何才能严谨。这些都涉及表达问题。总之，形式逻辑不但要研究如何正确地进行思维，还要研究如何准确地表达人们的思想。

第二章 概念的实质、分类及相互关系

《实用逻辑教程》是围绕“虚实结合，侧重应用”的指导思想来研究有关概念的逻辑知识和逻辑规则的。第二、三章不但要比较系统地介绍有关概念的逻辑知识、逻辑规则，还要比较全面地介绍如何把这些知识和规则运用到思维实际当中去。

第一节 概念概述

一、什么是概念

概念是反映事物本质或基本特征，同时也反映该事物范围的思维形式。

这个定义包括三层意思：

1. 概念是一种思维形式

人的认识过程，包括感性认识阶段和理性认识阶段。理性认识活动，就是思维活动。思维就是想问题，就是形成并运用概念进行判断和推理的过程。感性认识有三种基本形式：感觉、知觉、表象。理性认识（思维）也有三种基本形式：概念、判断、推理。概念是思维的基本形式之一。

2. 每一个概念所反映的对象都有一定的范围（即外延，后面再详述）

譬如“太阳”这个概念，它所反映的对象只包括“太阳”这一个星球，不包括宇宙间其他任何星球。“树”这个概念反映的对象，只包括树这类事物，不包括其他任何类的事物。

3. 概念反映事物的本质或基本特征

粗略地说，根据概念反映事物本质的深度不同，可以分为比较严格、科学的概念和日常生活中习用的概念。科学的概念，反映事物比较深刻的本质；而日常习用的概念，不一定都能反映事物比较深刻的本质，但至少能反映事物的基本特征。在人们认识“光”的微粒性和波动性之前，并不了解可见“光”的本质是一种能够引起视觉的电磁波，但人们头脑里早就形成了关于“光”的日常习用概念，并且能够运用这些日常习用概念进行多方面的思维活动。所以说，科学的概念反映事物的本质，而日常习用概念反映事物的基本特征。

二、概念的作用

概念反映的对象包括一切认识对象：既包括客观世界中的一切认识对象，也包括主观世界中的一切认识对象。概念作为思维的一种基本形式，在人类思维活动中起着十分重要的作用：

1. 概念是认识事物的工具

概念在认识过程中所起的作用，可以从两方面来考察：一方面，概念的形成，使人们的认识由个别上升到一般；另一方面，概念的形成使人们的认识由现象深入到本质。

就人们认识事物的先后次序来说，认识是由个别到一般，再由一般到个别……交替反复、循环上升的。当人们的认识，由个别上升为一般时，头脑里就会形成初步的概念（日常习用的概念）。概念的产生意味着人们掌握了同类事物的共同特征，标志着人们的认识由个别上升为一般，它使人们的认识能力大大增强了。它不仅使人们认识一个一个的个别事物，还使人们认识一类一类的一般事物。有了概念这种思维形式，人类认识领域的广度就大大扩展了，认识速度也大大加快了。

就人们认识事物的深浅层次来讲，认识是由表及里，由现象到本质，由不太深刻的本质到比较深刻的本质……逐步深化，永无止境的。当人们的认识，透过表面现象，深入到内在本质时，头脑里就会形成科学的概念。科学概念的产生标志着人们的认识由现象深入到本质，意味着人们的认识在深度上产生了质的飞跃。科学的概念与日常习用的概念相比，不但认识的广度增加了，而且认识的深度也大大深化了。

所以说，无论日常习用的概念，还是严格的、科学的概念在认识事物时都有重要的作用。

2. 概念是进行思维的细胞

概念是一种思维形式，它同另外两种思维形式——判断和推理，联系是很密切的。判断是由概念构成的，推理又是由判断构成的。没有概念就不可能进行判断和推理，也就是说不能进行任何思维活动。所以概念是构成思维的细胞、基础，是思维活动的起点。但从另一个角度讲，概念又是思维成果的结晶。因为任何一个概念的形成都离不开一定的判断和推理。人们通过判断和推理所获得的新知识，又会凝结成新的概念，人们又会运用这些新的概念去进行更深层次的思维活动。所以，概念、判断和推理虽然是三种不同的思维形式，但在实际的思维活动中，绝不是彼此孤立的，而是紧密联系，共同起作用的。

三、概念的内涵和外延

内涵和外延，是任何概念都具有的逻辑特征，是概念在质和量两个方面表现出来的逻辑特征。

1. 什么是内涵和外延

内涵是概念对事物本质或特征的反映。如“人”这个概念的内涵，是指“能够思维、有分节语言、能够制造并利用工具进行生产劳动的高级动物”。这个内涵从四个方面反映了“人”这类事物的本质和特征：会思维、能够制造并利用工具进行生产劳动、有分节语言、是“高级动物”。概念的内涵体现着认识对象的质的规定性。

外延是概念所确指的对象的范围，即概念所反映的全部对象。“人”这个概念的外延包括着所有的男人和女人，所有的成年人和未成年人，所有的黄种人和非黄种人，所有的无产者和非无产者。外延的大小表示概念所反映的对象的多少，体现认识对象的量的方面。

2. 内涵和外延的反变关系

概念的内涵和外延又是互相制约的。由概念内涵的多少可以确定外延的大小，由外延的大小也可以确定内涵的多少。而且内涵的多少和外延的大小呈反方向变化的趋势：内涵越多的概念其外延越小，内涵越少的概念其外延越大。如：

人（A）——中国人（B）——中国青年（C）——中国共青团团员（D）——优秀的中国共青团团员（E）

按上述概念的排列次序，其内涵越来越多，外延越来越小。如图 2—1 所示：

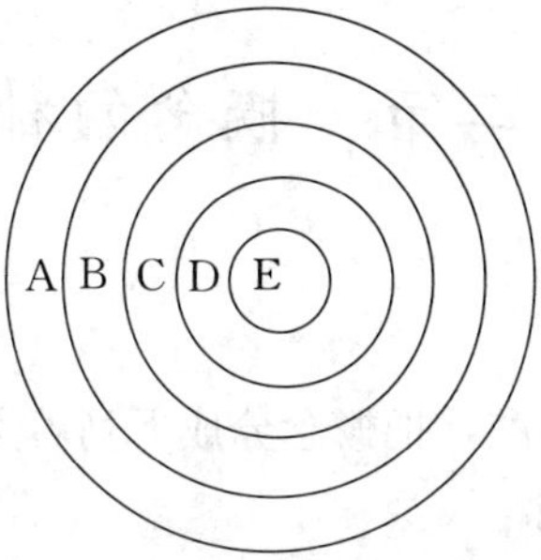

图 2—1

四、概念和语词

概念和语词是紧密联系的：概念是语词的思想内容，语词是概念的语言表达形式。二者是互相依赖的：概念的产生、存在和表达都离不开语词，不依赖于语词的赤裸裸的概念是没有的。没有概念，语词就没有表达内容；没有语词，概念就没有表达方式。

概念和语词也有区别：概念没有民族差别，语词有很大的民族差别。汉语说的“书”，英语说“book”，发音不同，但指的是同一个对象，表达的是同一个概念。对同一类事物，人类头脑里形成的概念基本上是相同的，但表达同一概念的民族语言却是千差万别的。

概念与语词基本上是对应的，但又不是完全一一对应的。在有些情况下，同一个概念可以用不同的语词表达。如“父亲”、“爸爸”、“爹”三个词表达同一个概念。一个语词也可以表达不同的概念。如“坏蛋”这个词，既可以指“坏鸡蛋”，也可以指“坏人”，它表示两个不同概念。

概念与词义也有差别。语词是词义与声音的结合体。概念只是词义的基本内容，而词义除包括概念以外，还带有不同的地方色彩（方言色彩）、感情色彩（褒义或贬义）、文体色彩（书面语言或口头语言）。

概念是通过词或词组表达的，但并非所有词都表达概念。实词表达概念，虚词一般不表达概念。但在形式逻辑学中充当联项的连接词，如“或者”、“如果……那么……”、“只有……才……”等表达概念。

同一个词，在逻辑学中，有时独立地表达概念，有时不表达独立的概念。如“世界”、“最高”、“山峰”，分别地说，都表达概念。但在“珠穆朗玛峰是世界最高的山峰”这个判断中，“世界最高的山峰”这个词组充当判断的谓项，不表达三个不同的概念，只看作一个统一的概念。

第二节　概念的种类

一、概念的种类

根据五种不同的分类标准，把概念分成下列若干类：

1. 普遍概念和单独概念

根据概念反映的对象的数量不同，划分出普遍概念和单独概念。

普遍概念是反映由许多个别事物组成的类的概念，简单地说，是反映一类事物的概念。它又分为两种：一种是数量上有限的普遍概念，如社会主义国家、中共中央委员、全国劳模、太阳系的行星等，这些类的事物数量上是有限的；另一种是数量上无限的普遍概念，如电子、星球、砂粒等，这些类的事物数量上是无限的。

形容词“红”也表示普遍概念。因为“红”是指一类颜色，又可以划分为很多种：大红、紫红、枣红、粉红等。它的外延，是一类事物，而不是一个事物，所以是普遍概念。

语词中的普遍名词、形容词、动词，一般地说，都表达普遍概念。

普遍概念有所属的种概念，可以进行逻辑限制和划分。

单独概念是反映一个特定事物的概念，它的外延只有一个单独的对象。

有人觉得单独概念数量很少，举个例子得搜肠刮肚想半天。其实，实际生活中使用单独概念的情况非常多。每一个人名、山名、河名、国名，每一座城市或村庄的名字，每一条街道和里弄的名字，大街上的每一家商店的名字，每一个特定的时刻和日期（如 1983 年 10 月 5 日），每一个特殊事件的名字（如“九・一八”事变、“一二・九”运动），都表达一个单独概念。

单独概念的语言表达形式是专有名词或词组。前者如“汉武帝”、“戚继光”等，后者如“世界上最大的沙漠”、“我国第一座长江大桥”、“汉朝的第一个皇帝”、“世界上人口最多的国家”等。在特定的语言环境中，用指示代词“这个”、“那个”修饰、限制的名词构成的词组，也表达单独概念。如在“这个人是《阿Q正传》的作者”这句话中，“这个人”就表达单独概念。

单独概念没有其所属的种概念，既不能对它进行划分，也无需对它进行逻辑限制。

普遍概念是人们认识一般事物所必需的，而单独概念是人们认识个别事物所必需的。没有普遍概念，人们就无法认识同类事物；没有单独概念，人们就无法认识个别事物。试想：如果世界上的每一个国家、每一座城市、每一条街道、每一个人都没有自己的名字，那将是一个混乱不堪、无法辨认的世界。同样，如果没有“桌子”这个普遍概念，人们就无法认识桌子这类事物。不掌握同类事物的共同性、异类事物的差异性，也无法认识纷繁变化的大千世界。

2. 实体概念、属性概念和关系概念

根据概念所反映的对象的性质不同，可以分成实体概念、属性概念和关系概念。

实体概念，是反映具体事物的概念。如“人”、“桌子”、“河流”等。

实体概念的语词表达形式是名词、代词等。

属性概念，是反映事物属性的概念。它反映的不是具体事物，而是事物的各种属性，如“伟大”、“光荣”、“美丽”、“善良”等。

属性概念的语词表达形式是形容词、数词、不及物动词等。

关系概念，是反映事物之间各种关系的概念。如反映数量关系的有：大于、小于、等于等；反映时间关系的有：早于、晚于、同时等；反映方位关系的有：在……之上、在……之下、在……之间等；反映种属关系的有：包含、包含于等；反映行为关系的有：合作、团结、和平共处、相亲相爱等。

关系概念存在于至少两个或两类事物之间。

关系概念的语词表达形式是及物动词和表达关系的各种词组。

3. 肯定概念和否定概念

根据概念反映对象的形式不同（是肯定形式还是否定形式），可以分成肯定概念（也叫正概念）和否定概念（也叫负概念）。

肯定概念是反映事物具有某种质的规定性的概念，如社会主义国家、共产党员、劳动群众等。

否定概念是反映事物不具有某种质的规定性的概念，如非社会主义国家、非共产党员、非劳动群众等。

否定概念，在汉语中，一般地用带有“非”、“不”、“无”、“没”等否定词的词或词组来表示。

每一个肯定概念都有与之相对应的否定概念。要确定其否定概念的外延就要注意论域。所谓“论域”是指与否定概念相对的属概念。如“黄种人”与“非黄种人”的属概念是“人”，那么“人”就是“非黄种人”这个否定概念的论域。论域不同，否定概念的外延也不同。譬如对“非农业干部”这个否定概念来说，如果以“干部”作论域，“非农业干部”的外延指不在农业战线工作的所有干部；如果以“人”作论域，“非农业干部”的外延指不是农业干部的所有人。后者的外延大得多。因为对同一个负概念来说，论域大，它的外延就大；论域小，它的外延就小。

4. 集合概念与非集合概念

根据概念反映的事物是否构成集合体，可以分为集合概念和非集合概念。

集合概念是反映由若干相同事物组成的集合体的概念。

非集合概念，是反映非集合体的概念。

集合概念反映的对象是指由许多同类事物构成的整体或群体，而这些整体或群体具有自己特殊的性质。譬如“森林”是集合概念，森林是由许多“树”构成的群体，这种群体具有“调节气候”和“涵养水源”的特殊性质。“中国共产党中央委员会”也是集合概念，中国共产党中央委员会是由所有中共中央委员构成的整体组织，而这个整体组织具有中国共产党的最高领导机关的特殊性质。

要弄清什么是集合概念，就要把许多事物组成的类与许多事物构成的集合体区别开来。

“类”与“集合体”的区别有三：

(1) 属性上的区别。

集合体是由许多同类事物构成的整体，作为集合体中的每个个体不具有或不一定具有该集合体的特殊属性。事物的类，也是由许多个别事物组成的，属于这个类的每个个体都具有该类的共同属性。如：

“群众”，作为集合概念，是反映由许多人组成的集合体。

我们常说“群众是真正的英雄”，“英雄”这种属性是集合体具有的特殊属性，构成集合体的每个个体不一定都具有这种属性。

“人”作为类概念，是反映由许多人组成的类。构成每类事物的每个个体都具有该类事物的共同属性。每个人都有“人”的属性。

(2) 外延上的区别。

集合概念的外延不包括构成它的每个个体；类概念的外延包括构成它的每个个体。如：

森林是由许多树构成的集合体，作为集合概念，它的外延不包括每一棵单独的树，而包括每一片森林。

树是由许多个体的树组成的类，作为类概念，它的外延包括每一棵单独的树。

（3）关系上的区别。

集合体与构成它的个体，不是属与种的关系，而是整体与部分的关系；而类与构成它的分子，是属与种的关系，也可以叫包含关系。

为说明上述三点区别，再列表如下：

表 2—1

异同比较 / 概念	概念分类	构成个体	与个体的关系	外延的差别	属性的差别
森林	集合概念	由许多树构成	整体与部分的关系	外延指的是森林	集合体能调节气候
树	类概念	由许多树构成	类与分子的关系	外延指的是树	个体不能调节气候

简要地说，集合概念指的是一类对象构成的整体，而不是指它们包括的个别对象。

山脉，指的不是某一座山峰，而是许多山峰构成的整体；

星座，指的不是某一颗星，而是若干颗星构成的整体；

舰队，指的不是某艘军舰，而是许多军舰构成的整体。

其他如：群众、阶级、人类、共产党、连队、联合国，丛书、全集、选集、词汇，中华民族、大兴安岭森林……都是集合概念。

集合概念也分为两种：一种是普遍的集合概念，它包括的集合体不是一个，而是很多，如森林、共产党等；一种是单独的集合概念，它包含的集合体只有一个，如大兴安岭森林、中国共产党等。

还应该指出，有些概念既可以作集合概念使用，也可以作非集合概念使用，在思维实际中，要避免发生混淆。在“人定胜天”这个判断中，“人”是集合概念，在“人贵有自知之明”这个判断中，“人”是非集合概念。

5. 真实概念和虚构概念

根据概念反映的事物是不是具有真实性，可分为真实概念和虚构概念。

真实概念是反映一切实际存在或者具有可能性与必然性、能够转化为现实性的事物的概念。真实概念包括：反映现存事物的概念，如阶级、国家等；反映曾经存在而已经消逝的事物的概念，如恐龙、罗马帝国等；反映现在尚不存在、但具有存在的必然性将来能转化为现实事物的概念，如共产主义社会等。

虚构概念是反映非客观存在的、根本不具有现实性的虚假事物的概念。它有两种类型：一种是反映在人类科学探索过程中由于认识错误而虚构的东西，或者只是设想而实际不存在的东西，如燃素、永动机、理想气体、绝对真空等；另一种是反映由于宗教迷信、神话传说所幻想出来的东西，如上帝、龙王、孙悟空、天堂、地狱等。

反映文学艺术作品中人物形象的概念，如《红楼梦》中的贾宝玉、林黛玉，虽是虚构的人物，但具有生活的真实性和艺术的真实性，所以也不看作虚构概念，而看作真实概念。

二、概念分类的实践意义

形式逻辑学是根据实践的需要对概念进行分类的。分清概念的种类是明确概念、准确地使用概念、进行正确思维的必要条件之一。

1. 分清概念的类别，有利于准确地理解概念

《中共中央关于建国以来党的若干历史问题的决议》中指出，毛泽东思想是党的宝贵的精神财富，它将长期指导我们的行动。

在这里，作为我们指导思想的毛泽东思想，应当作集合概念来理解。它的含义是指以毛泽东为主要代表的中国共产党人，把马克思列宁主义的基本原理与中国革命的具体实践相结合而产生的适合中国情况的科学的指导思想。这里指的是这个科学思想体系的整体，而不是指毛泽东说的每一句话、写的每一篇文章、做的每一件事情所体现的思想。在这里，把毛泽东思想作为集合概念来理解，才能真正领会这段话的确切含义。

2. 分清概念类别，才能准确地使用概念作出恰当的判断

譬如：用普遍概念作判断的主项（此概念后面再详述）时，应该明确它的断定范围，不然就会因为断定范围不准确而造成判断失当。如：

经过十年改革开放，农民都富得流油了。

这是一个全称肯定判断（意思是说“所有农民都富得流油了”）。判断的主项“农民”，是个普遍概念，它的外延包括大约八亿农民。用这样一个外延非常广的普遍概念为主项，作出全称判断时，因为没有对主项的范围加以限制，是很容易出现判断失当的。如果能掌握普遍概念的特点，在它作主项时根据情况对它加以限制，改为：“有些农民富得流油了”或者“不少农民富得流油了”，就显得恰当多了。又如：

我攀登过许多世界最高的山峰。

“世界最高的山峰”是单独概念，只有一个，指的是珠穆朗玛峰。单独概念不能用“许多”一词加以修饰，否则就是不恰当的判断。

不仅分清普遍概念和单独概念对作出恰当的判断是必要的，分清实体概念和属性概念对作出恰当的判断也是必要的。如：

他是一个唯心主义。

“唯心主义”是属性概念。他是一个人，不是一种属性。“唯心主义者”是个实体概念。改为“他是一个唯心主义者”就恰当了。又如：

他吃营养。

“营养”是属性概念。“营养品”是实体概念。他吃的是营养品，吃的不是“营养”这种属性。上述判断也是不恰当的。

另外，误用集合概念，也会造成判断不恰当。如：

路边长了四棵花卉，停了十辆车辆。

“花卉”是各种花的总称，是集合概念。“车辆”也是集合概念。把集合概念当成非集合概念使用，造成判断不恰当。

3. 分清概念类别，才能正确地进行推理

在进行逻辑推理时，常因混淆集合概念和非集合概念而造成推理错误。如：

人定胜天

我是人

———————

所以我定能胜天

第一个判断中的“人”是集合概念，指的是许多“人”构成的集合体，它是“可以胜天”的。第二个判断中的“人”，指的是具体的人，它不具有可以“胜天”这种性质。集合概念“人”和非集合概念“人”是两个不同的概念，把二者混淆起来，造成“四概念”(可参看本书第六章第三节直言三段论的规则)，才导致推理的错误。

4. 分清概念类别，才能更好地掌握某些逻辑规则

许多逻辑规则都直接与概念的分类有关，有的逻辑规则就是在概念分类的基础上归纳出来的，不懂得概念的分类，就无法掌握这些规则。

综上所述，研究概念的分类，是为明确概念的内涵和外延，准确地进行判断和推理打基础的。

第三节　概念间的关系

本节主要从外延方面来研究概念间的关系，概念间的关系可以分为相容关系和不相容关系两大类。

概念间的外延全部或一部分重合，它们之间的关系叫相容关系。相容关系又

分为：同一关系、包含关系、交叉关系三种。具有相容关系的概念叫相容概念。

概念间的外延没有任何部分重合，它们之间的关系叫不相容关系。不相容关系又分为矛盾关系、反对关系两种。具有不相容关系的概念叫不相容概念。

一、同一关系

1. 什么叫同一关系和同一概念

两个或多个概念之间，外延完全相同，这种关系叫同一关系。具有同一关系的概念叫同一概念。

具有同一关系的几个概念，往往是从不同方面反映同一类对象的本质或特征的。所以它们之间外延完全相同，显示的内涵略有差异。

如“西安事变”和“双十二事变”，指的是同一个历史事件，但二者是从不同方面说明这个历史事件的：前者是从事件发生的地点来说明这个事件的；后者是从事件发生的时间（1936 年 12 月 12 日）来说明这个事件的。

又如“羊城”和“广东省省会”，指的是同一个城市，但二者也是从不同方面说明这个城市的特征的：前者是从五个仙人乘五色羊来过此地的神话传说来说明这个城市的特征的；后者是从广东省政府机关所在地来说明这个城市的特征的。

其他如“等边三角形”和“等角三角形”、“姚雪垠”和“小说《李自成》的作者”、“上海”和“中国最大的工业城市”、“氢元素”和“原子量最小的元素”……都是具有同一关系的两个概念。其特点是：外延完全相同，内涵略有差异。

有些等义词所表示的概念，如“母亲”和“妈妈”、“生日”和“诞辰”、“脑袋”和“头”，其中每一组的外延完全相同，内涵也完全相同，实际上是用不同语词表达的同一个概念。不是上面所说的具有同一关系的概念。

具有同一关系的两个概念 A 和 B，可以用图 2—2 表示。

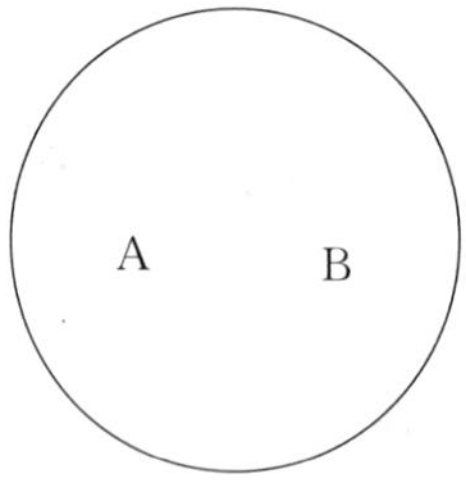

图 2—2

2. 如何运用同一概念

在思维和语言交际中，运用同一概念有下面几种形式：

(1) 交替式。

同一关系的几个概念在讲话和文章的上下文中交替变化使用，可以避免语言的单调重复，使之丰富多彩，增强表现力。如：

> 3月14日下午两点三刻，当代最伟大的思想家停止思想了……
>
> ……这位巨人逝世以后所形成的空白，在不久的将来就会使人感觉到。
>
> 正像达尔文发现有机界的发展规律一样，马克思发现了人类历史的发展规律……
>
> 这位科学巨匠就是这样。但是这在他身上远不是主要的。在马克思看来，科学是一种在历史上起推动作用的、革命的力量……

这几段话交替使用了四个具有同一关系的概念："当代最伟大的思想家"、"这位巨人"、"这位科学巨匠"和"马克思"，使人从不同方面认识马克思的伟大，增强了修辞效果。

日常生活用语中，也经常变换使用同一概念。如"活着一分钟，就要战斗60秒"、"你走一年，我等你365天"、"弄坏两个，赔你一双"。"一分钟"和"60秒"、"一年"和"365天"、"两个"和"一双"都是具有同一关系的概念，交替使用，避免重复，更有韵味。

(2) 并列式。

把具有同一关系的几个概念放在一起并列使用，一气呵成，一贯到底，使语言铿锵有力。如：

> 今天，我们在这里隆重集会，纪念人类历史上最伟大的革命家、科学家，全世界无产阶级和被剥削被压迫群众的伟大导师，科学共产主义的奠基人马克思逝世一百周年。

这一句话中，连用了四个具有同一关系的概念（"人类历史上最伟大的革命家、科学家"、"全世界无产阶级和被剥削被压迫群众的伟大导师"、"科学共产主义的奠基人"、"马克思"），语言铿锵有力，很有气势。

(3) 主谓式。

两个同一概念，一个作判断的主项，一个作判断的谓项。如：

> 长江是我国第一大河流。

"长江"与"我国第一大河流"是同一概念。前者作主项，后者作谓项。

(4) 注释式。

用某一个同一概念解释说明另一个同一概念。如：

> 焦裕禄的故乡——山东博山发生了十分可喜的大变化。

"焦裕禄的故乡"和"山东博山"是同一概念，用后者解释说明前者。

从语言表达形式来讲，汉语中常用"……就是……"，"……即……"表达同一关系的概念。在书面语言中，也常采用"同位语"① 的形式表述同一关系的概念。如：

辩证法的核心就是对立面的统一。

对于人民，这个人类历史的创造者难道不应该歌颂吗？

第一个例句采用"……就是……"的句式，第二个例句采用同位语的形式表达同一概念。

3. 使用同一概念常犯的逻辑错误

使用同一概念常犯的逻辑错误大致有三种情况：

（1）滥用具有同一关系的概念造成语义重复。

如：

我庆幸自己穿上军装，成为了一名光荣的解放军战士和人民的子弟兵。

"解放军战士"和"人民的子弟兵"是具有同一关系的概念，重复使用，实属赘余，应留下一个。再如：

一个大学生，坐汽车不买票，这和你受高等教育的人的身份不相称。

"大学生"和"受高等教育的人"是同一概念，连用语义显得重复，不如改为："一个大学生，坐汽车不买票，这和你的身份不相称"，更显得简明有力。

（2）把非同一概念当成同一概念使用。

如：

哲学的任务并不负责解决某一些具体问题，而是给人们提供一种总的看法，即观点、方法。学习任何科学，都离不开正确的方法指导，实践证明，正确的方法来自正确的世界观，即哲学。

"总的看法"与"观点、方法"不能画等号，"正确的世界观"也不等于"哲学"。这里出现的错误，就是把非同一概念当成同一概念使用。

（3）把同一概念当成非同一概念使用。

如：

不但马克思主义哲学是无产阶级的世界观，而且辩证唯物主义和历史唯物主义也是无产阶级世界观。

"马克思主义哲学"与"辩证唯物主义和历史唯物主义"是同一概念，指的

---

① 同位语是语法学的术语。句中表示相同的人或事物的两个词或词组连用在一起，其中作句子成分的叫本位语，解释本位语的叫同位语。

是同一哲学，这里把它们当作不相干的两回事了。

二、包含关系

1. 什么叫包含关系

一个概念的部分外延是另一个概念外延的全部，二者之间的关系叫包含关系。在包含关系中，外延较大的概念叫属概念，外延较小的概念叫种概念。包含关系也叫属种关系，如：

工人　　纺织工人

规律　　经济规律

情报　　军事情报

在以上各对概念中，前者的部分外延是后者外延的全部，即：后者的外延被全部包含在前者外延之内，并且只构成前者外延的一部分。它们之间就是包含关系。前者包含后者，是属概念；后者被前者包含，是种概念。

具有属种关系的两个概念A和B，可以用图2—3表示。

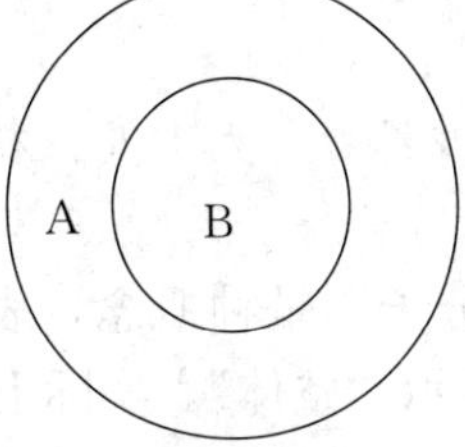

图2—3

2. 运用具有属种关系的概念应当遵守的逻辑规则

在写文章和讲话时，运用具有属种关系的概念应当遵守下列两条逻辑规则：

(1) 属概念与种概念一般不能并列使用。

逻辑学中讲的并列关系，指的是同属、同级的种概念与种概念之间的关系，所以属概念与种概念一般不能并列使用，否则就会犯“并列不当”的逻辑错误。如：

他发表了许多文学作品、短篇小说、电影剧本、游记和报告文学。

“文学作品”是属概念，“短篇小说”等是种概念，它们不能并列使用。又如：

改革开放的大好形势鼓舞着广大工人、农民、知识分子和人民群众为实现四化大业贡献力量。

“人民群众”是属概念，“工人”、“农民”、“知识分子”是种概念，它们也不能并列使用。再如：

他以雷锋和英雄人物为榜样，立志为祖国奉献一切。

“雷锋”和“英雄人物”也是种属关系，也不能并列。

属概念与种概念一般不能并列使用，但在某些情况下，经过变通可以作形式上的“并列”，大体有下面四种情况：

第一，“限制并列”。

把属概念进行限制以后，再与种概念并列使用。限制的方法是：在属概念前面加上“其他”一词，并且把属概念摆在种概念后面。如：

他写了许多短篇小说、电影剧本、游记、报告文学和其他文学作品。

用“其他”一词限制“文学作品”，它的外延就小多了。实际上指的是除了短篇小说、电影剧本、游记、报告文学以外的文学作品。限制以后的属概念实际上相当于一个种概念。

第二，“递进并列”。

把属概念摆在种概念后面，并且在属概念前面加上“全体”或“所有”等字样，也可“并列”使用。如：

改革开放的大好形势鼓舞着广大工人、农民、知识分子和全体人民群众为实现四化大业贡献力量。

“工人”、“农民”、“知识分子”是种概念，表示“人民群众”的各个部分。“全体人民群众”是属概念，表示“整体”。实际上，从种概念到属概念表示的不是并列关系，而是从“部分”到“整体”的递进关系。

第三，“比照并列”。

为了把两个事物作对比，有时候也把种概念和属概念“并列”使用：如：

中国人民和世界各国人民一样渴望和平，反对战争。

雷锋和所有英雄人物一样都有一种可贵的献身精神。

“中国人民”和“世界各国人民”是种属关系，“雷锋”和“所有英雄人物”也是种属关系，为了把两个对象进行对比，并列放在一起，实际上表达的不是并列关系，而是对比参照关系（种概念表示对比物的本体，属概念表示对比的参照物）。

第四，“强调并列”。

在提到一类事物时，为了强调其中的某一部分，把种概念和属概念并列在一起（属概念在前，种概念在后）。如：

所有干部尤其是党员领导干部都要树立全心全意为人民服务的思想。

“所有干部”是属概念，“党员领导干部”是种概念，为了强调后者而把后者与前者并列在一起。

（2）非包含关系不能作属种关系。

属种关系就是包含与被包含的关系。非包含关系，不能作属种关系，否则就会犯“误作属种”的逻辑错误。如：

植物生长需要从土壤里吸收水分、氮、磷、钾等肥料。

“肥料”和“水分”不具有包含关系，“肥料”不是“水分”的属概念，这里犯了“误作属种”的逻辑错误。又如：

他如饥似渴地阅读了《三国演义》、《西游记》、《西厢记》、《儒林外史》等优秀的古典小说。

《西厢记》不是古典小说，是元代杂剧，二者不具有包含关系，这里也犯了“误作属种”的逻辑错误。

三、交叉关系

1. 什么是交叉关系和交叉概念

一个概念的部分外延只与另一个概念的部分外延重合，二者的关系叫交叉关系（一个概念的部分外延与另一个概念的全部外延重合是前面所述的包含关系）。具有交叉关系的概念叫交叉概念。

有两个概念A和B，有些A是B，有些A不是B，并且有些B不是A，二者的关系就是交叉关系，如图2—4。“妇女”和“青年”、“工人”和“劳动模范”、“资本主义国家”和“亚洲国家”之间都是交叉关系。

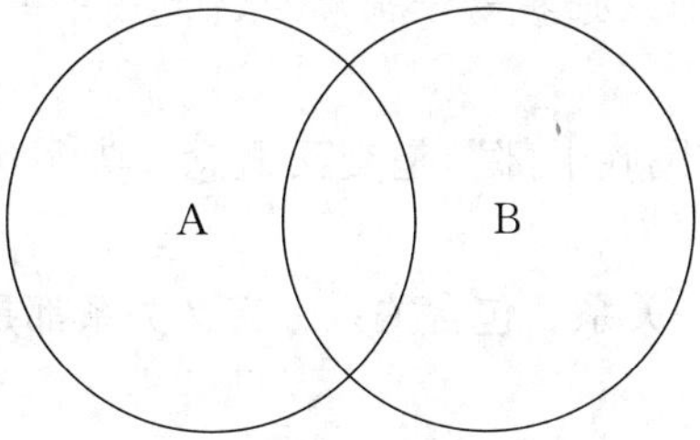

图2—4

2. 使用交叉概念应遵守的逻辑规则

交叉概念，一般情况下不能并列使用，否则就会犯“并列不当”的逻辑错误。如：

参加这次义务劳动的有干部、工人、解放军战士和共青团员。

“共青团员”与前三个概念都是交叉关系，不能与它们并列使用。

但是在少数特殊情况下也有例外，允许交叉概念并列使用。主要是：

（1）有相容关系的、同属同级的种概念与种概念，虽是交叉关系，也可并列使用（这叫相容并列关系，见“逻辑并列”）。

如：

参加今天座谈会的有：小说作家、散文作家和诗人。

“小说作家”、“散文作家”和“诗人”是同一个属概念（作家）下的三个种概念，又是同一个划分级别，它们之间虽是交叉关系，也可并列使用。

（2）在日常生活用语中，有时无需使用严格的科学概念，尤其是在特定情况下，为了叙述简便，根据约定俗成，也可把交叉概念并列使用。

如：

在抗洪抢险斗争中，党员和干部应该站在前列。

“党员”和“干部”是交叉概念，严格地讲，不应该并列使用。

前面那句话的意思可以用这样两句话来表达：

在抗洪抢险斗争中，党员应该站在前列。在抗洪抢险斗争中，干部也应该站在前列。

这样的表达虽然严谨，但不够简练。在特定情况下，在生活用语中，采用前一种表达方式也是完全可以的。

（3）在比较严谨的公文语言中，为了突出强调某些对象，也常常把交叉概念并列使用。

如：

党应当重视培养、选拔女干部和少数民族干部。（《中华人民共和国宪法》）

“女干部”和“少数民族干部”是交叉概念，为了突出强调这两部分干部，把它们并列使用。

以上三种关系：同一关系、包含关系、交叉关系都是相容关系。为进一步说明其区别，列表如下：

表 2—2

相容关系 / 区别	同一关系	包含关系	交叉关系
两个概念外延的关系	全部和全部重合	一部分和全部重合	一部分只与一部分重合

四、矛盾关系

1. 什么是矛盾关系和矛盾概念

两个概念的外延互相排斥，而外延之和等于邻近的属概念的外延，二者的关系就是矛盾关系。具有矛盾关系的两个概念叫矛盾概念。如：

金属	非金属	（邻近的属概念是物质）
共产党员	非共产党员	（邻近的属概念是人）
成年人	未成年人	（邻近的属概念是人）
核国家	无核国家	（邻近的属概念是国家）

上述各横行所列的两个概念之间的关系就是矛盾关系。它们的外延互相排斥，外延之和又等于邻近的属概念的外延。

一般来说，具有矛盾关系的两个概念，一个是正概念，一个是负概念。但有时候，两个矛盾概念，都是正概念。如：

人民内部矛盾	敌我矛盾	（邻近的属概念是社会矛盾）
唯物主义	唯心主义	（邻近的属概念是哲学流派）
物质财富	精神财富	（邻近的属概念是财富）
黑色金属	有色金属	（邻近的属概念是金属）

矛盾概念还有一个特点：在一个属概念下，两个矛盾概念是仅有的两个种概念，没有其他种概念与其并列，如图 2—5：

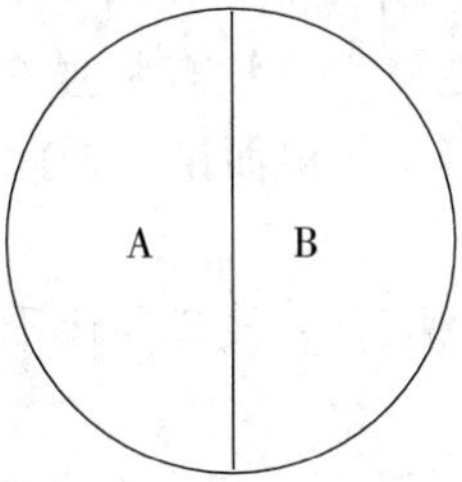

图 2—5

2. 运用矛盾概念应遵守的逻辑规则

（1）不得将反对概念当作矛盾概念使用。

在语言交际和思维过程中，必须把矛盾概念和下一小节所讲的反对概念严格地区别开来，否则就会造成判断失当和推理错误。如下述二例：

一个人的思想，不是属于无产阶级思想，就是属于资产阶级思想。

他在战场上，不是当英雄，就是当逃兵。

“无产阶级思想”和“资产阶级思想”之外还有别的阶级的思想；“英雄”和“逃兵”之间，也还有第三种情况。它们之间的关系都是反对关系，不是矛盾关系。上述二例都把反对概念当成了矛盾概念使用，造成判断失当。如果以这样的判断为前提进行推理，也必然会造成推理错误。

（2）使用矛盾概念构成的反义词组作判断时，不能顾此失彼。

如：

能否立党为公，是党取得人民群众信任的关键。

能否立党为公，包含“能立党为公”和“不能立党为公”两种情况，二者是矛盾关系。能立党为公，是党取得人民群众信任的关键。不能立党为公，当然就不可能是取得人民群众信任的关键。“能否”二字是矛盾概念构成的反义词组，上述判断顾此失彼，把两种相反的情况都说成是“取得人民群众信任的关键”是很不恰当的。应改为：

能否立党为公，是党能否取得人民群众信任的关键。

或者改为：

能立党为公，是党能取得人民群众信任的关键。

在这样的句子中，主项包含两个矛盾概念，则谓项也应该包含相应的矛盾概念（如前例）。主项不包含矛盾概念，谓项也不要包含矛盾概念（如后例）。

又如：

有没有坚强有力的领导班子，是工作开创新局面的基本条件之一。

“有”和“没有”是一对矛盾概念。“有坚强有力的领导班子”，可以构成“工作开创新局面的基本条件之一”；“没有坚强有力的领导班子”不可能是“工作开创新局面的基本条件之一”。一概而论，顾此失彼，造成判断失当。

可改为：

有没有坚强有力的领导班子，是工作能不能开创新局面的基本条件之一。

或者改为：

有一个坚强有力的领导班子，是工作能够开创新局面的基本条件之一。

五、反对关系

1. 什么叫反对关系和反对概念

两个概念的外延互相排斥，它们的外延之和小于邻近的属概念的外延，二者的关系叫反对关系，也叫对立关系。具有反对关系的概念叫反对概念，也叫对立概念。如：

黑色	红色	（邻近的属概念是颜色）
黄种人	白种人	（邻近的属概念是人种）
无产阶级	资产阶级	（邻近的属概念是阶级）

上述各横行所列的两个概念之间的关系就是反对关系。“黑色”与“红色”都是“颜色”的种概念，它们的外延互相排斥，二者外延之和又小于“颜色”的外延，在“颜色”的外延中，除“黑色”和“红色”之外，还有白、黄、

蓝、紫等色，所以黑色与红色是反对概念。反对概念 A 和 B，可以用图 2—6 表示：

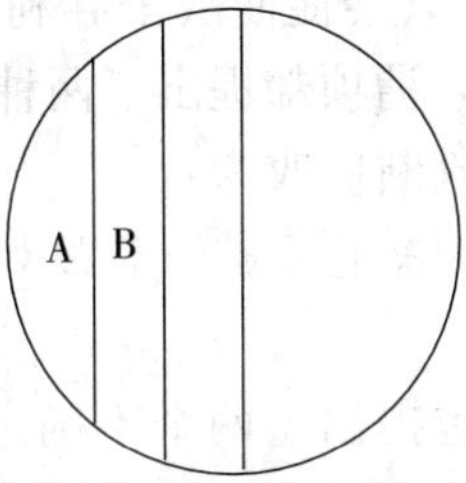

图 2—6

反对概念与矛盾概念相比，其共同点是：它们都分别是同一个属概念下的种概念，彼此的外延互相排斥。它们的不同点是：(1) 矛盾概念外延之和等于邻近的属概念的外延；反对概念外延之和小于邻近的属概念的外延。(2) 在同一个属概念下，两个矛盾概念之外没有第三者；反对概念之外有第三者。

2. 使用反对概念应遵守的逻辑规则

使用反对概念应遵守的逻辑规则和使用矛盾概念应遵守的逻辑规则大体相似，主要是：

(1) 不得将矛盾概念当作反对概念使用。

如：

> 在对待物质和意识的关系上，他既不赞成唯物主义这一派，也不赞成唯心主义这一派，他主张二元论的观点。

作为哲学流派来讲，唯物主义和唯心主义是一对矛盾概念，在这两个矛盾概念之外没有第三者。二元论实质上也是唯心主义。撇开哲学上的争论，单就概念的运用来讲，这里把矛盾概念当作反对概念使用，也是违背逻辑规则的。

又如：

> 金属，不管黑色金属，还是有色金属，还是稀有金属，我们都是需要的。

按金属色泽分类，有色金属和黑色金属是一对矛盾概念，它们之外没有第三者。这里把三者并列，实际上是把前两个矛盾概念当成反对概念使用了。事实上稀有金属只是有色金属的一部分，这样的判断也是不恰当的。

(2) 使用反对概念构成的反义词组作判断时，不能顾此失彼。

如：

> 从主观条件讲，做到知己知彼、料敌如神，是影响战争胜败的重要因素

之一。

“胜”和“败”这两个概念之间是反对关系，既包括胜的一面，也包括败的一面。“知己知彼、料敌如神”只会促使战争胜利，不会促使战争失败。判断的主项只提出了一种确定的条件，谓项却提出了两种不确定的结果，前后龃龉，顾此失彼，造成判断失当。上述判断应改为：

从主观上讲，能否做到知己知彼、料敌如神，是影响战争胜败的重要因素之一。

改动之后，判断的主项中也提出了两个不确定的条件（“能知己知彼、料敌如神”和“不能知己知彼、料敌如神”），分别与谓项中提出的两种结果（胜和败）相对应，逻辑上就严密多了。

又如：

领导干部为政清廉是衡量党风好坏的重要标准。

“好坏”是反对概念，既包括“好”，也包括“坏”。主项叙述的内容是确定的，没有选择性。谓项包含的内容是不确定的，是有选择性的。也是前后龃龉，顾此失彼。可改为：

领导干部是否为政清廉是衡量党风好坏的重要标准。

六、逻辑并列

前五小节对概念外延间的关系进行了全面的分析。这一小节变换一下角度，缩小研究问题的范围，只探讨一种十分常见的、又比较特殊的种概念与种概念间的关系——逻辑并列关系。

1. 什么叫逻辑并列关系

逻辑并列关系是指同属、同级的种概念与种概念之间的关系。所谓同属，是指有共同的属概念；所谓同级，是指同一个划分级别（或叫划分层次）。如诗歌、散文、小说、戏剧文学都是“文学作品”这个属概念下的四个种概念，并且都是同一个划分层次，它们之间的关系叫逻辑并列关系，简称并列关系。不属于同一个划分层次的种概念之间不是并列关系。如抒情诗、短篇小说与散文、戏剧文学，虽然同属“文学作品”，但不是一个划分层次，也不是并列关系。

逻辑并列仅限于同属同级的种概念之间的并列，而语法学中讲的并列要宽泛得多。如：

雷锋和所有英雄人物都有一种可贵的献身精神。

“雷锋”和“所有英雄人物”是种与属的关系，二者的关系，严格地说，不是逻辑并列，而是语法学中讲的并列关系。从语法上讲，“雷锋”和“英雄人物”

都是两个名词，它们并列作主语。前面第二小节所讲的变通并列的几种情况，大部分是语法学上讲的并列关系。

2. 并列关系的类型

（1）不相容的并列关系。

同属同级的种概念，其外延互相排斥，它们之间的关系叫不相容的并列关系，如图2—7所示。如亚洲、欧洲、非洲、大洋洲、南美洲、北美洲、南极洲七个概念之间就是不相容的并列关系。

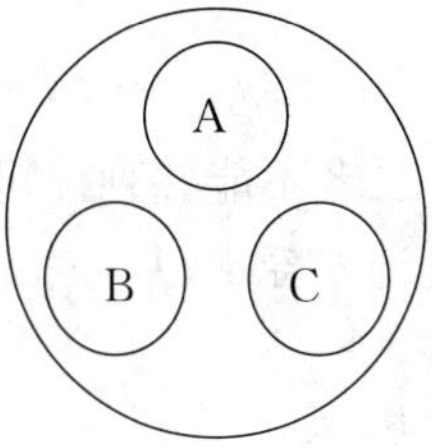

图2—7

前面所讲的矛盾关系和反对关系是不相容的并列关系的两种特殊情况。

（2）相容的并列关系。

同属同级的种概念之间，其外延有一小部分交叉，它们之间的关系叫相容的并列关系，如图2—8所示。如天文学家、物理学家、数学家等概念之间，小说家、散文作家、诗人等概念之间，都是相容的并列关系。

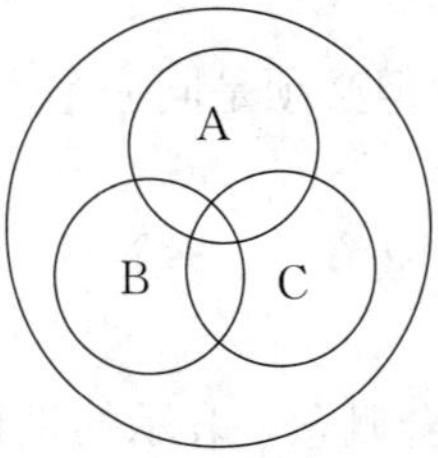

图2—8

应该说明：这些种概念之间，大部分外延不同，只有小部分外延交叉，才能形成相容的并列关系。如果它们的外延，绝大部分都互相交叉，那么就没有必要分成不同的种概念，也就不可能形成逻辑并列关系了。

3. 运用具有并列关系的概念应遵循的原则

这些原则在前面已涉及了一部分，为避免过多重复，又照顾论述的系统性，再简要归纳如下：

（1）属种不当并列。

属种不当并列及其变通的几种情况在本节的“包含关系”中已详细讲过，不再赘述。

(2) 交叉不当并列。

交叉不当并列及其特殊情况在本节的“交叉关系”中也已详细讲过，不再赘述。

(3) 整分不当并列。

整体和部分不是属与种的关系，也不是交叉关系，但部分也不能与整体并列。如：

我游过颐和园和万寿山。

万寿山是颐和园的一部分，二者不能并列。可改为：

我游过颐和园，并且登过万寿山。

又如：

他感到全身和胳膊都疼痛。

胳膊是全身的一部分，整体与部分不能并列（因为全身疼痛就包括胳膊疼痛了）。这句话从逻辑上讲是不通的。但如果把这句话中两个词的顺序颠倒一下，逻辑上就讲得通了，即改为：

他感到胳膊和全身都疼痛。

“胳膊和全身”这个词组表达的不是并列关系，而是递进关系。先部分，后整体。从部分到整体这是递进关系，意思是说，“他感到从胳膊到全身都疼痛”。

(4) 不能跨类并列。

并列概念可以是不同的种，但必须是同一个大类。表示两个不同类的事物的概念不能并列。如：

这本书的出版，引起了教育界、理论界、文艺工作者和新闻记者的广泛关注。

“教育界”、“理论界”是集合概念，表示的是集合体。“文艺工作者”和“新闻记者”都是普遍概念，表示的是个体的“人”。四个概念表示的对象属于两种不同的类型，把集合概念和非集合概念并列起来是不恰当的。所以不能跨类并列。可改为：

这本书的出版，引起了教育界、理论界、文艺界和新闻界的广泛关注。

或者改为：

这本书的出版，引起了教育工作者、理论工作者、文艺工作者和新闻工作者的广泛关注。

(5) 注意并列顺序。

使用和时间、方位等方面有关的并列概念，要注意它们排列的先后顺序，否则就会形成杂乱无章的并列。如：

从古迄今，中国出现过许多举世闻名的大诗人，如杜甫、屈原、李白、苏轼、白居易、郭沫若、陆游等。

又如：

举报信件的转办、登记、保管、拆阅、收发等工作应建立健全责任制，严防泄露和遗失举报材料。

这两个例句都因违背时间的先后顺序而造成“并列无序”的逻辑错误。

前例应改为：

从古迄今，中国出现过许多举世闻名的大诗人，如屈原、李白、杜甫、白居易、苏轼、陆游、郭沫若等。

后例应改为：

举报信件的收发、拆阅、登记、转办、保管等工作应建立健全责任制，严防泄露和遗失举报材料。

再如：

他从上海乘船沿长江溯流而上，沿途经过武汉、九江、南京、宜昌，到达重庆。

此例句既违背时间先后顺序，又违背方位顺序，应改为：

他从上海乘船沿长江溯流而上，沿途经过南京、九江、武汉、宜昌，到达重庆。

第四节　运用概念的逻辑要求

一、概念要明确

人们在思维过程和语言交流中都要运用概念。“概念要明确”，这是运用概念必须遵守的一条基本的逻辑规则。所谓“明确”包括两层含义：一是明白，二是准确。具体地说，是指概念的内涵和外延都要明白准确。当然，要求概念明确，是相对于一定的语言环境而言的，是相对于使用过程而言的，离开使用过程及其语言环境，就无所谓明确不明确。

从使用概念的具体过程来讲，包含着两个相互衔接的环节：理解概念和表达概念。要使用概念，首先要正确地理解概念。概念理解得不正确，在使用中就会发生错误。与理解概念相联系的环节，是如何表达概念，即用什么语言形式（词或词组）表达概念的含义。概念理解得正确，表达得准确，人们的思维活动、语言交流才能正常进行。

二、运用概念常犯的逻辑错误

违背运用概念的基本要求，就会出现许多和概念有关的逻辑错误。从内涵方面讲，常见的逻辑错误有以下几种：

1. 概念模糊

所谓概念模糊，是指在具体语句中，某些概念的内涵和外延都似是而非，模模糊糊，难以说个清楚明白。

有一个外地人给在北京工作的表兄发了个电报，内容是：

我乘车于四月二日凌晨三十分到达北京，请你到车站接我。

他表兄接到电报左右为难。因为这个外地人乘车的车型、车次及接人的时间、地点都讲得模糊不清。

首先，“凌晨三十分”就是个模糊不清的概念。“凌晨”是指黎明前、天将亮未亮的时候，“凌晨三十分”究竟是什么时候？是早晨四点三十分，还是五点三十分，还是六点三十分？很难断定。其实，发报人说的“凌晨三十分”是指四月一日午夜过后三十分。电文的正确写法应该是“四月二日零点三十分到达北京”。但发报人对“凌晨”一词的确切含义（临近黎明之前）并不了解，误认为“午夜过后”就算“凌晨”，用词不当，造成时间概念表达上的模糊不清。

其次，“乘车”这一概念，在一般的语言环境中是人人都理解的概念，它的内涵和外延都是很清晰的。但在电文中，“乘车”是一个模糊不清的概念：他乘的是长途汽车还是火车？如果是火车，是慢车？是普快？还是特快？

最后，“车站”在电文中也是模糊不清的概念：是指北京火车站？是永定门火车站？还是西直门火车站？或是长途汽车站？

造成概念模糊不清的原因很多，常见的有三种：

（1）由于对词义不甚了解，造成表达上的模糊不清。

使用概念的人对某些概念的真正含义并不十分了解，似懂非懂，一知半解。理解上的糊里糊涂，造成表达上的模糊不清。前面例句中的“凌晨三十分”这一模糊概念，就是这种原因造成的。

（2）由于省略不当造成概念表达的模糊不清。

在语言交流中，为了叙述简便，常常省略某些句子成分。但有时省略不当也会造成概念模糊。如前面例句中把“乘火车”省略为“乘车”，把“北京火车站”

或“永定门火车站”省略为“车站”。

（3）由于语言形式不严谨、表达不完整造成概念模糊。

如：

这次火灾造成的经济损失，相当于全厂工人创造的全部产值的两倍。

“全部产值的两倍”是个模糊不清的概念：是“全月的全部产值的两倍”？还是“全年的全部产值的两倍”？或是“一天的全部产值的两倍”？对“全部产值”应加以修饰和限制。该限制的不限制，表达就不完整，语句就不严谨，就容易造成概念模糊。

2. 概念混淆

概念混淆是无意之中把两个既有联系又有区别的不同概念混同一起，当作同一个概念使用的逻辑错误。常见的有两种情况：

（1）由于理解上的错误，混淆了不同概念。

由于在理解上对概念的外延和内涵没有完全弄清楚，在使用上把一些有相似点的不同概念混在一起，造成混淆概念的错误。如：

他随父母离开祖国，定居巴黎40多年了，虽然加入了法国国籍，对故土仍魂牵梦绕，是一位热爱祖国的华侨。

华侨是指侨居国外并具有中国国籍的人。已加入或取得外国国籍的、具有中国血统的人是外国公民，不是华侨。这里把“具有中国血统的人”和“中国人”（即具有中国国籍的人）两个不同的概念混淆在一起了。也把“华侨”和“华裔外籍人”（简称“华裔”）两个不同概念混淆在一起了。

又如：

和老师分手后，我常常想起老师对我的临终教导。

“临终”是“临死”的意思，由于对“临终”一词的含义不了解，把“临终”和“临别”混淆在一起，闹成大笑话。

（2）由于表达上的疏忽，混淆了不同概念。

有时候发生概念混淆，不是因为理解上的错误，而是因为表达得不清楚造成的。如：

引人入胜的球，吸引了上万名观众。

引人入胜的是“球赛”，不是“球”。一个“球”放在那里不动，谁也不会感兴趣的。这里把“球”和“球赛”两个不同概念混淆了。混淆的原因，不是因为对“球赛”和“球”这两个概念的含义不清楚，而是表达得不清楚。“球”这个词，有时候只表示一种体育用品，不表示“球赛”的意思；但有时候又表达“球赛”的意思。如在“今天下午我看球去”和“这场球很精彩”两句话中，“球”

字就表示“球赛”的意思。二者怎样区分要看具体情况。有时可以从修饰语上加以区别：如在“这场球”中，“球”字就表示“球赛”的意思。在“这个球”中，“球”字就表示一种体育用品，不表示“球赛”的意思。上面这个例句，没有注意到二者的细微差别，混淆了“球”和“球赛”两个概念。上述例句应改为：“引人入胜的球赛，吸引了上万名观众。”

再如某厂工会写了下面一个通知：

三月二日晚八点有八对青年在小礼堂举行集体结婚，请工会会员准时参加。

在小礼堂举行的是“集体婚礼”，不是“集体结婚”。集体结婚，岂非笑谈？出通知的人，因为表达上的疏忽，把“婚礼”和“结婚”两个不同概念混同起来，也闹出大笑话。

3. 概念歧义

表达概念的同一个词或词组包含着几种不同的含义，叫概念歧义。常见的有三种情况：

（1）多重定语互相重叠造成概念歧义。

如：

在这个小学读书的有<u>五百多个工人的子弟</u>。

“五百多个工人的子弟”，这是个包含两个定语的偏正词组。这个词组可以有两种不同的含义：一种是工人的数目是五百多个，而子弟的数目不一定是五百多个；另一种是子弟的数目是五百多个，而工人的数目不一定是五百多个。在一个句子中，对同一个概念可以作两种以上的不同理解，就是概念歧义。

又如：

他辛勤地服侍受伤的王勉的父亲。

“受伤的王勉的父亲”这个词组可以作两种不同的解释：一种解释，受伤的是王勉；另一种解释，受伤的不是王勉，而是王勉的父亲。这也是双定语造成的概念歧义。

（2）一词多义造成概念歧义。

如：

他离开店里时，店里已关门了。

“关门”这个概念也有两种不同解释：一是关上商店的大门；二是商店倒闭的意思。这是一词多义造成的概念歧义。

（3）其他语词搭配不当造成的概念歧义。

把一个数量词摆在两个并列名词的前面，很容易造成概念歧义。如：

在总结会上，省政府表彰了34个先进企业和先进地区。

对“34个先进企业和先进地区”可以作两种理解：一是“34个”只是先进企业的数目；二是“34个”是先进企业加上先进地区的数目。为避免产生歧义，这句话应分别列出先进企业的数目和先进地区的数目。

4. 概念赘余

表达概念的若干词的含义雷同、重复叫概念赘余。造成概念赘余的常见的原因有以下三种：

（1）修饰部分与被修饰部分含义重复。

如：

她是一个未婚的漂亮的姑娘。

“姑娘”一词包含未婚的意思，又用“未婚”去修饰“姑娘”，含义重复。

又如：

她登上世界唯一最高的山峰。

“世界最高的山峰”这个概念本身就包含“独一无二”的意思，再用“唯一”一词修饰它是多余的。

再如：

你应该改掉这些不好的毛病。

“毛病”都是不好的，用“不好”去修饰“毛病”，完全没有必要。

（2）句中的其他相关语词含义重复。

如：

书市上充斥着许多庸俗低级的下流读物。

“充斥”是充满、许多的意思，它和“许多”含义重复，“庸俗低级”和“下流”含义重复，应改为：“书市上充斥着庸俗低级的读物。”

又如：

在这片工地上，和主楼一起同时开工的还有一座大型图书馆。

“一起”和“同时”连用是画蛇添足，可删其一。

再如：

他的年龄大约五十岁左右。

“大约”一词就包含“左右”的意思，“左右”一词也包含“大约”的意思，都是推测估计，不十分准确。二者连用，含义重复，可删其一。

（3）连用“等义词”、“近义词”造成概念赘余。

如：

工厂阅览室里订了上百种期刊杂志。

期刊就是杂志，杂志就是期刊。这是连用等义词造成的概念赘余。

上面所述的四种情况：概念模糊、概念混淆、概念歧义、概念赘余，都是概念不明确的具体表现。那么怎么使概念明确呢？第三章将着重介绍明确概念的几种逻辑方法。

第五节　使用概念应注意的其他问题

第三节第四节讲述了使用概念应遵守的逻辑规则和逻辑要求。使用概念，除了需要遵守前两节讲述的各种逻辑规则之外，还需要考虑以下几个方面的具体问题。譬如：

在绝大多数情况下要使用内涵和外延都十分清晰的概念；在特殊情况下可以使用有一定模糊空间的概念；在对方不能完全理解时要善于阐明概念的内涵和外延；在说明复杂事件和过程时要善于使用概括力强的概念；在涉及重大问题时要慎重地使用概念；在与人论辩中要巧妙地使用概念；有时候还需要研究“名”（概念）与“实”（概念反映的事物）之间的关系，循名责实。这方面牵涉的问题很多，很难作出系统的论述和全面的概括，只能列举一些事例，作一些提示性、启发性的说明。

一、在绝大多数情况下应该使用内涵和外延都清晰的概念

第四节说过，概念要明确，这是使用概念最基本的逻辑要求。在绝大多数情况下，都应该使用内涵和外延都十分清晰的概念，否则就会造成沟通上的困难，甚至引起不必要的纠纷和麻烦。20 世纪 70 年代，西瓜越大卖得越贵，有个倔脾气的老头摆摊儿卖西瓜，小黑板上写着：10 斤以上每斤 1 元，10 斤以下每斤 0.8 元。碰巧有个倔脾气的老头来买西瓜。他挑了一个西瓜正好 10 斤，扔下 8 元钱抱起西瓜就走。卖西瓜的老头一把抓住他的袖子说：“不行！10 斤以上每斤 1 元，得给 10 元。”买瓜的老头说：“10 斤以下八角一斤，给 8 元正好。”两人争得面红耳赤，各不相让。有人劝买者说：“他不卖你别买了，到别处买去。”买者说：“我按牌价付钱，他凭什么不卖！”其实这件事情不怨买瓜的老头。责任在于卖瓜者使用了外延不清晰的概念。因为“10 斤以上”这个概念是个外延不完全确定的概念，它既可以包含 10 斤，也可以不包含 10 斤。如果他在牌价上标明：10 斤以上（含 10 斤）每斤 1 元，任凭两个老头脾气怎么倔，也是吵不起来的。

二、在特殊情况下可以使用有一定模糊空间的概念

在绝大多数情况下需要使用内涵和外延都十分清晰的概念，但事有例外，情有反常，在某些特殊情况下却必须使用有一定模糊空间的概念。“九二共识”是海峡两岸关系和平发展的政治基础。因为这个概念清晰地包含着双方的共同点（一个中国的原则），这个共同点表明了双方都反对“台独”的政治立场。但怎样理解“一个中国的原则”双方的认识又有不同点。把这个不同点暂时搁置起来，作一定的模糊处理，使双方都能接受，这是双方的政治智慧。所以“九二共识”是一个既有明确的共同点，又存在不明确的模糊空间，双方都认可、双方都接受的政治概念。如果现在硬要把这个概念的内涵和外延说得一清二楚，不但颇费口舌，在条件尚不成熟时也没有那个必要。如果硬要那么做，也可能节外生枝，适得其反。

三、在对方不能完全理解时要善于阐明概念的内涵和外延

平常说话、写文章都需要大量使用概念，只要人家听得懂，就不需要解释你使用的每一个概念。但是对于内涵比较抽象、内容不易理解的重要概念，在不解释难以理解，或者理解得不够具体，或者理解得不深不透的情况下，就需要及时阐明概念的内涵和外延。2008 年 6 月 13 日胡锦涛在接见台湾海基会董事长江丙坤一行时，提出了两会商谈的 16 字方针。他说：“希望两会今后在商谈中做到平等协商、善意沟通、积累共识、务实进取。”那么，究竟什么是平等协商？什么是善意沟通？什么是积累共识？什么才算务实进取呢？而要弄清这些问题，就需要阐明这些概念的内涵或外延。胡锦涛接着解释说：“平等协商，就是在商谈中双方要平等相待，不把自己的意志强加于对方。善意沟通，就是在商谈中要充分考虑对方的实际情况，多从善意的角度理解对方的想法，消除不必要的疑虑。积累共识，就是要不断扩大共识、缩小分歧，这样才能取得更多更大的成果。务实进取，就是要实事求是地寻求双方都能接受的解决办法，真正解决问题，做到行稳致远。”胡锦涛一一阐明上述四个概念的内涵，使我们对这些问题有了清晰深刻的认识。

在揭示概念内涵的问题上，需要掌握两点：一是知道什么时候需要、什么时候不需要揭示概念的内涵；二是知道如何简明扼要、准确深刻地揭示概念的内涵。

四、在说明复杂事件和过程时要善于使用概括力强的概念

在说话和写文章时，可以把某一概念放在突出的位置上，让它概括某一领域或某一过程的许多重要内容，使它成为概括力很强的概念。说话和写文章，都要善于使用这种方法。尼克松 1972 年访华打破了中美关系的僵局，但因“水门事

件”下台而使两国建交搁浅，接任的福特总统也没有使中美关系出现重大进展，两国建交的谈判一直拖到卡特出任美国总统。双方建交谈判非常复杂，我方用“断交、废约、撤军”这六个字概括中美建交三原则（即美国跟台湾断交、废除美台《共同防御条约》、美国从台湾撤军）。“断交、废约、撤军”六个字，三个概念，概括了中美建交需要解决的三个方面的重大问题。卡特总统表示愿意接受中国提出的建交三原则，又经过多次谈判，终于在 1979 年发表了《中美建交公报》，两国正式建立了外交关系。

使用重要概念不但可以概括重大政治原则，还可以概括重大事件和重要过程。2006 年 10 月日本首相安倍晋三访问中国，中日政治僵局被打破，被誉为中日关系的“破冰之旅”。2007 年 4 月国务院总理温家宝访问日本，确立中日战略互惠关系的内涵，进一步融化了两国之间的寒冰，被誉为“融冰之旅”。2007 年岁末，日本首相福田康夫访问中国，双方全面深入地讨论了双边关系的诸多问题，达成了广泛共识，加深了了解，促进了合作，被誉为中日关系冬天过后的“迎春之旅”。2008 年 5 月国家主席胡锦涛访日，与日本首相福田康夫共同签订了《中日关于全面推进战略互惠关系的联合声明》等多项重要的政治文件，成功地将两国关系推向一个新的发展阶段，被誉为中日关系进一步升温的“暖春之旅”。“破冰之旅”、“融冰之旅”、“迎春之旅”、“暖春之旅”四个概念深刻概括了中日改善关系的四个不同发展阶段，揭示了四次重大外交活动的特点和意义。

五、在涉及重大问题时要慎重地使用概念

日常说话用不着咬文嚼字、反复推敲，把意思说明白就行了。但是涉及重大问题（譬如涉及国家、民族的整体利益，涉及敏感的社会问题，涉及单位和个人的重要利害关系等），你就要认真思考，慎重地使用每一个概念。特别是给社会主体定位，有些牵涉政治问题，有些牵涉法律问题，更要慎之又慎。香港回归之前，应该怎么给她定位？是租借地，还是殖民地？有人会不加思考地说：她长期受英国的殖民统治，当然是殖民地。这样回答是一个原则性的错误。如果你是普通人，那么常人说错话是常有的事，没人深究。如果你是政府的高级官员，那就造成了政治上工作上的极大被动。

1972 年 3 月 8 日我国常驻联合国代表致联合国非殖民地化特别委员会主席的信函中指出：“香港、澳门是属于历史遗留下来的帝国主义强加于中国的一系列不平等条约的结果。香港和澳门是被英国和葡萄牙当局占领的中国领土的一部分，解决香港、澳门问题完全是属于中国的主权范围内的问题，根本不属于通常所谓‘殖民地’范畴。因此，不应列入反殖宣言中适用的殖民地地区的名单之内。”

这封信表达了中国政府的立场，即香港和澳门不是反殖宣言中通常所谓殖民地，应当从反殖宣言中的殖民地名单上删去。所谓反殖宣言，是指1960年12月14日联合国大会通过的《给予殖民地国家和人民独立宣言》。这个宣言宣布要迅速和无条件地结束一切表现的殖民主义，赋予殖民地人民有“自决权”，使他们走向自由和独立。而这种殖民地在沦为殖民地之前就是国家，或者原先不属于任何国家而在沦为殖民地以后逐渐形成一个新的国家，这就是通常意义上的“殖民地”，即殖民地国家。

香港和澳门不属于这种通常意义上的殖民地，它们自古以来就是中国的领土，是英国和葡萄牙通过不平等条约强迫占领的，新中国政府也从来没有承认过这些条约的合法性，因而解决香港问题和澳门问题完全是中国主权范围内的事。香港和澳门不存在非殖民化的问题，只有中国对它恢复行使主权的问题。1972年6月15日，联合国非殖民地化特别委员会接受了中国政府的立场，同年11月8日，联合国大会批准了非殖民地化特别委员会的报告，从殖民地名单上删去香港和澳门。这样再一次从法理上确认了中国对香港和澳门的主权，排除了其他国家参与解决香港问题和澳门问题的可能性，为香港和澳门的顺利回归奠定了坚实基础。

很明显，中国政府不承认香港、澳门是反殖宣言中所说的殖民地，联合国也从殖民地名单中删掉了香港和澳门。如果某个政府官员说话不慎，把她们说成殖民地，问题可就大了。因为西方某些反华势力，就会别有用心地利用殖民地人民的“自决权”大做文章，甚至煽动所谓“公投”，为她们回归制造障碍。幸亏我国政府早有预案，正确地解决了香港和澳门回归前的历史定位，使两地得以顺利回归。

六、在与人论辩中要巧妙地使用概念

概念要明确，这是使用概念最基本的逻辑要求。在一般情况下，做到这一点也就行了。但在有些情况下，使用概念还要讲究点技巧。譬如在论辩中，就要讲究使用概念的技巧。

1. 用概念判别的方法制服对手

在对立双方激烈论争难分胜负时，用概念判别的方法制服对手，就是一种使用概念的技巧。莎士比亚的名剧《威尼斯商人》中就讲了这么一个故事：威尼斯商人安东尼奥为了帮助朋友筹措结婚的费用，向犹太人夏洛克借了三千元现金，借期三个月。夏洛克早就对安东尼奥怀恨在心，于是就与安东尼奥订立了一个非常苛刻的合同：如果到期不还，债权人有权从债务人胸前割下一磅肉。安东尼奥估计自己在海上航行的满载货物的船队两个月就回来了，三个月内还债肯定没有问题。谁知天有不测风云，有消息说他的船队在海上遇到了风暴，全军覆没了。他变成了一无所有的穷光蛋。三个月的借期已到，却还不出一分钱来。夏洛克一心想把安东尼奥置于死地，就顽固地坚持要从他胸前割下一磅肉。为了保护安东尼奥，有人愿意拿出借款金额两倍甚至六倍的钱偿还夏洛克，让他不要割人家胸前的肉，都被他一口拒绝了。甚至最有权威的威尼斯公爵出面替安东尼奥讲情，好话说尽就是不行。按照当时的威尼斯法律，订立的合约必须遵守，违约必须处罚。夏洛克威胁说：如果不让我从他胸前割下一磅肉，威尼斯的一切法律就是一纸空文了。在无可奈何的情况下，智慧过人的富家小姐鲍细霞女扮男装以法律博士的身份在法庭上审理这个案子。鲍细霞对夏洛克说：如果你真要从安东尼奥胸前割下一磅肉，那么请你找一个医生来，割肉时用纱布堵住伤口，免得他流血过多死亡。夏洛克说：合同上没有写，我不能那么做。鲍细霞说：好吧，我们严格按照合同办事。接着她正式作了如下宣判：债权人夏洛克有权从债务人安东尼奥胸前割下一磅肉，但合同上没有写割肉时可以带血，所以你割肉时不能带一滴儿血；割肉的重量是一磅，一刀下去既不能多一丁点儿，也不能少一丁点儿。否则就是违约。如果安东尼奥死了，那你就犯了谋杀罪，还得抵命。夏洛克不敢冒着自己生命的危险去割那一磅肉，结果不但没有要回自己的借款，自家的一半财产还被法官判决充公了。

鲍细霞究竟是怎样战胜气焰嚣张的夏洛克呢?

鲍细霞使用的是概念判别的方法，把“肉”与“血”这两个概念严格区别开来；把“一磅”与“超过一磅”或“不足一磅”等不同概念严格区别开来。概念判别，就是指出此概念不是彼概念（如“血”不是“肉”），此和彼是两个不同的概念。鲍细霞使用这种方法使阴险狡猾的夏洛克理屈词穷，低头认罪。这种办法很简单，又容易被人忽略，而她想到了，才高人一筹，出奇制胜。

2. 接过对手使用的概念回击对手

在政治斗争中，有时候经常使用以其人之道反治其人之身的方法。譬如在论争中，接过对手攻击自己使用的概念回击对手就是其中的一种。西方某些大国无视中国在人权方面的长足进步，无端攻击我国的人权状况，甚至企图以人权为借口干涉我国内政。“人权”是对手攻击我们经常使用的概念，我们也可以接过这个概念有力地回击对手。我国逐年出版的《美国人权记录》列举出对方在人权问题上存在的种种弊端，使西方某些所谓的人权卫士瞠目结舌，无言以对。

这种方法不但现代人会用，古代人也会用。据《吕氏春秋·淫辞》记载，秦赵两国曾订有友好互助条约。条约规定：缔约双方，一国想干的事另一国应给以帮助。即：秦国想干的事赵国要给以帮助，赵国想干的事秦国给以帮助。后来秦国想出兵攻打魏国，而赵国害怕秦灭魏后对自己不利，所以就决定派兵去救魏国。秦王非常恼火，派人责备赵王说："我们两国订有条约，一国想干的事另一国要给以帮助。我们想攻打魏国，你们不但不帮助，却想解救魏国。这是违背条约的。"赵王也觉得理亏，无言以对，只好让平原君想办法。平原君就和家臣公孙龙（著名辩士）商量。公孙龙说："我们也可以派人责备秦王，说赵国想解救魏国，你们秦国不帮助赵国解救魏国，这也是违背条约的。"在"一国想干的事另一国应给以协助"这款条文中，"一国想干的事"这个概念是主项，它既可以指秦国想干的事，也可以指赵国想干的事。但秦王指责赵王时，只讲秦国想干的事，不谈赵国想干的事。而公孙龙接过"一国想干的事"这个概念却反其道而行之，只谈赵国想干的事，不讲秦国想干的事，把我违约变成了你违约，使赵国变被动为主动，重新掌握了外交的主动权。

七、在名正而实不符时，要善于循名责实

在中国古代，逻辑学叫"名学"。当时许多学者都比较注重研究"名"（指概念）与"实"（指概念反映的对象或事物）之间的各种关系。在当代，这种研究仍有一定意义。大体说来，处理"名"与"实"的关系可以有三种办法：（1）名存实亡废其名；（2）名不符实正其名；（3）在名正而实不符时，要循名责实。所谓循名责实，就是按其名而求其实，要求名实相符。你是共产党员，就要求你按照共产党员的名分做事，不能做与共产党员名分不符的事。你是人民教师就要求你努力授业解惑、为人师表，不能做有损于人民教师称号的事情。其实，循名责实这种逻辑方法使用得非常普遍，大家都在用。有人不赡养年迈的老母，老母生气地说："你不是我儿子，你是畜生！连亲妈都不管。"这是循"儿子"之名，求"儿子"之实。有人不供养自己的子女，他儿子生气地说："你不配当我父亲，连亲生儿子都不养活。"这是循"父亲"之名，求"父亲"之实。通俗一点说，你担父亲的名，就要求你做父亲该做的事；你担儿子的名，就要求你做儿子该做的事。这就是循名责实。

需要说明，所谓"正名"有两种不同情况：一种"正名"是积极的，能够推动事物健康发展。在"文化大革命"时期，极左思潮泛滥，知识分子被当成"臭老九"。粉碎"四人帮"以后拨乱反正，为知识分子正名，认为知识分子是工人阶级的一部分，和工农兵一起都是社会主义建设的主力军。这种正名活动是社会发展需要的。另一种"正名"是负面的。陈水扁把"中华邮政"改为"台湾邮政"、把台湾教科书内的"中国历史"列入"世界历史"，这种"正名"活动是企图“去中国化”，让历史开倒车搞“台独”，注定是要失败的。

以上七条，只是就事论事，不是全面的理论概括。概念的使用有逻辑问题，也有非逻辑问题，需要考虑各种因素，根据实际情况灵活处置。

练　习　题

一、指出下列各概念的内涵和某些外延：

1. 国家　2. 商品　3. 世界观　4. 宪法　5. 燃烧　6. 平行线

二、指出下列语句是从内涵方面还是从外延方面说明标有横线的概念的：

1. 真理是客观事物及其规律在人们头脑中的正确反映。

2. 生产力是人们在生产过程中影响和改造自然界、获得物质资料的力量。

3. 人们在生产过程中结成的社会关系叫生产关系，如资本主义的生产关系、社会主义的生产关系。

4. 法规就是法律、法令、条例、规则、章程等的总称。

5. 艺术是用语言、动作、线条、色彩、音响等不同的手段构成形象以反映社会生活，并表达作家、艺术家的思想感情的一种社会意识形态。包括语言艺术、造型艺术、表演艺术、综合性艺术四大类。

三、指出下列标有横线的概念是单独概念还是普遍概念：

1. 刘少奇同志亲自领导过“一二·九”运动。

2.《阿Q正传》的作者是伟大的文学家鲁迅。

3. 大兴安岭林区是我国林业资源最丰富的林区。

4.《北京日报》是中共北京市委主办的报纸，我们每人都拿着一张《北京日报》。

5. 普遍概念和单独概念都是概念。

6. 1949年10月1日中华人民共和国成立，从此，10月1日成了中国人民最盛大的节日。

四、指出下列标有横线的概念是集合概念还是非集合概念：

1. 北京的人口有一千多万。我也是北京人之一。

2. 中国人死都不怕，还怕困难吗？

3. 郎平是最优秀的女排运动员，她为中国女排夺得五连冠立下了汗马功劳。

4. 铁人王进喜是一个石油钻探工人，他是20世纪中国工人阶级的杰出代表之一。

5. 黄河流域是中华文明主要的发祥地之一。

6. 太阳系是个庞大的天体体系。

五、下列各句都错用了集合概念，请把错用的集合概念找出来：

1. 我写过三本丛书，他买了五本书籍。

2. 路边栽了四棵花卉，停了十辆车辆。

3. 他先后攀登上两座山脉，捕杀过许多鸟类。

4. 我家有四个人口，连小孩都能掌握上百个英语词汇。

六、指出下列概念的矛盾概念和反对概念：

1. 马克思主义　2. 正义战争　3. 无产阶级

4. 成年人　5. 亚洲国家　6. 优等

七、下列各句对矛盾概念或反对概念的使用是否得当？

1. 内容正确是衡量文章好坏的重要标准。

2. 有无拼搏精神是竞赛取得胜利的关键因素之一。

3. 学习是否刻苦，是取得好成绩的重要原因。

4. 有无奉献精神是共产党人的重要标志。

八、从概念间的相互关系方面指出下列各句中的逻辑错误：

1. 他从自由市场购买了白菜、萝卜、西红柿、青椒、鱼虾等蔬菜。

2. 厂长以身作则，没有安排任何一个子女和亲属到厂里工作。

3. 曙光电器厂的售后服务工作做得好，国外用户、国内用户、本市用户都很满意。

4. 他喜欢阅读古典文学和小说。

5. 行凶、盗窃、用刀捅人的事件，过去在这个城市经常发生。

6. 他游览了颐和园和万寿山。

7. 他经常发表小说、诗歌、文学作品。

8. 他经常发表小说、诗歌和其他理论文章。

九、下列各组概念的外延之间是什么关系？

1. 马克思主义哲学、辩证唯物主义和历史唯物主义

2. 唯物主义、唯心主义

3. 自然规律、社会规律

4. 经济规律、客观规律

5. 亚洲国家、发展中国家

十、按下列图示填入适当的概念：

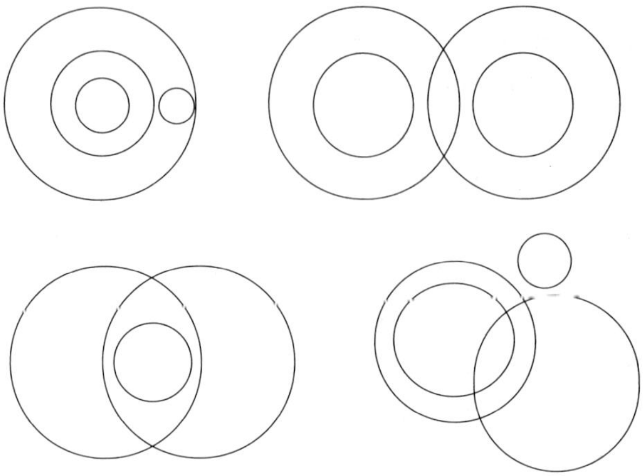

第三章 明确概念的几种方法

明确概念的逻辑方法是多种多样的，主要有定义、划分、概念的限制、概念的概括等。但这几种逻辑方法的功能是不同的：下定义是明确概念内涵的逻辑方法；划分是明确概念外延的逻辑方法；概念的限制是缩小概念外延的逻辑方法；概念的概括是扩大概念外延的逻辑方法。

第一节 定 义

一、定义的构成

定义是用比较简明的语言揭示概念内涵的一种逻辑方法。如："商品"的定义揭示了"商品"这个概念的内涵（见下页），即揭示了这个概念反映的事物的本质和特征（商品是用来交换的；商品是劳动产品）。

定义有固定的结构，包括三个部分：

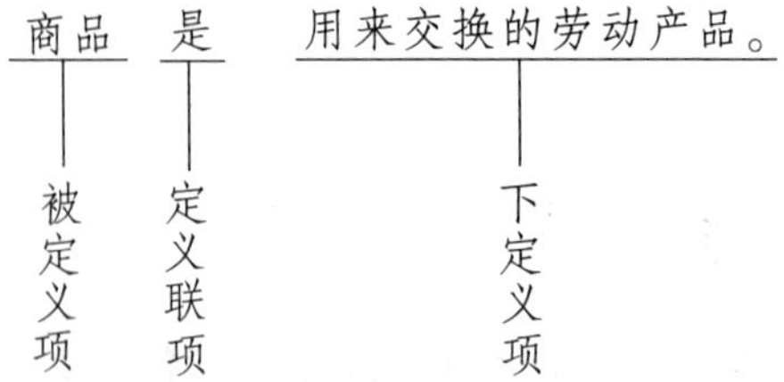

被定义项——被揭示内涵的概念。如上例中的“商品”。

下定义项——用来明确被定义项内涵的概念。如上例中的“用来交换的劳动产品”。

定义联项——用来联结被定义概念和下定义概念的概念。如上例中的“是”。

二、下定义的方法

常见的下定义的方法有下面几种：

1. 属加种差定义法

所谓属加种差定义法，就是下定义项是由种差和邻近的属概念组成的定义方法。用公式表示是：

被定义项＝种差＋邻近的属概念

所谓邻近的属概念，是指包含被定义概念的外延最小的属概念。所谓种差，是指在同一个属概念下，被定义概念与其他同级种概念的差别。

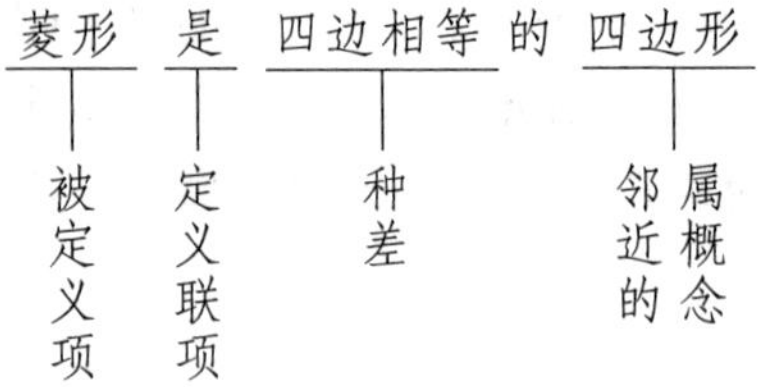

给菱形下定义，第一步要找到包含“菱形”的邻近的属概念——四边形（见图3—1）；第二步找到菱形与其他四边形的差别——四边相等；第三步用定义联项把二者联系起来，就构成了“菱形”的定义。

图 3—1

属加种差定义法是最典型的、用得最普遍的一种定义方法。这类定义方法，还可以根据种差的不同，分成下列四个小类：

(1) 性质定义。

性质定义是以概念反映的对象的性质作为种差的定义。如：

人是能够制造并利用生产工具进行劳动的高级动物。

这个定义是以“人”的性质作种差的。

(2) 发生定义。

发生定义是以事物产生、形成方面的特点为种差的定义。如：

月食是地球运行于月球和太阳之间，三者成一直线时所产生的天文现象。

这个定义是以月食产生的原因作种差的。

(3) 功用定义。

功用定义是以事物的功用为种差的定义。如：

罗盘是用指南针测定方向的仪器。

这个定义以罗盘的功用作种差。

(4) 关系定义。

关系定义是用事物之间的某种关系的特点作种差的定义。如：

偶数是能被2整除的数。

这个定义是用偶数与“2”的关系作种差的。

属加种差定义法虽然用得很普遍，但也有它的局限性。有时被定义概念外延极广（如哲学范畴的外延），用一般方法找不到比它更大的属概念，即使能够找到，它的属概念也非常抽象，不易被人理解。既然不易找到属概念，也就很难找到种差，也就不能用“属加种差定义法”。对有些概念，无须先找到属概念再下定义。为此，下面介绍其他几种定义方法。

2. 通过直接列举事物的本质特征下定义

如：

两个概念的外延互相排斥，它们外延之和等于邻近的属概念的外延，这两个概念间的关系就是矛盾关系。

这是通过直接列举事物的特征（外延互相排斥，外延之和等于邻近的属概念的外延）给概念下定义。人们掌握了事物的特征，也就掌握了被定义概念的内涵。

任何定义都是用一个或者一组判断表述的。但有些定义是用直言判断表述的，有些定义是用假言判断表述的。通过直接列举事物本质特征的办法下定义，大部分是用假言判断表述的。上例实际上是用假言判断表述的一种省略形式，原来的表述形式是：

如果两个概念的外延互相排斥，它们外延之和等于邻近的属概念的外延，那么它们之间的关系就是矛盾关系。

这个定义就是用假言判断表述的定义。下定义的方法是：用假言判断的前件列举被定义概念反映的对象的本质特征（外延互相排斥，外延之和等于邻近的属概念的外延），用后件表示被定义概念（矛盾关系）。

这种方法与属加种差定义法是不同的，它不是先找到被定义概念的属概念，然后再给它下定义，而是通过直接列举事物的特征的方法下定义。

再如：

如果一个概念的部分外延是另一个概念外延的全部，那么二者的关系叫包含关系。

这个假言判断的前件列举了包含关系的特点，后件列出被定义概念，前件揭示了后件的内涵。

3. 通过直接列举被定义概念的外延下定义

如：

正整数、负整数、正分数、负分数和零统称为有理数。

有理数和无理数统称为实数。

这两个定义都没有揭示被定义概念的内涵，而是列举了它们的全部外延。又如：

宇宙间的一切变化和过程都叫运动（哲学概念）。

这个定义也不揭示概念的内涵，而直接列举“运动”的全部外延——宇宙间的“一切变化”和“一切过程”。再如：

法规就是法律、法令、条例、规则、章程等的总称。

4. 通过哲学范畴的对应关系，给哲学范畴下定义

有些哲学范畴外延极广，内涵又非常复杂，如“物质”和“意识”等。给这些概念下定义，不能简单地使用“属加种差”的定义法（因为找不到比它们的外延更大的属概念），而只能通过揭示某一哲学范畴和同它对应的另一哲学范畴的特有关系来下定义。如给“物质”下定义，离不开揭示它与“意识”的特有关系；给“意识”下定义，又离不开揭示它与“物质”的特有关系。

请看列宁如何给“物质”这个哲学范畴下定义：

物质是标志客观实在的哲学范畴，这种客观实在是人通过感觉感知的，它不依赖于我们的感觉而存在，为我们的感觉所复写、摄影、反映。

“物质”的最根本的特点是什么呢？列宁的定义告诉我们：是它的客观实在性，即不依赖于人的意识而独立存在。但这种客观实在能被人的意识所感知、所反映。离开“物质”和“意识”的这种特有关系，就无法说明“物质”的本质。

那么怎么给“意识”下定义呢？

哲学书上的定义是：意识是物质世界长期发展的产物；是高度发达的物质——人脑的机能；意识是物质的反映。

同样可以看出，离开“物质”和“意识”的特有关系，也无法给“意识”下定义。这种方法，实质上是通过揭示一个哲学范畴所反映的对象同另一个哲学范畴所反映的对象的特有关系，来给哲学范畴下定义。

三、定义的规则

1. 外延相称

外延相称就是被定义概念的外延与下定义概念的外延应该相等，否则，就会犯“定义过宽”和“定义过窄”的逻辑错误。如：

形式逻辑是研究推理和证明的科学。

这里犯了“定义过窄”的错误，因为下定义概念的外延小于被定义概念的外延。形式逻辑主要是研究概念、判断、推理、证明的逻辑形式、逻辑规则及思维规律的科学，研究推理和证明只是形式逻辑的一部分内容，不是全部。又如：

形式逻辑是研究思维的科学。

这里又犯了“定义过宽”的错误。因为下定义概念大于被定义概念。研究思维的科学不只是形式逻辑，还有辩证逻辑、认识论、心理学等。

2. 不能循环

下定义时，下定义项不能直接或间接地包含被定义项，否则就会犯“同语反复”或“循环定义”的错误。下定义项直接包含被定义项的情况。如：

共产主义者就是信仰共产主义的人。

此例中的下定义项（信仰共产主义的人）直接包含了“共产主义者”这个概念，犯了“同义语反复”的逻辑错误。

下定义项间接包含被定义项的情况。如：

生命是有机体的新陈代谢……a

有机体的新陈代谢就是生命……b

在这两个定义中，a 的被定义项是 b 的下定义项，b 的被定义项是 a 的下定义项。用“有机体的新陈代谢”去解释什么是“生命”，又用“生命”去解释什么是“有机体的新陈代谢”。彼此循环解释，说明不了任何问题，犯了“循环定义”的错误。

造成“循环定义”的原因，是因为下定义项中间接地包含了被定义项的内容。这种包含是隐藏的，不容易发现的。在“生命是有机体的新陈代谢”这个定义中，下定义项中虽然没有直接出现“生命”二字，但隐含了它的含义。按照 a

这个定义，“有机体”可以理解为“有生命的物体”。把这个定义改写成下面这种形式，它的错误就明显了：

生命是有机体（有生命的物体）的新陈代谢。

即：

生命是有生命的物体的新陈代谢。

显而易见，下定义概念间接地包含了被定义概念。

3. 不能含混

下定义不能用含混不清的概念，也不能用比喻代替下定义，否则就会犯“定义模糊不清”的错误或“以比喻代定义”的错误。如：

儿童是祖国的花朵。

这不是“儿童”的正确定义。以比喻代替下定义，揭示不出概念的内涵。

又如杜林给“生命”下的定义：

生命是“通过塑造出来的模式化而进行的新陈代谢”。

“塑造出来的模式化”是什么意思？谁也说不清。下定义项中包含这样无法理解、不知所云的概念，犯了“定义模糊不清”的错误。

4. 不宜否定

给正概念下定义，一般不要使用否定判断，下定义项中也不宜包含否定概念。如：

辩证法不是形而上学。

经济基础不是上层建筑。

使用否定判断只能说明对象不具有什么属性，不能从正面说明对象具有什么属性，因此不能揭示概念的内涵。又如：

直线是不曲的线。

偶数是非奇数。

“不曲的线”、“非奇数”都是否定概念，也不能揭示概念的内涵。

但是给否定概念下定义，可以用否定概念。如：

无脊椎动物是体内没有脊椎骨的动物。

“无脊椎动物”是否定概念，“没有脊椎骨”也是否定概念。

四、定义的作用

1. 各门学科的理论体系都需要通过下定义的方法来界定基本概念

一切自然科学、社会科学和哲学的理论体系都是由一系列基本概念和基本原理构成的。各种学术著作和理论文章，都广泛采用下定义的方法来界定和说明重要的概念、基本范畴和专业术语。离开下定义，各门学科的概念体系都无法建立和阐明。为使读者对此产生深刻的印象，下面将详细列举陈晏清同志《马克思主义哲学纲要》一书前十一章（辩证唯物主义部分）所使用的重要概念：

哲学、马克思主义哲学、世界观、方法论、人生观；

唯物主义、唯心主义、辩证法、形而上学；

物质、意识、主观能动性；

运动、静止、规律、时间、空间，联系、发展、变化，矛盾、矛盾的斗争性、矛盾的同一性，矛盾的普遍性、矛盾的特殊性，主要矛盾、次要矛盾，主要矛盾方面、非主要矛盾方面，对抗性矛盾、非对抗性矛盾，根本矛盾、非根本矛盾，辩证矛盾、逻辑矛盾，内因、外因；

质、量、度，质变、量变；

肯定、否定，扬弃、辩证的否定观、形而上学的否定观，前进性、曲折性；

原因、结果，必然、偶然，可能性、现实性，本质、现象、假象，形式、内容；

认识论、反映论、机械反映论、能动的反映论、认识路线，可知论、不可知论，主体、客体、实践、感性认识、理性认识、飞跃，真理、谬误，绝对真理、相对真理、客观真理，唯心主义的真理观、绝对主义、相对主义等。

对以上这些概念，作者都分别下了定义。不难看出，学术著作的作者只有掌握下定义的逻辑方法，才能准确地阐明本学科的概念体系。学习各门科学知识的人，也必须从掌握它的基本概念的定义开始。所以，掌握下定义的逻辑方法，既是从事科学研究所必需的，也是学习和传播科学知识的需要。

2. 党的方针政策、国家的各种法规条文、单位间的协议合同等也需要用下定义的方法来界定一些重要概念

党的理论、方针、政策，国家的法律、法令、条约、条例，以及企事业单位间签订的协议、合同等方面的文件所使用的重要概念，都需要通过下定义来阐明概念的确切含义和使用范围，使它们更明确、更严谨、更规范，以避免理解上的分歧导致行动上的各行其是。

譬如我国《刑法》第二章“犯罪”共 17 条，其中就下了 11 个严格的定义。通过这些定义具体说明什么叫“犯罪”、什么叫“故意犯罪”、什么叫“过失犯罪”、什么叫“正当防卫”、什么叫“紧急避险”、什么叫“犯罪预备”、什么叫“犯罪未遂”、什么叫“犯罪中止”、什么叫“共同犯罪”、什么叫“主犯”、什么叫“从犯”。这些定义严格地规定了概念的内涵和外延，避免在执法过程中由于理解的不同造成混乱。

由此可见，表述和阐明法律条文必须掌握下定义的方法，否则就很难作一个称职的法律工作者。学习法律条文，也需要懂得下定义的一般规则，它有助于你准确理解并牢固地记住法律条文中的许多重要概念。

3. 在讨论和辩论问题并且争执不下的时候，应该通过下定义来界定双方使用的重要概念

在讨论问题时，有些争论是原则性分歧，有些争论不是原则性分歧。对有原则分歧的争论，通过给概念下定义，可以进一步找到争论的焦点所在，抓住实质，辨明是非。对非原则性的争论，也可以通过给概念下定义，弄清问题的实质，以避免无谓的争论。

下定义虽是明确概念内涵的重要逻辑方法，但也有它的局限性。通过简明的定义只能揭示事物主要的本质特征，很难概括事物多方面的、全部的本质，更不能代替人们对事物的全面的分析和认识。在日常生活中，也不是所使用的每一个概念都需要下定义，像“桌子”、“椅子”、“房屋”、“道路”等日常习用的概念，凭生活经验和生活常识就能掌握其内涵和外延，根本用不着下定义。在语言文字的交流中，除了用定义明确概念的内涵外，还可以用其他一些类似的方法。

五、类似定义的方法

1. 语词解释

语词解释是说明和规定语词的含义，不是给概念下定义。它的结构（包括被说明部分、说明部分、联系词）和定义的结构相类似，对明确概念也有一定的作用。如对“乌托邦”一词进行语词解释：

> “乌托邦”是希腊语。“乌”是“没有”，“托邦斯”是地方。“乌托邦”是没有的地方，表示一种空想。

语词解释属于语言学的范畴，严格说来它不属于逻辑方法之列。它的任务是说明语词的含义，说明一个词或词组表达的是什么概念，而不侧重于揭示概念的内涵。

2. 概念判别

概念判别是指出一个概念所反映的对象，不同于别的一些对象。它虽然不能全面地揭示概念的内涵，但对明确概念也有一定的辅助作用。如：

> 发扬民主不是削弱党的领导。
>
> 搞活经济不是搞乱经济。

这两个判断都不是定义，而是概念的判别。它从一个侧面明确地指出一个概念和另一概念的区别和界限。

3. 用公式表示定义

在自然科学中，有时不用判断句表示定义，而用公式表示定义。例如“勾股定理”就可以用下面的公式表示：

$$勾^2+股^2=弦^2$$

在我国古代数学书籍中，把直角三角形中短的直角边叫“勾”，长的直角边叫“股”，斜边叫“弦”。所谓勾股定理就是毕达哥拉斯定理，即在一个直角三角形中，斜边的平方等于两直角边平方的和。

用公式代替定义，这也是明确概念内涵的一种逻辑方法。

第二节　划　分

一、什么是划分

划分是明确概念外延的一种逻辑方法。从形式上讲，它是把一个属概念划分成若干个种概念。从实质上讲，它是把一个概念反映的那类事物分成若干个小类。如“工业”这个大的门类可分成“轻工业”、“重工业”两类，“重工业”又可以分成冶金工业、煤炭工业、电力工业、重型机械制造业等几个小类。这就是划分。经过划分，“工业”和“重工业”两个概念的外延就明确了。

概念的划分由三部分组成：

划分的母项——被划分的属概念。

划分的子项——划分出的种概念。

划分的标准——进行划分的依据。

二、划分的规则

1. 外延相称

外延相称是指划分后子项外延之和必须等于母项的外延，不得大于或小于母项的外延。如果划分后子项外延之和大于母项的外延，就会犯“多出子项”的错误；如果划分后子项外延之和小于母项的外延，就会犯“遗漏子项”的错误。如：

根据语气不同，可以把汉语的句子分为：

句子{陈述句、疑问句、祈使句、感叹句}　四个子项的外延等于母项的外延，符合外延相称原则

句子	陈述句 疑问句 祈使句 感叹句 复句	五个子项的外延大于母项的外延，犯了“多出子项”的错误
句子	陈述句 疑问句 感叹句	三个子项的外延小于母项的外延，犯了“遗漏子项”的错误

2. 子项排斥

所谓“子项排斥”是指划分后子项的外延必须互相排斥，否则就会犯“子项重叠”的错误。如把“人”分成儿童、少年、青年、壮年、老年五类，符合“子项排斥”原则；把“人”分成儿童、青少年、壮年、老年和妇女五类，就犯了“子项重叠”的错误。因为“妇女”的外延和儿童、青少年、壮年、老年的外延都有重叠的部分。

3. 统一标准

这条规则要求每次划分必须按统一标准进行，否则就会犯“标准混乱”的逻辑错误。

如以国籍为标准，可以把“人”分成中国人、日本人、美国人等；以种族为标准，可以把“人”分成黄种人、白种人、黑种人、棕色人种等；以性别为标准，可以把“人”分成男人、女人。每一次划分都应该有一个统一的标准。

把“人”分成中国人、白种人、男人、老人四类就犯了“标准混乱”的逻辑错误。划分第一个子项是以国籍为标准的；划分第二个子项是以种族为标准的；划分第三个子项是以性别为标准的；划分第四个子项是以年龄为标准的。划分出四个子项，换了四个不同标准，划分标准太乱了。标准混乱的错误又会引发其他划分方面的逻辑错误，如子项重叠、多出子项、遗漏子项等。

所谓统一标准，是指在同一个划分过程的中途不能改变标准。但统一标准，不是只能用事物的一个属性作划分标准，也可以把事物的多种属性统一起来作为综合的划分标准。这在实践中是常见的。如为了便于转移被洪水围困的群众，村长把村民分成下面八类：

会游泳的成年男子	会游泳的成年女子
会游泳的未成年男子	会游泳的未成年女子
不会游泳的成年男子	不会游泳的成年女子
不会游泳的未成年男子	不会游泳的未成年女子

那么，村长的分类标准是什么？他是把是否会游泳、是否成年和性别三个不同属性统一起来作为一个综合标准来进行划分的。他从第一个子项到第八个子项的划分都坚持了这个划分标准。他的划分符合标准统一的规则。

4. 逐级划分

这条规则要求划分要按一定的层次逐级进行。首先把属概念划分成若干个种概念，再把种概念划分成更小的种概念，即按照属、种包含关系的固有层次逐级进行划分，否则就会犯“越级划分”的错误（由母项直接划分到它的子项包含的子项）。

逐级划分，如：

- 文学作品
  - 诗歌
    - 抒情诗
      - 政治抒情诗
      - 爱情诗
      - 讽刺诗等
    - 叙事诗
      - 史诗
      - 故事诗
      - 诗剧等
  - 散文
  - 戏剧文学
  - 小说
    - 长篇小说
      - 古代长篇小说
      - 近代长篇小说
      - 现代长篇小说
      - 当代长篇小说
    - 中篇小说
    - 短篇小说

越级划分，如：

- 文学作品
  - 叙事诗 } 此二项属越级划分
  - 短篇小说 }
  - 散文
  - 戏剧文学

三、划分的方法

常见的划分方法有下面几种：

1. 一次划分

一次划分是指对母项只划分一次。如把三角形划分为：直角三角形、钝角三角形、锐角三角形。对划分出的这三个子项不再继续划分。

2. 连续划分

连续划分是把划分出的子项再作为母项继续进行划分。如前面把文学作品划分成小说、诗歌等，又把诗歌划分成叙事诗、抒情诗等，再把抒情诗划分为爱情诗、讽刺诗等。

此外，还有一种特殊的划分方法——二分法。所谓二分法，就是把一个母项划分成两个子项。具体地说，是根据对象有无某种属性，把一个母项划分成具有矛盾关系的两个子项，即把作为母项的属概念划分成正、负两个互相矛盾的概念。如：把战争划分为正义战争和非正义战争；把动物分为脊椎动物和非脊椎动物；把元素分为金属元素和非金属元素。

四、与划分有关的方法

1. 划分与分解

划分不同于分解，但二者很容易混淆。分解是把一个事物分成各个构成部分，被分解者和分解后的部分是整体和部分的关系。划分是把一大类事物分成若干个小类，被划分的母项和划分后的子项是属与种的关系。如把一棵树分成树根、树干、树枝、树叶等部分，这是分解。“树”和“树干”是整体与部分的关系。把“树”分成杨树、榆树、柳树等许多种树，这是划分。“树”和“杨树”是属与种的关系。

2. 划分与科学分类

科学分类就是划分，但又不同于一般的划分。它比一般划分严格得多、深刻得多。科学分类是依据事物的本质属性进行划分的，一般划分是依据事物的一般属性进行划分的；科学分类是一种深层次的划分，一般划分是一种浅层次的划分。进行科学分类，需要掌握一定的专业知识，进行一般划分凭实践经验也就够了。把世界上的动物从低级到高级划分出不同的类、不同的纲和目，需要动物学的专业知识。把一筐苹果划分成大、中、小三种，只用眼睛看一下苹果的大小就能办得到。

3. 划分与列举和举例

列举是明确概念部分外延的一种逻辑方法。它是划分的一种省略形式。划分需要明确概念的全部外延，而列举只明确概念的部分外延，把无需明确的部分省略掉。如：

> 自然科学是研究自然界的物质形态、结构、性质和运动规律的科学，如物理学、化学、生物学等。

这里只明确了自然科学的部分外延。

举例是明确概念外延的个别部分并加以说明的逻辑方法。举例一般包括两部分：一部分是例子，一部分是说明。

五、划分的作用

1. 划分，特别是科学分类对科学发现和理论研究有重大意义

划分，特别是科学分类，是掌握同类事物的共同本质并进而了解事物发展规律的基础环节。不进行科学分类，就无法发现和掌握事物的发展规律。

毛泽东关于新民主主义革命的理论、路线、方针、政策都是在对中国社会的阶级关系进行科学分析、科学划分的基础上提出来的。《毛泽东选集》第1卷第一篇的开头："谁是我们的敌人？谁是我们的朋友？这个问题是革命的首要问题。"这个首要问题从形式上看，就是个逻辑划分问题，即把不同的阶级划分成朋友和敌人两类。毛泽东又根据经济地位和政治态度的不同，把资产阶级分为两部分：官僚资产阶级和民族资产阶级，这又是划分，并且根据民族资产阶级的两面性提出了又联合又斗争的策略思想，预见了这个阶级的活动变化的规律。如何对待民族资产阶级，是统一战线的中心问题，也是当时党的政治路线的基本问题之一。这项重要政策，就是在对官僚资产阶级和民族资产阶级，对民族资产阶级的左翼和右翼进行科学划分的基础上制定的。

革命导师马克思把物质生产分为生产资料的生产和消费资料的生产两大部类，进行深入研究，创立了关于再生产的理论。

化学家门捷列夫的元素周期表，将元素横向分为七个周期，纵向分为九个族(或类)，这种科学分类，对深入研究各类元素的化学性质，对推动整个化学科学的发展都有重要的指导意义。

生物学家达尔文把动物从低级到高级分成若干大类和小类，进行深入的研究，提出了以自然选择为基础的进化论的学说，奠定了现代生物科学发展的基础。

综上所述，科学分类，是发现科学规律的起点，科学规律的发现又会出现新的更高层次的科学分类，新的分类又是更新的科学发现的起点。

2. 划分对日常工作和生活具有重要的方法论的意义

拿领导工作来讲，不少领导人，工作任务繁重，每天日理万机，但经常辛辛苦苦，却事倍功半。而有的领导人善于掌握领导工作的规律，经常考虑在自己负责的全部工作中，哪些是带有全局性的战略性的根本任务，哪些是日常的、临时的、局部的工作；哪些事情应该由自己个人作出决定，哪些事情应该由领导班子集体决定；哪些事情必须由自己亲自挂帅去抓，哪些事情可以按照层次授权的原则交给下级去办；哪些事情需要及时请示上级领导，哪些事情需要与兄弟部门进行协商？如果一个领导人经常对自己的工作进行诸如此类的科学划分，就会减少

盲目性，掌握工作的主动权，有条不紊地开展各项工作。显而易见，掌握领导工作的规律，也是从对领导工作进行科学分类开始的。

3. 划分的规则对写作和讲话有多方面的重要启示

写理论文章和作报告都要把论述的问题分成几个部分和层次，并按照一定的方式把它们组织起来。为了使文章和讲话逻辑严密，动笔之前总要写个提纲，而列提纲要遵守一定的逻辑规则。虽然列提纲是写作方面的事情，不是逻辑划分问题，但逻辑划分的规则对列提纲有重要的启示：

（1）写作和讲话时，论述问题要全面，不要遗漏重要的论点和论据。

逻辑划分有一条规则，就是对母项的划分要做到外延穷尽，不能“遗漏子项”。这条规则启示我们：论述问题要全面，不能遗漏重要的论点和论据。

1991 年 8 月 27 日国务院发言人袁木在中外记者招待会上指出，尽管中国部分地区发生十分严重的自然灾害，但经过努力，中国的经济形势继续向好的方面发展。为了说明这一点，他讲了四个方面的问题：

1）工业生产全面上升；

2）虽遇严重灾害，粮棉油生产仍有可能接近完成当年计划；

3）市场购销正常，物价总水平稳定；

4）进出口增长较快，外商投资增势旺盛。

讲话的总论点是“经济形势继续向好的方面发展”。四个分论点从四个不同方面对总论点进行论证。这个论证是比较全面、比较完整的。如果只讲工业生产形势，不讲农业生产形势；或者只讲生产形势，不讲商业流通形势；或者只讲对内的经济形势，不讲对外贸易，都会遗漏重要的论点和论据，那就显得不全面，不充分了。

（2）各个论点和论证层次应各有侧重，内容不能重复。

逻辑划分有一条规则，就是“子项排斥”，不能犯“子项重叠”的错误。这条规则启示我们：写文章和讲话，各个论点和论证层次都应该有不同的内容，彼此不能重复。如果论点重复或论证层次重叠，就会造成结构混乱。有人作报告，讲的第一个问题和第二个问题实际上是一回事。画蛇添足，徒劳无益，反而造成混乱。

（3）安排文章和讲话的各个部分（或各个论点），要有一定的标准。

逻辑划分的第三条规则，是标准统一。这条规则启示我们，安排文章和讲话的各个部分、各个论点，要有统一的依据。标准混乱也会造成文章和讲话的内容与结构的混乱。

如在论述经济形势继续向好的方面发展时，讲下面几个问题：

1）工业生产全面上升；

2）农业生产可完成当年计划；

3）市场购销正常，物价总水平稳定；

4）进出口增长较快，外商投资增势旺盛；

5）文化教育事业有了新的发展。

前 4 点讲的是经济问题，第 5 点讲的是文化教育问题。把这 5 个问题放在一起讲，依据的标准不统一，造成内容和结构的混乱。

（4）按照不同的层次组织文章（讲话）的总论点、分论点、小论点以及与之相应的论据。

划分的第四条规则是，划分要按一定的层次和顺序进行，不能犯“越级划分”的错误。这一条启示我们，各个级别的论点和论据也有一定的层次，不能跳过一些层次，进行“越级论证”。

如在论述经济形势继续向好的方面发展时，讲下面几个问题：

1）工业生产全面上升；

2）粮食作物可接近完成当年计划；

3）油料作物和棉花的产量可与前一年持平；

4）市场购销正常、物价总水平稳定；

5）进出口增加较快，外商投资增势旺盛。

2）和 3）是隶属于农业生产的两个细类，与 1）、4）、5）三项不是同一个论证层次，不能够与工业生产、市场流通、对外贸易等几个大的方面并列。把不同层次的论点和论据混在一起，也会造成内容和结构的混乱。

第三节　概念的限制和概括

概念的限制和概括是运用概念的内涵和外延的反变关系明确概念的两种逻辑方法。

一、概念的限制

1. 什么是概念的限制

概念的限制是从外延较宽的概念（属概念）过渡到外延较窄的概念（种概念）的一种逻辑方法。如：

人⟶中国人⟶中国工人

概念限制的方法，是通过增加概念的内涵来缩小概念的外延。“人”这个概念，增加“具有中国国籍”这个内涵，就由一般的“人”限制为“中国人”；再增加“具有工人身份”的内涵，就由一般的“中国人”限制为“中国工人”。

从语言形式来讲，概念的限制有两种表达方式：一种是用词组的形式表达，常用的有：“定语＋中心词”，如“中国人”；另一种是用不同的单词对概念直接进行限制。如：“食物⟶水果⟶梨”。

对普遍概念可以进行逻辑限制，对单独概念一般不能再继续进行限制。“大学”这个概念可以限制为“综合性大学”，再进一步限制为“北京大学”，但“北京大学”是单独概念，不能继续限制为“北京大学中文系”。“北京大学”和“北京大学中文系”是整体和部分的关系，不是属与种的关系，而概念的限制，要求限制后的概念与原概念有种与属的关系。

2. 概念限制的作用

概念的限制是运用得非常广泛的一种逻辑方法。

首先，当人们的认识从一般过渡到特殊时，往往需要运用这种逻辑方法。如毛泽东在《中国革命战争的战略问题》中说：

> 我们不但要研究一般战争的规律，还要研究特殊的革命战争的规律，还要研究更加特殊的中国革命战争的规律。

在这里，毛泽东就使用了概念限制的逻辑方法，把“战争的规律”限制为“革命战争的规律”，又限制为“中国革命战争的规律”，使人们的认识由一般过渡到特殊，由对属概念的认识过渡到对种概念的认识，更加具体和深化。

其次，当人们的注意力从大范围缩小到小范围时，也经常使用这种逻辑方法。

公安人员侦破刑事案件，常用这种方法逐渐缩小怀疑对象的范围，把圈子越划越小，直到抓住罪犯为止。如经过调查发现一个强奸杀人犯有下面一些特征：年龄大约 30 岁、身高 170cm 上下、山东口音，左眼角上有块黑痣。公安人员根据是否具有这些特征，排除了很多怀疑对象，他们头脑里形成了这样一个明确的概念：罪犯是一个年龄大约 30 岁、身高大约 170cm、左眼角上有块黑痣、带有山东口音的男人。这种破案的方法，从形式上讲，也是一种概念的限制。概念限制得越具体，怀疑的范围就越小，就越容易最后侦破案件。

不但侦破案件需要运用这种逻辑方法，到商店买东西的每一个人都要运用这种逻辑方法。你对售货员说：“我要北京皮鞋厂生产的 25 号的三节头皮鞋。”这就是概念的限制。通过这种限制，售货员才会知道在许许多多的皮鞋中你究竟需要哪一种皮鞋。

简言之，概念的限制，有利于明确和限制事物的范围。

另外，从语言交流的角度讲，为了使语言更准确、更严谨，也经常使用概念限制的逻辑方法。如“我们的目标是实现现代化”这句话，“现代化”这个概念，没有经过限制，比较笼统，既可以理解为“社会主义的现代化”，也可以理解为“资本主义的现代化”，很不准确。如果经过概念的限制，改成“我们的目标是实现社会主义的现代化”就严谨多了。

3. 与概念的限制有关的逻辑错误

（1）未加限制。

对语言交流中使用的概念，需要限制的必须限制，否则就会犯“未加限制”的逻辑错误。如：

> 我们要建设社会主义的文化，必须继承和发扬民族文化的传统。

这句话不严谨。因为“民族文化的传统”这个概念需要加以限制却没有限制，我们需要继承和发扬的不是民族文化的所有传统，而是“民族文化的优秀传统”。又如：

> 多党合作和政治协商制度，是我国的一项基本政治制度。

这句话也不严谨。因为“多党合作和政治协商制度”这个概念也应该加以必要的限制，应改为：

> 中国共产党领导的多党合作和政治协商制度，是我国的一项基本政治制度。

（2）多余限制。

在语言交流中，对无需限制的概念进行限制，叫多余限制。如：

> 他发表的第一篇处女作就引起了轰动。

处女作就是发表的第一篇作品，用“第一篇”去限制“处女作”是多余的。又如：

> 他用手拿起刀子砍了过去。

拿东西当然是要用手，这是不言自明的事。用“用手”二字限制“拿”这个概念，是画蛇添足。

（3）其他限制不当。

概念的限制，要求限制语必须恰当，否则就会犯“限制不当”的逻辑错误。如：

> 他犯了不可饶恕的错误。

“不可饶恕”一般用来修饰、限制“罪行”这个概念，用“不可饶恕”去限制“错误”，限制语很不恰当，应改为“他犯了不可原谅的错误。”

二、概念的概括

1. 什么叫概念的概括

概念的概括是从外延较窄的概念（种概念）过渡到外延较宽的概念（属概念）的一种逻辑方法。如：

中国工人⟶中国人⟶人

概念概括的方法，是通过减少概念的内涵来扩大概念的外延。“中国工人”这个概念，如果去掉“具有工人身份”这个内涵，它就由种概念变为“中国人”这个属概念。如果再去掉“具有中国国籍”这个内涵，它就变成更大的属概念——“人”。

概念的限制是缩小概念外延的逻辑方法，概念的概括是扩大概念外延的逻辑方法，二者变化的方向是相反的。概念限制的最小极限是单独概念，概念概括的最大极限是哲学范畴。

2. 概念概括的作用

（1）它有助于把人的认识由特殊上升为一般。

如：

价值规律作为经济规律是不以人的意志为转移的客观规律。

当人们对价值规律的客观性缺乏深刻的认识时，上面这个命题运用概念概括的逻辑方法，把“价值规律”概括为“经济规律”，再概括为“客观规律”。经过两次概括，使人们的认识由特殊上升为一般。人们认识了所有规律的客观必然性，也就随之认识了价值规律的客观必然性。

（2）它使人们思考问题的范围由小到大，逐步扩展。

如：

保持生态平衡，不只是中国人，也是全体亚洲人，也是整个人类共同关心的问题。

又如：

产品质量问题，应是所有工厂，所有工业生产部门、物质生产部门，乃至整个社会生产（包括精神生产）部门都要高度重视的问题。

由种概念进入属概念，扩大了人们思考问题的范围。

（3）它有助于明确概念。

譬如什么是“锆”？缺乏专业知识的人对它一无所知。如果用概念概括的方法对它稍加解释，一般人也可以对它有个初步了解：

锆是一种高熔点的金属。

又如什么是“司成”？缺乏专业历史知识的人对它也一无所知。

司成是古代掌管教育的一种官职。

把“锆”概括为它的属概念——金属，把“司成”概括为它的属概念——古代官职，我们对这两个从前一无所知的概念也就有所了解了。

3. 与概念概括有关的逻辑错误

概括的基本要求是：概括后的概念与原概念应有属种关系，并且外延的扩大要适度，否则就会出现“概括不当”的逻辑错误。“概括不当”有两种表现形式：

(1) 非属种概括。

如：

他家饲养了许多鸡、鹅、兔、鸽等家禽。

“兔”和“家禽”不具有种属关系，不能把“兔”概括为“家禽”。

(2) 概括失度。

运用概念的概括扩大概念的外延要适度，即要适合实践的要求，否则就会出现“概括失度”的逻辑错误。如：

他家饲养了许多鸡、鹅、鸭、鸽等生物。

把鸡、鸭等概括为“生物”，这种远距离概括，外延太大了，对实践没有任何帮助。

又如，为了说明“埙”是什么东西，对“埙”作这样的概括：

埙是古代的一种物品。

这也是概括失度，这种概括说明不了什么问题。

埙是古代的一种吹奏乐器。

这是适度的概括（埙→吹奏乐器），明确了概念的内涵。

练　习　题

一、下列定义是否正确？如不正确，违背了哪条规则？

1. 正方形是四边相等的四边形。
2. 长方形是四边和四角都相等的四边形。
3. 真理是人的头脑对客观事物及其规律的反映。
4. 革命是历史的火车头。
5. 官僚主义者就是官僚主义作风严重的人。
6. 形象思维不是逻辑思维。

7. 法院是行使审判权的国家机关。

8. 苦难是人生的老师。

二、下列定义使用的是什么定义方法？

1. 两条直线相交成直角时，就叫两条直线互相垂直。

2. 证明案件真实情况的一切事实，都是证据，证据有下列六种：（1）物证、书证；（2）证人证言；（3）被害人陈述；（4）被告人供述和辩解；（5）鉴定结论；（6）勘验，检查笔录。以上证据必须经过查证属实，才能作为定案的根据（参见《中华人民共和国刑事诉讼法》第三十一条）。

三、下列划分是否正确？如不正确，违背了什么规则？

1. 城市可分为大城市、中小城市、沿海城市、内陆城市。

2. 小说可分为长篇小说、短篇小说、古典小说、外国小说。

3. 劳动者可分为脑力劳动者、体力劳动者、重体力劳动者。

4. 哲学流派可分为唯物主义、客观唯心主义、主观唯心主义。

5. 文学体裁一般分为小说、诗歌、散文三大类。

6. 文学体裁一般分为小说、诗歌、散文、剧本文学、理论文章五大类。

四、分别用二分法和连续划分法把下列名人分成若干类：

李　白	杜　甫	刘　邦	李时珍	诸葛亮	华罗庚
郎　平	李　宁	陈景润	梅兰芳	张　衡	齐白石

五、对下列概念各作一次限制和概括：

苹果　　商品　　阶级　　文学作品

中国画　　单独概念

六、下列概括和限制是否正确，为什么？

中国共产党 { 概括：共产党；限制：中共北京市委员会 }

天津市 { 概括：直辖市；限制：天津市南开区 }

唯物主义 { 概括：哲学；限制：费尔巴哈 }

第四章 简单判断

第一节 判断概述

一、判断及其特征

1. 什么是判断

判断是对事物情况有所断定的思维形式。“有所断定”是指有所肯定，或者有所否定。如：

铜是电的良导体。

这个判断肯定了“铜”具有电的良导体的属性。

瓷瓶不是导电体。

这个判断否定了“瓷瓶”具有导电体的属性。

2. 判断的逻辑特征

判断的第一个逻辑特征是对事物情况有所断定。既不肯定，也不否定，就不是判断。如“金刚石是金属吗?”这是发问，不是判断。

判断的第二个逻辑特征是有真假之分。一个判断对事物情况的断定，如果符合客观实际情况，就是真判断；如果不符合客观实际情况，就是假判断。如“东京是日本的首都”与客观事实相符，是真判断；“神户是日本的首都”与客观事实不一致，是假判断。

判断是有所断定的思维形式。通过这种思维形式，人们对客观事物的情况作出各种不同的断定。不同的是，有些判断是正确的，有些判断是错误的。一个人的认识能力如何，首先就表现在他的分析判断能力上，表现在他对客观事物的断定与客观事物本身是否相符上。

学习逻辑学的目的之一，就是要提高自己的分析判断能力，使自己在各种复杂情况下都能对事物作出正确判断。

二、判断与语句

判断是由概念构成的。概念用词或词组表达；判断用句子或句群表达。语句是表达判断的语言形式，判断是语句表达的重要内容。但二者也有差别：判断是思维形式，语句是语言形式。具体地说，判断和语句有三点不同：

1. 同一个判断可以用不同的语句表达

任何金属都导电。

没有金属是不导电的。

不导电的金属是没有的。

难道有不导电的金属吗？

上面不同形式的四个语句，表示的是一个内容相同的判断。

2. 并非所有的语句都直接表示判断

陈述句（陈述一件事情的句子）直接表示判断。如：

天下雨了。

一般的疑问句（提出一个问题的句子），无所断定，不直接表示判断。如：

你叫什么名字？

这个疑问句只提出问题，无所断定，不直接表示判断。

但疑问句中的反问句（无疑而问，不需回答）直接表示判断。如：

难道党的领导干部就可以搞特殊化吗？

答案无须讲，是否定的。这句话直接表示判断。它的断定内容是：党的领导干部是不可以搞特殊化的。

祈使句（对别人提出请求和要求的句子）一般地不直接表示判断。如：

请给我一支烟！

这个祈使句是表达向别人提出请求，不直接表示判断（但间接地隐含着“我需要烟”的判断）。

感叹句（表达一种强烈感情的句子）一般表示判断。但与一般的判断不同的是，它还带有强烈的感情色彩。如：

多美啊，北京的早晨！

这个感叹句带着强烈的感情色彩表达了“北京的早晨是美丽的”这样一个判断。

3. 用同一个语句可以表达几个不同的判断

例如，“他不在了”这句话，可以表示“他已经离开了某个地方”，也可以表示“他已经去世了”。

三、判断的种类

首先，根据是否包含模态概念，可以把判断分成两大类：模态判断和非模态判断。

然后，再把非模态判断分为两类：简单判断和复合判断。

简单判断，是由单一的判断构成的判断。简单判断包括：关系判断、直言判断。

复合判断，是包含其他判断的判断，一般由两个以上的简单判断构成。复合判断包括：假言判断、选言判断、联言判断、负判断。

第二节　性质判断

一、性质判断及其结构

性质判断是直接断定事物具有或不具有某种性质的判断。这种判断不依赖其他条件，直接对事物的性质作出断定，所以又叫直言判断。如：

所有事物都是发展变化的。

有些物体不是固体。

前一个判断断定所有事物都具有“发展变化”这个属性；后一个判断断定有些物体不具有“固体”的属性。

性质判断由四部分组成：主项、谓项、联项、量项。

主项是反映被断定对象的概念。如上两例中的“事物”和“物体”。

谓项是反映被断定对象的属性的概念。如上两例中的“发展变化”和“固体”。

联项是联结主项和谓项，表示肯定和否定的概念。如上两例中的“是”和“不是”。

量项是反映主项的数量和范围的概念。如上两例中的“所有”、“有些”。

“有些”、“有的”等叫特称量项，在判断中表示对主项的部分外延有所断定。“所有”、“一切”、“任何”等叫全称量项，在判断中表示对主项的全部外延有所断定。全称量项有时可省略，特称量项不能省略。

二、性质判断的种类及其逻辑形式

性质判断是按照质和量的不同来分类的。所谓判断的质，是指判断联项所表示的断定的性质——肯定判断或否定判断。所谓判断的量，是指判断量项所表示的被断定对象的数量。

1. 根据判断的质的不同进行划分

按判断的质的不同，性质判断可分为肯定判断和否定判断。

肯定判断是断定事物具有某种性质的判断，如“北京是中华人民共和国的首都”。

否定判断是断定事物不具有某种性质的判断，如“北京不是海滨城市”。

2. 根据判断的量的不同进行划分

按判断的量划分，性质判断可分为单称判断、特称判断、全称判断。

单称判断是对某一个单独对象作出断定，如“南开大学是一所综合性大学”。

特称判断是对某类事物中的部分对象作出断定，如“有的大学是理工科大学”。

全称判断是对某类事物的全部对象作出断定，如“所有大学都是培养专门人才的基地”。

3. 根据质与量的结合的不同进行划分

按质与量的结合的不同，性质判断可分为下面六种，其名称和逻辑形式是：

名称	逻辑形式
单称肯定判断	这个S是P
单称否定判断	这个S不是P
特称肯定判断	有些S是P
特称否定判断	有些S不是P
全称肯定判断	所有S是P
全称否定判断	所有S不是P

单称判断和全称判断都是对全部主项外延的断定，所以二者统称为全称判断。这样可以把上面六种判断形式归纳为四种：

名称	逻辑形式	简化形式
全称肯定判断	所有S是P	SAP

全称否定判断	所有S不是P	SEP
特称肯定判断	有些S是P	SIP
特称否定判断	有些S不是P	SOP

上面四种判断依次简称为A、E、I、O四种判断。在上述逻辑形式中，S代表主项，P代表谓项。S和P在不同的判断中所表示的具体内容是经常变化的，所以叫逻辑变项。“所有……都是（或不是）……”、“有些……是（或不是）……”是许多性质判断中的相同因素，是不变的，所以叫逻辑常项。

还需要指出：特称量项“有些”、“有的”等的含义与日常习惯用语中使用的“有些”、“有的”等词的含义略有区别。在日常用语中，说“有些衣服是新做的”隐含着“有些衣服不是新做的”的意思。在逻辑用语中，说“有些S是P”，并不隐含“有些S不是P”的意思。它只断定了部分S是P，其余的S怎么样，它没有作出断定。

三、性质判断主、谓项的周延问题

所谓周延问题，就是性质判断的断定范围问题。在一个性质判断中，断定范围既涉及主项的外延，也涉及谓项的外延；有时涉及它们的全部外延，有时只涉及它们的部分外延。凡是断定了主项或谓项的全部外延，那么主项或谓项就是周延的；凡是断定了主项或谓项的部分外延，那么主项或谓项就是不周延的。

下面分别讨论性质判断主项和谓项的周延问题：

1. 全称判断的主项是周延的

“所有S都是P”断定了S类的全部分子都是P类的分子。主项S被全部断定，所以S是周延的。如：

所有的猫都是动物。

这个判断断定了“猫”的全部外延都是动物，所以主项“猫”是周延的。

同理，在“所有S都不是P”中，S也是周延的。

2. 特称判断的主项是不周延的

“有些S是P”只断定了部分S是P，没有断定全部S是P，所以S是不周延的。如：

有些猫是白色的。

这个判断只断定了部分猫是白色的，没有断定所有的猫都是白色的，所以主项“猫”是不周延的。又如：

有的小说是描写农村生活题材的。

这个判断只断定了部分小说是描写农村生活题材的，没有断定所有小说都是描写农村生活题材的，所以主项“小说”是不周延的。

同理，在“有些S不是P”中，S也是不周延的。

3. 肯定判断的谓项是不周延的

“所有S都是P”断定了S类的全部分子都是P类的分子，但并没有断定S类的全部分子是P类的全部分子，也就是说没有断定P的全部外延，所以P是不周延的。如：

所有猫都是动物。

这个判断断定了“猫”的全部外延都是“动物”，并没有断定“猫”的全部外延就是“动物”的全部外延，没有断定全部“动物”都是猫。这个判断没有对谓项“动物”的全部外延作出断定，所以谓项是不周延的。

同理，在“有些S是P”中，P也是不周延的。如：

有些亚洲国家是发达国家。

这个判断断定了有些亚洲国家是发达国家，但没有断定“这些亚洲国家”是“发达国家的全部”，不能把这个判断理解为：全部发达国家只是这些亚洲国家。所以这个判断没有断定“发达国家”这个概念的全部外延，因此它是不周延的。这一点很容易理解。但对下例中的谓项是不周延的，有不少人想不通：

有些动物是猫。

有人会想：“动物”的外延大，“猫”的外延小，一部分“动物”就可以是“猫”的全部外延。在“有些动物是猫”这个判断中，不是已经断定了“有些动物”是猫的全部吗？既然断定了“猫”的全部外延，谓项猫不就是周延的吗？

其实这种理解是片面的。上述判断只断定了有些动物是猫，而没有断定有些动物一定是“猫”的全部。请看下例：

有些动物（如黑猫）是猫。

如果“有些动物”是指黑猫，那么“黑猫”只能是猫的一部分，而不是全部。这就是说，在“有些动物是猫”这个判断中，并不能断定“有些动物”就是“猫”的全部。既然没有断定“猫”的全部外延，那么谓项猫就是不周延的。

从逻辑形式来讲，“有些S是P”只断定了S类的有些分子是P类的分子，没有断定S类的有些分子是P类的全部分子，也就是没有断定P的全部外延，所以P是不周延的。

4. 否定判断的谓项是周延的

所有S都不是P，断定了S类的全部分子都不是P类的任何分子，断定了P类的全部外延，所以P是周延的。如：

塑料不是金属。

这个判断断定了所有塑料都不是金属中的任何一种，即任何塑料都排除在金属的全部外延之外，这里断定了金属的全部外延，所以谓项金属是周延的。

在“有些S不是P”中，断定了有些S不是P类中的任何分子，也就断定了有些S被排除在P的全部外延之外，所以P也是周延的。如：

有些工人不是北京人。

这个判断断定了“有些工人”不是北京人中的任何一个，也就是断定了北京的所有人都不是这些工人，这里断定了“北京人”的全部外延，所以谓项“北京人”是周延的。

为了便于记忆，把性质判断主、谓项的周延情况归纳为下面两句话：

区分主项是否周延看量项是全称还是特称（全称则周延，特称则不周延）。

区分谓项是否周延看联项是肯定还是否定（肯定则不周延，否定则周延）。

四、性质判断之间的对当关系

性质判断之间的对当关系，是指主、谓项都相同的A、E、I、O四种判断之间的一种特定的真假制约关系（其中一个判断的真假可以制约其他三个判断的真假）。它们之间的真假制约关系，用一个四方图形来表示，就是一种逻辑方阵。在这个方阵中，A代表全称肯定判断，E代表全称否定判断，I代表特称肯定判断，O代表特称否定判断。它们之间的对当关系很直观。

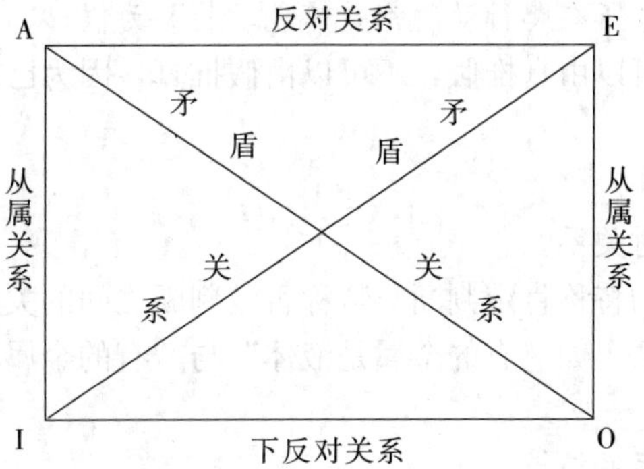

方阵中的每一条线，都表示两种判断之间的一种特定关系，特定关系共有四种：

1. 反对关系

（1）何为反对关系？

主、谓项相同的全称肯定判断和全称否定判断之间的关系，即A与E的关系，是一种反对关系。如“所有金属都是导电体”与“所有金属都不是导电体”这两个判断之间的关系就是反对关系。

（2）反对关系的特点。

反对关系的特点是不可同真可同假。具有反对关系的两个判断，不能都是真的。如：

所有金属都是导电体（真）。

所有金属都不是导电体（假）。

其中一个判断是真的，则另一个判断就不能是真的（必须是假的）。但具有反对关系的两个判断，可以同时都是假的。如：

所有物体都是固体（假）。

所有物体都不是固体（假）。

（3）反对关系的推理方向。

反对关系的推理方向是可以由真推假。这种推理方向叫顺向推。在具有反对关系的两个判断中，已知其中一个是真的，就可以推出另一个是假的。

如，由A真可推出E假：

[已知]："所有金属都是导电体"为真

[推出]："所有金属都不是导电体"为假

又如，从E真可推出A假：

[已知]："所有爬行动物都不是哺乳动物"为真

[推出]："所有爬行动物都是哺乳动物"为假

反对关系，只可以由真推假，不可以由假推真，因为已知其中一个为假，则另一个真假不定。

2. 下反对关系

（1）何为下反对关系？

主、谓项相同的特称肯定判断与特称否定判断之间的关系，即I与O之间的关系，是下反对关系。如"有的金属是液体"与"有的金属不是液体"之间就是下反对关系。

（2）下反对关系的特点。

下反对关系的特点是不可同假可同真。具有下反对关系的两个判断不能同时都是假的。其中一个是假的，则另一个必须是真的。如：

有的地主不是剥削者（假）。

有的地主是剥削者（真）。

前者为假，后者不能同时为假。但具有下反对关系的两个判断可以同时都是真的。如：

有的金属是液体（真）。

有的金属不是液体（真）。

（3）下反对关系的推理方向。

下反对关系的推理方向是可以由假推真。这种推理方向叫反向推。在具有下反对关系的两个判断中，已知其中一个是假的，就可以推出另一个是真的。

由I假可推出O真，如：

［已知］："有的昆虫是哺乳动物"为假

［推出］："有的昆虫不是哺乳动物"为真

从O假也可推出I真，如：

［已知］："有的地主不是剥削者"为假

［推出］："有的地主是剥削者"为真

下反对关系可以由假推真，不可以由真推假，因为已知其中一个为真，则另一个真假不定。

3. 矛盾关系

（1）何为矛盾关系？

主、谓项相同的全称肯定判断与特称否定判断，以及全称否定判断与特称肯定判断，即A与O、E与I之间是矛盾关系。

（2）矛盾关系的特点。

矛盾关系的特点是既不能同真也不能同假。具有矛盾关系的两个判断，既不能同真也不能同假。二者之中，有一真必有一假，有一假必有一真。

（3）矛盾关系的推理方向。

矛盾关系的推理方向是既可以由真推假，也可由假推真。这种推理方向叫双向推。在A与O、E与I之间，已知其中一个为真，可推知另一个为假，即由真推假。如：

［已知］："所有金属都是导电体"为真

［推出］："有些金属不是导电体"为假

又如：

［已知］："所有的昆虫都不是哺乳动物"为真

［推出］："有的昆虫是哺乳动物"为假

已知其中一个为假，可推知另一个为真，即由假推真。如：

［已知］："有些侵略战争是正义的"为假

［推出］："所有侵略战争都不是正义的"为真

又如：

［已知］："有些地主不是剥削者"为假

［推出］："所有地主都是剥削者"为真

4. 从属关系

(1) 何为从属关系?

在主、谓项相同并且同质的两个判断中,全称判断和特称判断之间的关系是从属关系,即 A 与 I、E 与 O 之间是从属关系(A 与 I 同质、E 与 O 同质)。

(2) 从属关系的特点。

在同质的两个判断中,全称判断真,特称判断就也真;特称判断假,全称判断就也假。也就是说,二者可以同真,可以同假。

(3) 从属关系的推理方向。

在一对同质的判断中,往下推,真推真;往上推,假推假(见逻辑方阵)。

在两个肯定判断(A 与 I)或者两个否定判断(E 与 O)之间,由全称判断的真可以推出特称判断的真(往下推,真推真)。如:

[已知]:"所有金属都是导电体"为真

[推出]:"有些金属是导电体"为真

又如:

[已知]:"所有昆虫都不是哺乳动物"为真

[推出]:"有些昆虫不是哺乳动物"为真

在两个肯定判断(A 与 I)或者两个否定判断(E 与 O)之间,由特称判断的假,可以推出全称判断的假(往上推,假推假)。如:

[已知]:"有的事物是绝对静止的"为假

[推出]:"所有事物是绝对静止的"为假

又如:

[已知]:"有的地主不是剥削者"为假

[推出]:"所有地主不是剥削者"为假

在两个同质的判断中,往下推,由真推真;往上推,由假推假。除此而外的推理,其结果真假不定。

把上面四种特定的推理关系归纳一下,可以化繁为简,总括为四句话:

(1) 反对关系:顺向推——由真推假;

(2) 下反对关系:反向推——由假推真;

(3) 矛盾关系:双向推——{由真推假 / 由假推真;}

(4) 从属关系:{往下推——由真推真 / 往上推——由假推假;}

除此而外的推理,其结果真假不定。

五、准确地使用性质判断

从逻辑学的角度讲，要准确地使用性质判断，应注意几个问题：

1. 准确地选择量项

作判断要根据实际情况确定主项的断定范围，该使用全称判断的不宜使用特称判断，该使用特称判断的不能使用全称判断。如：

乡镇企业产品的质量都不行。

这是一个不恰当的判断。虽然有些乡镇企业产品的质量较差，但并不是它们所有产品的质量都差，应改为"有些乡镇企业产品的质量是不行的"。又如：

有些现象反映本质。

本质决定现象，现象反映本质。所有现象，包括假象，都从不同侧面反映本质。这里应该使用全称肯定判断：一切现象都反映本质。上面这个特称判断，从逻辑意义上讲虽然是一个真判断，但从实践意义上讲是不够恰当的判断。

为了使判断更加准确，不但要确定使用全称量项还是使用特称量项，而且还要确定使用哪一种语言形式具体地表达特称量项。在汉语中，表达特称量项的语词是很丰富的，除了"有些"、"有的"之外，下面判断中的几种量项也是常用的："几乎全部S是P"、"绝大多数S是P"、"大多数S是P"、"多数S是P"、"相当多的S是P"、"少数S是P"、"极少数S是P"、"个别S是P"。这些量项表达的都是不确定的概数，也可以用确定的比例，如"2/3"、"80%"等表示量项。选准量项，判断才更加严谨。

2. 准确地使用联项

性质判断的联项表示判断的质。要准确地作出判断，就要准确地使用联项。

首先，在使用多重否定时，不要错用联项。如：

我并不是对你没有不怀好意的。

这个判断本来是表达"我是对你怀有好意的"，由于误用多重否定，适得其反，成了"我是对你不怀好意的"。这就导致了整个判断的错误。

其次，为准确地使用联项，在汉语中常常对联项加以不同的限定，如"完全是"、"绝对是"、"基本上是"、"本质上是"、"主要是"、"一般是"、"可以说是"、"在某种意义上是"……下面对常用的几种略加介绍：

(1)"……完全是……"。

如：

你的意见完全是错误的。

在这个判断中，"完全是"表示两层意思：一是表示断定的范围——你的所有意见都是错误的；二是表示断定程度——对断定表示绝对相信，没有任何怀疑。

（2）“……基本上是……”。

如：

这部作品基本上是好的。

任何一个（或一类）被断定对象的情况都是复杂的。它有主流方面也有支流方面，有基本方面也有非基本方面。“……基本上是……”这种判断形式，是对某一个（或某一类）事物的主流方面、基本方面的性质的断定。“这部作品基本上是好的”这个判断，一方面肯定了作品的主流方面、基本方面是好的，另一方面也隐含着作品中还有不太好的因素和方面。

（3）“……主要是……”。

如：

所谓经济基础，就是生产关系，主要是所有制。

一个事物由很多部分和很多方面组成。“……主要是……”这种判断形式，是对事物的主要组成部分和主要方面作出断定，这是一种对事物的主要构成方面加以强调的判断形式。

（4）“……一般地是……”。

如：

民族资产阶级一般地都有两面性。

采用“一般地是（有）”作联项也有两层含义：一是表示主项的多数而不是全部具有谓项的属性；二是表示某一个对象在一般情况下（而不是在任何情况下）具有谓项的属性。

（5）“……可以说是……”。

如：

在紧要关头思想动摇，可以说是一种背叛。

联项“可以说是”的含义是：接近是又不完全是。这是一种断定程度较弱的、不太充分的肯定。极而言之，事物具有某种性质，但从发展过程来讲，目前还没有完全达到那种程度。

（6）“……在某种意义上是……”。

如：

这次失败使他头脑清醒了，在某种意义上是好事。

这种判断形式表示只是在某种限定的范围内（使他头脑清醒），主项才具有谓项的属性（是好事），超出这个范围主项就不再具有谓项的属性。

3. 对有些判断要限制必要的前提条件

任何判断都是在一定的条件下成立的，但有的条件是人所共知的，无须专门指出。有的判断是在特定的条件下成立的，在作出这些判断时，必须同时指出这些判断存在的前提条件。如：

在剥削阶级作为阶级消灭以后，阶级斗争已经不是主要矛盾了。

作出“阶级斗争已经不是主要矛盾”的判断，是有特定的前提条件的，离开这个前提条件，这个判断就可能是错误的。所以对有些判断要限制必要的前提条件。

在坚持“二为”方向的前提下，我们的文艺无疑是需要多样化的。

这个判断也是有前提条件的。抛开这个前提条件，这个判断就可能是不恰当的。

练　习　题

一、指出下列语句哪些直接表示判断，哪些不直接表示判断，为什么？

1. 地球上有哪些国家？
2. 海外的炎黄子孙谁不日夜思念祖国！
3. 请把大衣递给我！
4. 这场球赛多么精彩啊！
5. 祝你们取得更大的成功！
6. 人民热爱祖国。

二、下列判断是何种直言判断，指出其主项、谓项、联项、量项（包括省略部分），并写出各个判断的逻辑形式：

1. 每一事物都是有矛盾的。
2. 任何事物都不是静止不变的。
3. 有些矛盾是对抗性矛盾。
4. 有些矛盾是非对抗性矛盾。
5. 有些矛盾不是非对抗性矛盾。
6. 个个是英雄。
7. 人皆有死。
8. 《阿Q正传》的作者不是北方人。
9. 无论什么困难都不是不可克服的。

10. 这台收音机不是天津产的。

三、下列判断的主项和谓项是否周延？为什么？

1. 所有的文艺杂志都是杂志。
2. 凡承认物质第一性、意识第二性的人都是唯物主义者。
3. 有神论者都不是唯物主义者。
4. 有些轮船是客轮。
5. 有些亚洲国家不是发达国家。
6. 事物不是不变化的。
7. 不少科学家都是自学成才的。
8. 这个人不是作家。

四、下列各组判断之间是什么关系？

1. ｛所有的运动员都是青年
所有的运动员都不是青年

2. ｛所有的运动员都是青年
有的运动员不是青年

3. ｛有的运动员是青年
有的运动员不是青年

4. ｛所有的运动员都不是青年
有的运动员不是青年

五、已知下列判断的真假值，请根据直言判断的对当关系，指出与其主、谓项相同的其他三种直言判断的真假情况：

1. 已知“有的金属不是导电体”为假。
2. 已知“所有事物都不是静止不变的”为真。
3. 已知“所有物体都是固体”为假。
4. 已知“有些树木是乔木”为真。

第三节　关系判断

在分析关系判断之前，先看一个简单的逻辑题。某次形式逻辑考试中有这样一道试题：

甲、乙、丙三人分别是三个举重队的运动员，都得过金牌。已知甲是乙的哥哥，但乙不是甲的弟弟；丙是乙的弟弟，但乙不是丙的哥哥。请问甲、乙、丙三人是什么关系？

要回答这个问题，就要懂得什么是关系判断。

一、什么是关系判断

关系判断是断定事物与事物之间关系的判断。如："老王和老张是朋友"、"黄河在长江之北"、"钝角大于锐角"、"资产阶级剥削无产阶级" 等都是关系判断。

关系判断通常由三部分组成：

1. 关系项

关系项也叫关系主项，是关系判断的断定对象，即表示一定关系的承担者的概念。关系总是存在于两个或两个以上的事物之间，因此关系判断的断定对象就有两个或两个以上。第一个断定对象叫第一关系项，第二个断定对象叫第二关系项……上面各例中的"老王" 和 "老张"、"黄河" 和 "长江"、"钝角" 和 "锐角"、"资产阶级" 和 "无产阶级" 都是关系主项，前者是第一关系项，后者是第二关系项。在两项关系中，前者也叫关系前项，后者也叫关系后项。

2. 关系

关系是指事物之间的某种特定关系的具体内容。如表示时间关系的有：先于、晚于、同时、相连、相隔等；表示方位关系的有：在……之上、之下、之内、之外、之前、之后、之南、之北等；表示距离关系的有：相接、相邻、相距、相隔等；表示数量关系的有：大于、小于、等于、轻于、重于、长于、短于等；表示人际关系的有：同事、同乡、父子、兄弟等；表示行为关系的有：侵略、剥削、战胜、支援、表扬等。

3. 量项

量项表示关系主项所反映的事物的数量。如："在抗洪救灾中，有些解放军救出了这个村全部的落水群众"，"有些" 是关系前项的量项、"全部" 是关系后项的量项。

关系判断的逻辑形式是 R（A、B、C……n）其中 A、B、C 等表示关系主项，R 表示关系，n 表示关系主项的数目。

二、关系性质的分类

根据各种关系的不同特点，把关系分为下面三类：

1. 对称性关系

对称性关系又分为对称关系、反对称关系、半对称关系三种。

（1）对称关系。

对称关系存在于两个或两类事物之间。在两个或两类事物之间，如果甲事物对乙事物有某种关系，乙事物对甲事物肯定也具有同样的关系，那么二者之间的关系叫对称关系。用公式表示是：如R（A，B）成立，则R（B，A）也成立。

如：甲和乙是同乡，乙和甲当然也是同乡，同乡关系就是对称关系。甲和乙是邻居，乙和甲当然也是邻居，邻居关系也是对称关系。

这种相互肯定具有的内容相同的关系就是对称关系。相同关系、相等关系、相似关系、同时关系、共存关系、交叉关系、矛盾关系、对立关系、同盟关系、战友关系、邻居关系、同乡关系、同学关系、同事关系等都是对称关系。

（2）反对称关系。

如果甲事物对乙事物有某种关系，而乙事物对甲事物肯定不具有此种关系，那么二者之间的这种关系叫反对称关系。用公式表示是：如R（A，B）成立，则R（B，A）必然不成立。

如：五大于三，而三肯定不能再大于五，大于关系就是反对称关系。地主阶级剥削农民阶级，农民阶级肯定不会剥削地主阶级，剥削关系也是反对称关系。

像侵略、压迫、战胜、年长于、年幼于、大于、小于、之上、之下，以及长辈与晚辈之间的某些称谓关系（如甲是乙的父亲）都是反对称关系。

（3）半对称关系。

如果甲事物对乙事物具有某种关系，而乙事物对甲事物可能具有、也可能不具有此种关系，甲乙二者的关系叫半对称关系。用公式表示是：如R（A，B）成立，则R（B，A）可能成立，也可能不成立。

如：甲喜欢乙，乙可能喜欢甲，也可能不喜欢甲。“喜欢”就是半对称关系。甲信任乙，乙可能信任甲，也可能不信任甲。信任关系也是半对称关系。

其他像认识、尊重、佩服、支援、帮助、赞美、批评等都是半对称关系。

2. 传递性关系

传递性关系存在于三个（或三类）或三个以上的事物之间，包括传递关系、反传递关系、半传递关系。

（1）传递关系。

如果甲事物与乙事物有某种关系、乙事物与丙事物也具有这种关系，而甲事物与丙事物同样具有此种关系，那么三者之间的这种关系就叫传递关系。用公式表示是：如R（A，B）并且R（B，C）成立，则R（A，C）成立。

如：篮球大于排球，排球大于乒乓球，则篮球大于乒乓球。这种大于关系就是传递关系。

像大于、小于、早于、晚于、年长于、年幼于、在前、在后、相等、平行、包含等都是传递关系。

（2）反传递关系。

如果甲事物对乙事物有某种关系，乙事物对丙事物也有此种关系，而甲事物对丙事物肯定不具有此种关系，那么此种关系是反传递关系。

如：甲是乙的父亲，乙是丙的父亲，那么甲肯定不是丙的父亲。这就是反传递关系。

又如：甲比乙年长三岁，乙比丙年长三岁，那么甲比丙肯定不是年长三岁。这种年长三岁的关系就是反传递关系。

在亲属关系中，大部分的称谓关系，如是谁之父、是谁之母（包括叔、伯、姑、姨等）都是反传递关系。（是谁之兄、之弟、之姐、之妹不是反传递关系，而是传递关系。如甲是乙之兄，乙是丙之兄，所以甲是丙之兄。）在数量关系中，年长或年幼多少岁，递增和递减多少个以及平面上的垂直关系等也是反传递关系。

（3）半传递关系。

如果甲事物对乙事物有某种关系，乙事物对丙事物也有这种关系，而甲事物对丙事物可能有、也可能没有此种关系，那么这种关系叫半传递关系。

如：甲认识乙、乙认识丙，则甲可能认识、也可能不认识丙。三者间的这种认识关系是半传递关系。

其他像尊重、佩服、信任、帮助等都是半传递关系。

3. 自返性关系

自返性关系是一种比较特殊的关系，包括自返关系和非自返关系两种。

（1）自返关系。

自返关系是事物与其自身发生的某种关系。用公式表示是：R（A，A），A是关系主项，R是自返关系。如：

他自杀了。

自己杀害自己，这是自返关系。自杀行为的施动者是他自己，受动者也是他自己。这是自身与自身发生的关系。

其他像自我改造、自我反省、自我批评、自我评价、自我监督、自我保护、自我折磨、自我欣赏等都是自返关系。

（2）非自返关系。

所谓非自返关系是自身和自身不能发生的关系，用公式表示是：R（A，A）不能成立。

如压迫、剥削、专政、侵略等行为都是非自返关系。美国可以侵略别的国家，但美国不可能侵略美国。侵略这种行为在自身与自身之间是不能发生的。

“三”不能大于“三”自身，大于关系也是非自返关系。

以上分析了对称性、传递性、自返性三种类型的关系。由于关系性质的不同，关系主项的多少也不同。自返性关系有一个关系主项，是一项关系；对称性关系有两个关系主项，是两项关系；传递性关系有三个或者更多的关系主项，是多项关系。

三、区分关系性质的实践意义

区分关系的性质，对正确进行关系推理有重要的实践意义，因为只有掌握关系的性质，才能根据其逻辑特性正确进行关系推理。

譬如在本节开始所列的逻辑题中，甲与乙的关系，就是一种反对称关系。甲是乙的哥哥，乙肯定不会是甲的哥哥。乙或者是甲的弟弟，或者是甲的妹妹。已知条件中已说明乙不是甲的弟弟，所以乙只能是甲的妹妹。

乙与丙的关系也是反对称关系。丙是乙的弟弟，乙肯定不会是丙的弟弟。乙或者是丙的哥哥，或者是丙的姐姐。已知条件中已说明乙不是丙的哥哥，所以乙只能是丙的姐姐。

由此可知：甲与乙是兄妹关系，乙与丙是姐弟关系。甲、乙、丙之间是兄妹姐弟关系。

区分关系的性质对进行推理的实践意义，在第六章第四节中会有更详细的论述，此处从略。

练　习　题

一、在下列判断中，哪些是关系判断，哪些不是关系判断？为什么？

1. 小张和小王是同学。
2. 小张和小王都是三好学生。
3. 人民的利益高于一切。
4. 人民的利益是至高无上的。
5. 地球吸引月球。
6. 月球是地球的卫星。
7. 地球不是月球的卫星。
8. 地球和月球都是球形。

二、下列关系是对称关系，反对称关系，还是半对称关系？

1. 等于　　2. 压迫　　3. 支援

4. 同时　　5. 早于　　6. 尊重

三、下列关系是传递关系，反传递关系，还是半传递关系？

1. 大于　　2. 是……父亲　　3. 相识

4. 大三岁　5. 在……之前　　6. 帮助

四、下列关系是自返关系，还是非自返关系？

1. 自我欣赏　　2. 自我安慰　　3. 自我介绍

4. 相信自己　　5. 自欺　　6. 自重

7. 大于　　8. 侵略　　9. 剥削

第五章 复合判断和模态判断

简单判断是不包含其他判断的判断，它由单一的判断构成。性质判断和关系判断都是简单判断。复合判断是包含其他判断的判断，假言判断、选言判断、联言判断、负判断都是复合判断。如：

如果植物缺乏水分，那么它就会死亡。

这个假言判断就是复合判断。它包含两个简单判断："植物缺乏水分"和"它就会死亡"。

复合判断由若干个肢判断和联结项构成。肢判断就是组成复合判断的简单判断，上例中的两个简单判断就是两个肢判断。联结项是联结肢判断并表示肢判断之间关系的概念，如上例中的"如果……那么……"就是联结项，它表示两个肢判断之间是条件与结果的关系。

第一节 假言判断

在分析假言判断之前，先介绍一个小故事：

在某中学数学竞赛的发奖会后，有一位记者向在场的同志提出了这么一个问题：在什么情况下，$2+3\neq5$（2、3、5 不带任何名数）？得奖的同学和在场的老师冥思苦想都找不出答案，于是有的同志断言，在任何情况下，2＋3 都不会不等于 5。那位记者当场宣布了答案后使大家愕然并心服口服，他说在 $1+1\neq2$ 的情况下，$2+3\neq5$，用规范的逻辑语言说是：

如果 $1+1\neq2$，那么 $2+3\neq5$

这位记者讲的就是一个充分条件的假言判断。

一、什么是假言判断

1. 定义

假言判断是断定一事物情况存在是另一事物情况存在的条件的判断，也叫条件判断。它反映客观事物之间存在着条件与结果的关系。如：

只有能被 2 整除的数，才能被 4 整除。

这是个假言判断。它断定“被 2 整除”是“被 4 整除”的条件。一个数，不具备这个条件就不能被 4 整除。它断定了前者与后者之间是条件与结果的关系。

2. 结构

假言判断由前件、后件、联结项三个部分组成：

前件是表示条件的肢判断，如上例中的“能被 2 整除的数”。

后件是表示结果的肢判断，如上例中的“被 4 整除”。

联结项是把前件和后件联系起来并表示前件与后件的一定的关系的概念，如上例中的“只有……才……”。

3. 分类

根据条件与结果之间关系的三种不同情况，假言判断分为三种：充分条件的假言判断、必要条件的假言判断、充分必要条件的假言判断。

二、充分条件假言判断

1. 定义

在一个假言判断中，如果前件是后件的充分条件，那么这个假言判断就是充分条件假言判断。

什么是充分条件？

充分条件就是产生某一结果的充足的、足够的条件。有了它就一定会有某个结果。如：

如果物体摩擦，那么它就会生热。

不管什么物体，只要摩擦就会生热。要得到“生热”这个结果，只要有摩擦这一个条件就足够了。摩擦就是生热的充分条件。

2. 特点

充分条件有两个最明显的特点：一是有此条件必有此结果；二是无此条件不一定无此结果。简言之：有之必然，无之未必不然。

以摩擦生热来说，有了“摩擦”这个条件，肯定会出现“生热”这个结果。但没有“摩擦”这个条件，物体却不一定就不能生热。因为生热的原因很多，摩擦可以生热，燃烧可以生热，太阳暴晒也可以生热。摩擦了，一定会生热，不摩擦，不一定不生热，因为用其他办法还可以生热。

因此对充分条件来说，有它和没有它，其结果大不一样：有它，结果是确定的（肯定有）；没有它，结果是不确定的（可能有，也可能没有）。

3. 逻辑形式

充分条件假言判断的逻辑形式是：

如果 p，那么 q

其中 p 是前件，q 是后件，“如果……那么……”是联结项。联结项也可以用符号“⟶”（读为蕴涵）表示。上述逻辑形式也可表示为：

$p \longrightarrow q$

在汉语中，表达充分条件假言判断的联结项的语词有：“如果……那么”，“只要……就……”，“若……则……”等。这些联结项，可以说是充分条件假言判断的语言标志。这些联结项可以省略，但不能与下边讲的必要条件假言判断的联结项混用。

4. 真假问题

假言判断也像性质判断一样有真有假。衡量一个假言判断是真是假，主要是看前件与后件之间有没有条件联系和有什么样的条件联系。

衡量一个充分条件假言判断是真是假，主要是看前件是不是后件的充分条件。如果前件是后件的充分条件，那么这个充分条件假言判断就是真的，否则就是假的。

对于一个真的充分条件的假言判断来说，它的前件与后件的真假值情况有下面三种：

（1）前件真　　后件真

（2）前件假　　后件真

（3）前件假　　后件假

如果一个充分条件的假言判断，它的“前件真而后件假”，那么它肯定是假的。

所谓前件或后件真，是指前件或后件断定的情况存在；所谓前件或后件假，是指前件或后件断定的情况不存在。请看下面的这个充分条件的假言判断：

假若我当总理就任命你当财政部长。

这个充分条件假言判断在什么情况下是真的，在什么情况下是假的呢？它的前件与后件的真假值关系有下列四种：

（1）我当了总理并且任命你作财政部长。即前件真，后件真，整个假言判断是真的。

（2）我当了总理但没有任命你作财政部长。即前件真，后件假，整个假言判断是假的。

（3）我没有当总理，但你却当上了财政部长。即前件假，后件真，整个假言判断是真的。

（4）我没有当总理，你也没有当财政部长。即前件假，后件假，整个假言判断也是真的。

以上四种情况，只有第二种情况整个假言判断是假的。因为第二种情况否定了前件是后件的充分条件（有前件必有后件）。既然前件不是后件的充分条件，那么在这种情况下，它作为充分条件假言判断就是假的。而在（1）、（3）、（4）三种情况下，它都可以是真的。又如：

如果珠穆朗玛峰是世界最低的山峰，那么泰山的主峰玉皇顶就肯定比它高。

这也是一个充分条件的假言判断，它的前件是假的，后件也是假的，但前件是后件的充分条件（有此条件必有此结果），所以这个假言判断是真的。

三、必要条件假言判断

1. 定义

在一个假言判断中，如果前件是后件的必要条件，那么此判断就是必要条件的假言判断。

什么叫必要条件？

必要条件就是产生某一结果所必需的、不可缺少的条件。缺少这个条件不可能产生这个结果。如：

只有能被 2 整除的数，才能被 4 整除。

不管什么数，只要不能被 2 整除，就肯定不能被 4 整除，没有这个条件就没有这个结果，“被 2 整除”就是“被 4 整除”的必要条件。

2. 特点

必要条件也有两个明显特点：一是无此条件必无此结果；二是有此条件不一定有此结果。简言之：无之必不然，有之未必然。如：

只有合理施肥，农作物才能丰收。

没有“合理施肥”这个条件，就没有“农作物丰收”这个结果。但是只有“合理施肥”这一个条件，却不一定有“农作物丰收”这个结果。因为农作物丰收还需要品种优良、合理密植、雨量适度、光照充足、防治病虫害及时等多种条件。“合理施肥”是“农作物丰收”的一个必要条件（缺少它不行），但不是取得丰收的全部的、充分的条件。由此可见，对必要条件来讲，没有它和有它存在，结果大不一样：没有它就不会产生结果；有它倒不一定必然产生结果。

3. 逻辑形式

必要条件假言判断的逻辑形式是：

只有 p，才 q

其中 p 表示前件，q 表示后件，“只有……才……”是联结项。联结项也可以用符号“$\leftarrow$”（读为反蕴涵）表示。上述逻辑形式也可表示为：

$p \leftarrow q$

在汉语中，表达必要条件假言判断联结项的语词有：“只有……才……”，“必须……才……”，“除非……才……”，“不……不……”，“没有……就没有……”等。如：

（1）必须有一个好的身体，才能胜任繁重的工作。

（2）除非年满 18 周岁，才有选举权。

（3）没有调查研究，就没有发言权。

（1）、（2）、（3）都是必要条件的假言判断，其联结项也可改用“只有……才……”。如：

只有有了好的身体，才能胜任繁重的工作。

只有年满 18 周岁，才有选举权。

只有（经过）调查研究，才有发言权。

对用“只有……才……”作联结项的必要条件假言判断容易识别，对用“没有……就没有……”或者用“不……不……”作联结项的必要条件假言判断，容易发生误解。如对“没有调查研究，就没有发言权”这个判断，有人认为是必要条件的假言判断，有人认为是充分条件的假言判断，实际上二者并不矛盾：

“没有调查研究，就没有发言权”作为必要条件假言判断来讲，前件是“调查研究”，后件是“发言权”，联结项是“没有……就没有……”。

“（如果）没有调查研究，就没有发言权”作为充分条件假言判断来讲，前件是“没有调查研究”，后件是“没有发言权”，联结项是“如果……就……”，不过把“如果”一词省略罢了。

4. 真假问题

衡量一个必要条件假言判断是真是假，主要看前件是不是后件的必要条件。如果前件是后件的必要条件（即无此条件必无此结果），那么这个必要条件假言判断就是真的，否则就是假的。

对于一个真的必要条件的假言判断来说，它的前件与后件的真假值情况有下面三种：

(1) 前件假　　后件假

(2) 前件真　　后件真

(3) 前件真　　后件假

如果一个“必要条件的假言判断”，它的“前件假而后件真”（无此条件却有此结果），那么它肯定是假的。

四、充分必要条件假言判断

1. 定义

在一个假言判断中，如果前件是后件的充分必要条件，那么这个假言判断就是充分必要条件假言判断，简称充要条件假言判断。

什么叫充分必要条件?

充分必要条件（简称充要条件），就是既是充足的，又是不可缺少的条件。有了它就有某结果，没有它就没有某结果。如：

只要而且只有三角形的三边相等，才三角相等。

这就是充要条件的假言判断。在一个三角形中，有三边相等这个条件，就有三角相等这个结果；没有三边相等这个条件，就没有三角相等这个结果。三边相等是三角相等的充分必要条件。

2. 特点

充要条件的特点是：有此条件必有此结果，无此条件必无此结果。简言之：有之必然，无之必不然。如：

只需而且必须有作用力，才有反作用力（“作用力”、“反作用力”为力学概念）。

“作用力”是“反作用力”的充分必要条件。有作用力，就肯定有反作用力；没有作用力，就肯定没有反作用力。即：有这个条件就肯定有这个结果；没有这个条件就肯定没有这个结果。

3. 逻辑形式

充要条件假言判断的逻辑形式是：

只要而且只有 p，才 q

其中 p 表示前件，q 表示后件，“只要而且只有……才……”是联结项。联结项还可以用符号“$\longleftrightarrow$”（读为等值）表示。上述逻辑形式也可表示为：

$p\longleftrightarrow q$

在汉语中，表达充要条件假言判断联结项的语词有：“只要而且只有……才……”，“只需而且必须……才……”，“当且仅当……才……”等。如：

只要而且只有人犯我，我才犯人。

“人犯我”是“我犯人”的充要条件。

4. 真假问题

衡量一个充分必要条件假言判断是真是假，主要看前件是不是后件的充要条件。如果是则真，如果不是则假。

如果一个充要条件假言判断是真的，它必须同时具备下列两个条件：

（1）前件真　　后件真

（2）前件假　　后件假

在下列两种情况下，它就是假的：

（1）前件真　　后件假

（2）前件假　　后件真

也就是说，一个假言判断，只有当其前后件具有逻辑上的等值关系（即两个判断间的同真同假关系）时，它才是一个真的充要条件假言判断。

五、正确运用假言判断

正确运用假言判断，要注意做到下面几点：

1. 分清是不是假言判断

有些命题的语言表达形式，和假言判断的语言表达形式很相似，实际上又不是假言判断。如：

如果说两年前她还有点土里土气，那么现在简直成了摩登女郎了。

这句话采用了“如果……那么……”这种句式，但它表达的不是假言判断。因为“两年前的土里土气”和“现在成了摩登女郎”之间不具备条件与结果的关系。它只是一种修辞手段，把两年前和两年后的情况加以对比，以增强语言效果。又如：

如果 2＋3＝5，那么雪是白的。

在这个命题中包含两个判断：“2＋3＝5”这个判断是真的，“雪是白的”这个判断也是真的。但这两个判断之间也没有条件与结果的关系，所以上述命题也不是假言判断。

2. 分清是哪一种假言判断

遇到一个假言判断，首先要分清它是充分条件假言判断，还是必要条件假言判断，或是充要条件假言判断。要做到这一点，关键是区分什么是充分条件，什么是必要条件，什么是充要条件。要把三者分清，就要懂得下面的道理：

假言判断，在多数情况下表达的是因果关系。充分条件假言判断和必要条件假言判断，一般地说，表达的是多因一果关系（多种原因产生一种结果）。在多因一果中，有两种不同情况：

一种情况是，许多原因共同起作用才能产生某种结果，这叫“合因一果”（如合理施肥、合理密植、雨量适度、光照充足、防治病虫害及时等因素共同起作用才能取得丰收这个结果）。其中任何一个因素都是不可缺少的，但只具备其中一个因素，又不一定能引起这种结果。这种因素作为事物存在的条件来说，就是必要条件。

另一种情况是，许多原因当中的任何一个原因单独起作用都能产生某种结果，这叫“单因一果”（如摩擦、燃烧、暴晒等原因单独存在都能引起生热的结果），没有其中任何一个原因，还可通过其他原因产生相同的结果。这种原因作为事物存在的条件就是充分条件（这样的条件有一个就足够了，但没有它时不一定就没有某种结果）。

充要条件一般说来表示的是引起结果的唯一的原因，这叫“一因一果”。日食产生的唯一原因是：月球运行到太阳和地球的中间时，太阳的光被月球挡住，不能射到地球上来，就形成日食。下面充要条件假言判断表示的就是这种因果关系：

> 只要而且只有月球运行到太阳与地球的中间时，太阳的光被月球挡住，不能射到地球上来，才形成日食。

有上述条件就会产生日食，没有上述条件就不会产生日食。上述的唯一原因就是充要条件。

3. 准确地选择假言判断的联结项

不同的假言判断，有不同的语言表达形式。不同的条件关系，使用不同的联结项。

“只要……就……”是充分条件假言判断的联结项，“只有……才……”是必要条件假言判断的联结项，二者混用就会发生错误。如：

> 只要年满 18 岁，就有选举权。

这个假言判断用错了联结项，应改为：

> 只有年满 18 岁，才有选举权。

4. 正确地进行各种假言判断之间形式的转换

在一个假言判断中，如果前件是后件的充分条件，那么后件就是前件的必要条件（见图 5—1）。如：

如果物体摩擦，那么就会生热。

也可以说：

只有生热了，物体才摩擦了。

同样，在一个假言判断中，如果前件是后件的必要条件，那么后件就是前件的充分条件（见图 5—2）。如：

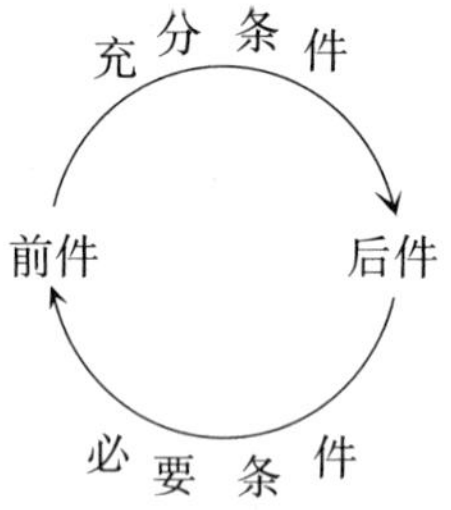

图 5—1

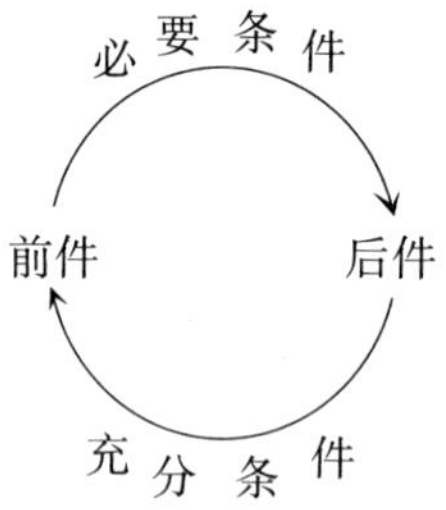

图 5—2

只有刻苦学习，才能登上科学的高峰。

也可以说：

如果（他）登上科学的高峰了，那么（他）刻苦地学习了。

练　习　题

一、下列各句是否表达假言判断，为什么？

1. 得道多助。
2. 瓜熟蒂落。
3. 没有共产党就没有新中国。
4. 如果雪是白的，那么煤就是黑的。
5. 如果说出生是人生的起点，那么死亡就是人生的句号。
6. 摩擦生热。

二、下列各句是何种假言判断，指出其前件、后件和联结项：

1. 如果气温降到零摄氏度，水就开始结冰。
2. 没有调查研究就没有发言权。

3. 人不犯我，我不犯人；人若犯我，我必犯人。

4. 只有端正党风，才能转变社会风气。

5. 你必须承认错误，我才会原谅你。

6. 只要而且必须有作用力，才有反作用力（“作用力”、“反作用力”均为力学概念）。

7. 在同一个平面中，一条直线与另两条直线相交，只要而且只有同位角相等另两条直线才平行。

8. 在平面几何中，只要而且只有对边相等的四边形，才是平行四边形。

9. 只要而且只有唯物主义者，才承认物质第一性、意识第二性。

三、下列四组中各有一个不恰当的假言判断，把它指出来并说明原因：

1. 只要贪图安逸，就无所作为。
   只有贪图安逸，才无所作为。

2. 只要下了决心，就能战胜困难。
   只有下了决心，才能战胜困难。

3. 若钨丝断了，电灯就会熄灭。
   除非钨丝断了，电灯才会熄灭。

4. 必须是偶数，才能被 4 整除。
   只要是偶数，就能被 4 整除。

四、下列假言判断是真是假，为什么？

1. 如果地球失去引力，我就会把整列火车举到空中。

2. 如果某数能被 6 整除，就能被 3 整除。

3. 只有某数能被 6 整除，才能被 3 整除。

4. 冬天只有生起炉子，屋里才暖和。

5. 假如空喊能造出房子，那么驴子也能建一条大街。

第二节　选言判断

在介绍选言判断之前，不妨先回忆一下我们生活中的某些细节：

上班前，你的自行车钥匙找不到了，先翻大衣口袋，再翻提包，最后在茶几上找到了。你妻子的手表找不到了，先找床头柜，又找梳妆台，最后在写字台上找到了。上学前，你儿子的红领巾找不到了，先在书包里找，又在沙发上找，最后在衣架上找到了。

在查找东西时，你们谁也不去想“什么叫选言判断”，但你们三个人脑子里都各自作出了一个选言判断：

你作出的选言判断是：我的钥匙或者放在大衣口袋里，或者放在提包里，或者放在茶几上。你妻子作出的选言判断是：我的手表或者放在床头柜上，或者放在梳妆台上，或者放在写字台上。你儿子作出的选言判断是：我的红领巾或者放在书包里，或者放在沙发上，或者挂在衣架上。

显而易见，在我们给选言判断下定义之前，无论大人孩子，早已运用选言判断千遍万遍了。

一、什么是选言判断

1. 定义

选言判断是断定可以在几种（两种及其以上）可能的情况中作出某种选择的判断。如：

> 一个三角形或者是锐角三角形，或者是直角三角形，或者是钝角三角形。

一个三角形究竟是属于哪一类？这个判断断定了可以在上述三种可能情况中作出选择。选言判断的三个选言肢指出可供选择的范围。

简单说，提出几种可能情况供人们选择的判断就叫选言判断。

2. 结构

选言判断由选言肢和选言联结项两部分构成。

选言肢是表示事物的可能情况的肢判断。上例中的“是锐角三角形”、“是直角三角形”、“是钝角三角形”都是选言肢。

选言联结项，是把若干个选言肢联结起来，并表示它们之间具有选择关系的概念。上例中的“或者……或者……”就是选言联结项。

二、选言判断的种类及真假

看到一个选言判断，第一步要尽可能地确定它的分类，第二步要尽可能地确定它的真假。

根据选言肢能否同真，可以把选言判断分为不相容的选言判断和相容的选言判断两类。

1. 不相容的选言判断

（1）定义。

选言肢不能同真的选言判断叫不相容的选言判断。如：

> 汉朝的第一个皇帝或者是汉高祖刘邦，或者是汉文帝刘恒，或者是汉光

武帝刘秀。

在上面三个选言肢中，只要有任何一个选言肢为真，其他所有选言肢都不能为真。它的选言肢不可同真，所以它是不相容的选言判断。

不相容的选言判断有个特点，它的选言肢之间既有选择性，又具有不相容性(不可同真)。

衡量一个选言判断是否不相容的选言判断，关键要看它的选言肢之间是否具有不相容性。什么是选言肢的不相容性？即：如果其中任何一个选言肢为真，则其他所有选言肢都不能为真。简言之：选言肢不可同真。

有许多选言判断，从自身的断定内容就可以明显地看出选言肢的不相容性。如：

张市长经常深入基层，他现在或者在西城区，或者在东城区，或者在南城区，或者在北城区。

很明显，一个人不能同时待在两个或更多的地方，即：不能有两个或更多的选言肢同真（但可以全假），这四个选言肢具有不相容性。这个判断是不相容的选言判断。又如：

我的自行车钥匙（只有一把）或者放在茶几上，或者放在床头柜上，或者放在书桌上。

同样道理，一把钥匙不可能同时放在两个或三个不同地方。这三个选言肢也具有不相容性。(不可同真但可全假。)这个判断也是不相容的选言判断。再如：

小张今年或者是18周岁，或者是19周岁，或者是20周岁。

显而易见，小张今年的年龄只能是一个数字，不能是两个或两个以上（不可同真但可全假)。这三个选言肢之间也具有不相容性，这个判断也是不相容的选言判断。

但是，另外也有一些选言判断，从断定内容自身看不出有明显的不相容性，也就暂时无法确定它是否是不相容的选言判断。

（2）真假问题。

在确定选言判断的性质之后，接下来要尽量地弄清它的真假。怎么样才能弄清不相容的选言判断的真假呢？

要弄清不相容选言判断的真假，首先，必须弄清它包含的每一个选言肢的真假。其次，还要掌握区分真假的判断标准。

对于一个不相容的选言判断来说，必须有一个而且只能有一个选言肢为真，它才是真的；所有选言肢都是假的，它就是假的。如：

汉朝的最后一个皇帝或者是汉高祖刘邦，或者是汉文帝刘恒，或者是汉光武帝刘秀。

根据你已经掌握的历史知识，你知道第1个、第2个、第3个选言肢全是假的。它没有任何一个选言肢是真的。根据上述的判断标准，就可以知道这个不相容的选言判断是假的。

如果暂时不能确定所有选言肢的真假，那么就无法确定整个选言判断的真假。

（3）逻辑形式。

不相容选言判断特有的逻辑形式是：

要么p要么q

用符号$\dot{\vee}$（读为不相容析取）表示是：

$p \dot{\vee} q$

不相容的选言判断有自己特有的联结项，如“……要么……要么……”、“……不是……就是……”、“……二者必居其一……”等。这些联结项，只能在不相容的选言判断中使用，相容的选言判断不能使用。例如：

一个国家，要么是社会主义国家，要么是非社会主义国家。

不是东风压倒西风，就是西风压倒东风。

另外有一些联结项，相容的选言判断可以使用，不相容的选言判断也可以使用，如“或者……或者……”、“可能……也可能……”等。

2. 相容的选言判断

（1）定义。

选言肢可以同真的选言判断叫相容的选言判断。如：

他或者是诗人，或者是小说作家，或者是剧作家。

这个选言判断，可以有一个选言肢为真，也可以有两个或三个选言肢同时为真。即：他可以仅仅是诗人；也可以既是诗人，又是小说作家；还可以三者都是。它的选言肢可以同真，所以它叫相容的选言判断。

相容的选言判断有个特点，它的选言肢之间既有选择性，又具有相容性（可以同真）。

衡量一个选言判断是不是相容的选言判断，关键要看它的选言肢之间是否具有相容性。什么是选言肢的相容性？就是既可以有一个选言肢为真，也可以有多个选言肢为真。即：任何一个选言肢为真并不排斥其他选言肢为真。也就是说，如果有一个选言肢为真，则其他选言肢也可以同时为真。

有许多选言判断，从自身的断定内容就可以看出选言肢有明显的相容性。如：

汉朝政绩较好的皇帝或者是汉高祖，或者是汉文帝，或者是汉景帝，或者是汉武帝，或者是汉献帝。

显而易见，汉朝政绩较好的皇帝不止一个，它的选言肢具有相容性。又如：

他学习成绩不好的原因或者是基础太差，或者是学习方法不对头，或者是学习不专心，或者是学习不刻苦。

他学习不好的原因可能是一个，也可能是多个。其中任何一个选言肢都不具有排他性，可以互相兼容，所以是相容的选言判断。再如：

他或者是物理学家，或者是数学家，或者是天文学家。

一个人不仅可以在一个领域作出巨大成绩，还可以在多个领域作出巨大成绩，所以上面三个选言肢也具有相容性。它是相容的选言判断。再看：

兄弟俩今年考上大学的或是哥哥，或是弟弟。

哥哥考上大学并不排斥弟弟考上大学，弟弟考上大学也不排斥哥哥考上大学。两个选言肢具有相容性。这个选言判断也是相容的选言判断。

比较下面两个判断，你对选言肢的相容性和不相容性就会留下深刻印象：

这件文物或是汉代的，或是唐代的。

这些文物或是汉代的，或是唐代的。

很明显，前者是不相容的，后者是相容的。

另外还有一些选言判断，它的选言肢的相容性和不相容性都不太明显，那么就难以确定它是哪一类选言判断。

(2) 真假问题。

要弄清相容选言判断的真假，首先必须弄清每一个选言肢的真假。

对于一个相容的选言判断来说，只要有一个或多个选言肢为真，它就是真的；如果所有选言肢都是假的，那么它就是假的。请看下列三个相容的选言判断：

郭沫若或是诗人，或是音乐家，或是画家。①

郭沫若或是诗人，或是音乐家，或是画家，或是历史学家。②

郭沫若或是物理学家，或是化学家，或是天文学家，或是数学家。③

例①是真的，因为三个选言肢中有一个选言肢是真的。例②也是真的，因为四个选言肢中，有两个是真的。例③是假的，因为四个选言肢全是假的。

我们之所以能够确定以上三个相容的选言判断的真假，还因为我们了解郭沫若这个人。他生前曾任中国科学院院长，是著名诗人，也是著名的历史学家。根据这些知识，我们可以弄清上述三个选言判断所包含的每一个选言肢的真假。知道每一个选言肢的真假，才能确定整个选言判断的真假。假如我们对郭沫若这个人一无所知，那么就无法确定上述三个相容的选言判断的真假。

(3) 逻辑形式。

相容的选言判断的逻辑形式是：

或者 p 或者 q

用符号∨（读为析取）表示是：

$p \vee q$

在汉语中，相容选言判断经常使用的联结项有："或者……或者……"、"可能……也可能……"、"也许……也许……"等。

三、正确运用选言判断

1. 选言肢的穷尽问题

要正确运用选言判断，首先要注意选言肢的穷尽问题。

什么叫选言肢的穷尽？就是选言判断的选言肢列举出了断定对象的一切可能情况，无一遗漏（即绝对穷尽），或者对事物存在和发展的主要的可能情况没有遗漏（即相对穷尽）。

在科学研究领域，运用选言判断，必须做到选言肢的绝对穷尽，否则就无法进行严密的推理，得出科学的必然的结论。

在日常生活中，运用选言判断，根据实践的需要，对选言肢的穷尽问题可以适当灵活掌握。在无法做到绝对穷尽时，力争做到相对穷尽。因为事物变化的各种可能情况非常复杂多样，有时很难全部列举出来，往往把几种可能性较大的情况列举出来，加以选择。如医生在分析疑难病症时，往往把几种可能性较大的病症列举出来，逐一进行分析研究，医生没有必要也不可能把所有疾病都列举出来进行分析。当然，根据选言肢的相对穷尽进行推理，只能得出带有或然性的初步结论。

2. 选言肢的谓项一般应是并列概念

一个选言判断，它的选言肢表示若干种并列的可能情况，因此各个选言肢的谓项一般应是并列概念，它们之间一般不能是种属关系、交差关系和同一关系。如：

他或者是政治活动家，或者是文学家，或者是历史学家，或者是诗人。

"诗人"和"文学家"是种属关系，不同层次，不能构成选择关系。又如：

他或者是华侨，或者是外籍华裔，或者是在国外定居的中国人。

"华侨"和"在国外定居的中国人"是同一概念，表示同一事物，也构不成选择关系。再如：

这次入户盗窃的，或者是外地来京的流窜犯，或者是惯犯。

“流窜犯”和“惯犯”是交叉关系，彼此不能并列，也无法构成选择关系。

以上三个选言判断都是不恰当的选言判断。

3. 严格区分相容的选言判断和不相容的选言判断

相容的选言判断和不相容的选言判断有不同的逻辑特性，二者不能混淆。把二者混淆起来，或者会造成判断失当，或者会造成推理的错误。

某大学将要在同学中开展体育比赛，班主任老师问同学甲：“你准备参加哪项比赛?”甲说：“我要么参加篮球比赛，要么参加排球比赛，要么二者都参加。”老师说：“你在使用选言判断时用错了关联词，要么……要么……表达不相容的选言判断，只能有一个选言肢为真。使用不相容的选言判断，你只能参加一项比赛，不能两项都参加。”甲同学马上改口说：“我可能参加篮球比赛，也可能参加排球比赛，也可能二者都参加。”老师说：“这样说就对了。”

有两位警察在调查居民区发生的一起盗窃案时，根据群众提供的线索，分别对 A、B 两个可疑人员进行讯问，很快查出 A 是盗窃犯，对 B 就不再深究了。他们的推理过程是：

作案的或是 A，或是 B

查实作案的是 A

———————————

所以作案的不是 B

这个推理是错误的。实际上 A、B 是同案犯。如果 A、B 是同案犯，那么“作案的或是 A，或是 B”就是相容的选言判断，他们把它当成不相容的选言判断进行推理，就得出了错误的结论。这两位警察首先应该查清该案是一个人单独作案，还是几个人共同作案。如果是前者，那么这个选言判断就是不相容的选言判断；如果是后者，这个选言判断就是相容的选言判断。分清选言判断的性质，根据不同的推理规则，才能推出正确的结论来。

4. 严格区分选言判断和联言判断

本节讲的选言判断和下节讲的联言判断有质的不同：选言判断的各个肢判断之间是选择关系；联言判断的各个肢判断之间是并存关系。在实践中，有时候该使用联言判断却不恰当地使用了选言判断：

有个外国留学生在饭店请两位中国同学吃饭。他刚上大二，汉语还不精通。吃饭时他说：“都是老朋友，别客气，要么尽兴喝酒，要么尽情吃菜，反正是我买单。”听了他的话，一个同学只喝酒不吃菜，另一个同学只吃菜不喝酒。这时留学生忽然意识到了什么，马上改口说：“请二位尽兴喝酒并且尽情吃菜。”两个中国学生笑着竖起了大拇指。这样大家才吃得酒足饭饱，尽兴而归。

“要么尽兴喝酒，要么尽情吃菜”是不相容的选言判断，二者不可并存，客人只能选其一端。“尽兴喝酒并且尽情吃菜”是联言判断，二者应该并存，否则有违东道主盛情。起初那位留学生，该使用联言判断时却使用了选言判断，没有准确地表达出自己的心意，那两个中国学生才和他开了个小小的玩笑。

练　习　题

一、下列判断是何种选言判断？

1. 不是鱼死，就是网破。
2. 要么言归于好，要么分道扬镳。
3. 你或是知难而进，或是知难而退。
4. 张市长现在可能在东郊区，也可能在西郊区。
5. 他或者是演员，或者不是演员。
6. 他或者是导演，或者是演员。
7. 他或者写小说，或者写散文，或者写诗。
8. 他发高烧，或者是患感冒、或者是患肺炎，或者是因其他炎症。

二、下列选言判断有无逻辑错误，为什么？

1. 这场球赛，不是输，就是赢。
2. 庄稼减产的原因，不是缺水，就是缺肥。
3. 他或者是政治活动家，或者是大企业家，或者是社会名流。
4. 城市绿化，或者能美化环境，或者能净化空气，或者能调节气候。

第三节　联言判断

一、什么是联言判断

断定几种事物情况同时存在的判断叫联言判断。如：

劳动人民不但是物质财富的创造者，也是精神财富的创造者。

这个联言判断断定了两种情况同时并存：（1）劳动人民是物质财富的创造者；（2）劳动人民是精神财富的创造者。又如：

工、农、兵是革命的主力军。

这个联言判断断定了三种情况同时并存：（1）工人是革命的主力军；（2）农民是革命的主力军；（3）战士是革命的主力军。

联言判断反映的是同一种事物的多种属性共存，或者是多种事物的同一种属性共存，或者是多种事物的多种情况并存。总之，反映的是多个真实判断同时并存。

二、结构和逻辑形式

联言判断由两个以上的联言肢和联结项构成。

联言肢是组成联言判断的肢判断。

联言联结项，是把各个联言肢联结起来，并表示它们之间是并存关系的概念。

联言判断的逻辑形式是：

p 并且 q

用符号∧（读为合取）表示是：

$p \wedge q$

三、语言形式

联言判断的语言形式比较复杂，常用的联结项也是多种多样的：

并且（他知识渊博并且多才多艺）；

既……又……（他既有胆又有识，既有刚又有柔）；

不但……而且……（他不但足智多谋，而且胆大心细）；

虽然……但是……（他虽然有专业知识，但是缺乏实践经验）；

一面……一面……（八路军一面战斗，一面生产，一面做群众工作）等。

就句型来讲，联言判断的表达方式常见的有下面几种：

1. 同主型

肢判断的主项相同，谓项不同。如：

鲁迅是伟大的文学家、思想家、革命家。

这个联言判断包括三个肢判断：鲁迅是伟大的文学家；鲁迅是伟大的思想家；鲁迅是伟大的革命家。这三个肢判断都是直言判断，其主项相同，谓项不同，为表达简练，只用一个主项。

2. 同谓型

肢判断的谓项相同，主项不同。如：

辱骂和恐吓绝不是战斗。

这个联言判断也包括两个肢判断：辱骂不是战斗；恐吓不是战斗。其主项不同，谓项相同，为表达简练，只用一个谓项。

3. 异主异谓型

各肢判断的主项不同，谓项也不同。如：

得道者多助，失道者寡助。

在联言判断的语言表达上，还有一点值得注意，就是经常省略联结项（如上例）。再如：

这种洗衣机物美价廉、节电安全。

四、真假问题

联言判断的所有联言肢都是真的，它才是真的。只要有一个联言肢是假的，它就是假的。

如上一个联言判断断定了洗衣机的四种属性共存，这四种属性都是真的，这个联言判断才是真的，只要其中一种属性（或几种，或全部）是假的，这个联言判断就是假的。

练　习　题

一、下列联言判断是同主型、同谓型还是异主异谓型?

1. 农业是国民经济的基础，工业是国民经济的主导。
2. 郭沫若是诗人、剧作家和学者。
3. 衣食住行都要解决好。
4. 人民群众不但是物质财富的创造者，也是精神财富的创造者。
5. 改革开放不仅促进了国民经济的发展，而且促进了人民生活水平的提高。
6. 自然规律是不以人的意志为转移的，社会规律也是不以人的意志为转移的。

二、判别下列联言判断的真假：

1. 上海是中国最大和最古老的城市。
2. 华罗庚不仅是大数学家，还是大艺术家。
3. 黑格尔的哲学是辩证的，又是唯物的。
4. 月球和地球都是太阳系的大行星。

三、逐层分析下列一段话中所包含的各个联言判断，并指出是哪一种类型的联言判断：

我们伟大的祖国土地辽阔、寒暖适宜、物产丰富。我们伟大的各族人民非常聪明，非常勤劳，非常勇敢，涌现了许多杰出的科学家和无数能工巧匠，创造了灿烂的古代科学文化。我国是世界文明发达最早的国家之一，对人类作出过巨大的贡献。

第四节 负 判 断

先从“并非如此”一语谈起。

“并非如此”一语，日常生活中经常使用，但使用者往往并不知道它常常表示一个负判断。

有人对你谈起农村改革的情况时说：“所有农民都富得流油了。”你也许如实地回答说：“并非如此。”有人对你谈起厂矿改革中的经济承包制时说：“只要一包就灵。”你也许如实地回答说：“并非如此。”有人对你夸奖某人“有勇有谋”，你如果不赞成，也会说：“并非如此。”

“并非如此”用得很普遍，但你是否真正了解它的逻辑含义呢？

一、什么是负判断

1. 定义

负判断是否定一个判断而构成的新判断。如：

并非所有农民都富得流油了。

“所有农民都富得流油了”是一个全称肯定的直言判断。这个直言判断前面加上“并非”二字，就构成了一个负判断，它是对这个全称肯定判断的否定。又如：

并非一包就灵。

“只要一包就灵”是个充分条件的假言判断。“并非一包就灵”是一个负判断，它表示对“一包就灵”这个假言判断的否定。再如：

并非他有勇有谋。

“他有勇有谋”是个联言判断，“并非他有勇有谋”也是个负判断，它表示对这个联言判断的否定。

简言之，负判断是对判断的否定。

2. 结构

负判断由两部分构成：肢判断和否定联结词。

被否定的判断叫负判断的肢判断，否定肢判断的逻辑词叫否定联结词。

负判断的逻辑形式是：

并非 P

其中 P 表示肢判断，“并非”是否定联结词。在汉语中，负判断的常用形式还有：“并不是 P”、“非 P”、“P 是假的”等。

“并非 P”也可用下面的形式表示：

$\overline{P}$

P 上面的短线表示否定，读作“并非”。

3. 特点

负判断有两个特点，首先它是一种特殊的复合判断。其他复合判断，像假言判断、选言判断、联言判断都包含两个或两个以上的肢判断，而负判断一般只包含一个肢判断。

另外，负判断不同于直言判断中的否定判断。直言判断中的否定判断，如“所有 S 不是 P”，“有些 S 不是 P”，其中的联结项“不是”，是对谓项的否定。而在负判断“并非 P”中，否定联结词是对整个判断 P 的否定。二者否定的对象不同。同时还应指出：“所有 S 不是 P”和“有些 S 不是 P”是简单判断；“并非 P”是复合判断。

4. 真假

负判断与它的肢判断是矛盾关系（既不能同真也不能同假）：肢判断假则负判断真，肢判断真则负判断假。反之亦然。

二、负判断的种类

负判断有两大类：一种是简单判断的负判断，简称负简单判断；一种是复合判断的负判断，简称负复合判断。

每一个负判断都有与它等值的判断。所谓两个判断等值，就是两个判断的真假值相等，即真则同真，假则同假。研究负判断，必须弄清和它等值的判断是什么。

本节只介绍下面几种负判断：

1. 直言判断的负判断

直言判断有 A、E、I、O 四种，它们的负判断也有下面几种：

（1）A 判断的负判断。

“所有 S 都是 P”的负判断是“并非所有 S 都是 P”，用逻辑符号表示是 $\overline{A}$（读作非 A）。

“并非所有 S 都是 P”等值于“有些 S 不是 P”，即 A 判断的负判断等值于 O 判断，用逻辑符号表示是：$\overline{A} \longleftrightarrow O$（$\longleftrightarrow$表示等值）。如：

“并非所有物体都是固体”

等值于“有些物体不是固体”

为什么 A 判断的负判断等值于 O 判断呢？下面给以简要证明：

求证：$\overline{A}\longleftrightarrow O$

证明：∵　如果 $\overline{A}$ 真，则 A 假（负判断与它的肢判断是矛盾关系）

　　　　如果 A 假，则 O 真（根据逻辑方阵，A 与 O 也是矛盾关系）

　　∴　$\overline{A}$ 真则 O 真

　又∵　如果 $\overline{A}$ 假，则 A 真（负判断与它的肢判断是矛盾关系）

　　　　如果 A 真，则 O 假（根据逻辑方阵，A 与 O 也是矛盾关系）

　　∴　$\overline{A}$ 假则 O 假

　同理：O 真则 $\overline{A}$ 真，O 假则 $\overline{A}$ 假

　又∵　$\overline{A}$ 与 O 同真同假

　　∴　$\overline{A}\longleftrightarrow O$

（2）E 判断的负判断。

"所有 S 都不是 P" 的负判断是 "并非所有 S 都不是 P"，用逻辑符号表示是 $\overline{E}$（读作非 E）。

"并非所有 S 都不是 P" 等值于 "有些 S 是 P"，即 E 的负判断等值于 I，用逻辑符号表示是：$\overline{E}\longleftrightarrow I$（证明过程同上）。如：

"并非所有物体都不是固体"

等值于"有些物体是固体"

（3）I 判断的负判断。

"有些 S 是 P" 的负判断是 "并非有些 S 是 P"，用逻辑符号表示是 $\overline{I}$（读作非 I）。

"并非有些 S 是 P" 等值于 "所有 S 都不是 P"，即 I 判断的负判断等值于 E 判断，用逻辑符号表示是：$\overline{I}\longleftrightarrow E$（证明过程同上）。如：

"并非有些金属是绝缘体"

等值于"所有金属都不是绝缘体"

（4）O 判断的负判断。

"有些 S 不是 P" 的负判断是 "并非有些 S 不是 P"，用逻辑符号表示是：$\overline{O}$（读作非 O）。

"并非有些 S 不是 P" 等值于 "所有 S 都是 P"，即 O 判断的负判断等值于 A 判断，用逻辑符号表示是：$\overline{O}\longleftrightarrow A$（证明过程同上）。如：

"并非有些金属不是导电体"

等值于"所有金属都是导电体"

总之，各有一个判断与上面四种直言判断的负判断等值。

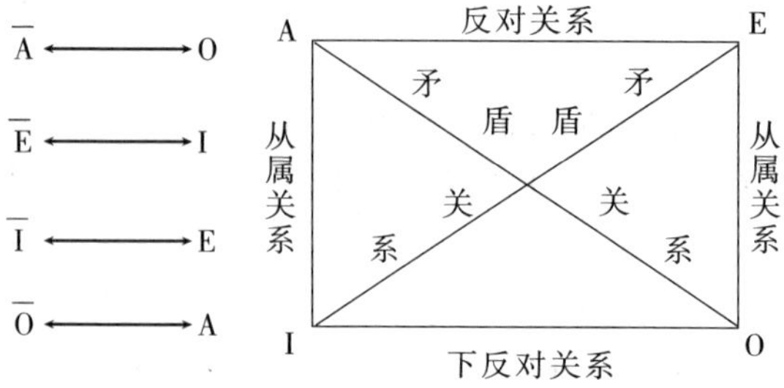

按照逻辑方阵对角线指示的方向，一方的负判断等值于另一方。

2. 联言判断的负判断

联言判断是P并且Q，负联言判断是“并非P且Q”，也可表示为“P且Q”是假的。

联言判断中，只要有一个联言肢是假的，即或者P假，或者Q假，整个联言判断就是假的。所以“P并且Q”假，等值于“或者P假或者Q假”。也就是说，联言判断的负判断等值于一个相应的选言判断。如：

“并非物美价廉”

等值于“或者物不美或者价不廉”

3. 选言判断的负判断

选言判断是P或者Q，负选言判断是对选言判断的否定，即“P或者Q”是假的。

选言判断的所有选言肢都是假的，整个选言判断才是假的。所以“P或者Q”假等值于“P假并且Q假”。“P假并且Q假”是一个联言判断，因此可以说，选言判断的负判断等值于一个相应的联言判断。如：

“并非李四光或是戏剧家，或是诗人”

等值于“李四光不是戏剧家并且不是诗人”

4. 假言判断的负判断

（1）充分条件假言判断的负判断。

充分条件假言判断是：如果P，那么Q。它的负判断是：并非如果P，那么Q，即：“如果P那么Q”是假的。只要在“如果P，那么非Q”情况下（前件真，后件假），这个充分条件假言判断就是假的。所以：

并非如果P那么Q←→P并且非Q

如：

“并非如果18岁就有选举权”

等值于“（他）18岁了并没有选举权”

由此可见：充分条件假言判断的负判断等值于一个相应的联言判断。

（2）必要条件假言判断的负判断。

必要条件假言判断是：只有P才Q，它的负判断是：并非只有P才Q，即："只有P才Q"是假的。一个必要条件的假言判断，只要在前件假、后件真的情况下，它就是假的，即在"非P并且Q"的情况下，它是假的。所以：

并非只有P才Q⟷非P并且Q

如：

"并非只有摩擦才生热"等值于

"没有摩擦但是生热了"

由此可见：必要条件假言判断的负判断等值于一个相应的联言判断。

（3）充分必要条件假言判断的负判断。

充分必要条件假言判断是：只要而且只有P，才Q，它的负判断是：并非只要而且只有P，才Q，即："只要而且只有P才Q"是假的。一个充要条件的假言判断，只有在前件真后件假或者前件假后件真的情况下，才是假的。所以：

并非只要而且只有P才Q⟷P并且非Q或者非P并且Q

如：

"并非只要而且只有被4整除才能被6整除"

等值于"（某数）能被4整除但不能被6整除或者不能被4整除但能被6整除"

由此可见：充分必要条件假言判断的负判断等值于两个相应的联言判断构成的选言判断。

把上面四种负判断归纳一下，可得出如下结论：

（1）全称直言判断（单称判断除外）的负判断等值于相应的特称判断；特称直言判断的负判断等值于相应的全称判断。

（2）联言判断的负判断等值于一个相应的选言判断。

（3）选言判断的负判断等值于一个相应的联言判断。

（4）假言判断的负判断一般地也等值于一个相应的联言判断。

下面这个图示可以帮助你轻松地记住假言判断、联言判断、选言判断的负判断：

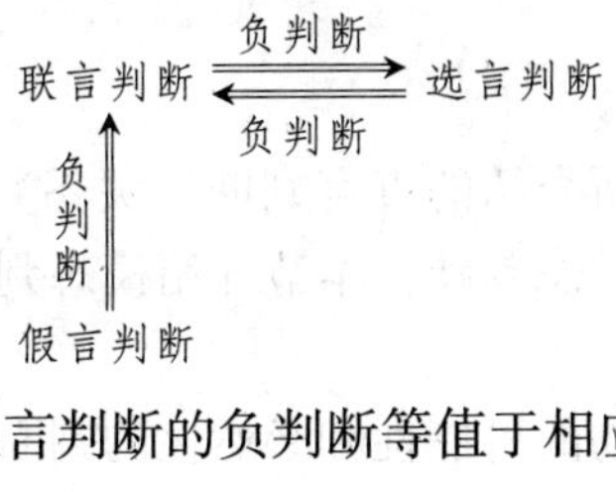

以上图示的含义是：联言判断的负判断等值于相应的选言判断；选言判断的

负判断等值于相应的联言判断；假言判断的负判断等值于相应的联言判断。

练　习　题

一、给出下列负简单判断的等值判断，并写出其等值公式：

1. 并非所有物体都是固体。
2. 并非所有干部都称职。
3. 并非所有农民都不是专家。
4. 并非所有金属都不是液体。
5. 并非有些人是生而知之的。
6. 并非有些人是常生不老的。
7. 并非有的金属不导电。
8. 并非有的植物不需要水分。
9. 并非李四光是诗人。
10. 并非郭沫若不是书法家。

二、给出下列负复合判断的等值判断，并写出其等值公式：

1. 并非物美价廉。
2. 并非才貌双全。
3. 并非善有善报、恶有恶报。
4. 并非只有摩擦，才能生热。
5. 并非他是济南人或青岛人。
6. 并非他是党员或团员。

第五节　模态判断

第四章和本章前四节所介绍的直言判断、关系判断、假言判断、选言判断、联言判断、负判断都是非模态判断。本节介绍模态判断。

一、什么是模态判断

模态判断就是断定事物的可能性和必然性的判断。如：

明天可能下雨。

金属受热必然膨胀。

这都是模态判断。前者断定“明天下雨”的可能性；后者断定“金属受热膨胀”的必然性。

“可能”“必然”等表示事物模态概念的词叫模态词。“可能”这个模态词反映事物之间的联系是或然性的，有一定的随机性，可以这样也可以那样，不是确定不移的。“必然”这个模态词反映事物之间的联系是必然的，是确定不移的。

模态判断的最明显的标志是：判断中包含着模态词。模态词在模态判断中的位置是不固定的。

它可以出现在模态判断的结尾，如：

明天下雨是可能的。

也可以出现在模态判断的开头，如：

可能明天下雨。

有的模态词可以放在联项的前面，如：

金属受热必然是要膨胀的。

有的模态词可以放在联项的后面，如：

金属受热是必然要膨胀的。

模态判断一般地可以这样表示：

“可能P”或“P是可能的”；

“必然P”或“P是必然的”。

其中“可能”、“必然”是模态词，P表示一个判断。

二、模态判断的种类

康德把模态判断分为或然判断、实然判断、必然判断三种。现在，通常把模态判断分为必然判断、可能判断两种，把实然判断作为非模态判断对待。

1. 可能判断

可能判断也叫或然判断，它是断定某种事物情况的可能性的模态判断。可能判断又分为可能肯定判断和可能否定判断两种。

可能肯定判断是断定某种事物情况可能存在或可能出现的模态判断。如：

山东省可能有钻石矿。

“一国两制”是可能实现的。

可能肯定判断的逻辑形式是：

S可能是P。

也可简单表示为：

可能 P。

可能否定判断是断定事物情况可能不存在，或可能不出现的模态判断。如：

他的病可能不是肝炎。

他可能成不了作家。

可能否定判断的逻辑形式是：

S 可能不是 P。

也可简单表示为：

可能非 P。

2. 必然判断

必然判断是断定某种事物情况的必然性的模态判断。它又分为两种：必然肯定判断和必然否定判断。

必然肯定判断是断定某种事物情况必然存在，或必然出现的模态判断。如：

氯化钠必然溶于水。

人类必然会征服癌症。

必然肯定判断的逻辑形式是：

S 必然是 P。

也可简单表示为：

必然 P。

必然否定判断是断定某种事物情况必然不存在或必然不会出现的模态判断。如：

改革必然不会是一帆风顺的。

前进的道路必然不会是笔直而又笔直的。

必然否定判断的逻辑形式是：

S 必然不是 P。

也可简单表示为：

必然非 P。

三、模态判断的对当关系

主谓项相同的必然肯定判断（必然 P）、必然否定判断（必然非 P）、可能肯定判断（可能 P）、可能否定判断（可能非 P）之间也有一定的对当关系（判断形式之间的真假制约关系）。模态判断的对当关系和性质判断的对当关系大体相仿，也可以用下面的逻辑方阵表示：

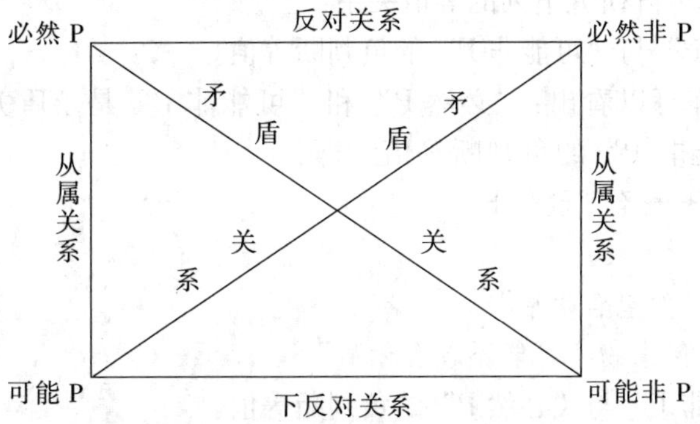

1.“必然 P”和“必然非 P”是反对关系

反对关系的特点是：不可同真可同假。利用反对关系进行推理，可以由真推假。其他情况真假不定。

如“物体摩擦必然生热”和“物体摩擦必然不生热”是反对关系。由“物体摩擦必然生热”为真，可以推出“物体摩擦必然不生热”为假。

2.“可能 P”和“可能非 P”是下反对关系

下反对关系的特点是：不可同假可同真。利用下反对关系进行推理，可以由假推真。其他情况真假不定。

如“山东省可能有钻石矿”和“山东省可能没有钻石矿”是下反对关系。由“山东省可能没有钻石矿”为假，可以推出“山东省可能有钻石矿”为真。

3.“必然 P”和“可能非 P”、“必然非 P”和“可能 P”是矛盾关系

矛盾关系的特点是：既不可同真也不可同假。利用矛盾关系进行推理，既可以由真推假，也可由假推真。

如“物体摩擦必然生热”和“物体摩擦可能不生热”是矛盾关系。既可以由前者真推出后者假，也可以由后者假推出前者真。

4.“必然 P”和“可能 P”、“必然非 P”和“可能非 P”之间是从属关系

从属关系的特点是：可以同真也可以同假。利用从属关系进行推理，可以由必然判断的真推出同质的可能判断的真，由可能判断的假推出同质的必然判断的假。其他情况真假不定。

如“物体摩擦必然生热”和“物体摩擦可能生热”是从属关系，可以从前者真推出后者真。

又如“物体摩擦必然不生热”和“物体摩擦可能不生热”是从属关系，可以从后者假推出前者假。

除了上面叙述的反对关系、下反对关系、矛盾关系、从属关系外，还可以利

用模态判断逻辑方阵研究下列的等值关系：

（1）“必然 P”与“可能非 P”的负判断等值。

从逻辑方阵可以看出：“必然 P”和“可能非 P”是矛盾关系。所以“必然 P”与“可能非 P”的负判断等值，即：

必然 P←→不可能非 P

如：

“任何事物必然包含矛盾”

等值于“任何事物不可能不包含矛盾”

（2）“可能非 P”与“必然 P”的负判断等值。

如上所述，“可能非 P”与“必然 P”是矛盾关系。所以，“可能非 P”与“必然 P”的负判断等值，即：

可能非 P←→不必然 P

如：

“明天可能不下雨”

等值于“明天不必然下雨”

（3）“必然非 P”与“可能 P”的负判断等值。

从逻辑方阵可以看出：“必然非 P”与“可能 P”是矛盾关系。所以，“必然非 P”与“可能 P”的负判断等值，即：

必然非 P←→不可能 P

如：

“明天必然不下雨”

等值于“明天不可能下雨”

（4）“可能 P”等值于“必然非 P”的负判断。

如上所述，“可能 P”与“必然非 P”是矛盾关系。所以，“可能 P”与“必然非 P”的负判断等值，即：

可能 P←→不必然非 P

如：

“明天可能下雨”

等值于“明天不必然没有雨”

四、模态判断与非模态判断的关系

前面介绍了必然 P、必然非 P，可能 P、可能非 P 四种模态判断，下面介绍一下它们与非模态判断的关系。所谓非模态判断，就是没有包含模态概念（模态词）的判断。前面讲的性质判断、关系判断、假言判断等都是非模态判断。

上面四种模态判断与非模态判断的关系，可以用两行公式概括如下：

必然 P⟶P⟶可能 P

必然非 P⟶非 P⟶可能非 P

第一行（都是肯定判断）公式表示两层含义：

（1）必然 P 蕴涵 P。

意思是说：如果必然 P 真，那么 P 也就真。

例如：如果“摩擦必然生热”这个判断真，“摩擦生热”这个判断也就真。

（2）P 蕴涵可能 P。

意思是说：如果 P 真，那么可能 P 就真。

例如：“摩擦生热”这个判断真，“摩擦可能生热”这个判断也就真。

第二行（都是否定判断）公式也表示两层含义：

（1）必然非 P 蕴涵非 P。

意思是说：如果必然非 P 真，那么非 P 就真。

例如：“人必然不会永生”这个判断真，“人不会永生”这个判断也就真。

（2）非 P 蕴涵可能非 P。

意思是说：如果非 P 真，那么可能非 P 也就真。

例如：“人不会永生”这个判断真，“人可能不会永生”这个判断也就真。

把上面的两行公式总括一下，可以得出如下结论：

在同质判断（同是肯定或同是否定）系列中，由必然判断的真可以推出实然判断的真，由实然判断的真可以推出可能判断的真。即：

必然⟶实然⟶可能

从实用逻辑出发，对模态判断只作如上简述。从下章起转入推理部分。

练　习　题

一、下列句子表示何种模态判断，用三种不同句式（把模态词放在句首、句中、句尾）表述该模态判断：

1. 这座山可能有金矿。
2. 纸必然包不住火。
3. 盗窃金库的可能不是流窜犯。
4. 客观规律必然不以人的意志为转移。

二、假设下列模态判断为真，根据对当关系指出与其相应的其他三种模态判断的真假情况：

1. 违反客观规律必然受到惩罚。
2. 工作脱离实际，必然不会成功。
3. 谎言可能会被揭穿。
4. 火星上可能没有高等生物。

三、假设下列判断为假，根据对当关系指出与其相应的其他三种模态判断的真假情况：

1. 明天必然下雨。
2. 学生必然不如老师。
3. 改革可能一帆风顺。
4. 人才可能不被重视。

四、在下列两组判断中，如果 a 真，那么 b 和 c 如何？

第一组：
- a 甲必然战胜乙。
- b 甲战胜乙。
- c 甲可能战胜乙。

第二组：
- a 甲必然不会失败。
- b 甲不会失败。
- c 甲可能不会失败。

第六章 演绎推理

第一节 推理概述

一、什么是推理

在介绍什么是推理之前，先叙述一个小故事：

某列火车到达了终点站，A 起身下车时发现自己的提包不见了，向窗外伸头一看，瞧见刚离开车厢不远的 B 提的正是他的提包，A 赶忙下车追上 B，问："你为什么拿着我的提包?" B 一愣又连忙说："对不起，我拿错了。"立即把提包还给 A，就大步流星地向出站口走去。旁边站着一个警察，把这一切都看在眼里，觉得可疑，就叫住了 B，把他带到派出所一审问，B 原来是一个惯偷。警察是这么考虑的：

如果 B 是拿错了提包，就会回车上寻找自己的提包

B不回到车上寻找自己的提包

所以，B不是拿错了提包

B或者是无意拿错提包，或者是故意偷别人提包
B不是无意中拿错提包

所以，B是有意地偷别人的提包

这位警察得出“B偷提包”的结论，包含有两个推理过程：前一个是假言推理，后一个是选言推理。他正确地运用了两个推理，顺利地抓住了一个惯犯。

那么什么是推理呢？

推理是根据已知的判断推出未知的新判断的思维形式。简言之，就是从已知推出未知的思维过程。

这位警察事先并不知道B是干什么的，但有两点他是已知的：他知道“如果拿错提包就会回车上找自己的提包”是一般规律；他看到了B没有回车上找自己的提包。从已知的两点推断出“B不是拿错提包”的结论。这种从已知推出未知的思维过程，就是推理过程。

二、推理的结构

推理是由判断组成的，它包括两部分：前提和结论。

前提是已知的判断，是推理的根据和理由，它是推理过程的出发点。对上述第一个推理来讲，那已知的两点就是构成推理的前提。

结论是根据前提引出的新判断，它在推理之前是未知的，在推理之后成为已知的，它是推理的目的和结果。“B不是拿错提包”的新判断就是第一个推理的结论。

三、推理的逻辑要求

正确的推理要有严密的逻辑性，也就是说一个正确的推理要符合两个条件：一是前提真实；二是推理形式正确。

前提是推理的根据，结论是从前提推导出来的。前提不真实，结论就很可能是错误的。如：

所有金属（在常温下）都是固体
水银是金属

所以，水银是固体

这个推理的推理形式是正确的，但它的大前提“所有金属（在常温下）都是固体”是不真实的，所以结论是错误的。

有时候，前提是真实的，但由于推理形式不正确（违背推理的逻辑规则），

推出的结论也很可能是错误的。如：

运动员需要锻炼身体

我不是运动员

所以，我不需要锻炼身体

这是直言三段论的第一格，第一格要求小前提必须是肯定判断，这个推理的小前提（我不是运动员）是否定判断，违背第一格的推理规则，推理形式不正确，所以结论也是错误的。

四、推理的分类

（1）根据推理方向的不同，分为演绎推理、归纳推理、类比推理。

演绎推理主要是由一般性前提推出个别性结论的推理。归纳推理是由个别性前提推出一般性结论的推理。类比推理是由个别性前提推出个别性结论的推理。

演绎推理又分为直言三段论推理、关系推理、假言推理、选言推理、联言推理等。

（2）根据前提和结论之间是否有蕴涵关系分为必然性推理和或然性推理。

必然性推理的结论是确实可靠的。演绎推理、科学归纳、完全归纳推理都是必然性推理。或然性推理的结论不是完全确实可靠的。简单枚举归纳推理、类比推理一般地都是或然性推理。

第二节　直言三段论

一、什么是直言三段论

1. 定义

直言三段论推理（简称直言三段论），是借助于一个共同概念把两个直言判断联结起来从而推出结论的推理。如：

所有金属都是导电体

铜是金属

所以，铜是导电体

"所有金属都是导电体"和"铜是金属"这两个判断通过它们共有的概念——金属——联结起来，使两个判断包含的三个不同概念发生某种必然的关系，并依此推导出新的判断，这就是一个直言三段论推理。

2. 结构

从概念方面讲，直言三段论的前提和结论中包括三个不同的概念（各重复两次）：大项、小项、中项。

结论的主项叫小项。结论的谓项叫大项。在前提中出现两次、在结论中不出现的概念叫中项。

从判断方面来讲，直言三段论由三个直言判断构成。前两个直言判断是前提，最后的直言判断是结论。包含大项的前提，叫大前提。包含小项的前提，叫小前提。

三段论的结构形式如下：

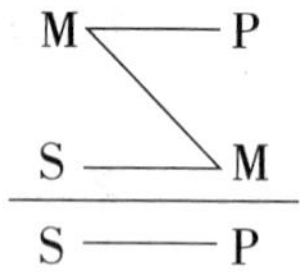

其中，S 表示小项、P 表示大项、M 表示中项。

3. 特点

直言三段论是演绎推理，它是从一般性前提推导出个别性结论。大前提表示一般性原理，小前提表示具体事物的情况。推理过程是由一般到个别。

直言三段论又是必然性推理，它的前提包含结论，前提真，推理正确，结论必真。

二、直言三段论公理

正确的直言三段论推理是必然性推理，它的结论是确实可靠的。那么为什么它的结论是确实可靠的呢?

因为直言三段论推理是依据直言三段论公理进行的。所谓公理，是经过无数次实践反复证明，无需再经过特殊的逻辑证明就可确认的道理。

直言三段论公理是：

凡对一类事物的全部有所肯定，则对该类事物中的每一个分子也有所肯定；凡对一类事物的全部有所否定，则对该类事物中的每一个分子也有所否定。

请看下面两个例子：

所有的猫都是哺乳动物
所有的白猫都是猫

所以，所有的白猫都是哺乳动物

用逻辑形式表示（见图 6—1）是：

所有的 M 是 P

所有的 S 是 M

———————————

所以，所有的 S 是 P

所有的猫都不是爬行动物

所有的白猫都是猫

———————————

所以，所有的白猫都不是爬行动物

用逻辑形式表示（见图 6—2）是：

所有的 M 都不是 P

所有的 S 是 M

———————————

所以，所有的 S 都不是 P

图 6—1

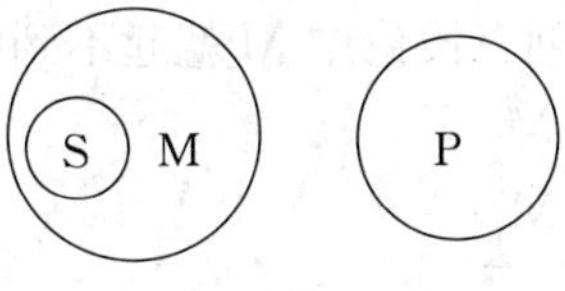

图 6—2

上面的道理很简单：在图 6—1 中，S 是 M 的一部分，所有 M 都是 P，它的一部分（S）当然也是 P。在图 6—2 中，所有的 M 都不是 P，M 的一部分（S），当然也不是 P。

三、直言三段论的规则

三段论的推理形式要正确，就必须遵守下列规则：

1. 必须而且只能有三个不同的概念

直言三段论由三个直言判断构成，这三个直言判断又是由大项、小项、中项三个概念构成的。概念只能有三个，不能多，也不能少。多了就容易犯“四概念”的错误。如：

群众是真正的英雄

我是群众

———————————

所以，我是真正的英雄

从表面上看，上例中有三个不同的概念：“我”、“群众”、“真正的英雄”。实际上是四个不同的概念。在大前提“群众是真正的英雄”中，“群众”是集合概念，它表示群众的集合体。在小前提“我是群众”中，“群众”是非集合概念，它只表示群众中的一员。这是两个不同的概念。群众的集合体才具有“真正的英雄”这种属性，群众的一员（非集合体），不一定也具有“真正的英雄”这种属性。因为这个三段论犯了“四概念”的错误，所以其结论是不可靠的。

为什么直言三段论必须有大项、小项、中项三个不同的概念呢？

因为在大前提中，大项表示的事物与中项表示的事物发生联系；在小前提中，小项表示的事物与中项表示的事物发生联系，通过中项这个媒介，在结论中，小项才能和大项发生必然联系。“四概念”的错误，就在于它没有一个共同的中项作媒介，所以得不出一个必然性的结论。

2. 中项在前提中至少周延一次

为什么中项在前提中至少周延一次呢？因为中项至少周延一次，才能确保中项真正起到媒介作用，只有通过周延的中项，小项才能和大项发生确定的联系，推出的结论才是确实可靠的。如果中项在前提中一次都不周延，它就起不到媒介作用。譬如在下列三段论中 M 就起不到中介作用：

凡 P 是 M

凡 S 是 M

?

由于 M 一次都不周延，所以 S 和 P 之间可能发生的关系是比较复杂的，共有下列五种情况（如图 6—3）：

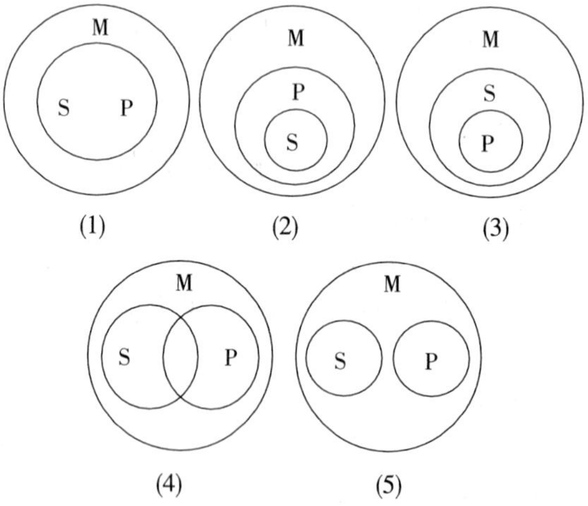

图 6—3

如果是第一种关系，推出的结论就是：所有S都是P（并且所有P都是S)。如果是第二种关系，推出的结论就是：S是P的一部分。如果是第三种关系，推出的结论就是：S的一部分是P的全部。如果是第四种关系，推出的结论就是：有些S是P（有些S不是P并且有些P不是S)。如果是第五种关系，推出的结论就是：所有S都不是P。在M一次都不周延的情况下，很难确定S和P的联系是上列五种关系中的哪一种，所以推不出必然的结论来。请看下例：

狻猊是四足动物
狮子是四足动物

?

由于中项（四足动物）不周延，根据上述两个前提，很难推断狮子是狻猊，或者不是狻猊[①]（即很难确定是上面五种情况中的哪一种）。

如果中项在前提中周延一次，情况就不同了。请看下例：

羊不是两足动物
A是两足动物

所以，A不是羊

这个三段论的结论是可靠的，因为它符合三段论的所有规则，包括“中项至少周延一次”的规则。在大前提中，中项（两足动物）是周延的，即断定了“两足动物”的全部都不是“羊”，那么它的一部分（A），当然也不是羊。所以得出“A不是羊”的结论是确实可靠的。见图6—4：

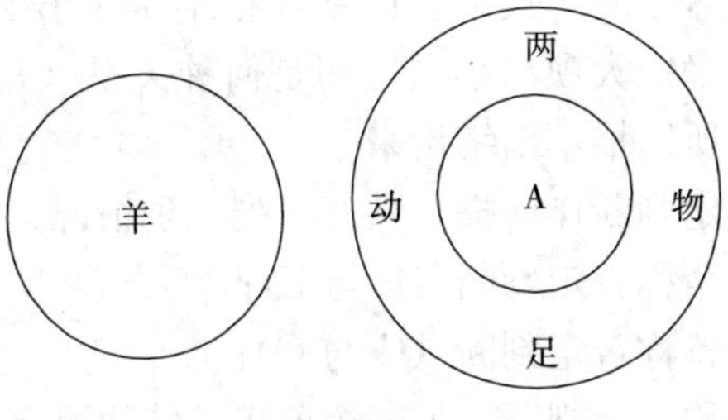

图6—4

由此可见，中项至少周延一次，大项和小项才能发生确定的联系，推出必然结论。

---

① 古书上讲的狻猊就是狮子。

3. 在前提中不周延的概念在结论中也不得周延

直言三段论是演绎推理，它的前提蕴涵结论，它的结论的断定范围不能超出它的前提的断定范围。如果大前提没有断定大项的全部外延，那么结论也不得断定大项的全部外延（也就是大项在前提中不周延的在结论中也不得周延）；否则，就会犯“大项不当周延”的错误。如果小前提没有断定小项的全部外延，那么结论中也不得断定小项的全部外延（也就是小项在前提中不周延的在结论中也不得周延）；否则，就会犯“小项不当周延”的错误。前者如：

所有的狐狸都是动物
猫不是狐狸

所以，猫不是动物

这个三段论犯了“大项不当周延”的错误。大前提没有断定大项（动物）的全部外延，而结论却断定了大项（动物）的全部外延，结论超出了前提的断定范围，所以结论是错误的。又如：

海鸥是会飞的
海鸥是会游的

所以，会游的都是会飞的

这个三段论又犯了“小项不当周延”的错误。小前提没有断定小项（会游的）的全部外延，而结论却断定了小项的全部外延，结论超出了前提的断定范围，所以结论是错误的。

4. 从两个否定前提推不出结论（两否推不出）

如果两个前提都是否定的，大项与中项互相排斥，小项与中项也互相排斥，这样就无法通过中项来确定大项与小项之间是何种关系（是肯定还是否定），中项就起不到媒介作用，所以推不出结论来。

具体地说，两个否定判断作前提，共有下列三种情况：

（1）两个前提都是全称否定判断（E 与 E）；

（2）两个前提都是特称否定判断（O 与 O）；

（3）一个前提是全称否定判断，另一个前提是特称否定判断（E 与 O）。

下面以两个前提都是全称否定判断为例，来说明两否推不出的道理。请看图6—5：

在以上 5 组图形中，大项 P 都与中项 M 互相排斥（即大前提都是全称否定判断）；小项 S 也都与中项 M 互相排斥（即小前提也都是全称否定判断）。在两个前提都是全称否定判断时，小项 S 与大项 P 的关系可以有以上（1）、（2）、

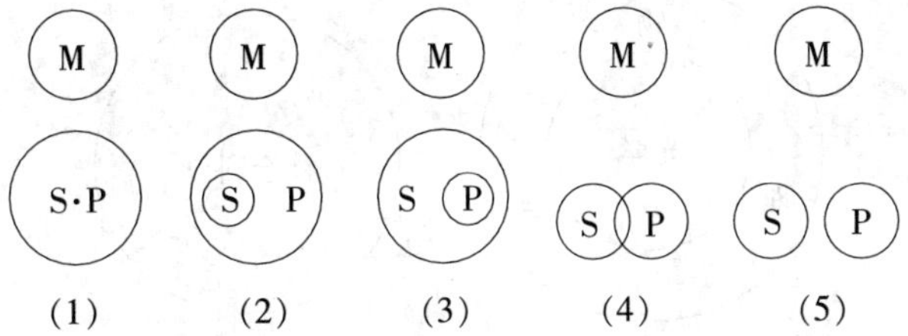

图 6—5

(3)、(4)、(5) 5 种可能情况出现，很难确定是 5 种关系中的哪一种。所以在两个前提都是 E 判断时，推不出确定的、必然的结论来。

其他两种情况（O 与 O、E 与 O）的证明过程与上述证明过程相类似，不再重复。总之，从两个否定前提推不出确定的结论来。

请看下例：

> 昆虫都不是哺乳动物
> A 不是昆虫（A 代表一种动物）
> ——————————————
> ？

根据上面两个否定前提，无法确定 A 与哺乳动物是什么关系：A 是哺乳动物或不是哺乳动物［再具体一点说：（1）A 的全部是哺乳动物的全部；（2）A 的全部是哺乳动物的一部分；（3）A 的一部分是哺乳动物的全部；（4）A 的一部分只是哺乳动物的一部分；（5）所有 A 都不是哺乳动物。这 5 种可能都有，但不能确定是哪一种］。因为无法确定 A 与哺乳动物的关系（即无法确定小项与大项的关系），也就是说，推不出结论来。

5. 前提中有一个是否定判断，结论也一定是否定判断

在两个前提中，如果大前提是否定判断，那么小前提就是肯定判断（因为两个否定前提推不出结论）。在这种情况下，中项与大项互相排斥，却与小项互相融合，并且通过中项这个媒介，小项也与大项互相排斥，所以结论必然是否定的。如：

> 物理学不是社会科学
> 光学是物理学
> ——————————————
> 所以，光学不是社会科学

在上例中，大项（社会科学）与中项（物理学）互相排斥，而中项的一部分（光学）当然也与大项互相排斥，所以结论必然是否定的，如图 6—6 所示：

在两个前提中，如果小前提是否定判断，那么大前提就是肯定判断。如：

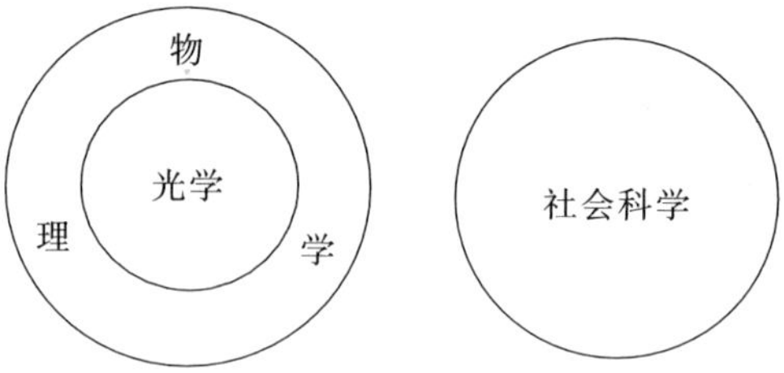

图 6—6

羊是四足动物
A 不是四足动物

所以，A 不是羊

在上例中，中项（四足动物）与小项（A）互相排斥，那么“四足动物”的任何一部分（如羊）当然与“A”也互相排斥，所以结论也必然是否定的，如图 6—7 所示：

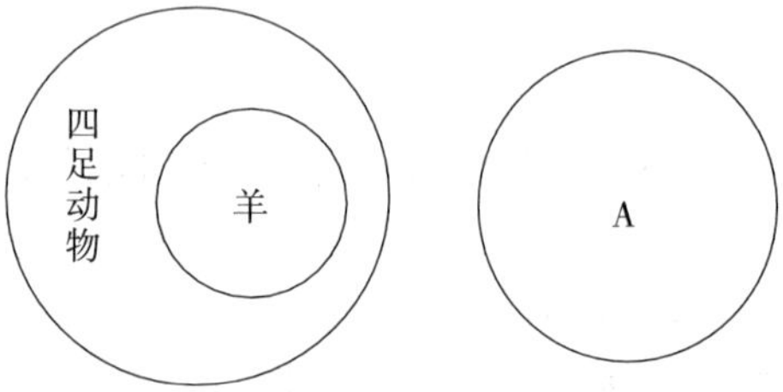

图 6—7

6. 从两个特称前提也推不出结论

两个特称判断作前提，共有下列三种情况：

(1) 两个前提都是特称否定判断（O 与 O）。

根据上述第四个规则（两否推不出），推不出结论。

(2) 两个前提都是特称肯定判断（I 与 I）。

两个前提的四个主、谓项全部都不周延，不符合“中项在前提中至少周延一次”的要求，所以也得不出结论。

(3) 一个是特称肯定判断，一个是特称否定判断（I 与 O）。

因为前提中有一个是否定判断，所以结论也应该是否定的。如果结论是否定的，那么大项在前提中应该是周延的。由于 I 与 O 的四个主谓项中只有一个概念是周延的，如果大项周延了，那么中项就不能周延。如果中项一次也不能周延，就不能推出确定的结论来。

上述三种情况都不能推出确定的结论来，所以从两个特称判断推不出结论。

7. 前提如有一个是特称的，除特例外，结论也必须是特称的

如果前提中有一个是特称判断，共有下面四种情况：

（1） A与I。

在A与I中，只有一个概念是周延的，按照“中项至少周延一次”的要求，这个周延的概念只能是中项。那么在前提中，大项和小项都是不周延的，在结论中，大项和小项也不能周延，所以结论自然是特称的。

（2） A与O。

在A与O中，有两个概念是周延的。其中一个是中项，另一个是大项（因为结论是否定的，大项必须是周延的）。所以小项在前提中是不周延的，那么结论就必须是特称的。

（3） E与I。

如果大前提是I，小前提是E，则推不出结论（因为小前提是E，结论则是否定的；结论是否定的，则大项应是周延的。但大前提是I，大项不可能周延）。

如果大前提是E，小前提是I，则可用上面的证明方法证明结论是特称的。

（4） E与O。

两个否定前提推不出结论。

总观上面四种情况，除“E与O”以及“E与I”的第一种情况得不出结论外，前提中有一个是特称的，其结论也一定是特称的。

以上是直言三段论推理必须遵守的七条规则。为便于记忆，可简化为下列八句话：

（1） 避免“四概念”的错误。

（2） 避免“中项不周延”的错误。

（3） 避免“大项不当周延”的错误。

（4） 避免“小项不当周延”的错误。

（5） 两否推不出。

（6） 一否推一否。

（7） 两特推不出。

（8） 一特推一特。

以上八句话可以按照四概念、大（项）、中（项）、小（项）、两否、一否、两特、一特的顺序记忆。

四、直言三段论的格

直言三段论的格，是指中项、大项、小项在前提中的排列方式。这种排列方式主要取决于中项在前提中的不同位置。所以，根据中项在两个前提中的不同位

置，可以把三段论分为四个格。各格都有自己特殊的推理规则，这些规则是根据三段论总的规则推导出来的。遵守各格的规则，可以避免除“四概念”之外的其他推理错误。

1. 第一格

(1) 特点。

中项（M）是大前提的主项，小前提的谓项。其结构是：

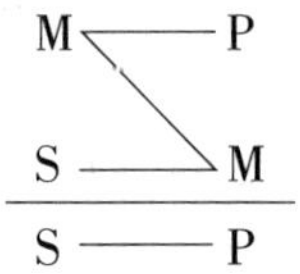

如：

所有的金属都是导电体
铜是金属

所以，铜是导电体

(2) 规则。

第一格的规则有两条：第一，大前提必须是全称的；第二，小前提必须是肯定的。可简述为：“大全称”、“小肯定”。下面对两条规则分别加以证明。

求证：小前提必须是肯定判断。

证明：如果小前提是否定判断，那么结论就是否定判断（根据规则五）；如果结论是否定判断，那么大项在前提中必须是周延的（根据规则三）；如果大项在前提中是周延的，那么大前提就是否定判断。所以，小前提如果是否定判断，那么大前提也必须是否定判断。而两个否定前提推不出结论，所以小前提必须是肯定判断。

求证：大前提必须是全称判断。

证明：已知小前提是肯定的，那么中项在小前提中是不周延的。根据“中项至少周延一次”的规则，大前提的主项必须是周延的，也就是说大前提必须是全称判断。

(3) 违背规则举例。

共产党员应遵守纪律
我不是共产党员

所以，我不应遵守纪律

这是第一格。小前提是否定的，违背“小肯定”的规则，所以结论是错误的。违背第一格的规则，也必然违背三段论的其他有关规则，此例就违背了“在前提中不周延的概念在结论中也不得周延”的规则。

有些导电体是金属
人体是导电体

所以，有些人体是金属

这也是第一格。大前提是特称的，违背“大全称”的规则，所以结论也是错误的。违背第一格的规则，也必然违背三段论的其他有关规则，此例违背了“中项至少周延一次”的规则。

(4) 功用。

第一格最典型地体现了直言三段论推理的一般特点，所以第一格也叫直言三段论的“典型格”。又因为第一格是运用一般原理证明某一个具体论断，所以又叫证明格。如前面的例子，就是根据“所有的金属都是导电体”的一般原理，证明“铜也是导电体”的具体论断。

2. 第二格

(1) 特点。

中项（M）是大前提的谓项，也是小前提的谓项。其结构是：

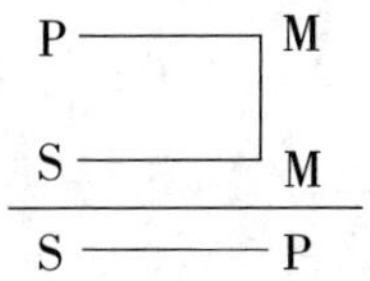

如：

羊是四足动物
A不是四足动物

所以，A不是羊

(2) 规则。

第二格的规则有两条：第一，大前提必须是全称判断；第二，两个前提中必须有一个是否定判断。可简述为：“大全称”、“有一否”。下面对两条规则分别加以证明：

求证：前提中必须有一个是否定判断。

证明：根据“中项至少周延一次”的规则，两个前提必须有一个是否定判断。

求证：大前提必须是全称判断。

证明：已知前提中有一个是否定的，那么结论必然是否定的。结论是否定的，大项在前提中必须是周延的，所以大前提必须是全称判断。

（3）违背规则举例。

羊是四足动物
A是四足动物
———————
所以，A是羊

这是第二格。它的两个前提都是肯定的，违背“有一否”的规则，结论是不可靠的。因为违背第二格的规则，也必然违背三段论的其他有关规则。此例就违背了“中项至少周延一次”的规则。又如：

有些动物是狐狸
猫不是狐狸
———————
所以，有些猫不是动物

这也是第二格。它的大前提是特称的，违背“大全称”的规则，结论也是错误的。因为违背第二格的规则，也必然违背三段论的其他有关规则。此例就违背了“在前提中不周延的概念在结论中也不得周延”的规则。

（4）功用。

第二格的结论总是否定的。它的作用在于根据一般原理区别特殊事物，所以也叫区别格。如：

鱼类是用鳃呼吸的
鲸不是用鳃呼吸的
———————
所以，鲸不是鱼类

一般地说，第二格的大前提常常指出一类事物具有某种共同属性，小前提常常指出某个事物不具有该属性，结论常常指出某个事物不属于该类事物，从而把某个事物和某类事物区别开来。如上例的大前提指出鱼类具有用鳃呼吸的共同属性，小前提指出鲸不具有这种属性，结论指出鲸不是鱼类，从而把鲸和鱼类区别开来。

3. 第三格

（1）特点。

中项（M）是大前提的主项，也是小前提的主项。其结构是：

如：

海鸥是会飞的
海鸥是会游的
———————
所以，有些会游的是会飞的

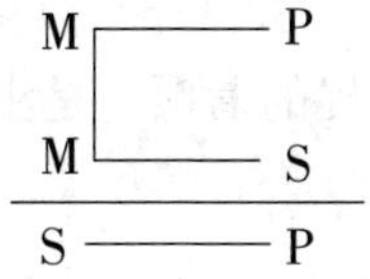

（2）规则。

第三格的规则有两条：第一，小前提必须是肯定判断；第二，结论必须是特称判断。可简述为：“小肯定”、“推特称”。下面分别证明两条规则：

求证：小前提必须是肯定判断。

证明：如果小前提是否定的，那么结论就必须是否定的；如果结论是否定的，那么大项在前提中必须是周延的；如果大项在前提中是周延的，那么大前提必须是否定的。但是从两个否定前提推不出结论，所以小前提必须是肯定的。

求证：结论必须是特称的。

证明：已知小前提是肯定的，那么小项在前提中是不周延的。小项在前提中不周延在结论中也不得周延，所以结论是特称的。

（3）违背规则举例。

鲁迅是文学家
鲁迅是绍兴人

所以，绍兴人都是文学家

这是第三格，结论是全称的，违背第三格“推特称”的规则，所以结论是错误的。又如：

鲸是水生动物
鲸不是鱼类

所以，有些鱼类不是水生动物

这是第三格。它的小前提是否定的，不符合第三格“小肯定”的规则，所以结论也是错误的。

（4）功用。

第三格的结论总是特称的。第三格的作用常常是举出特殊事例来反驳全称判断，所以又叫反驳格。下面这个例子，就是运用第三格来反驳“所有金属（常温下）都不是液体”这个全称判断的：

水银是液体
水银是金属

所以，有些金属是液体

4. 第四格

第四格的中项（M）是大前提的谓项，是小前提的主项。如：

所有的铜都是金属

所有的金属都是导电体

所以，有些导电体是铜

其结构是：

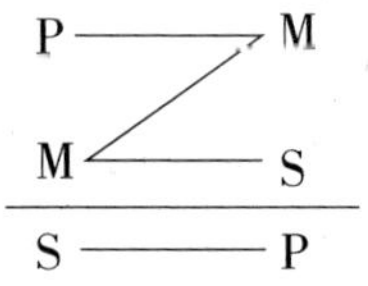

第四格在实践中不常用，规则较复杂，所以规则从略。

把第四格的大小前提的位置上下一交换，就变成第一格。上面的第四格可以变成下面的第一格：

所有的金属都是导电体

所有的铜都是金属

所以，所有的铜都是导电体

然后再把第一格的结论“所有的铜都是导电体”换位后，得出的结论就是上面第四格的结论：“有些导电体是铜”。

以上概述了各格结构上的特点和前三格的推理规则。为了帮助读者记忆，下面采用“井”字记忆法，使大家形象地记住前三格的推理规则①：

	第二格	第三格
第一格	大全称	小肯定
	有一否	推特称

初学者若想尽快地区别四个不同的格，可牢记下面四句话：

中项都在前（中项都在大小前提的前部），是第三格。

中项都在后（中项都在大小前提的后部），是第二格。

中项在大之前、小之后（在大前提之前部、小前提之后部），是第一格。

中项在大之后、小之前（在大前提之后部、小前提之前部），是第四格。

① 第一格的规则横着看；第二格、第三格的规则竖着看。

五、三段论的简化形式和复杂形式

我们先叙述三段论的简化形式——省略式，再叙述三段论的复杂形式——复合式、连锁式、带证式。

1. 省略式

在日常讲话和写作时，为了叙述简练，常常把三段论的某一部分省略掉，构成三段论的省略式。大体有三种：

（1）省略大前提。

如：

因为我是炎黄子孙，所以我有一颗中国心。

这就是一个省略大前提的三段论。它可以还原为一个完整的三段论：

所有炎黄子孙都有一颗中国心

我是炎黄子孙

所以，我有一颗中国心

对于中国人来说，“所有炎黄子孙都有一颗中国心”的论断，是个显而易见、不言自明的道理，即使略而不讲，也心照不宣，所以常常省略掉。

（2）省略小前提。

如：

所有中国人都热爱中国，我也热爱中国。

这是一个省略小前提的三段论。它可以还原为一个完整的三段论：

所有中国人都热爱中国

我也是中国人

所以，我也热爱中国

这个三段论的省略式只有大前提和结论，小前提虽然没有讲出来，但小前提的内容也是不言自明的，言略而意达。

（3）省略结论。

如：

我们的事业是宏伟壮丽的，而宏伟壮丽的事业不是一帆风顺的。

这是一个省略结论的三段论，还原后是：

我们的事业是宏伟壮丽的（事业）

宏伟壮丽的事业不是一帆风顺的

所以，我们的事业不是一帆风顺的

上面的省略式把结论省掉了，但结论的含义却是显而易见的。

但是需要指出，在一些省略式中，常常隐藏着一些不为人注意的逻辑错误。特别是在省略大前提时，可能省略掉的正是一个虚假的大前提，又不易被发现。如：

因他是从农村来的，他没有知识。

这是一个大前提虚假的省略式，还原后是：

所有从农村来的都没有知识

他是从农村来的

所以，他没有知识

为了发现省略式中隐藏的逻辑错误，就要把省略式还原成完整的三段论。但是有些省略式并不是一眼就能看得出来的，那么究竟应该怎样才能把它还原呢？

（1）从联项识别前提和结论。

在汉语中，常常使用“因为……所以……”这样的句式表达三段论的省略式。一般地说，“因为”后面的部分是前提，“所以”后面的部分是结论。如：

因为我们是为人民服务的，所以，我们不怕别人批评。

“我们是为人民服务的”是前提；“我们不怕别人批评”是结论。还原后是：

为人民服务是不怕别人批评的

我们是为人民服务的

所以，我们是不怕别人批评的

（2）从结论识别大项和小项。

因为结论的主项是小项，结论的谓项是大项，所以只要能找到结论，就能找到大项和小项。如：

因为我是炎黄子孙，所以我有一颗中国心。

先找到结论——我有一颗中国心；然后找到小项——我；最后找到大项——一颗中国心。还原后是：

炎黄子孙都有一颗中国心

我是炎黄子孙

所以，我有一颗中国心

（3）从大小前提等识别中项。

一个三段论，如省略的是结论，那么就可以从大、小前提中的共同部分找出中项。如果省略的是其中的一个前提，那么就可以从另一个前提中找出在结论中没有出现的概念，它就是中项。如在省略式“因为我是炎黄子孙，所以我有一颗中国心”中，“炎黄子孙”这个概念在前提中出现，在结论中没有出现，它就是中项。

前提和结论找到了，大项、小项、中项找到了，把一个三段论还原起来就容易多了。

2. 复合式

三段论的复合式又叫复合三段论。复合三段论是由几个三段论联结在一起构成的。联结方式是前一个三段论的结论作为后一个三段论的前提。如：

脊椎动物是高等动物
鸟类是脊椎动物

所以，鸟类是高等动物
候鸟是鸟类

所以，候鸟是高等动物
大雁是候鸟

所以，大雁是高等动物

上面三个三段论结合在一起，组成一个整体，叫复合三段论。它的联结方式是：第一个三段论的结论作为第二个三段论的大前提，第二个三段论的结论作为第三个三段论的大前提。

第一格形式的复合三段论，可以简化成下面的连锁三段论。

3. 连锁式

三段论的连锁式也叫连锁三段论。连锁三段论是复合三段论的简略形式，如：

脊椎动物是高等动物
鸟类是脊椎动物
候鸟是鸟类
大雁是候鸟

所以，大雁是高等动物

这个推理是上面复合三段论的简化。它把上面第一个三段论的结论与第二个三段论的结论都省略了，是上面复合三段论的简化形式。简称连锁三段论。

连锁三段论又分为两种：一种是前进的连锁三段论，一种是后退的连锁三段论。它们的区别在于：前提与前提之间的联结方式不同。

前进的连锁三段论：

上例就是前进的连锁三段论。

它的联结方式是：上面一个前提的主项，是下面一个前提的谓项。它的推理方法是：最后一个前提的主项作结论的主项；第一个前提的谓项作结论的谓项。

后退的连锁三段论：

下面的例子是后退的连锁三段论：

大雁是候鸟
候鸟是鸟类
鸟类是脊椎动物
脊椎动物是高等动物

所以，大雁是高等动物

它的联结方式是：上面一个前提的谓项，是下面一个前提的主项。它的推理方法是：第一个前提的主项作结论的主项；最后一个前提的谓项作结论的谓项。

但无论是前进的连锁三段论，还是后退的连锁三段论，本质上都是直言三段论，都要遵守直言三段论的推理规则。

4. 带证式

带证式三段论也叫带证推理。它的前提本身就带有能够证明自己真实性的三段论的省略式，所以叫带证式。如：

三大作风是应该发扬的，因为三大作风是党的优良传统
密切联系群众的作风是三大作风之一

所以，密切联系群众的作风是应该发扬的

“三大作风是应该发扬的”这个大前提，带有一个三段论的省略式，这个省略式可以进一步证明大前提的真实性。这个省略推理是：“三大作风是应该发扬的，因为三大作风是党的优良传统”。它的还原形式是：

党的优良传统是应该发扬的
三大作风是党的优良传统

所以，三大作风是应该发扬的

“三大作风是应该发扬的”，这是省略式三段论的结论，它又作为带证式三段论的大前提。带证式的前提经过省略式的论证，更真实可靠，使整个带证推理更有说服力。

实际上，上面这个带证推理，也可以看成是下面两个三段论的结合：

党的优良传统是应该发扬的
三大作风是党的优良传统

所以三大作风是应该发扬的
密切联系群众的作风是三大作风之一

所以，密切联系群众的作风是应该发扬的

六、三段论推理的实践意义

有人觉得三段论推理没有多大用处，认为它的结论没有包含多少有用的新知识。如：

猫是四条腿的

白猫是猫

所以，白猫是四条腿的

天天见猫，谁还不知道白猫是四条腿的！凭直观的生活经验早就知道的东西，还用得着什么推理？三段论这种推理形式，没有什么实际的存在价值。

其实不然，事实正好相反。人们常用三段论推理解开许多重大疑难问题。请看发生在美国的一件谋财杀人案。

查理是个亿万富翁。有一天，他两岁的独生子突然失踪了。不久查理也暴病身亡。查理的妻子玛丽继承了丈夫的全部遗产。但玛丽有严重的心脏病，随时都可能死去，她日夜盼望失踪的儿子归来。十年后，她失踪的儿子回来了，脖子上挂着一个带有金项链的金盒子，小盒子里嵌着母亲玛丽的照片。玛丽验证后，确实无误，悲喜交集，就认下了儿子，并准备立一份她死后由儿子继承全部财产的遗嘱。玛丽的朋友建议她先化验一下儿子的血型再立遗嘱。遗憾的是，为她家服务多年的家庭医生一个月前辞职了。她们只得到医院去化验，经过化验，新来的儿子是A型血，玛丽是O型血，按照血型遗传法则（见血型遗传法则表），O型血的母亲是可以生出A型血的子女的。但是只知道母亲一方的血型，还不能完全断定儿子的真假。而其父查理已死多年，除了家庭医生谁也不知道查理的血型，可家庭医生辞职后已不知去向。但聪明的玛丽千方百计地查找到了早已故去的查理父母的血型，其父母都是O型。按照血型遗传法则，父母双方都是O型血的，子女只能是O型血，所以查理必然是O型血。查理是O型血，玛丽是O型血，那么他们的儿子也应该是O型血，而新来的少年是A型血。因此可以断定：这个新来的少年不是十年前玛丽失踪的儿子。这些疑团使玛丽下决心把这件事情查个水落石出，最后终于真相大白：原来十年前她儿子的失踪，她丈夫的暴病而亡，十年后“儿子”的归来，都是家庭医生精心策划的骗局。如果不是查清了查理的血型，这个骗局就很可能得逞，查理家的亿万财产就会被家庭医生窃取。

我们在这里对整个案件的发展和侦破暂且不论，只分析一下直言三段论推理在侦破过程中起到了什么作用。

附：血型遗传法则表

父母的血型	子女的血型
O—O	O
A—O A—A	O、A
A—B	O、A、B、AB
AB—O	A、B
AB—A AB—B AB—AB	A、B、AB
B—O B—B	O、B

首先，确定查理的血型，运用的是三段论推理的第一格：

凡父母均为O型血的子女是O型血

查理是父母均为O型血的子女

所以，查理是O型血

其次，确定查理夫妇儿子的血型，运用的也是三段论推理的第一格：

凡父母均为O型血的子女是O型血

查理夫妇的儿子是父母均为O型血的子女

所以，查理夫妇的儿子是O型血

最后，确定新来的少年不是查理夫妇的儿子，运用的是三段论推理的第二格：

查理夫妇的儿子是O型血

新来的少年不是O型血（是A型）

所以，新来的少年不是查理夫妇的儿子

直言三段论推理是根据已知的一般原理、普遍原则，推断尚未认识的特殊事例，从而获得关于特殊事例的新知识。在进行上述三段论推理之前，查理的血型怎么样、他们儿子的血型怎么样、新来的少年是不是他们的亲儿子，这些特殊事例的情况都是未知的。通过三段论推理，才获得了关于这些特殊事例的新知识，而获得这些新知识是解决问题的关键所在。由此可见，三段论推理不但有自己独立存在的价值，而且在实践中还大有用武之地呢！主要是：

（1）三段论的第一格被广泛地运用在各个方面。

例如：

司机酒后开车，交通警察运用第一格进行推理后，对他进行罚款：

凡酒后开车者要罚款二百元

你是酒后开车者

所以，你是要罚款二百元的

法官依据法律对犯人定罪量刑也是根据三段论推理的第一格进行的：

凡容留妇女卖淫、情节严重者处五年以上有期徒刑

A是容留妇女卖淫、情节严重者

所以，A是要处五年以上有期徒刑的

医生也常常根据三段论推理的第一格对病情作出判断：

凡舒张压超过90毫米汞柱者是高血压患者

A是舒张压超过90毫米汞柱者

所以，A是高血压患者

在科学领域中，运用三段论第一格的情况就更多。在具体运用各种学科的公式、原理时，也常常根据三段论推理的第一格。如：

所有三角形三内角之和都是180°

∠1+∠2+∠3是三角形三内角之和

所以，∠1+∠2+∠3是180°

（2）论证某个事物不属于某类事物常常使用三段论的第二格。

如前所述，第二格的结论总是否定的。它的作用在于根据一般原理区分某种特殊事物。如：

正确的工作方法是走群众路线

主观主义的方法不走群众路线

所以，主观主义的方法不是正确的工作方法

这个三段论的第二格不但告诉你一个否定的结论，而且还展示了对结论的论证过程，即揭示了结论产生的根据和理由。

又如：

共产党人是讲奉献的

个人主义者不讲奉献

所以，个人主义者不是共产党人

这个三段论的第二格也论证了“个人主义者”为什么不是“共产党人”的理由。

公安人员在侦破案子时，也常常使用三段论的第二格：

这次入户盗窃的是个大个子，因为留下的脚印很大
A不是大个子

所以，A不是这次入户盗窃的人

医生在说明某人患的不是某种病时，也常常使用三段论的第二格：

凡脑膜炎都有头疼发烧、颈项强直等症状
A没有头疼发烧、颈项强直等症状

所以，A没有患脑膜炎

(3) 为了驳斥某个全称判断，在很多情况下，需要借助三段论的第三格。

如根据第三格推理得到的结论“有的人不是自私的”来反驳“所有的人都是自私的”这个全称判断：

焦裕禄不是自私的，因为“他心里装着群众，惟独没有他自己”
焦裕禄也是人

所以，有些人不是自私的

又如可以根据第三格推理得出的特称判断来驳斥“所有的美国人都是生活富裕的”全称判断：

生活在贫困线下的美国人不是生活富裕的
生活在贫困线下的美国人是美国人

所以，有些美国人不是生活富裕的

总之，三段论推理是一种应用广泛、实用价值很大的推理形式。每一个学习形式逻辑的人都要掌握它。

练　习　题

一、在下列各段文章中，找出三段论推理，并用竖式表示出来：

1. 为人民利益而死，就比泰山还重；替法西斯卖力，替剥削人民和压迫人民的人去死，就比鸿毛还轻。张思德同志是为人民利益而死的，他的死是比泰山还要重的。

因为我们是为人民服务的，所以，我们如果有缺点，就不怕别人批评指出。

2. 在一切工作中，命令主义是错误的，因为它超过了群众的觉悟程度，害了急性病，而凡是超过群众觉悟程度企图“拔苗助长”的总是错误的。在一

切工作中尾巴主义也是错误的，因为它落后于群众的觉悟程度，害了慢性病，而凡是落后于群众的觉悟程度又违反了领导群众前进一步的原则的，总是错误的。

二、指出下列三段论推理的大、中、小项及大小前提：

1. 铜是金属
   金属是导电体
   ———————
   所以铜是导电体

2. 海鸥会飞
   海鸥会游
   ———————
   所以有些会飞的会游

三、下列三段论推理违背了什么规则？

1. 组装车间是卫生标兵
   我是组装车间的一员
   ———————
   所以我是卫生标兵

2. 鲁迅的小说不是一天能看完的
   《祝福》是鲁迅的小说
   ———————
   所以《祝福》不是一天能看完的

四、下列三段论推理是第几格，是否正确，为什么？

1. 广东人会说广东话
   我会说广东话
   ———————
   所以我是广东人

2. 鲁迅是绍兴人
   鲁迅是大作家
   ———————
   所以有些大作家是绍兴人

3. 中子是不带电的
   中子是基本粒子
   ———————
   所以基本粒子是不带电的

4. 金子熔点很高
   这种金属熔点也很高
   ———————
   所以这种金属是金子

5. 有些农民是劳动模范
张三不是劳动模范
———
所以张三不是农民

6. 鱼类是用鳃呼吸的
海豚不是用鳃呼吸的
———
所以海豚不是鱼类

7. 海豚是哺乳动物
海豚不是在陆地上生活的
———
所以有的在陆地上生活的不是哺乳动物

8. 海豚是哺乳动物
海豚不是在陆地上生活的
———
所以有的哺乳动物不是在陆地上生活的

9. 党员要遵守纪律
我不是党员
———
所以我不要遵守纪律

10. 有些金属是固体
铜是金属
———
所以铜是固体

五、下列三段论省略了哪一部分？把完整的三段论用竖式表示出来：

1. 我们必须坚持真理，而真理必须旗帜鲜明。
2. 你是干部，你应该守法。
3. 共产党员应带头遵守纪律，你要带头遵守纪律。
4. 马克思主义不怕批评，因为马克思主义是真理。

六、下列推理中，哪些是复合三段论，哪些是连锁三段论？它们有什么不同？

1. 知识分子是有用之才
高级知识分子是知识分子
———
高级知识分子是有用之才
专家是高级知识分子
———
专家是有用之才

经济专家是专家

所以经济专家是有用之才

2. 经济专家是专家

专家是高级知识分子

高级知识分子是知识分子

知识分子是有用之才

所以经济专家是有用之才

3. 知识分子是有用之才

高级知识分子是知识分子

专家是高级知识分子

经济专家是专家

所以经济专家是有用之才

七、下面这个三段论的大前提是否包含一个省略的三段论？这个三段论叫什么三段论？把它改成复合三段论。

共青团员应起模范带头作用，因为共青团员是青年中的先进分子

你是共青团员

所以你应该起模范带头作用

八、古时候，有两个妇女为了争一个儿子告到国王那里。妇女甲边哭边诉说："我们两个住在同一个产房里，同一天夜里分娩，都生了个儿子。她用被子把儿子裹得严严实实的，不小心把孩子捂死了。她见屋里没有别人，乘我熟睡时把我的儿子抱过去，把她的死儿子放到我身边。等我天亮醒来，发现儿子死了，大吃一惊，仔细一看不是我的儿子，才知道被她调换了。"

妇女乙也哭天抹泪地说："活着的才是我的儿子。她的儿子被她自己睡觉压死了，却反咬一口，诬赖好人。"

两个妇女争论不休，真假难辨。国王好像听得很不耐烦，大声喝道："你们俩的事，谁能说得清楚？拿刀来把孩子劈成两半儿，每人一半儿，公平合理。"

侍从刚要举起刀，妇女乙无动于衷。妇女甲连忙跪下哀求道："国王陛下，把活的孩子给她抱走吧。求求你，千万别把孩子劈成两半。"

国王忽然转怒为喜，对妇女甲说："这个活的孩子是你的，你把他抱走吧。"

请问：国王推理的根据是什么，用带证式三段论把国王的推理过程表述出来。

第三节　关系推理

一、关系推理概述

1. 什么是关系推理

关系推理主要是依据对象间关系的逻辑特性进行的推理。如：

老张和老王是同学

所以，老王和老张是同学

这个推理就是依据“同学”关系的对称性进行的。前项对后项有某种关系，后项对前项也有同样的关系。

关系推理的前提和结论，有的全部是关系判断，有的部分是关系判断。但不是所有包含关系判断的推理都是关系推理。如：

上海比苏州人口多

所以，有的比苏州人口多的城市是上海

这个推理的前提是关系判断，但这个推理不是关系推理，因为它主要不是根据关系的逻辑特性进行推理的。它是把关系判断还原为性质判断（上海是比苏州人口多的城市）以后，经过换位，得到上边的结论（有的比苏州人口多的城市是上海）。这个推理是直言判断变形推理，不是关系推理。

2. 关系推理的种类

（1）按照前提数目的多少，可分为直接关系推理和间接关系推理。

直接关系推理，是只有一个前提的关系推理。如：

长江长于黄河

所以，黄河不长于长江

间接关系推理是有两个或两个以上前提的关系推理。如：

$A>B$

$B>C$

$C>D$

$\therefore A>D$

（2）按前提和结论的性质分，可分为纯粹关系推理和混合关系推理。

前提和结论全是关系判断的推理，叫纯粹关系推理。

一部分前提是关系判断，一部分前提是性质判断，而结论是关系判断的推理叫混合关系推理。如：

牛高于犬

猎犬是犬

所以，牛高于猎犬

上例的第一个前提是关系判断，第二个前提是性质判断，结论是关系判断，所以是混合关系推理。

(3) 按照关系的不同的逻辑特性划分，可分为传递性关系推理、反传递关系推理和对称性关系推理、反对称关系推理。

3. 关系推理的方法

(1) 传递性关系推理。

传递性关系推理是依据传递性关系的逻辑特性进行推演的推理，其公式是：

aRb

bRc

∴aRc

如：

篮球大于足球

足球大于乒乓球

所以，篮球大于乒乓球

这是利用“大于”关系的传递性进行的推理。

又如：

太平天国革命早于戊戌变法

戊戌变法早于义和团运动

所以，太平天国革命早于义和团运动

这是利用“早于”关系的传递性进行的推理。

(2) 反传递关系推理。

反传递关系推理是根据反传递关系的逻辑特性进行推演的推理，其公式是：

aRb

bRc

∴$a\bar{R}c$

如：

甲比乙大五岁
乙比丙大五岁

所以，甲比丙不是大五岁

（3）对称性关系推理。

对称性关系推理是根据对称性关系的逻辑特性进行推演的推理，其公式是：

$$\frac{aRb}{\therefore bRa}$$

如：

甲是乙的朋友

所以，乙也是甲的朋友

（4）反对称关系推理。

反对称关系推理是根据反对称关系的逻辑特性进行推演的推理，其公式是：

$$\frac{aRb}{\therefore b\bar{R}a}$$

如：

地主剥削农民

所以，农民没有剥削地主

4. 运用关系推理应注意的事项

（1）必须严格区分对称关系、反对称关系、半对称关系，才能保证推理方法正确，否则结论就不可靠。

如：

甲佩服乙

所以，乙佩服甲

“佩服”是半对称关系，甲佩服乙，乙可能佩服甲，也可能不佩服甲。上述推理混淆了对称性关系和半对称性关系的区别，所以结论是不可靠的。

（2）必须严格区分传递关系、反传递关系、半传递关系，才能保证推理方法正确，否则结论就不可靠。

譬如“哥哥”是传递关系，“父亲”是反传递关系，“同学”是半传递关系。

甲是乙的哥哥
乙是丙的哥哥

所以，甲是丙的哥哥

甲是乙的同学

乙是丙的同学

所以，甲是丙的同学

前一个推理是正确的，后一个推理是错误的。因为后者混淆了传递性关系和半传递性关系的区别。

二、关系推理典型示例

对称性关系推理比较简单，致使一些同志错误地认为所有关系推理都没有多大实用价值。其实不然。请看下面的事例：

民国初年，北京西裱褙胡同七号院住着清末的一个大太监，他陆续雇了四个仆人。大太监后来中风不语，临死前把私藏多年的乾隆皇帝用过的一方砚台送给了最早服侍他的那个仆人，因为那个仆人救过他的命。可那个仆人并不认为这是什么稀罕之物，随便收起就是了。解放后四个仆人先后去世。为查找这件珍贵文物的下落，有关人员分别走访了四个仆人的儿子，他们也不知父辈中谁是最早服侍大太监的那个人，但他们四人都记得自己父亲说过的一些话。

甲："听父亲说过，他刚去七号院当仆人时，就在一片竹林旁种了一棵桃树。"

乙："听父亲说过，他刚去时，正赶上院里安装自来水管，主人让他把院里仅有的一棵桃树砍了。"

丙："听父亲说过，七号院所有的竹子都是他栽的。"

丁："听父亲说过，他刚去的第一天，主人让他摘桃，院里那棵树上的桃又大又甜。"

听了他们的话，有关人员立即断定：丙的父亲是最先服侍大太监的人。丙的家住在京郊山区，最后终于在他家的鸡窝上找到了国家一级文物——乾隆皇帝御用端砚。

大太监和四个仆人死后，御用端砚遗落何方，简直是无头案。有关人员经过调查研究，运用关系推理，解开谜团，找到了珍贵文物。他们的推理结论是：

$$丙父\xrightarrow{早于}甲父\xrightarrow{早于}丁父\xrightarrow{早于}乙父$$

他们推理的根据是：

丙父种竹、甲父种桃、丁父摘桃、乙父砍桃。

他们的推理方法是：传递性关系推理。

关系推理有何用场，仅此一例即可窥豹一斑。其实关系推理的用途很广，特别是传递性关系推理，它在空间关系推理方面、时间关系推理方面、数量关系推理等方面，都有非常重要的作用。

从空间关系推理来说，传递性推理就用得非常普遍。北京的一个一年级小学生，没有到过郑州和武汉，但他知道郑州和武汉都在北京的南面。“你怎么知道郑州和武汉在北京的南面?”“听爸爸说，石家庄在北京的南面，郑州在石家庄的南面，所以郑州在北京的南面。武汉在郑州的南面，所以武汉也在北京的南面。”好极了，对于没有到过的地方，他竟能运用空间关系推理得出完全正确的结论。

从时间关系推理来说，传递性关系推理就用得更加广泛。如果问你：“诗人殷夫和小说家郁达夫两人谁死得早?”假如你对现代文学史不熟悉，很可能一下答不上来。但你不要灰心，仔细动脑筋想一想，就会找到答案。你上中学时，读过鲁迅的《为了忘却的纪念》，是纪念殷夫等五位被国民党反动派杀害的青年作家的。鲁迅是抗战前去世的，郁达夫是抗战后期被日本宪兵在国外杀害的：

殷夫牺牲早于鲁迅逝世

鲁迅逝世早于郁达夫遇害

所以，殷夫牺牲早于郁达夫遇害

你不了解的东西，通过推理找到了答案，你还能说时间关系推理没有用吗?

从数量关系推理来说，“大于关系”、“小于关系”、“等于关系”、平面几何中的平行关系、图形相似关系等都是传递性关系。传递性关系推理在数学领域中应用得十分广泛。如果没有“等量代替原理”（实质上是“等于关系”），那么许多数学计算都无法进行，许多公式、定理就推导不出来。夸张点说，没有数量关系推理，就没有数学的产生和发展。

不是关系推理没有用处，关键是你还不会灵活地运用它。

练　习　题

一、下列推理属于何种关系推理，是否正确，为什么?

1. 甲与乙是同乡，所以乙与甲是同乡。
2. 甲是乙的哥哥，所以乙不是甲的哥哥。
3. 甲佩服乙，所以乙佩服甲。
4. 甲年长于乙，乙年长于丙，所以甲年长于丙。
5. 甲年长于乙两岁，乙年长于丙两岁，所以甲不是年长于丙两岁。

6. 甲认识乙，乙认识丙，所以甲认识丙。

二、某大学关于教室的管理条例规定：晚自习后，最后走的同学必须把教室的门锁好。某天晚上，在第一教室自习的只有小黄、小苏、小刘、小温四位同学。最后走的同学忘记了锁门，教室内的一台音箱被盗。为了教育当事人，管理人员想了解一下谁最后离开教室。

小黄说："我回来路过小刘的房间，见小刘还未睡。"

小温说："我和小苏住一个房间，我回来时看见她已睡着了，我也跟着睡了。"

小刘说："我经过小温的房间时，她正准备上床睡觉。"

小苏说："我早睡着了，根本不知道是谁最后回来的。"

她们讲的都是实话，而且都是离开教室直接回宿舍睡觉的。请你推断：谁最后离开教室？

三、安妮、琳娜、爱娃、伊莲四个女孩在网球场遇见了。她们之间进行了几场网球比赛。

比赛结果是：(1) 当安妮、琳娜两人为一方，爱娃、伊莲为另一方时，双方势均力敌、不相上下。(2) 但当安妮与爱娃对调以后，安妮、伊莲一方就轻而易举地战胜了爱娃、琳娜一方。(3) 然而，当伊莲的脚受伤退出比赛，琳娜一个人同安妮、爱娃两个人同时进行较量，结果却取胜了。

请你由强到弱排出四个女孩的顺序。

第四节 假言推理

一、什么是假言推理

1. 定义

假言推理是前提中至少有一个是假言判断，并且是根据假言判断前后件之间的关系推出结论的推理。如：

如果骄傲，就会落后
他骄傲了
———————————
所以，他落后了

这个推理的第一个前提是假言判断，第二个前提和结论都是直言判断。其结论是根据前后件之间的关系推演出来的。这就是假言推理。

2. 分类

在假言推理中，所有的前提都是假言判断的，叫纯假言推理（后面有详述）。一部分前提是假言判断，另一部分前提不是假言判断，叫混合假言推理。

在混合假言推理中，常用的有假言直言推理、假言选言推理、假言联言推理。

所谓假言直言推理，是一个前提为假言判断，另一个前提和结论为直言判断的推理。这种假言直言推理是日常生活中最常见、用得最普遍的假言推理，所以泛称假言推理。通常说的假言推理，大部分指的是假言直言推理。

3. 结构

这里所讲的结构是指假言直言推理的结构。它包括三部分：

大前提，是指由假言判断构成的前提。

小前提，是指由直言判断构成的前提。

结论也是直言判断。

像直言三段论一样，假言推理的大前提反映一般情况，小前提反映特殊情况，结论反映根据一般情况推出来的关于某个事物的具体情况。

假言推理是从一般到个别的演绎推理。它也是前提蕴涵结论的必然性推理。

本节仅叙述假言直言推理和纯假言推理两种，假言选言推理（只讲二难推理一种）放在第七节再作介绍。

二、假言直言推理

假言直言推理是由假言判断和直言判断构成的假言推理，通常泛称假言推理。它包括三种不同类型：

1. 充分条件假言推理

（1）定义。

充分条件假言推理，是大前提为充分条件假言判断，小前提和结论是直言判断的假言推理。如：

> 如果物体摩擦，就会生热
> 这块木头摩擦了
> ——————————
> 所以，这块木头生热了

在假言直言推理中，大前提和小前提的关系是十分密切的：小前提或者是对大前提的前件有所断定，或者是对大前提的后件有所断定。否则，就不可能推出结论来。

在实际发生的情况中，小前提和大前提的关系共有四种：

1）小前提肯定大前提的前件（如“这块木头摩擦了”）；

2）小前提否定大前提的前件（如“这块木头没有摩擦”）；

3）小前提肯定大前提的后件（如“这块木头生热了”）；

4）小前提否定大前提的后件（如“这块木头没有生热”）。

在上述四种情况中，小前提和大前提只有构成1）和4）两种关系时，充分条件假言推理才能推出必然性的结论；在发生2）和3）两种关系时，不能推出必然性的结论。为了使结论确实可靠，就要研究在什么情况下能得出必然性的结论，在什么情况下不能得出必然性结论。要做到这一点，就要掌握充分条件假言推理的规则。

（2）规则。

充分条件假言推理的规则有两条：

第一，肯定前件必须肯定后件，否定后件必须否定前件。

这条规则是由充分条件假言判断的性质决定的。充分条件的特点之一，是有此条件必有此结果，即有前件必有后件，也就是前件存在后件必然存在，所以肯定前件必须肯定后件。

又因为有前件必有后件，所以没有后件就没有前件，因此否定后件必须否定前件。

第二，否定前件不能否定后件，肯定后件不能肯定前件。

这也是由充分条件假言判断的性质决定的。充分条件的另一个特点是，无此条件不一定无此结果，即前件不存在后件不一定也不存在，所以否定前件不能否定后件。

又因为没有前件结果也可能产生，所以有结果前件也不一定存在，因此肯定后件不能肯定前件。

统观上面两条规则，充分条件的性质决定了充分条件假言推理的规则。它的推理规则又决定了它的推理形式。

（3）两种正确的推理形式。

如果前提正确，根据下面两种推理形式推出的结论也是正确的：

1）肯定前件式。

小前提肯定大前提的前件，结论肯定大前提的后件，其公式是：

如果p，则q
　　p
————————
所以q

如：

如果物体摩擦了，就会生热
这块木头摩擦了

所以，这块木头生热了

2）否定后件式。

小前提否定大前提的后件，结论否定大前提的前件，其公式是：

如果 p，则 q
非 q

所以非 p

如：

如果物体摩擦了，就会生热
这块木头没有生热

所以，这块木头没有摩擦

（4）两种错误的推理形式。

根据下面两种推理形式推出的结论是不可靠的：

1）小前提否定大前提的前件，结论否定大前提的后件。

如：

如果物体摩擦，就会生热
这块木头没有摩擦

所以，这块木头没有生热

此推理违背第二条规则的前一款，结论不可靠。因为没有摩擦也可能生热，例如通过暴晒或燃烧生热。

2）小前提肯定大前提的后件，结论肯定大前提的前件。

如：

如果物体摩擦，就会生热
这块木头生热了

所以，这块木头摩擦了

此推理违背第二条规则的后一款，结论不可靠。因为木头生热的原因很多，除了摩擦生热外，暴晒和燃烧都能生热。所以木头生热了不一定就是摩擦了。

（5）记忆方法。

为了记住充分条件假言推理正确的推理形式和推理规则，可以画一个“＃”字：

	两种正确推理形式	推理规则
充分条件假言推理	肯定前件式	有前有后
	否定后件式	无后无前

第二竖行表示两种正确的推理形式。第三竖行表示与其相应的推理规则。"有前有后"表示有前件就有后件（即肯定前件必须肯定后件）；"无后无前"表示没有后件就没有前件（即否定后件必须否定前件）。

2. 必要条件假言推理

（1）定义。

必要条件假言推理，是大前提为必要条件假言判断，小前提和结论为直言判断的假言推理。如：

只有年满18岁，才有选举权

他没有18岁

所以，他没有选举权

上例的大前提是必要条件假言判断；小前提和结论都是直言判断。

（2）规则。

第一，否定前件必须否定后件，肯定后件必须肯定前件。

这条规则是由必要条件假言判断的性质决定的。必要条件的特点之一，是无此条件必无此结果，即前件不存在后件也不会存在，所以否定前件必须否定后件。

又因为无前件必无后件，所以有了后件就一定有前件，所以肯定后件必须肯定前件。

第二，肯定前件不能肯定后件，否定后件不能否定前件。

这条规则也是由必要条件假言判断的性质决定的。必要条件的另一个特点是，有此条件不一定有此结果，因此肯定前件不能肯定后件。

又因为有此条件可以没有此结果，所以没有此结果也可以有此条件，因此否定后件不能否定前件。

统观两条规则，必要条件的性质决定了必要条件假言推理的规则，它的推理规则也决定了它的推理形式。

（3）两种正确的推理形式。

1）否定前件式

小前提否定大前提的前件，结论否定大前提的后件。其推理公式是：

只有 p 才 q
　非 p
———————
所以非 q

如：

只有年满 18 岁，才有选举权
他没有 18 岁
———————
所以，他没有选举权

2）肯定后件式

小前提肯定大前提的后件，结论肯定大前提的前件。其推理公式是：

只有 p 才 q
　q
———————
所以 p

如：

只有年满 18 岁，才有选举权
他有选举权
———————
所以，他年满 18 岁了

（4）两种错误的推理形式。

1）小前提肯定大前提的前件，结论肯定大前提的后件。如：

只有年满 18 岁，才有选举权
他年满 18 岁了
———————
所以，他有选举权

此推理违背第二条规则的前一款，结论不可靠。因为不是所有年满 18 岁的公民都有选举权，如精神病患者和被剥夺政治权利的人就没有选举权。所以不能根据他年满 18 岁了，就肯定他一定有选举权。

2）小前提否定后件，结论否定前件。如：

只有年满 18 岁，才有选举权
他没有选举权
———————
所以，他没有年满 18 岁

此推理违背第二条规则的后一款，结论不可靠。因为没有选举权的原因是多种多样的，除年龄因素外，还有政治原因和健康原因，所以不能根据没有选举权就肯定他没有年满 18 岁。

(5) 记忆方法。

为了记住必要条件假言推理正确的推理形式和推理规则，可以画一个“#”字：

	两种正确推理形式	推理规则
必要条件假言推理	否定前件式	无前无后
	肯定后件式	有后有前

第二竖行表示两种正确的推理形式。第三竖行表示与其相应的推理规则。“无前无后”表示没有前件就没有后件（即否定前件就必须否定后件）；“有后有前”表示有后件就有前件（即肯定后件就必须肯定前件）。

3. 充分必要条件假言推理

(1) 定义。

充分必要条件假言推理是大前提为充分必要条件假言判断，小前提和结论为直言判断的假言推理。

(2) 规则。

充要条件假言推理的规则是：肯定前件必须肯定后件，否定前件必须否定后件；肯定后件必须肯定前件，否定后件必须否定前件。

(3) 四种正确的推理形式。

1) 肯定前件式。如：

只要而且只有三角形的三边相等，它的三角才相等
这个三角形的三边相等

所以，这个三角形的三角相等

2) 否定前件式。如：

只要而且只有三角形的三边相等，它的三角才相等
这个三角形的三边不相等

所以，这个三角形的三角不相等

3) 肯定后件式。如：

只要而且只有三角形的三边相等，它的三角才相等
这个三角形的三个角相等

所以，这个三角形的三个边相等

4）否定后件式。如：

只要而且只有三角形的三边相等，它的三角才相等
这个三角形的三个角不相等

所以，这个三角形的三个边不相等

（4）记忆方法。

为了记住充分必要条件假言推理四种正确的推理形式和推理规则，也可以画一个“#”字：

	四种正确 理形式	推理规则
充要条件 假言推理	肯定前件式 否定前件式	有前有后 无前无后
	肯定后件式 否定后件式	有后有前 无后无前

第二竖行表示四种正确的推理形式。第三竖行表示与其相应的推理规则。

上面介绍的是假言直言推理，下面介绍纯假言推理。

三、纯假言推理

纯假言推理是前提和结论都是假言判断的假言推理。如：

如果木块不停地摩擦，它就会不停地生热
如果它不停地生热，它就会燃烧

所以，如果木块不停地摩擦，它就会燃烧

纯假言推理和假言直言推理的结构不同，但是为什么纯假言推理也像假言直言推理一样，能推出必然性的结论呢？

原因之一就是纯假言推理的前提与前提之间有必然的联系。它们联结的方式是，上一个前提的后件，作为下一个前提的前件。这样相邻的两个假言判断中，都有一个共同的“构件”（如上例的“它就会不停地生热”），并以这些共同的“构件”为中介，把所有前提联成一个整体，按照一定的规则，经过推演就能得出必然性的结论来。

下面介绍两种纯假言推理：

1. 充分条件的纯假言推理

充分条件的纯假言推理，它的所有前提都是充分条件的假言判断。它的推理形式有两种：

（1）肯定前件式（有头有尾[①]）。

肯定式的推理方法是：结论的前件肯定第一个前提的前件（头），结论的后件肯定最后一个前提的后件（尾）。即：肯定“头”就要肯定“尾”。其推理公式是：

如果 p 则 q
如果 q 则 r
―――――――――
所以，如果 p，则 r

如：

如果改革成功，就能促进生产力发展
如果能促进生产力发展，就能多创造社会财富
如果能多创造社会财富，就能更快提高人民生活水平
―――――――――
所以，如果改革成功，就能更快提高人民生活水平

在上例中，结论的前件就是第一个前提的前件，结论的后件就是最后一个前提的后件。

在本章第三节证明直言三段论第一格的规则之一“小前提必须是肯定判断”时，运用的推理方法就是纯假言推理的“肯定前件式”：

如果小前提是否定判断，那么结论就是否定判断
如果结论是否定判断，那么大项在前提中必须周延
如果大项在前提中是周延的，那么大前提就是否定判断
―――――――――
所以，如果小前提是否定判断，那么大前提也是否定判断

再根据“两个否定前提推不出结论”的规则，得出“小前提必须是肯定判断”的结论，从而证明了这条规则。

（2）否定后件式（无尾无头）。

否定式的推理方法是：结论的前件否定最后一个前提的后件（尾），结论的后件否定第一个前提的前件（头）。即：否定“尾”就要否定“头”。其推理公式是：

如果 p 则 q
如果 q 则 r
―――――――――
所以，如果非 r，则非 p

如：

① 第一个前提的前件叫“头”，最后一个前提的后件叫“尾”。

如果执政党腐败，就会失去民心

如果失去民心，就会失去政权

所以，如果不想失去政权，执政党就不能腐败

充分条件纯假言推理，要遵守充分条件假言推理的有关规则。

2. 必要条件的纯假言推理

必要条件纯假言推理，它的所有前提都是必要条件假言判断。它的推理形式有三种：

（1）否定前件式（无头无尾）。

否定式的推理方法是：结论的前件否定第一个前提的前件（头），结论的后件否定最后一个前提的后件（尾）。即：否定“头”就要否定“尾”。其推理公式是：

只有 p 才 q

只有 q 才 r

所以，如果非 p，则非 r

如：只有搞好质量管理，才能保证产品质量

只有保证产品质量，才能增加产品销售

只有增加产品销售，才能提高经济效益

所以，如果不搞好质量管理，就不能提高经济效益

需要特别指出：必要条件纯假言推理否定前件式的结论，应是充分条件假言判断。

（2）肯定后件式（有尾有头）。

肯定后件式的推理方法是：结论的前件肯定最后一个前提的后件（尾），结论的后件肯定第一个前提的前件（头）。即：肯定“尾”就要肯定“头”。其推理公式是：

只有 p 才 q

只有 q 才 r

所以，如果 r，则 p

如：

只有从实际出发，才能避免主观主义

只有避免主观主义，工作才能达到预期目的

所以，如果工作达到预期目的了，则从实际出发了

必要条件纯假言推理肯定后件式的结论，也应是充分条件假言判断。

必要条件纯假言推理，除了上面两种形式推理外，还有第三种推理形式：传递式。

(3) 传递式（留头留尾[①]）。

必要条件纯假言推理的传递式的结论仍然是必要条件假言判断。结论的前件是第一个前提的前件（头），结论的后件是最后一个前提的后件（尾）。其推理公式是：

只有 p 才 q
只有 q 才 r
———————
所以，只有 p，才 r

如：

只有搞好质量管理，才能保证产品质量
只有保证产品质量，才能增加产品销售
只有增加产品销售，才能提高经济效益
——————————————
所以，只有搞好质量管理，才能提高经济效益

上面这种“传递式”的推理形式之所以是正确的，是由必要条件的特点决定的。必要条件的特点之一，是无前件必无后件。没有 A 就没有 B，没有 B 就没有 C，没有 C 就没有 D，所以没有 A 就没有 D，写成竖式是：

如果没有 A，就没有 B
如果没有 B，就没有 C
如果没有 C，就没有 D
——————————
所以，如果没有 A，就没有 D

同理也可证明：有 A 不一定有 D。

总之，没有 A 就没有 D，有 A 不一定有 D，所以 A 是 D 的必要条件。

四、假言推理典型示例

假言推理是演绎推理的主要类型之一。它的应用范围广，使用频率高，实用价值大，在推理思维中，起着非常重要的作用。可以说，在比较复杂的思维过程中，没有或者很少不使用假言推理的。

下面请看在“11·10 案件”的侦破过程中，公安人员如何运用假言推理，解决了破案的诸多关键问题：

① 把头与尾之间的部分叫中介部分。这种推理方法是去掉中介，留下头尾（作结论）。

1978年11月11日，在北京东郊金盏公社（离城区五十多里）的田间土路旁发现一具女尸。经公安人员现场勘察和技术鉴定，这是一起强奸杀人案。死者二十五六岁，头部有39处钝器伤。死者右手小指骨折，系抵抗伤。尸体现场附近没有搏斗痕迹。死亡时间不到24小时。从伤痕的形状分析，凶器可能是一把直径约2.5厘米的圆形铁锤。死者姓名和身份不明。

公安人员经过分析，首先断定死者生前与凶手发生过搏斗，推理过程是这样：

如果她没有与凶手发生搏斗，那么小手指不可能折断
她的小手指折断了

所以，她与凶手发生过搏斗

（这是充分条件假言推理的否定后件式）

公安人员接着推断，发现尸体的地方不是直接作案的第一现场。推理的过程是：

如果这里是第一现场，那么地上应有搏斗痕迹
地上没有搏斗痕迹

所以，这里不是作案的第一现场

（这是充分条件假言推理的否定后件式）

那么，直接作案的第一现场在哪里呢？公安人员运用选言推理，做了三种推测：第一，可能是在别处野地里作案，移尸至此；第二，可能在附近农村家中作案，移尸至此；第三，可能在市内或其他远处作案，移尸至此。

接着，公安人员又运用假言推理，对这三种可能性进行分析。首先分析第一种可能性：

如果是在别处野地里作案，那么凶手就会弃尸逃跑，没有移尸至此的必要
现在凶手把尸体移至第二现场

所以，凶手不是在别处野地里作案

（这也是充分条件假言推理的否定后件式）

公安人员接着又分析第二种可能性：

如果是在附近农村家中作案然后移尸至此，那么为了不让人发现应包裹好尸体
现在尸体没有包裹

所以，凶手不是在附近农村家中作案然后移尸至此

（这是充分条件假言推理的否定后件式）

前两种可能否定了，公安人员估计第三种可能性比较大，即在市内或其他远处作案，然后移尸至此。那么罪犯运送尸体的运载工具是什么呢？公安人员运用选言推理，估计了三种可能：或是自行车，或是三轮车，或是汽车。

接着他们又运用假言推理否定了用自行车或三轮车运载尸体的可能性：

如果用自行车或三轮车运送未加包裹的尸体，那么路途遥远，暴露的可能性很大

凶手不会采取容易暴露的运输方法

所以，凶手不是用自行车或三轮车运载尸体的

（这也是充分条件假言推理的否定后件式）

那么，凶手很可能是用汽车运送尸体的。公安人员又联想：死者身上有39处钝器伤。如果是用铁锤三五下就能打死，为什么非要打这么多下呢？是不是作案空间狭小，铁锤举不起来，凶手用不上劲，所以打39下才致死呢？

只有作案空间狭小，才会出现多次打击致死

受害者是受多次打击致死

所以，作案空间狭小

（这是必要条件假言推理的肯定后件式）

既然作案空间狭小，那么会不会是在汽车里作案呢？分析到这里，一下抓住了全部问题的关键。对！凶手是在汽车里作案，他很可能是司机。

后来经过深入调查，进一步证实这个推想是完全正确的。有群众看见一辆横排尾灯很亮的小卧车在11月10日晚七点半在出事现场停留。这件强奸凶杀案很可能就是在那辆小卧车上发生的。但北京市的小卧车有数十万辆，到哪里去找那辆发案的小卧车呢？

要从“小卧车”中找到那辆“发案的小卧车”，从刑事侦察来讲，这是缩小侦察范围。从逻辑方法上讲，这是概念的限制，即：从外延宽的概念过渡到外延窄的概念，这就需要用增加内涵的办法来缩小概念的外延。所谓增加概念的内涵，在这里就是指出“发案的那个小卧车”的具体特征。那辆小卧车有下面几个特征：横排尾灯很亮；11月10日晚八点以后回到单位（因为七点半左右还在金盏公社）；卧车内有血迹或破损之处等。公安人员把调查的重点放在11月10日晚六点到八点去向不明的大丰田车和达特桑牌小轿车上，侦破工作很快取得了突破性进展。（当年北京的小卧车绝大部分都是单位的公车，几乎没有私家轿车。）

在缩小侦察范围的过程中，除了使用概念的限制的逻辑方法外，运用假言推理排除无关人员，也起了很大作用。如：

只有装有横排尾灯的卧车，才有可能是发案的卧车
有的卧车没有横排尾灯

所以，有的卧车不是发案的小卧车

这就把没有横排尾灯的小卧车都排除了。又如：

只有11月10日晚八点以后回到单位的卧车，才可能是发案的车
有的卧车是11月10日晚八点以前回到单位的

所以，有的卧车不是发案的卧车

这样又把11月10日晚八点前回到单位的小卧车全部排除了。这样逐步缩小侦察范围，目标越来越集中，最后终于水落石出，抓住了凶手。凶手是国务院某部开大丰田车的司机李本东。死者是在黑龙江建设兵团插队的女知识青年李××，她请假回上海结婚，在北京站转车，并且准备拜访在北京工作的同学，结果被李本东骗上卧车，拉到东郊强奸后杀害。

在"11·10案件"的侦破过程中，假言推理的多次运用，在推断受害者是否与凶手发生过搏斗、何处是第一现场、用什么作运载工具、凶手可能在汽车里作案，以及如何集中目标缩小侦察范围等许多重要环节上，都起了关键作用。假言推理，神通广大，非同小可。善于运用假言推理的人，常常能发现别人不易发现的问题，往往机敏过人，才智惊人。请再看一个宋代某县官破案的例子：

在宋仁宗年间，广东揭阳县有一商人赵信准备外出经商，他雇了一条货船，并与船主张潮约定第二天五更开船。第二天四更时，赵信的妻子孙氏起床做好了饭。赵信吃完饭，带上五百两银子和衣物，告别妻子，离家乘船去了。

谁知天大亮后，孙氏听到一阵阵急促的叫门声："孙氏娘子开门！"孙氏开门一看，原来是昨天来过的船主张潮。张说："赵先生与我约定今早五更开船，怎么现在还没去船上呢？"孙氏大吃一惊，说："我丈夫天不亮就走了，怎么会现在还没到船上呢？"慌忙四处去找，三天后仍不见踪影，于是到县衙报案。

县官听完孙氏的讲述，觉得船主可疑。命人把船主抓来审问，果然不出所料。原来赵信带着五百两银子上船露了眼，船主见财起意，趁月黑无人杀死赵信，沉入江底。又装模作样来赵家催人，以掩人耳目。

这个县官为什么觉得船主可疑呢？因为他从船主的叫门中发现了破绽。船主来找赵信，他为什么不喊"赵先生开门"，而喊"孙氏娘子开门"呢？假定赵信是他杀害的，他知道赵信已经死了，他去叫门，绝不会再叫"赵先生开门"。他去赵家的主要目的，是通知孙氏"赵信没有上船"，表白赵信的失踪与他无关，所以他叫门时喊："孙氏娘子开门！"县官把这一切都想到了。实际上他的思维活

动，是一连串出色的假言推理活动：

如果船主已经知道赵信死了，他就不会再叫“赵先生开门”

（假定）赵信被船主杀害

所以，船主叫门不会喊“赵先生开门”

（这是充分条件假言推理的肯定前件式）

假定赵信是被船主杀害的，那么船主就会急于表白此事与他无关

如果船主要急于表白此事与他无关，那么船主就会急于通知孙氏“赵信没有上船”

如果船主急于通知孙氏“赵信没有上船”，就会下意识地呼喊“孙氏娘子开门”

所以，假定赵信是被船主杀害，他就会呼喊“孙氏娘子开门”

（这是充分条件的纯假言推理）

如果船主不知道赵信失踪的事，那么他到赵家的主要目的是找赵信

如果他到赵家的主要目的是找赵信，那么他自然会喊“赵先生开门”

他没有喊“赵先生开门”

所以，他到赵家的主要目的，不是找赵信

（这是充分条件的混合假言推理的否定后件式）

通过上面这些假言推理，可以说明县官对船主的怀疑不是主观臆测，而是有根有据的。他巧妙地运用假言推理，从“叫门”这个容易被多数人忽略的细枝末节的问题上，发现了重大疑点，以此为线索深追细查，解开了这个疑难案件之谜。这使我们看到：假言推理，妙用无穷。当然，任何逻辑推理都需要实践来证明（后来经审讯查证，船主确实是凶手），而实践又需要逻辑推理来指导。

练　习　题

一、以下列假言判断为大前提，写出假言推理的两种正确的推理形式：

1. 若多加热，则冰融化。

2. 只有懂外语，才能当翻译。

二、下列两个假言推理是否正确，为什么？

1. 如果桥梁被水冲坏了，汽车就不会准时回来。现在汽车没有准时回来，所以准是桥梁被水冲坏了。

2. 只有桥梁被水冲坏了，汽车才不会准时回来。现在汽车没有准时回来，所以准是桥梁被水冲坏了。

三、老师把甲、乙两个学生叫到面前说："我手里有三张扑克牌：两张方块A、一张梅花A。我现在分给你们每人一张，自己留一张。请你们根据自己手里的方块A或梅花A，猜出对方手里拿的是什么牌？"

甲乙二人接过老师递过来的一张牌，起先都迟疑了一阵。突然甲说道："乙手里拿的是方块A。"

请问：甲怎么知道乙手里拿的是方块A？用假言推理写出甲推理的主要过程。

四、共有甲、乙、丙、丁四人参加百米赛跑，赛前有下列四种猜测（各个名次只能有一人）：

1. 丁第一、甲第一。

2. 丙第一、乙第二。

3. 甲第二、丙第三。

4. 乙第三、丁第四。

比赛结果证明：在上述四种推测中，各有一半猜对了。请运用假言推理的方法，推出比赛结果的实际名次。

（提示：从第1种猜测入手，先假定这一半对，看有什么结果。如与题意有矛盾，可再假定另一半对。）

五、意大利的都灵大教堂，珍藏着据说是耶稣遇难后包裹尸体的布幅：长4.3米、宽3米，用细亚麻织成。这块裹尸布被视为神物，放在精致的盒中，终年供奉在圣坛上。这块裹尸布是1357年首次展示的。在这以后的六百多年中，它的真伪问题一直引起信徒们的激烈争论。

某天，一神学院的A、B、C、D四位学生到都灵旅游，对裹尸布的真伪，各自发表了意见：

A说："我认为它是真的。因为如果它是假的，那么就不可能六百多年来一直被教友所敬奉。既然六百多年我们都虔诚地敬奉它，可见它是真的。"

B说："我也相信它是真的。因为耶稣被钉在十字架上，流了大量的血。如果它是真的，上面必有大量的血迹。我们谁都看到，裹尸布上血迹斑斑，可见它是真的。"

C说："我同意B的分析。只有它上面有血迹，才可能是真的。既然它上面血迹斑斑，当然是真的。”

D说：“我认为它不是真的。因为许多研究纺织史的专家认为，在欧洲细亚麻布是公元2世纪才出现的。如果它是真的，那么耶稣就应是在公元2世纪受难的。可《圣经》上明明白白地写着耶稣是公元1世纪受难的，可见它是假的。”

请问：在A、B、C、D四人中，谁的推理合乎逻辑？为什么？

六、弗里曼先生认识爱达、比莉、茜德、黛布、伊芙五位女士。

1. 五位女士分别为两个年龄段：三位女士小于30岁，两位女士大于30岁。
2. 两位女士是教师，其他三位是秘书。
3. 爱达和茜德属于相同的年龄段。
4. 黛布和伊芙属于不同的年龄段。
5. 比莉和伊芙的职业相同。
6. 茜德和黛布的职业不同。
7. 弗里曼先生将同其中一位年龄大于30岁的教师结婚。

请你推断谁是弗里曼先生的未婚妻？

七、某国要出征邻国，皇帝打算派张、李两位将军中的一位当元帅。可这两位将军各怀心事，谁也不愿领兵出征，但表面上却表现得很积极，都要求自己来挂帅，一时间两人争执不下。

皇帝犯了难，于是取出一把棋子放在盒子里，让两位将军轮流把它们拿出来，一次最少拿1枚，最多拿3枚，谁得到最后1枚棋子谁就当元帅。

张将军默默地数了一下，棋子共有25枚。他悄悄问身边的谋士，如何能成功地把最后1枚棋子留给李将军。谋士思忖片刻，想了一个好主意，让张将军躲过了这场战争。

请问谋士出了个什么主意？

八、某富商珍藏的一颗名钻被盗。经过初步调查，是富商家的园丁、厨娘和管家三人中的一个人偷窃的。

在案件分析会上警官科恩说：“我认为这不是园丁干的，也不是厨娘干的。”警官詹姆斯说：“种种迹象表明这不是园丁干的，而是管家干的。”警官乔森说：“可我认为这不是管家干的，而是园丁干的。”案件终于被破，原来他们中有一个人的两个判断都对；另一个人的两个判断都错；还有一个人的判断是一对一错。

请你依据这些情况，判断这颗钻石是被谁偷走的？

九、北京市公安局的女便衣刑警张燕到远郊县出差，住在县宾馆大楼的310房间。一天下午，她坐在房间的沙发上一边看小说，一边等高中的女友来访。房间的门关着，但没有锁。过了一会，听到敲门声。生性爱开玩笑的张燕故意默不作声。又过了片刻，推门进来一个陌生男子，他看见坐在沙发上的张燕，非常不好意思地说："对不起，我走错门了。"张燕有礼貌地说："没关系，常有的事。"

陌生男子走了以后，张燕也缓步走到房间门口，看自己的女友来了没有。这时，她看见那个陌生男子走到走廊的另一头，进了一个房间，一两分钟后又提着一个手提包大模大样地走出了房间。张燕若无其事地走到他身边，突然飞起一脚，把他踢翻在地，还没等他反应过来，一副冰冷的手铐已扣住了他的双手。然后，张燕拿出手机通知县公安局值班室说："我是市局的张燕，请你们派人到县宾馆大楼 310 房间来一下，我抓住了一个小偷。"

张燕怎么知道那个陌生男子不是住在宾馆的走错了门的客人，而断定他是个小偷呢？请写出张燕的推理过程。

十、初夏之夜，月朗星稀。一对初涉爱河的男女青年，相依相偎，漫步在小站镇南会馆村西的公路上，沉湎于爱情的幸福之中。

他们做梦也不会想到，凶神会猝然降临。一个手持三齿钉耙的歹徒跳出麦地突然袭击他们，男的头颅破裂，濒于死亡，女的被劫持强奸，神经错乱。市局刑侦队闻讯赶到，只在附近的麦地里找到一把案犯丢弃的柳木把三齿钉耙。此外，还有案犯作案后穿过麦地逃跑时留下的一溜长长的脚印。脚印全部都在麦地的垄背上，由于土质疏松，根本无法提取。

你根据这些情况，可以作出哪些初步判断？你如何确定侦破方向？写出你的推理过程。①

第五节　选言推理

选言推理是大前提为选言判断，并且是根据选言肢之间关系的性质进行推演的推理。

选言推理由大前提、小前提和结论三部分组成：

大前提是一个选言判断，可以包括两个或两个以上的选言肢，它列举可供选择的几种可能情况，提供选择的范围。

小前提是一个直言判断或联言判断，表示对大前提的某个或某部分选言肢的断定（肯定或否定）。也可以说，小前提是大前提的某个或某部分选言肢（或其

---

① 参见廖江森：《津门神探》，载《金盾》，1992（5）。

否定）。

结论或是直言判断，或是联言判断，或是选言判断。结论表示对另一部分选言肢的断定。

一、选言推理的类型

选言推理有两种：不相容的选言推理和相容的选言推理。

1. 不相容的选言推理

大前提是不相容的选言判断，并根据选言肢的不相容性进行推演的选言推理，叫不相容的选言推理。它有两种基本的推理形式：

（1）肯定否定式。

小前提肯定大前提的一个选言肢，结论否定大前提的其他选言肢。可简述为：肯定一个，否定其他。

大前提包括两个选言肢的，如：

一个哲学家要么是唯物主义者，要么是唯心主义者

黑格尔是唯心主义者

所以，黑格尔不是唯物主义者

大前提包括三个选言肢的，如：

莫泊桑或是英国人，或是法国人，或是意大利人

莫泊桑是法国人

所以，莫泊桑不是英国人和意大利人（其结论是联言判断）

（2）否定肯定式。

否定肯定式也可以叫逐个排除法。小前提逐个排除（否定）大前提的某些选言肢，把剩下未被排除的作为结论：剩下一个选言肢未被排除的，结论就肯定那个未被排除的选言肢，结论是直言肯定判断；剩两个未被排除的，结论是二肢选言判断；剩三个未被排除的，结论是三肢选言判断……

剩一个未被排除的，如：

莫泊桑或是英国人，或是德国人，或是法国人，或是意大利人

莫泊桑不是英国人，不是德国人，不是意大利人

所以，莫泊桑是法国人

剩两个未被排除的，如：

莫泊桑或是英国人，或是德国人，或是法国人，或是意大利人

莫泊桑不是英国人，不是德国人

所以，莫泊桑或是法国人，或是意大利人

剩三个未被排除的，如：

莫泊桑或是英国人，或是德国人，或是法国人，或是意大利人
莫泊桑不是英国人

所以，莫泊桑或是德国人，或是法国人，或是意大利人

2. 相容的选言推理

大前提是相容的选言判断，并且是根据选言肢的相容性进行推演的选言推理，叫相容选言推理。相容性选言判断，至少有一个，可以有多个选言肢是真的，所以对相容性选言推理，肯定一部分选言肢，不能必然地否定另一部分选言肢。它的正确的推理形式，只有一种——否定肯定式：

否定肯定式也和上面一样，使用逐个排除法。剩一个选言肢未被排除的，结论是直言肯定判断，如：

郭沫若或是画家，或是音乐家，或是法学家，或是诗人
郭沫若不是画家，不是音乐家，不是法学家

所以，郭沫若是诗人

剩两个选言肢未被排除的，结论是二肢选言判断，如：

郭沫若或是画家，或是音乐家，或是法学家，或是诗人
郭沫若不是音乐家，不是法学家

所以，郭沫若或是画家，或是诗人

剩三个选言肢未被排除的，结论是三肢选言判断，如：

郭沫若或是画家，或是音乐家，或是法学家，或是诗人
郭沫若不是法学家

所以，郭沫若或是画家，或是音乐家，或是诗人

上面介绍了两种选言推理的推理形式，下面介绍运用选言推理应注意的两个问题：

第一，大前提的选言肢应该穷尽。

要正确地运用选言推理，首先要注意大前提选言肢的穷尽问题（见第五章第二节）。

选言推理要得到必然性的结论，一般地说，大前提应该做到“绝对穷尽”（即列举事物存在的一切可能性）。但在实践中，有时很难完全做到这一点。如果做不到“绝对穷尽”，也要做到选言肢的“相对穷尽”（即列举事物存在的主要的可能性并且不能遗漏真的选言肢）。如果连相对穷尽都做不到，推出的结论就很可能是错误的。如：

诗人元稹或者是宋代人，或是元代人，或是明代人
诗人元稹不是元代人和明代人

所以，诗人元稹是宋代人

这个推理是错误的。元稹是唐代人。因为大前提的选言肢，既没做到绝对穷尽，也没做到相对穷尽。大前提虚假，所以结论是错误的。

第二，要严格区分两种不同的选言推理。

两种不同的选言推理，其推理根据和推理形式都是不同的。相容的选言推理，是根据选言肢的相容性进行推理的，只有一种正确的推理形式。不相容的选言推理，是根据选言肢的不相容性进行推理的，它有两种正确的推理形式。把二者混淆，推理就会出现错误。如：

郭沫若或是诗人，或是书法家
郭沫若是诗人

所以，郭沫若不是书法家

其实，郭沫若是大书法家。上例是相容选言推理，按照不相容选言推理进行推演，得出了错误的结论。

二、选言推理典型示例

关于选言推理上面介绍了很多内容。一些读者看完也许会觉得枯燥、繁琐，不以为然地想：选言推理不过如此，学不学都无所谓。

如果只看抽象的原理，那么抽象的东西的确是令人乏味的。但是如果抽象的原理能够解决许多实际问题，那么不管它多么抽象，都是有价值和吸引力的。请思考下面一件事情：

如果问你："你知道20世纪70年代出土的马王堆一号汉墓的墓主是怎么死的吗?"你会说："根本无法知道。"

是的，别说西汉的那位贵妇人已经死了两千多年，就是死了二百多年，又没有关于她病情的文字记载，现在也是无法知道她是得什么病死的。但令人惊奇的是，一些专家偏偏使人信服地回答了这个问题：墓主人是在吃了甜瓜之后，由于急性病或慢性病的急性发作而死。专家能神机妙算吗？不是。选言推理帮了他们的忙。下面是1973年第9期《文物》杂志刊登的《马王堆一号汉墓女尸研究的几个问题》一文中的一段话：

女尸年龄50岁左右，皮下脂肪丰满，并无高度衰老现象，不可能是自然老死。经仔细检查，也未见任何暴力造成的致死创伤，故推测当是病死。但女尸营养状况良好，皮肤未见久卧病床后常见的褥疮，也未见慢性消耗性

疾病的证据，而且消化道内还见到甜瓜子。这些情况表明，墓主人当系因某种急性病或慢性病急性发作，在进食甜瓜之后不久死的。

专家们得出墓主人因急性病或慢性病急性发作而死的结论，运用了两个选言推理：

墓主人或是自然老死，或是暴力致死，或是病死

墓主人皮下脂肪丰满，不是自然老死；身上没有任何创伤，不是暴力致死

所以，墓主人是病死的

墓主人或因久卧病床而死，或因慢性消耗性疾病而死，或因急性病发作（包括慢性病急性发作）而死

墓主人不是因久卧病床而死，因未见褥疮；也不是因为慢性消耗性疾病而死，因脂肪丰满、未见消瘦

所以，墓主人是因急性病发作（包括慢性病急性发作）而死

前者是不相容的选言推理的否定肯定式，后者是相容选言推理的否定肯定式。两个推理的前提都是正确的，推理形式也是正确的，所以结论是靠得住的。可以毫不夸张地说：解开千古之谜，选言推理立了一功。再看下例：

在上一节假言推理典型示例中，曾介绍过“11・10 案件”。为什么公安人员勘察尸体现场后，就能推断出罪犯很可能是在汽车里作案、凶手很可能是司机呢？（请参看上节有关部分）这中间除了假言推理的作用外，还有选言推理的一半功劳呢！

公安人员根据地上没有搏斗痕迹，推断发现尸体的现场不是作案的第一现场。那么第一现场在哪里呢？回答这个问题，公安人员用的是选言推理：

或是在别处野地作案，或是在附近农村家中作案，或在市内或其他远处作案

不是在别处野地里作案，不是在附近农村家中作案

所以，是在市内或其他远处作案

运用第一个选言推理分析的结果，得出了是在市内或其他远处作案的结论。这个结论虽与事实有出入，但对进一步分析案情却是至关重要的。既然是在市内或其他远处作案，那么运载尸体的工具是什么？回答这个问题，公安人员运用的还是选言推理：

运载尸体的工具或是自行车，或是三轮车，或是汽车

不是自行车和三轮车

所以，运载尸体的工具是汽车

然后，公安人员又运用假言推理，根据39处钝器伤，推断出作案空间狭小的结论。运用选言推理推出的结论，与运用假言推理推出的结论不谋而合。因此可以推断：凶手很可能在汽车里作案。得出这个结论时，公案人员还没有掌握"凶手可能是司机"的任何证据，但这种分析抓住了全部问题的关键，为案子的侦破指明了方向。这一连串的选言推理和假言推理，像一串串钥匙，看起来平平常常、普普通通，但当你用它们打开一个个智慧之门，驱散一团团迷雾时，就会感到它们原来如此奇妙无穷啊！

为进一步说明选言推理的妙用，下面介绍一道简单的趣味逻辑题：

在一次工艺品展览会上，展出了张、王、李、赵、周每人一幅优秀的刺绣作品，这些作品的标题是：《桃花》、《杏花》、《梅花》、《菊花》、《竹子》。但她们都很谦虚，认为自己的作品是滥竽充数，不肯在自己作品下署名，我们只好根据她们参观作品的表情和对话，来判定每幅刺绣作品的作者。

(1) 一进展览厅，小张和小王就被"枝叶扶疏、暗香浮动"的梅花所吸引。她们还是第一次看到这么好的刺绣，凝神细看，久久不肯离去。

(2) 小赵看了《梅花》自叹不如。又觉得《桃花》、《杏花》"花瓣凝露、宛如天生"，对自己启发很大。

(3) 有人希望向小王学习绣桃花，小王谢绝了，因为她不善于绣桃花。

(4) 有人问小周："你对其他四人的作品有何感想?"周答："她们有一个共同特点，就是花瓣绣得非常逼真。"

你能指出每幅刺绣作品的作者是谁吗?

解：

《梅花》的作者或是张，或是王，或是李，或是赵，或是周

《梅花》的作者不是张［据(1)］，不是王［据(1)］，不是赵［据(2)］，不是周［据(4)］

所以，《梅花》的作者是李

其余四幅作品的作者由读者自己判定。

练　习　题

一、在下列三组选言推理中(前提是真的)，哪些推理形式是正确的、哪些推理形式是不正确的？为什么？

第一组：

你或者是中国人，或者是外国人
你是中国人
——————————
所以你不是外国人

你或者是中国人，或者是外国人
你不是中国人
——————————
所以你是外国人

第二组：

你或者懂英语，或者懂俄语
你懂俄语
——————————
所以你不懂英语

你或者懂英语，或者懂俄语
你不懂俄语
——————————
所以你懂英语

第三组：

著名地质学家李四光或者是湖南人，或者是湖北人，或者是江西人
李四光不是湖南人
——————————
所以李四光或者是湖北人，或者是江西人

著名地质学家李四光或者是湖南人，或者是湖北人，或者是江西人
李四光不是湖南人，不是江西人
——————————
所以李四光是湖北人

著名地质学家李四光或者是湖南人，或者是湖北人，或者是江西人
李四光是湖北（黄冈）人
——————————
所以李四光不是湖南人，不是江西人

二、在某大学庆祝元旦联欢晚会上，教形式逻辑的老师给大家做了一个游戏。他先请三位男同学上台，介绍说他们的姓名叫李海、李滨、李涛，又请三位女同学上台，介绍说她们的姓名叫李兰、李梅、李菊。然后又说："这六位同学中，有三对同胞兄妹，现在请其中的三位作自我介绍。"

李海说："我的妹妹叫李兰。"

李兰说："李滨是我的哥哥。"

李滨说："李菊是我的妹妹。"

逻辑老师接着说："很遗憾，他们的自我介绍说的全是假话。请大家立即说出谁和谁是同胞兄妹。"

三、某百货商店服装组有张、王、李、赵四位女售货员，服务态度都非常好。但顾客不知道她们每个人姓什么，只知道她们佩戴的证章是01、02、03、04号。有一天，一位顾客向经理打听她们的姓名，经理不肯直接说出她们姓什么，只说了下面两句话：

(1) 姓张的和姓赵的是瓜子脸，02、03是圆脸；

(2) 03和04号是矮个儿，姓张的和姓王的是高个儿。

请你帮助顾客推断01、02、03、04号各姓什么？

四、某工厂女子排球队有赵、钱、孙、李、周、吴六位运动员，这六人的号码是1～6号（不依次）。有一次比赛时，主持人没有向观众介绍谁是几号运动员。但有个观众对她们很熟悉，介绍了下面一些情况：

(1) 赵、钱、孙三个运动员是高个儿，4、5、6号运动员是矮个儿；

(2) 钱、孙、李三个运动员体形胖，5、6、1号运动员体形瘦；

(3) 孙、李、周三个运动员梳短发，6、1、2号运动员梳小辫儿。

听了这个观众的介绍，你能根据她们的高矮胖瘦和发型来确定谁是几号运动员吗？

五、小王结婚之日，小周夫妇、小钱夫妇和小郑夫妇都去祝贺。小周的衣服和小钱的一模一样，小钱的爱人是小郑的表哥。

小郑夫妇外出旅行时，小徐、小吴和小周都去送行。

小吴、小钱、小李结婚前住在集体宿舍的同一间房里，小孙经常去探望。

这八人中有四对夫妻，谁是男？谁是女？谁跟谁是夫妻？请你小心确定，切莫乱点鸳鸯谱。

六、安妮、琳达两位女士与乔治、蒂姆两位男士分别坐在一张方桌的四周喝茶聊天。他们其中一位是律师，一位是牙医，一位是演员，还有一位是警察。

其中，律师坐在安妮的左边，演员坐在乔治的对面，琳达和蒂姆相邻而坐，有一位女士坐在牙医的左边。

请问：谁是警察？

七、小刘、小全、小胡都是应届高中毕业生。他们三人分别考上北京大学、复旦大学、中山大学，学的是化学、生物、历史三个专业。现在只知道下列情况：

1. 小刘不在中山大学。

2. 小全不在北京大学。

3. 在中山大学的不是学历史。

4. 在北京大学的是学化学。

5. 小全不是学生物。

请你推断他们各上哪所大学？各学什么专业？

第六节　二难推理

本章第四节介绍了假言推理，第五节介绍了选言推理，本节将介绍假言选言推理（即由假言判断和选言判断作前提的推理）当中的一种——二难推理。

一、二难推理的定义和结构

1. 定义

二难推理是由两个假言判断和一个包含两个选言肢的选言判断作前提构成的推理。譬如根据“骑虎难下”这个成语的含义，就可以构成一个二难推理：

如骑着老虎则被虎咬，如果下来则也被虎咬

或骑着或下来

所以，总是被虎咬

这个二难推理的前提是由两个假言判断和一个二肢选言判断构成的。为什么这种形式的推理叫二难推理呢？

因为它由两个假言判断提出两种情况和两种结果，而且两种情况导致的两种结果，往往都是人们难以接受的，所以叫二难推理。上例中，骑着老虎导致的结果是被虎咬，下来导致的结果也是被虎咬。两种选择，都很困难。这种使人处于两难境地的推理形式被人们形象地称为二难推理（但也有很多情况名不符实）。

2. 结构

二难推理的结构包括：

两个假言前提；一个二肢选言前提；结论是直言判断或选言判断。

需要说明的是：在假言选言推理中，假言前提的数目与选言前提包含的选言肢的数目应该相同。

二、二难推理的种类和推理形式

根据结论是直言判断还是选言判断，可以把二难推理分成简单式和复杂式两种。根据选言判断的两个选言肢是肯定两个假言判断的前件还是否定两个假言判断的后件，可以把二难推理分成构成式和破斥式两种。依据两种分类方法可以把二难推理组合成下面四种类型。这四种二难推理的特点和推理公式比较复杂，容易记混。为了便于记忆，可以先记住四个典型例子，再记忆各自的特点和推理公式。只要记住了这四个例子，也就能记牢它们各自的特点和推理公式。

1. 简单构成式

根据“进退两难”这个成语的基本含义，可以构成一个典型的二难推理，它可以作为简单构成式的代表：

如果前进，那么难；如果不前进，那么也难

或者前进或者不前进

所以，总之是难

简单构成式有三个特点：

（1）两个假言判断的前件不同而后件相同；

（2）选言判断的两个选言肢分别肯定两个假言判断的前件，结论肯定后件；

（3）结论是直言判断。

简单构成式的推理公式是：

如果 p 则 r，如果 q 则 r

p 或 q

所以 r

2. 简单破斥式

先看典型例子：

如果是正方形，那么它的四角相等

如果是正方形，那么它的四边相等

一个四边形或者四角不相等或者四边不相等

所以，它不是正方形

简单破斥式有三个特点：

（1）两个假言判断的前件相同而后件不同；

（2）选言判断的两个选言肢分别否定两个假言判断的后件，结论否定前件；

(3) 结论是直言判断。

简单破斥式的推理公式是：

如果 p 则 q，如果 p 则 r
非 q 或者非 r
———————————
所以非 p

3. 复杂构成式

根据"坦白从宽，抗拒从严"这句话的含义，也可以构成一个典型的二难推理，它可以作为复杂构成式的代表：

如果坦白，那么从宽；如果抗拒，那么从严
或坦白或抗拒
———————————
所以，或从宽或从严

复杂构成式也有三个特点：

(1) 两个假言判断的前后件均不相同；

(2) 选言判断的两个选言肢分别肯定两个假言判断的前件，结论分别肯定两个假言判断的后件；

(3) 结论是选言判断。

它的推理公式是：

如果 p 则 r，如果 q 则 s
p 或者 q
———————————
所以 r 或者 s

4. 复杂破斥式

先看典型例子：

如果是数学系毕业，则懂得高等数学
如果是中文系毕业，则懂得古汉语
有些人或不懂高等数学或不懂古汉语
———————————
所以，有些人或不是数学系毕业或不是中文系毕业

复杂破斥式也有三个特点：

(1) 两个假言判断的前后件均不相同；

(2) 选言判断的两个选言肢分别否定两个假言判断的后件，结论分别否定两个假言判断的前件；

(3) 结论是选言判断。

它的推理公式是：

如果p则r，如果q则s

非r或者非s

所以非p或者非q

三、如何识别错误的二难推理

一个正确的二难推理，要符合下面两个条件：

1. 前提要真实

正确的二难推理像其他推理一样，前提应该是真实的。一般说来，前提虚假，推出的结论就不可靠（在特定情况下，也可以由假的前提推出真的结论来，如互相矛盾的判断就可以由假推真）。对于二难推理来讲，要求前提真实，既包括两个假言前提真，也包括选言前提真。

下面这个二难推理就是由于两个假言前提虚假而造成了推理的错误：

如果不读书就会犯经验主义错误；如果读书就会犯教条主义错误

你或是不读书或是读书

所以，你或犯经验主义错误或犯教条主义错误

这个推理告诉人们：不管你读书不读书都得犯错误，不是犯教条主义错误，就是犯经验主义错误，二者必居其一。

这个结论之所以是错误的，是因为两个假言前提是不真实的。两个假言前提的前后件之间缺乏必然的联系，前件不是后件的充分条件。并非“如果不读书就一定犯经验主义错误”，有些人既不读书又没有任何实践经验，当然就不会犯经验主义错误。也并非“如果读书就一定犯教条主义错误”，有些人既注意认真读书又注意理论联系实际，就不会犯教条主义错误。上例是由假言前提的虚假导致了错误的结论。

下面的例子是由于选言前提的虚假而导致错误的结论：

如果天热则人难受，如果天冷则人难受

或者天热或者天冷

所以，人总是难受

很显然，这个结论也是错误的，因为选言肢不穷尽。天气不只是有“热”和“冷”两种情况，还有“不热不冷”的第三种情况。在第三种情况下，人是不难受的。

2. 推理形式要正确

由充分条件假言判断构成的二难推理有上面四种正确的推理形式。推理形式不正确，结论就不可靠。

据说在古希腊，有一个人叫欧提勒士，他向著名的辩者普罗泰戈拉学习法

律，两人订了一个合同：学生分两次向老师交纳学费。一半学费是在开始学习时就交纳，另一半学费是在欧氏毕业后第一次出庭打官司胜诉时付清。毕业后，欧氏总不交那一半学费。普氏说："你再不交那一半学费，我就到法庭告你。只要我一告你，不管你的官司打赢打不赢，你都得给我交那一半学费。"

普氏的推理过程是这样的：

如果欧氏胜诉，那么按照合同规定，他应付清另一半学费；如果欧氏败诉，那么按照法官的判决，他也应付清另一半学费

欧氏或者胜诉或者败诉

所以，他总得付清另一半学费

欧氏听了老师的话，不以为然地说："你如果到法庭去告我，不管我打赢打不赢，都可以不给你另一半学费。"欧氏也提出了一个二难推理来反驳普氏提出的二难推理。

欧氏提出的二难推理是：

如果我这次官司打赢，按照法官的判决，我可以不付另一半学费

如果我这次官司败诉，按照合同的规定，我也可以不付另一半学费

不管我这次胜诉或败诉

所以，我都可以不付另一半学费

老师在诡辩，学生也在诡辩。因为他们提出的二难推理形式都是错误的。这两个二难推理都是简单构成式，简单构成式要求"后件相同"，但它们的后件均不相同。

普氏提出的二难推理的假言前提的两个后件是："按照合同规定，他应付清另一半学费"；"按照法院判决，他也应付清另一半学费"。

这两个后件的基本内容是不同的：前者是按照合同规定应付清学费；后者是按照法院判决应付清学费。后件不相同，推理形式不正确，所以普氏提出的是个错误的二难推理。

同理，欧氏提出的也是个错误的二难推理。事实上，在以"法院判决"还是以"合同规定"为取舍标准上，两人都采用了实用主义的态度，一会儿这个标准对自己有利，就采用这个标准；一会儿那个标准对自己有利，就换上那个标准。从表面上看，二人似乎讲的都有理，但讲的都是歪理，都是用错误的二难推理为自己进行诡辩。

四、二难推理在实际生活中的应用

有的同志认为，二难推理比较复杂，不容易掌握；有的同志觉得，二难推理用得很少，对它感到非常陌生，甚至不知其为何物。其实，二难推理在实际生活

中用得相当广泛，许多人，不论你文化层次的高低，都多次用过二难推理。谓予不信，请看事实。

在生活中，为了表示信心坚定常常使用二难推理。如：

如果你同意，我得走；如果你不同意，我也得走

或者你同意或者你不同意

所以，我总是要走

又如：

如果明天不下雨，这个会要开

如果明天下雨，这个会也要开

明天或者不下雨或者下雨

所以，明天这个会总是要开的

有时候，为了表达一种不满情绪，也常常使用二难推理。如抱怨知识青年上山下乡运动、抱怨平均主义分配制度时常说的“会不会都插队”、“行不行都务农”、“干不干都吃饭”，这些话都各自包含着一个二难推理：

如果会，那么去插队；如果不会，那么也去插队

不管你会或不会

所以，总是要去插队

（“会”，指在学校的功课好，懂的知识多）

如果行，那么去务农；如果不行，那么也去务农

不管你功课行或不行

所以，总得去务农

如果干，那么拿工资吃饭

如果不干，也拿工资吃饭

不管你干或不干

所以，总是拿工资吃饭

有时表示内心的矛盾心情，也常常使用二难推理。如人们常说的“进退两难”、“骑虎难下”、“前后碰壁”等话都可以用二难推理表示。“前后碰壁”可表示为：

如往前则碰壁，如往后则碰壁

或往前或往后

所以，总是碰壁

在“文化大革命”中停课闹革命，有的老师想教书教不成，不教吧又于心不忍，那种“欲干不能、欲罢不忍”的矛盾心情，也是一种二难推理：

如果教书，那么教不成；如果不教书，又不忍心

或者教或者不教

所以，或者教不成，或者不忍心

有时候，对某人发出某种威胁，也常使用二难推理，如土匪绑票常使用二难推理威胁被劫持者家属：

如果三天内交100万元，那么放回你儿子；如果三天内不交出100万元，那么杀掉你儿子

或者交或者不交

所以，或者放回你儿子或者杀掉他

电影故事片里常演罪犯抢劫银行，警察赶到后包围了银行，而抢劫犯却抓住一个顾客作人质，让警察放下武器，他也提出一个二难推理威胁警察：

如果你们放下武器，我就不杀她；如果你们不放下武器，我立即杀掉她

你们或者放下武器或者不放

所以，我或者不杀她或者杀掉她

（如果这些歹徒日后知道自己当时讲的话表达的就是一个二难推理，也许会感到可笑呢!）

有时候，我们对有问题的人交代政策常讲“坦白从宽，抗拒从严”，使用的是二难推理复杂构成式的省略式。解放前，敌人对被捕的革命者攻心时，也使用二难推理复杂构成式的省略式。如《红灯记》中的鸠山对李玉和讲的“苦海无边，回头是岸”表达的就是这样的二难推理：

如果留在苦海，无边无头；如果“回头招认”，就能脱离苦海

或者“不回头”或者“回头”

所以，或苦海无边或脱离苦海

（逻辑规律是没有阶级性的，革命者使用这些规律，反革命者也使用这些规律。）

在有些情况下，可以提出一个二难推理，来证明某种观点。如绪论中讲的用“上帝能否制造一块连他自己也举不起来的石头”这个二难推理，来证明上帝不是万能的。对这个问题，不管你回答“能”或者“不能”，都能证明上帝不是万能的。

如果上帝能制造出一块连他自己也举不起来的石头，那么他不是万能的（因为有一块石头他举不起来）

如果上帝不能制造出一块连他自己也举不起来的石头，那么他也不是万能的（因为有一块石头他造不出来）

上帝或者能或者不能制造出这块石头

总之，上帝不是万能的

在有些情况下，提出一个二难推理，来反驳某一观点。

有人说："我又不当劳动模范，何必那么认真工作呢？"下面的二难推理就回答了这个问题：

如果当劳动模范，那么应认真工作

如果不当劳动模范，那么也应认真工作

你或者当或者不当劳动模范

总之，都应认真工作

上面这种例子不胜枚举，但大家好像司空见惯、习而不察，多数人并没有意识到原来这就是逻辑书上讲的二难推理呀！在生活中十分熟悉的东西，搬到书本上就神秘陌生了，这说明我们的一些理论多么需要再回到实践中去啊！

为了进一步说明二难推理在实际生活中的应用，请看下面一道趣味逻辑题：

某高中毕业班有三个高材生园园、芳芳和玲玲，在今年高考中报考了南开大学中文系。接到录取通知书前她们望眼欲穿，寝食不安，总希望从班主任老师那里得到点什么内部信息。有一天，她们三人和班主任闲聊起来：

园园说："如果我能考取南开大学，芳芳则更能考取，因为她平时学习成绩比我好得多。"

玲玲说："我估计我们三人中至少有两个人能被南开大学录取。"

班主任说："据我从内部了解到的可靠情况，你们俩的推测完全正确。"

芳芳听了班主任的话忽然高兴地大叫起来："这么说我肯定考取了南开大学！"

芳芳怎么知道自己肯定考取了南开大学呢？因为她是根据下面的二难推理推导出来的：

如果园园能考取南开大学，那么芳芳也能考取南开大学

如果园园不能考取南开大学，那么芳芳还能考取南开大学（因为三人中至少有二人能考取）

园园或者能或者不能考取南开大学

所以，芳芳肯定考取了南开大学

练　习　题

一、下列二难推理是何种二难推理，写出其推理公式（并记住这四个典型例子）：

1. 如果武松刺激老虎则它要吃人；不刺激它则它也要吃人；
   武松或刺激它或不刺激它

   所以，它总是要吃人的

2. 若是一部完美的作品，则思想性强
   若是一部完美的作品，则艺术性高
   有些作品或者思想性不强或者艺术性不高

   所以，有些作品不是完美的作品

3. “和则两利，斗则两伤”
   如和好则两利；如争斗则两伤
   和好或争斗

   所以，或两利或两伤

4. 你如果是军人，那么你熟悉作战；你如果是商人，那么你熟悉经商
   你或者不熟悉作战；或者不熟悉经商

   所以，或者你不是军人，或者你不是商人

二、把下面的1～8题写成竖式，并指出下列所有二难推理的种类，写出其推理公式：

1. 如果你要成才，必须刻苦学习；如果你要成才，必须努力工作。有的人或不刻苦学习，或不努力工作，所以有些人成不了才。

2. 如果你是创业者，就必须有首创精神；如果你是创业者，就必须有开拓的勇气。有些人或者没有首创精神或者没有开拓的勇气，所以有些人不是创业者。

3. 如果推理的前提虚假，那么结论就不可靠；如果推理形式错误，那么结论也不可靠。有些推理或是前提虚假或是推理形式错误，所以有些推理的结论不可靠。

4. 她的要求，答应不好，不答应也不好。

5. 如果实验成功，可以取得经验；如果实验失败，可以找到教训。或成功或失败，所以或取得经验或找到教训。

6. 有志者出国深造，可以成才；有志者在国内深造，也可以成才。有志者

或出国深造或在国内深造，所以有志者经过深造总是可以成才。

7. 某数如能被 6 整除，就能被 2 整除；某数若能被 6 整除，就能被 3 整除。有些数或不能被 2 整除或不能被 3 整除，所以有些数不能被 6 整除。

8. 若要成为歌唱家，则嗓子要好；若要成为舞蹈家，则形体要好。有些人或因嗓子不好，或因形体不好，所以或成不了歌唱家或成不了舞蹈家。

9.《韩非子·难一》中讲到一个寓言故事：有个卖矛与盾的人，他讲话前后矛盾。利用他的讲话可以构成一个二难推理：

如果矛刺穿了盾，那么盾不是最好的
如果矛刺不穿盾，那么矛不是最好的
或刺穿或刺不穿

所以，或盾不是最好的，或矛不是最好的

三、下列二难推理是否正确，为什么？

1. 如果重视产品质量，数量就上不去
如果重视产品数量，质量就上不去
或重视产品质量或重视产品数量

所以，或数量上不去，或质量上不去

2. 若自傲，则盲目乐观
若自卑，则缺乏信心
你或是自傲或是自卑

所以，你或是盲目乐观，或是缺乏信心

四、某画家有个乡间别墅，坐落在风景秀丽的终南山麓。山脚下有条小河，河上横架一座小桥。桥下方不远，靠岸边斜长着一株垂柳，垂柳上系着一条小船。临河一望：碧水、小桥、垂柳、木船，好像一幅迷人的山乡风景画。一日画家出远门，正赶上大雨倾盆，他担心河水暴涨，就赶忙给住在别墅的妻子打电话，问道："小河涨水后，别墅的房子怎么样？"妻子说："无论怎么涨水都淹不着别墅。"画家又问："小桥、垂柳和木船被水冲走了没有？"妻子说："这三件东西冲走了两件，还剩一件。"画家又问："我那心爱的小木船究竟被水冲走了没有？"妻子刚要答话，电话线断了。

电话旁站着一个大学生，听到了画家夫妇的对话，他对画家说："您的小木船肯定被水冲走了。"大学生为什么说得这么肯定，他推理的根据是什么？

（提示：用"垂柳或者被水冲走或者没被水冲走"作为选言判断，构成二难推理，就可推出结果。）

第七节　联言推理

联言推理是根据联言判断的逻辑特性进行推演的推理。它的前提或结论是联言判断。

它有两种基本形式：

一、合成式

合成式推理是由各个联言肢的真推出联言判断的真。其推理公式是：

A

B

所以，A 并且 B

如：

郭沫若是诗人

郭沫若是戏剧家

郭沫若是历史学家

所以，郭沫若既是诗人，又是戏剧家，又是历史学家

又如：

农村需要进行改革

城市也需要进行改革

所以，农村和城市都需要进行改革

上面这种推理形式很简单，但正因为它简单才运用得更加普遍。在讲话和写作中，可以说是俯拾即是，随处可见。如：

一方面，矛盾双方是对立的；另一方面，矛盾双方又是统一的。因此矛盾双方是对立统一的。

这段话的推理方式就是联言推理的合成式。又如：

肯定一切的观点是错误的，否定一切的观点也是错误的，所以，肯定一切和否定一切都是错误的。

这段话运用的也是联言推理的合成式。再看：

这个青年有两大优点：一是思想作风好，二是工作能力强。所以，他作风好能力强，可以提拔使用。

上面这段话也使用了联言推理的合成式。

不但一段话可以采用联言推理的合成式，而且有的理论文章还按照这种推理形式安排整篇文章的逻辑层次。如有一篇论述《体制改革势在必行》的文章，先论述农业经济体制改革的必要性；然后论述工业经济体制改革的必要性；接着论述商业体制改革、金融体制改革的必要性，最后得出工业、农业、商业、金融体制改革都是必要的结论。在论述经济体制改革的必要性之后，接着分析政治体制改革的必要性，最后得出经济体制和政治体制都需要进行改革的总结论。得出这些结论都运用了联言推理的合成式。

二、分解式

联言推理的分解式是由整个联言判断的真分别推出各个联言肢的真。联言推理分解式推出的结论应是前提包含的一个（或一部分）联言肢。其推理公式是：

A 并且 B

所以 A（或 B）

如：

工人、农民、知识分子都是社会主义建设的主力军

所以，知识分子是社会主义建设的主力军

分解式的推理形式也很简单，运用得也很普遍。许多人经常运用它，但并没有意识到它是一种推理形式，更没有意识到这种推理形式就是联言推理的分解式。如：

工、农、商、学、兵都需要改革，我们学校当然也需要改革。

我们的干部需要德才兼备，所以我们的干部不能没有才。

我们的生产既要保证数量又要保证质量，所以必须重视质量。

上面三段话都是联言推理的分解式，都是由整个联言判断的真推出个别联言肢的真。当我们需要在几个环节中侧重研究某一个环节，或者需要强调某一方面时，就可以运用联言推理的分解式强调它的某一个联言肢。

练　习　题

下列联言推理是合成式，还是分解式？

1. 右可以葬送社会主义，“左”也可以葬送社会主义，所以“左”和右都可

以葬送社会主义。

2. 革命既不能输出，也不能输入，所以输出革命的观点是错误的。

3. 过去我们搞革命取得胜利，靠的是实事求是；现在搞现代化建设，同样要靠实事求是。所以，无论过去取得革命胜利还是现在搞现代化建设，都要靠实事求是。

4. 因为我们提倡尊师爱生的新风尚，所以我们要求教师要爱护学生。

5. 坏事可以变成好事，好事也可以变成坏事。所以好事和坏事都可以向自己的反面转化。

6. 他政治素质好，他业务能力强，他也比较善于联系群众。所以，他是一个政治素质好、业务能力强、善于联系群众的好干部。

7. 他既当官又当民，所以经常以普通一兵的身份出现。

8. 因为这种名牌的产品物美价廉，所以我相信它的质量错不了。

第八节　在实践中提高演绎推理能力

前七节讲了六种演绎推理，第八节主要是通过典型事例说明如何在实践中提高演绎推理能力。这些事例大部分是社会生活中发生的真实故事，当事人都是普通人，但他们都在日常工作和生活中培养了较强的演绎推理能力。学习演绎推理，不能局限于只学习书本知识，必须注重在实践中提高演绎推理能力，运用演绎推理解决工作和生活中遇到的实际问题。

事例之一：

2008年6月21日CCTV—12频道《法治视界》栏目中报道了“4·23”特大毒品案的侦破过程。具体情节如下（细节有加工）：

昆明市盘龙区公安分局接到举报：境外有一批毒品已运进云南省瑞丽市，准备再偷运往重庆。盘龙公安分局立即派出一批精干的侦查员到瑞丽市查访。暗查了几天，没有发现新的线索。有一天，一个侦查员看到几个人往一辆大卡车上装西瓜，装了满满一卡车，大概有一二十吨。听说这批西瓜要运到重庆去卖。侦查员发现这些西瓜已经很不新鲜，过一两天就会烂掉的。这些从重庆来的长途贩运西瓜的生意人，引起了侦查员的怀疑。侦查员推断，他们不是真正的生意人。真正的生意人都很精明，绝不会跑一千多公里买一卡车快烂的西瓜到重庆去卖。他们还发现其他一些重要疑点，于是就向上级领导汇报，领导研究决定对这辆卡车进行严密监视。当这辆卡车离开云南瑞丽开往重庆时，就派专车暗中尾随。之后在途中发现疑点越来越多，就决定拦车检查。拦车检查时，起初怀疑毒品藏在西瓜中，但侦查员把一个个西瓜打开时，并没有发现任何问题。正当大家非常失望时，一个细心的侦查员发现卡车的备用水箱有一块铁皮的颜色和周围铁皮颜色稍微有点不一致（略深），不细心观察就很难发现。侦查员怀疑这是人工加工过的痕迹。果然不出所料，把这块铁皮凿开后，发现里面藏了50来公斤高纯度的海洛因。此后又顺藤摸瓜，破获了一个大的贩毒团伙。他们之所以成功地侦破了“4·23”特大毒品案，原因之一就是他们抓住了两个关键环节，成功地运用了演绎推理和回溯推理。

1. 运用演绎推理断定那些人不是真正的生意人

如果他们是真正的生意人，那么就不会跑一千多公里买一卡车快烂的西瓜到重庆去卖

这些人跑一千多公里买一卡车快烂的西瓜到重庆去卖

所以这些人不是真正的生意人

2. 运用回溯推理[①]推测备用水箱可能改动过

这个备用水箱铁皮的颜色不一致（第一前提）

如果备用水箱改动过，水箱铁皮的颜色就可能不一致（第二前提）

所以这个备用水箱可能改动过

事实证明这些推理是正确的。起初侦查员就了解到，这辆卡车来到瑞丽市就开进了一个汽车修理厂，停在修理厂好几天没动静。后来的事实证明，那50多公斤海洛因就是在这个修理厂装进备用水箱的。

事例之二：

2008年6月4日《京华时报》A13版登载一条消息，题目是“德记者为赶飞机编炸弹谎言”，事件情节大体如下（细节有加工）：

意大利维罗纳机场接到一个用手机打来的电话，称多洛米蒂航空公司飞往奥地利首都维也纳的某次航班上藏有炸弹。机场闻讯后关闭大约两小时，两架航班被迫在另一机场降落。这究竟是怎么回事呢？

原来，一个德国体育记者原定在该机场乘该次航班飞往维也纳，参加2008年欧洲足球锦标赛报道。当他赶到机场时，距离该次航班预定起飞时间仅剩5分

---

① 说明：回溯推理是司法工作中经常使用的一种或然推理。通常是从已知结果推测未知的原因。它有两个前提：以已知结果为第一前提；以有关该结果的因果规律知识为第二前提。结论是或然的。回溯推理本教材未论述。

钟。机场人员说：“你来得太晚了，已无法登机。”记者说：“听说这次航班不是延迟起飞了吗？”这句话引起了机场人员的高度怀疑，因为当时机场人员还没有对外宣布该次航班延迟起飞的决定。这时，有一个机场人员掏出手机拨了一个电话，德国记者的手机随之响起铃声。这位机场人员严肃地对德国记者说：“你必须接受公安部门的刑事调查，因为编造炸弹谎言你有重大嫌疑。”原来这个记者怕赶不上该次航班，就事先打电话给机场，编造了该次航班藏有炸弹的谎言。结果弄巧成拙，原形毕露，他将面临引起惊恐和干扰公共服务两项罪名的指控。

从事情发生到水落石出才两个多小时。案件破得这么快，主要是因为机敏的机场工作人员正确地运用了两个演绎推理：

第一个推理：在机场对外宣布航班延迟起飞的决定前

只有给机场打电话的那个人，才会知道航班会延迟起飞
体育记者知道航班会延迟起飞

所以体育记者是给机场打电话的那个人

第二个推理：在机场人员拨通打电话的那个人的手机之后

只有给机场打电话的那个人，手机铃声才会随之而起
体育记者手机铃声随之而起

所以体育记者是给机场打电话的那个人

事例之三：

2008 年 4 月 9 日《京华时报》A10 版登载了一则“民警根据玻璃碴痕迹揪出内贼 3 小时即破案”的消息，主要内容如下（部分情节有改动）：

某货运公司的司机刘师傅有个习惯，每次都把收到的货款放在驾驶室暖风机底下。4 月 6 日晚，刘师傅将车停在十八里店西直河村物流公司院内的停车场内。第二天一早，他发现车窗玻璃被砸破，1.2 万元货款不见了。他非常着急，如果钱找不回来他就得全数赔偿。

报警后，民警到现场查看，驾驶室被翻得一团糟，驾驶室一侧车窗玻璃被砸，看起来像是有人砸碎玻璃后进入驾驶室行窃。但是民警注意到，驾驶室外地上的碎玻璃碴多，驾驶室内碎玻璃碴少。驾驶室的门锁没有破坏。民警立即断定这是内部人作案。就问：“你有没有助手？”刘师傅回答说有副司机。

民警觉得副司机嫌疑很大，就找他谈话。在讯问副司机时，他态度十分强硬，一口咬定丢钱与自己无关。民警忽然说：“你还抵赖！停车场探头录下的图像清清楚楚。”其实停车场没有录像探头。但民警这一问，副司机立即就慌了，

不一会儿就如实交代了盗窃货款的情况。据他交代，4 月 6 日下午，他无意中看到刘师傅把货款放到驾驶室暖风机底下。当晚 9 点多，他悄悄溜出暂住地，来到停车场，趁保安不注意，进入驾驶室，将放在暖风机下的货款全部拿走。为了掩盖自己的罪行，还从车内将车窗打碎，伪造他人打碎车窗玻璃进入车内行窃的假象。

从报案到破案不到三小时，这位机智的民警受到人们的交口称赞。民警为什么能立即断定这是内部人作案呢？因为他作了两个必然性推理：

只有从驾驶室内向外砸玻璃，车窗外的碎玻璃碴才会多、车窗内的碎玻璃碴才会少

现场的情况是车窗外的碎玻璃碴多、车窗内的碎玻璃碴少

所以窃贼是从驾驶室内向外砸玻璃的

只有带钥匙的内部人才可能（进驾驶室）从内向外砸玻璃

窃贼是从内向外砸玻璃的

所以窃贼是带钥匙的内部人

停车场没有录像探头，但民警为什么要说停车场有录像探头呢？他是这么推理的：

只要说停车场有录像探头，窃贼就感到无法抵赖了

只要感到无法抵赖了，他就会如实交代问题

所以，只要说停车场有录像探头，他就会如实交代问题

事例之四：

2008 年 6 月 26 日 CCTV—2《马斌读报》栏目讲了一个非常有趣的故事。某村民甲，家里养了一头母猪，刚生完猪崽儿没几天母猪就跑丢了，只剩下几只可怜巴巴的小猪崽儿。甲和妻子两人找了多天都找不到。一个多月后，村民甲到邻村办事，看到村民乙家中养的母猪正是自家丢失的母猪，就向乙讨要母猪。乙说："这明明是我们自家的母猪，怎么会是你家的母猪呢？"两人争执起来，越说越气，几乎要打起来了。此时正好有一个民警从此路过，听了他们的诉说，民警说："这事儿不用争，可以给母猪做亲子鉴定，鉴定费大概需要 15 000 元。根据鉴定结果，不是谁家的母猪由谁承担这笔费用。"（一头母猪顶多卖一千多元）这时乙忽然改口说："这太麻烦了。母猪我不要了，让他赶走算了，省得乡亲们伤和气。"民警笑了，说："和平解决问题就不用再鉴定了。"民警脑子里藏着下面这个推理：

如果是母猪的真正主人，就不会打退堂鼓
乙打退堂鼓了

所以乙不是母猪真正的主人

其实这头母猪，是乙一个月前在村外捡的。

事例之五：

2008年6月17日《京华时报》A13版登载了一则高考舞弊案的消息，题目是“天水高考五考点查出替考生”（叙述时细节有改动）。在天水市九中考点，监考老师注意到，一个叫“燕涛”的考生，在试卷上“考生姓名”一栏里填写了别人的名字，他发现填错时，才又改成“燕涛”二字。监考老师十分怀疑他：

如果是燕涛本人参加考试，那么绝不会把自己的名字错写成别人的名字
那个考生把自己的名字错写成别人的名字

所以那个考生不是燕涛本人

为了进一步弄清问题，监考老师问他：“你是哪个学校毕业的？”他说：“我是天水七中毕业的。”监考老师说：“天水市七中只有初中部，根本就没有高中部。”接着就把他的试卷收走了。监考老师的判断是完全正确的。因为下面这两个推理是必然性推理，它的结论肯定是正确的：

如果他是七中毕业的，那么七中应该有高中部
事实上七中没有高中部

所以他不是七中毕业的

如果他是燕涛本人，那么绝不会说错自己毕业的学校
他居然说错了所毕业的学校

所以他不是燕涛本人

事实很清楚，那个人是“枪手”，不是考生本人。又经过深入调查，终于发现了一个大的高考作弊团伙。那个团伙在山东，他们有组织地把十几个山东考生的户籍迁到甘肃省天水市，以当地毕业生的身份参加当地的高考，因为甘肃省高考录取分数线相对较低。即使如此，仍怕这十几个考生考不上，就又派了十几个“枪手”跑到天水来替考，却仍然被精明的监考老师揪住了狐狸尾巴。

事例之六：

某大学教形式逻辑的女教师住在北京南城的某个居民小区，前些时小区内发生过一件入室抢劫案，这使女教师多了几分警惕。有一天，她正在家里备课，忽然听到敲门声就问：“是谁？”一个男的回答说“是自来水公司收水费的”（上世

纪80年代以前都是自来水公司派人按月入户收取水费的)。女教师很不高兴地大声说:“昨天不是刚收过了吗!怎么还收?”敲门者说:“既然收过了,那就不再收了。”女教师从门镜里看见那个男的又敲开了对门儿一家的门,对门儿住着一个如花似玉的妙龄少女,她刚搬来不久,还没有安装防盗门。女教师忽然意识到了什么,就立即给110打电话,两个巡逻民警两三分钟就赶过来了。那个男的敲开女孩的房门后就用胶带封住了女孩的嘴,然后用尼龙绳捆住了她的双手。在他正要实施强奸犯罪的关键时刻,民警一脚踹开房门,还没等那个男的回过神儿来,就已经被两个民警死死地摁到地下。由于女教师的机敏和果断,不但自己躲过了一劫,也使邻家少女避免了一场杀身之祸。但我们不禁要问,女教师并不了解那个男的,怎么就知道他是犯罪嫌疑人呢?

这主要是女教师一句试探性的问话起了关键作用。她说:“昨天不是刚收过了吗!”其实昨天自来水公司根本没有来收水费。她只是想试探他:

如果敲门人真是自来水公司的收费人,那么他就会说明自来水公司昨天没来人并且还会坚持收费

敲门人不说明情况也不坚持收费

所以敲门者不是自来水公司的收费人

她为什么果断地给110打电话呢?她想:

如果敲门者骗开房门,那么他就会实施犯罪

如果实施犯罪,那么邻家少女就会受到伤害

如果邻家少女会受到伤害,就必须给110打电话

所以如果敲门者骗开房门,那就必须给110打电话

在以上这些事例中,正确地运用演绎推理对问题的解决都起了关键作用。这些比较典型的事例,虽不是天天都有,却是社会生活中时有发生的。只要你时时留意,处处用心,既注意自己实践,又注意向别人学习,那么你的演绎推理能力就会迅速提高。

第七章 归纳推理

第一节 归纳推理概述

一、什么是归纳推理

归纳推理是以个别性知识为前提，推出一般性知识为结论的推理。如：

动物是有生有死的
植物是有生有死的
微生物是有生有死的
动物、植物、微生物是生物的全部
———————————————
所以，全部生物都是有生有死的

动物、植物、微生物对生物来讲，都是个别；生物对动物、植物、微生物来讲，是一般。由个别性的知识推出一般性的知识，就是归纳推理。

二、归纳推理的客观依据

归纳推理是根据哲学上一般存在于个别之中的原理进行推演的。客观事物中个别、特殊、一般的辩证统一关系是归纳推理的客观基础。

什么是个别？个别是指自然界和社会领域中单独存在的事物（或现象）。

什么是一般？一般有两重含义：一是对个别而言，指许多个别事物构成的类。每一个分子都是个别，“类”是一般。二是对个性而言，指存在于许多个别事物之中的共性。

什么是特殊？特殊是介乎个别和一般之间的中间环节。特殊对一般来讲是个别的，对个别来讲是一般的。“树”对“松树”、“杨树”来讲是一般，对植物来讲就是个别。

归纳推理的本质，是从许多个别的，或特殊的事物之中概括出同类事物的共同性，使人们的认识由个别上升为一般。如：

水星是沿椭圆轨道公转的
金星是沿椭圆轨道公转的
火星是沿椭圆轨道公转的
木星是沿椭圆轨道公转的
土星是沿椭圆轨道公转的
地球是沿椭圆轨道公转的
海王星是沿椭圆轨道公转的
天王星是沿椭圆轨道公转的
冥王星是沿椭圆轨道公转的
太阳系只有这九大行星

所以，太阳系九大行星都是沿椭圆轨道公转的

上述归纳推理就是从太阳系九个“个别”的大行星中概括出它们的共性——沿椭圆轨道公转。

三、归纳推理的特点

归纳推理与演绎推理相比，有几个特点：

（1）推理方向不同。

演绎推理是由一般到个别，归纳推理是由个别到一般。

（2）前提的数量不同。

演绎推理的前提的数量是比较确定的，归纳推理的前提的数量是不确定的。

（3）结论的范围不同。

演绎推理的结论的断定范围没有超出前提的断定范围，归纳推理除完全归纳

推理外，结论的断定范围都超出了前提的断定范围。

(4) 结论的可靠性不同。

演绎推理的结论是必然的，只要前提真实，推理正确，其结论是完全可靠的。归纳推理的结论的情况不同：正确的完全归纳推理和科学归纳推理，其结论是带有必然性的，是确实可靠的。简单枚举归纳推理的结论是或然性的，只有一定程度的可靠性，不是完全确实可靠的。

归纳推理和演绎推理虽然各有特点，但也有密切联系。二者相辅相成，互相渗透，互相补充。演绎之中有归纳，归纳之中有演绎，这表现在：

(1) 演绎推理离不开归纳推理。

许多演绎推理的大前提都是运用归纳推理概括出来的。如下面这个直言三段论的大前提就是归纳推理的结果：

所有金属都是导电体

铝是金属

所以，铝也是导电体

"所有金属都是导电体"这个一般性结论是逐个地对各种金属进行考察之后，通过归纳推理得出的。没有归纳推理的帮助，有些演绎推理就无法进行。

(2) 归纳推理也离不开演绎推理。

许多归纳推理的前提又是通过演绎推理的帮助推导出来的。如：要证明地球公转的轨道是椭圆形的就要进行许多复杂的几何计算，而这些几何计算中就包含着许许多多的演绎推理。所以，完全离开演绎推理的帮助，有些归纳推理也无法进行。

四、归纳推理的分类

根据前提是否考察了一类事物的全部对象，把归纳推理分为：完全归纳推理和不完全归纳推理。

在不完全归纳推理中，又根据是否揭示了对象和属性之间的必然联系，把它分为简单枚举归纳推理和科学归纳推理两种。

可以表示为：

- 归纳推理
  - 完全归纳推理
  - 不完全归纳推理
    - 简单枚举归纳推理
    - 科学归纳推理

第二节　完全归纳推理

一、什么是完全归纳推理

完全归纳推理是根据对某类事物的全部对象的考察而进行的归纳推理。

如对某党委的全部五名成员的学历逐一考察后，得出该党委的所有成员都具有大学本科学历的结论，运用的就是完全归纳推理。

张的学历是大学本科
王的学历是大学本科
李的学历是大学本科
赵的学历是大学本科
周的学历是大学本科
张、王、李、赵、周是某党委的全部成员

所以，某党委的全部成员的学历都是大学本科

完全归纳推理的推理形式用公式表示是：

S_1 具有（或不具有）P 属性
S_2 具有（或不具有）P 属性
S_3 具有（或不具有）P 属性
⋮
S_n 具有（或不具有）P 属性
S_1……S_n 是 S 类的全部对象

所以，S 类的全部对象都具有（或不具有）P 属性

二、完全归纳推理的特点和要求

完全归纳推理有两个特点：

（1）前提完备。

完全归纳推理的前提应包括某类事物的全部对象。

（2）结论可靠。

完全归纳推理的结论的断定范围没有超出前提的断定范围，所以它确实可靠。

正确运用完全归纳推理要遵守两点要求：

（1）考察穷尽。

考察的范围要穷尽该类事物的全部对象，遗漏一个对象，结论就可能是错误的。

（2）前提真实。

每一个前提必须真实，有一个前提虚假，整个结论就错了。

譬如要作出“这个村的所有家庭都购买了彩电”，“这条街的所有商店都是经营服装的”，“这个班所有学生的哲学考试成绩都是优秀”，“这批产品全部合格”等结论，就要分别对各类对象的全部逐一进行考察，每个前提都真实，归纳的结论才正确。

三、完全归纳推理的作用和局限

有人根据完全归纳推理的结论的断定范围没有超出前提的断定范围，就认为它没有提供什么新知识，更没有多少实践意义。

其实不然。完全归纳推理的前提提供的只是分散的、个别性的知识，而结论提供的才是整体性的、概括性的知识。它的作用在于使人们的认识由个别上升为一般。这一点在实践中是非常重要的。它概括出的一般结论，可以作为一种间接知识，被人们广泛利用。譬如少数研究人员，经过实验，运用完全归纳推理的方法概括出“所有金属都是导电体”的结论，此结论就可以作为可靠的间接知识被人们在实践中广泛运用。有了这个结论，你只要知道某物质是金属，就可以立即推断出它具有导电性。所以完全归纳推理的用途也是十分广泛的。

但是这种推理形式又有它的局限性。当某类事物所包含的对象无限多时，或者即使有限但绝对数量很大时，也无法对它进行完全归纳推理。这种推理形式，只适用于分子数量有限并且绝对数不多的某类事物。

第三节　不完全归纳推理

不完全归纳推理是根据对一类事物部分对象的考察而进行的归纳推理。它包括简单枚举归纳推理和科学归纳推理两种。

一、简单枚举归纳推理

1. 什么是简单枚举归纳推理

简单枚举归纳推理是根据某种属性在某类对象中不断重复出现而未遇到相反情况，从而得出一般性结论的推理。

譬如“煤都是黑的”就是通过简单枚举归纳推理得出的一般性结论：

山西省的煤是黑的
山东省的煤是黑的
河北省的煤是黑的
河南省的煤是黑的
⋮
枚举中没有遇到相反情况

所以，所有的煤都是黑的

简单枚举归纳推理的公式是：

S_1 具有（或不具有）P 属性
S_2 具有（或不具有）P 属性
⋮
S_n 具有（或不具有）P 属性
S_1……S_n 是 S 类的部分对象
枚举中没有遇到相反情况

所以，S 类对象都具有（或不具有）P 属性

2. 特点和局限性

简单枚举归纳推理和完全归纳推理相比，有两个特点：一是它只考察了部分对象，考察的范围小于结论断定的范围；二是它的结论是或然性的。

简单枚举归纳推理的局限性表现在：它的结论不完全可靠。它只有一定程度的可靠性，而不是绝对可靠。对简单枚举归纳推理结论的或然性，数学家华罗庚在《数学归纳法》一书中有一段非常生动的描述：

> 当从一个袋子里摸出来的第一个是红玻璃球，第二个是红玻璃球，甚至第三个、第四个、第五个都是红玻璃球的时候，我们立刻会作出一种猜想：“是不是这个袋里的东西全部都是红玻璃球?”但是，当我们有一次摸出一个白玻璃球的时候，这个猜想失败了。这时，我们会作出另一种猜想：“是不是袋里的东西全都是玻璃球?”但是，当有一次摸出来的是一个木球的时候，这个猜想又失败了。那时，我们又会作出第三个猜想：“是不是袋里的东西都是球?”这个猜想对不对，还必须继续加以检验，要把袋里的东西全部摸出来，才能见个分晓。

由简单枚举归纳推理推出的结论，只是初步的结论，不是最终的结论。它可

能真，也可能假。究竟是真是假，还要借助其他的科学方法来证明，或者靠实践来最后证明。对具体的简单枚举归纳推理来讲，它的可靠程度是不一样的，有的可靠程度大，有的可靠程度小。那么究竟怎样才能提高结论的可靠程度呢？

3．提高结论可靠性的办法

（1）被考察对象的数量越多越可靠。

运用简单枚举归纳推理的要求是："不断重复，无一相反"。被考察对象的数量越多，漏掉相反情况的可能性就越小，推理的根据就越充分，结论就越可靠。

（2）被考察对象的范围分布越广越可靠。

为了防止漏掉可能存在的相反情况，被考察对象的范围分布还需要广泛、合理。要注意考察不同时间、地区、条件下同类对象的存在状态。以前人们认为"所有的天鹅都是白色的"，后来在澳大利亚发现了黑色的天鹅。以前考察的范围不够广，只考察了澳大利亚以外的地区，没有考察澳大利亚的天鹅，所以结论是不正确的。

（3）随时注意观察有无"相反事例"。

简单枚举归纳推理只要在前提中发现一个相反事例，结论就会被推翻。所以，在观察中要随时注意有无相反事例存在，尤其要注意容易发生相反事例的场合，观察得越深入、越仔细，结论的可靠性就越大。

4．"轻率概括"的逻辑错误

"轻率概括"是不正确地运用简单枚举归纳推理常犯的一种逻辑错误，即：只根据少量重复出现的个别事例，贸然作出一般性的结论。

这种思维错误在日常生活中是经常出现的，而且自己常常感觉不到犯了这种错误。如有的外地人头一次来北京，在住旅馆、坐电车、逛商店时接触的几个服务员、售货员态度很好，他当即下结论说："首都就是不一样，所有的售货员说话都那么和气，一个个都像张秉贵一样。"相反，有的外地人一进京，正巧遇到几个态度不好的服务员，就说："想不到首都的服务质量都这么差，一个个都跟丧门神一样。"其实，他们都是根据少数事例下结论，犯了"轻率概括"的逻辑错误。

有的外地人评论北京人时容易犯"轻率概括"的逻辑错误，而有的城里人评论乡下人时也常犯"轻率概括"的逻辑错误。改革开放以后，一些农民富起来了，城里人一听就发感慨："农村变化真大，农民都成了万元户。"说"农村变化大"是事实，说"所有农民都成了万元户"是"轻率概括"。这种逻辑错误，现代人常犯，有些古代人也常犯。京剧《女起解》中苏三讲的"洪洞县里没好人"的名言，虽事出有因，情有可原，却是最典型的"轻率概括"的例子。

“轻率概括”的错误也不是中国人的特产。有些中国人常犯，有些外国人也常犯。鲁迅在《内山完造作〈活中国的姿态〉序》里就曾批评过某些日本人刚到中国就爱轻率下结论的毛病。“一个旅行者走进了下野的有钱的大官的书斋，看见有许多很贵的砚石，便说中国是‘文雅的国度’；一个观察者到上海来一下，买几种猥亵的书和图画，再去寻寻奇怪的观览物事，便说中国是‘色情的国度’。”

虽然“轻率概括”是使用归纳推理不当出现的一种“多发病”，但正确运用简单枚举归纳推理却有不可忽视的作用。

5. 简单枚举归纳推理的作用

（1）人们通过简单枚举归纳推理获得了大量的一般性的知识。

简单枚举归纳推理，在一定意义上可以说是一种最简单的归纳推理。它的推理规则简便易行：“不断重复，无一相反”，无论文化程度高低都能掌握。社会上的绝大多数人都会运用它，可以说是一种最普及的归纳推理。人们在日常生活和工作中，通过这种推理获得了大量的一般性的知识。如太阳东升、夕阳西下、昼夜交替、寒来暑往、水能止渴、火能取暖、煤是黑的、雪是白的、植物缺乏水分就会死亡、人有生必有死、骄傲使人落后、虚心使人进步……这些最简单的生活常识和工作经验都是通过简单枚举归纳推理的方法获得的。

（2）简单枚举归纳推理为科学归纳推理提供了基础，也为开展广泛的科学研究提供了大量的课题。

简单枚举归纳推理，使人们的认识由个别上升到一般。但这种认识还停留在对事物外部联系的认识上，还没有像科学归纳推理一样能够认识事物的内在规律和本质属性。简单枚举归纳推理是科学归纳推理的起点和基础，没有简单枚举归纳推理这个起点，就不可能有科学归纳方法的产生。譬如人们首先对“太阳从东方升起”这种自然现象进行简单归纳，然后才会从地球自转并绕太阳公转的内在联系上揭示出“太阳东升”的根本原因，才可能对这种自然现象进行科学归纳。

一些科学工作者还常常运用简单枚举归纳推理提出某些科学假说或重大的科研课题。数学领域中著名的“哥德巴赫猜想”就是运用简单枚举归纳推理的方法提出的。自然数中有偶数、奇数，还有只能被 1 和自身整除的质数，也叫素数。1742 年，哥德巴赫写信给欧拉，提出每个不小于 6 的偶数都是两个素数之和。如：6＝3＋3、8＝3＋5、10＝3＋7……有人对偶数逐一进行验算，一直验算到了三亿三千万之数，都表明“猜想”是成立的。我国著名数学家陈景润，证明了一个不小于 6 的偶数都可以表示为一个素数和一个不超过两个素数的乘积之和（即 1＋2），作出了前无古人的卓越贡献，但他仍没有最后证实“哥德巴赫猜想”。

总之，人们使用简单枚举归纳推理获得了许多最简单的知识（如雪都是白的），也提出了一些最复杂的问题（如“哥德巴赫猜想”）。作为一种归纳推理方法，它是简单的，也是有意义的。

二、科学归纳推理

1. 什么是科学归纳推理

科学归纳推理是根据对某类事物部分对象的研究，发现这些对象和某种属性有必然联系，从而推断某类事物的全部都具有这一属性的推理。

20世纪60年代以来，人们发现用发霉的花生喂养鸡、鸭、鸽、羊、猫等动物，它们大批地患癌症死去。后来一些科学家专门用白鼠做实验，白鼠吃了发霉的花生，也成批地患癌症死去。科学家对发霉的花生进行了严格的化学分析，发现它们含有大量的黄曲霉素。又经过反复实验，发现黄曲霉素是强烈的致癌物质。终于揭示了大批动物吃发霉花生死亡的原因。其推理过程是：

鸡大量食用发霉花生成批死去
鸭大量食用发霉花生成批死去
鸽大量食用发霉花生成批死去
羊大量食用发霉花生成批死去
白鼠大量食用发霉花生成批死去
⋮
发现发霉的花生含有大量黄曲霉素，而黄曲霉素与致癌有必然联系

所以，所有大量食用发霉花生的动物都会成批死去

科学归纳的推理公式是：

S_1 具有（或不具有）P 属性
S_2 具有（或不具有）P 属性
⋮
S_n 具有（或不具有）P 属性
S_1……S_n 是 S 类的部分对象，并且与 P 有必然联系

所以，所有 S 都具有（或不具有）P 属性

2. 科学归纳推理与简单枚举归纳推理的异同点

二者的共同点是：（1）都是不完全归纳推理，都没有考察某类事物的全部对象；（2）结论的断定范围都超出了前提的断定范围。

二者的不同点是：

（1）推理根据不同。

科学归纳推理是以认识事物的必然联系为根据的；简单枚举归纳推理是以某种属性的“不断重复，无一相反”为根据的。前者以科学分析为主要依据，后者以感性经验为主要依据。

（2）结论的性质不同。

简单枚举归纳推理的结论是或然性的，科学归纳推理的结论是带有必然性的。

（3）考察对象的数量对结论的影响不同。

简单枚举归纳推理的结论的可靠性同考察对象数量的多少有关。科学归纳推理的结论的可靠性同考察对象的数量多少没有直接关系。

3. 科学归纳推理的作用

简单枚举归纳推理的作用，只能使人们的认识由个别上升为一般，还不能使人的认识由现象深入到本质。而科学归纳推理的作用，不但使人们的认识由个别上升为一般，而且使人们的认识由表面现象深入到内在本质。从简单枚举归纳推理到科学归纳推理，人们的认识层次更深化了，产生了质的飞跃。人们通过后者才能认识客观事物的本质，发现事物之间的因果必然联系，掌握事物发展变化的规律。通过科学归纳推理得出的结论对改造客观世界有更广泛的指导意义。

第四节　探求因果关系的逻辑方法

上节讲的科学归纳推理是以认识事物之间的因果联系为主要依据的。但是认识事物之间的因果联系，在多数情况下，并不是一件轻而易举的事情。揭示各个研究领域的因果关系，是各个学科门类的任务。本节只能介绍一些探求因果联系的五种初步的、比较普遍适用的逻辑方法。

一、求同法

1. 求同法的内容

求同法（也叫契合法）的主要内容是：同一结果在各个不同场合出现，而在各个不同场合中只有一种情况是共同的，那么这个共同情况就可能是引起该结果的原因。

譬如在雨后的天空常常看见美丽的彩虹，它像拱形的桥飞架天边，高不可攀。这是怎么回事？它到底是怎么形成的？在自然科学不发达的时候，多少人望着它迷惑不解。后来人们渐渐发现，不但雨后的天边可以出现七彩的虹，在晴天瀑布溅起的水花中也可看到七彩的虹；晴天乘船时在船桨打起的浪花中也可看到七彩的虹；甚至晴天在儿童吹起的飞皂泡中也可看到彩虹的颜色。这就是说，在许多不同的场合都可以看到彩虹，而这些不同的场合却有一个情况是共同的：都有阳光和水珠。进一步研究表明：太阳光经过球形的水珠的折射分解为七种彩色，就形成了彩虹。由此可见，同一结果在不同场合出现，而各个不同场合只有一个先行情况相同，那么这个相同的情况就可能是该结果的原因。

求同法用公式表示是：

场合	先行情况	结果
（1）	A，B，C	a
（2）	A，D，E	a
（3）	A，F，G	a
	⋮	

所以，A 是 a 的原因

所谓先行情况，是指先于结果而存在的情况。其中 B、C，D、E，F、G 表示各个场合中的不同情况。A 表示唯一相同的情况。a 表示在不同场合出现的相同结果。

2. 求同法的特点、要求和局限性

求同法的特点是：异中求同。它主要是通过排除先行情况中的不同因素，寻找共同因素来确定原因的。运用求同法有两个前提要求：一是不同场合出现的结果相同；二是先行情况中只能有一个情况是共同的（指直接与结果有关的情况）。

求同法有它的局限性：

（1）它的可靠程度有局限性。

运用求同法寻找事物的因果联系，其结论是或然性的，必须用其他科学方法、逻辑方法加以验证。

（2）它的适用范围有局限性。

求同法适用于探求比较简单的因果关系，如一因一果关系、单因一果关系（指由许多原因中的某一因素单独起作用就能引起结果）；不太适合于探求合因一果关系（指许多原因共同起作用才能引起结果）以及其他比较复杂的因果关系。

二、求异法

1. 求异法的内容

求异法（也叫差异法）的主要内容是：在被考察现象的结果出现或不出现的两个场合中，其他先行情况都相同，只有一个情况不同。这一情况存在，某种结果出现；这一情况不存在，某种结果不出现。这个情况就是被考察现象的原因。

譬如为了弄清空气和声音传播的内在联系，研究声音在真空中能否传播，有的科学家做了下面的试验：

把电铃放在密闭的玻璃罩内，按动电钮使电铃敲动，人们可以听到清脆的铃声。再把玻璃罩内的空气抽出，使罩内成为真空，然后再按动电铃，人们只看见电铃敲动，但听不到清脆的铃声。这个试验证明：空气振动是声音传播的原因，声音无法在真空中传播。

这个试验设计了两种场合：一种是听到铃声的正面场合，一种是听不到铃声的反面场合。这两个场合的其他先行情况都是相同的，如电铃都用玻璃罩罩住，玻璃罩的形状大小都相同，电铃的发声方法都相同，声音的音量和音质都相同。但是有一点不同：正面场合罩内不是真空，反面场合罩内是真空。从两个场合的差异中寻求因果联系，运用的就是求异法。

求异法可以用下面的公式表示：

场合	先行情况	结果
(1)	A、B、C	a
(2)	— B、C	—

所以，A 是 a 的原因

其中 B、C 表示两种场合的相同情况，A 的存在与否是唯一的不同情况。a 是正面场合出现的结果。

2. 求异法的特点和作用

求异法的特点是：同中求异。从两个场合的差异中探求因果联系。

运用求异法有两个前提要求：第一，两种场合需有两种不同结果；第二，先行情况中只有一个情况不同，其他情况必须相同。

求异法与求同法相比，有更广泛的认识作用：

（1）它的适用范围更广泛。

求异法主要应用于实验。求同法经常运用于观察。观察是在自然状态下有目的的对某种现象进行考察和了解；实验是在人工控制和安排下，对某种现象进行观察、分析和研究。主要应用于实验的求异法，比主要应用于观察的求同法，应用范围要广得多。

（2）它的可靠性更大。

求异法不但考察某种结果出现的正面场合，也考察某种结果不出现的反面场合，而且通过实验还可排除各种偶然因素的干扰，进行比较准确的分析研究。实验还具有可重复性，可以对得出的结论进行反复验证。所以，主要运用于实验的求异法的结论更可靠。

3. 应用求异法需注意的问题

（1）运用求异法要求在先行情况中只能有一个情况不同，所以，在把正、反两种场合进行对比时，既要注意研究已知的不同情况，也要注意发现可能潜在的其他不同情况，后者也可能是事物存在的真正原因。

（2）通过求异法得到的原因，可能是被考察现象产生的全部原因，也可能是被考察现象产生的部分原因。

三、求同求异并用法（简称并用法）

1. 并用法的内容

并用法的主要内容是考察正反两组事例：一组是某种结果出现的正事例组；一组是某种结果不出现的负事例组。如果正事例组中只有一种先行情况是共同的，而负事例组中恰巧都没有这个共同情况，那么，这个共同情况就是产生某种结果的原因。

请看下例：

在17世纪，关于生命的起源问题展开了一场大的争论，当时主要有两种观点：一种是“生生论”，这种观点认为生命来自于生命，即生物来自于生物，认为现有生物都是以往生物繁殖出来的。另一种观点是“自生论”，也叫“自然发生论”。这种学说认为，生命是从无生命的物质中自然发生的。当时有一种现象困惑着人们：肉放在盆子里腐烂以后为什么会生出蛆来，蛆是从肉里自然生长出来的，还是接触苍蝇以后由苍蝇产卵繁殖出来的？“自生论”认为：蛆是从肉中自然生长出来的；“生生论”认为：蛆是某种生物繁殖出来的。这个普普通通的生活细节，却牵涉一个重大理论问题（生命起源问题）。为了解决这个问题，意大利医生弗朗西斯科·雷迪在1668年做了一个非常有名的实验：

他找来8个广口瓶子，里面分别放入肉和鱼。然后把8个广口瓶子分成2组：第一组4个瓶子，敞开瓶口，让苍蝇能飞进去。实验结果：肉和鱼上面生满了蛆。第二组也是4个瓶子，盖上盖，或蒙上纱布，让苍蝇进不去。实验结果：一个蛆都没有生出来。这个实验证明了蛆这样的生物并不是直接由腐肉产生，而是由它的母亲（苍蝇）产卵后产生的，雷迪的实验初步证明了“生生论”的一定的合理性。以后很多年，随着自然科学的深入发展，经过多次科学实验和反复的学术争论，才大体厘清了生命起源的基本历程。在这个探索过程中，雷迪实验是很有学术研究价值的。

雷迪实验运用的就是求同求异并用法：

正面事例组（第一组）	瓶子 1：敞口使苍蝇能够进入	生蛆
	瓶子 2：敞口使苍蝇能够进入	生蛆
	瓶子 3：敞口使苍蝇能够进入	生蛆
	瓶子 4：敞口使苍蝇能够进入	生蛆
反面事例组（第二组）	瓶子 5：加盖使苍蝇无法进入	不生蛆
	瓶子 6：加盖使苍蝇无法进入	不生蛆
	瓶子 7：加盖使苍蝇无法进入	不生蛆
	瓶子 8：加盖使苍蝇无法进入	不生蛆

第一组是某种结果（生蛆）出现的正面事例组。第二组是某种结果（生蛆）不出现的反面事例组。从正面事例组自身看，先行条件相同（都敞口让苍蝇能够进入），实验结果也相同（生蛆）。从反面事例组自身看，先行条件也都相同（都盖口不让苍蝇进入），实验结果也都相同（都不生蛆）。从正、反面两个事例组的对比来看：敞口让苍蝇进入就生蛆，不敞口阻止苍蝇进入就不生蛆。由此可知：让苍蝇进入产卵是肉和鱼生蛆的原因。

并用法的公式是：

场合	先行情况	结果	
正面事例组	A、B、C	a	有 A 就有 a
	A、D、E	a	
	A、F、G	a	
反面事例组	—、B、D	—	无 A 就无 a
	—、C、E	—	
	—、F、G	—	

所以，A 是 a 的原因

2. 并用法的特点

并用法的特点是：两次运用求同法，一次运用求异法，它的推理过程包括三个步骤：

第一步：从正面事例组求同。

第一步是把某种结果出现的正面场合加以比较，找出各个正面事例中存在的共同点 A，而这个共同情况 A 就可能是同一结果 a 产生的共同原因。

第二步：从反面事例组求同。

第二步是把某种结果不出现的反面场合加以比较，找出反面事例的共同点：所有反面事例中 A 都不存在。由此可推知：A 不存在可能是结果 a 没有发生的共同原因。

第三步：从正、反两组之间求异。

把前两步比较得到的结果再加以比较，找出正面场合和反面场合的相异点：在正面场合，有 A 就有 a；在反面场合，无 A 就无 a。所以 A 是 a 的原因。

求同求异并用法不同于单纯的求同法，也不同于单纯的求异法。

并用法的求同是既从正面事例组求同，也从反面事例组求同。

并用法的求异是：从正反两组事例求异。单纯的求异法是从正反两个事例求异。

并用法得出的结论可靠性更大。

四、共变法

1. 共变法的内容

共变法的主要内容是：如果某一现象发生一定程度的变化，另一现象也随之发生一定程度的变化，即一现象的量变引起另一现象的相应的量变，那么前者就可能是后者的原因。

譬如城市地面沉降和过度抽取地下水的关系。过度抽取地下水的数量越大，则地面沉降程度就越严重；过度抽取地下水的数量减少，地面沉降程度就减轻。向地层下注水，地面沉降就停止。由此可知：过度抽取地下水是某些城市地面沉降的原因。

又譬如血液中的胆固醇过高和患心血管疾病的概率的关系。血液中的胆固醇越高，持续的时间越长，患心血管疾病的概率就越大；经过治疗，胆固醇越接近正常值，患心血管疾病的概率就越低。所以，胆固醇长期超过正常值是易患心血管疾病的原因之一。

共变法用公式表示是：

场合	先行情况	结果
(1)	A_1、B、C	a_1
(2)	A_2、B、C	a_2
	⋮	
(n)	A_n、B、C	a_n

所以，A 是 a 的原因

2. 共变法的特点

共变法是从现象变化的数量和程度方面来判明因果关系的。这种逻辑方法与前几种逻辑方法的不同点在于：它从定性分析转向定量分析。

常见的共变形式有下面几种：

（1）同向共变。

原因的某种量的增加（或减少）引起结果的某种量的增加（或减少），是同向共变。常见的同向共变是：原因与结果成正比例共变。如在压力不变的情况下，气体的温度和体积成正比例共变：温度上升则体积增大，温度下降则体积减小。

（2）异向共变。

原因的某种量的增加（或减少）反而引起结果的某种量的减少（或增加），是异向共变。常见的异向共变是：原因与结果的反比例共变。如在温度不变的情况下，压力和体积成反比例共变关系：压力增大体积缩小；压力减小体积增大。

（3）多向共变。

两个现象的共变关系有一定的限度，同向共变关系超过一定的限度，就可能变成异向共变关系。如在一定限度内，增加劳动强度可以提高生产量；超过一定限度，再加大劳动强度，反而减少产量。

3. 运用共变法需要注意的几个问题

（1）运用共变法时，只能有一个现象变化而另一个现象随之变化，其他情况保持不变。在多种因素同时发生变化时，就很难运用共变法探求因果关系。

（2）具有共变关系的两种现象之间不一定都有因果关系。如白天和黑夜的长短有共变关系，白天变长黑夜变短，但白天变长不是黑夜变短的真正原因，它们都是地球自转与公转产生的某种结果。

（3）两个现象之间的共变关系有一定的限度，超过限度，共变关系就会发生变化。

五、剩余法

1. 剩余法的内容

根据已知的因果关系，某几种原因能引起某种结果 m，但实际观察中发现这几种原因却引起了更复杂的结果（m＋n）。在结果 m＋n 中，逐步排除各个原因引起的各个结果，最后剩下结果 n，然后再从剩余的结果 n 中去寻找产生这部分结果的原因 N，这种寻求因果关系的逻辑方法叫剩余法。

如镭元素的发现就运用了剩余法。

居里夫人已经知道一定量的纯铀的放射线强度是一定的。但她在观察沥青铀矿时，发现沥青铀矿的放射线强度比它所包含的纯铀的放射线强度大好多倍。于是她推断：在沥青铀矿的放射线强度中，除了铀元素的放射线强度外，可能还有另一种元素的放射线强度。经过反复实验，她终于从沥青铀矿中发现了另一种放射性元素——镭。

又如海王星的发现也运用了剩余法。

科学家根据万有引力定律，计算出已知各个天体对天王星的引力的大小，并据此初步推断出天王星的运行轨道。但根据天文望远镜的观察，天王星的实际运行轨道与计算出的运行轨道有偏离，这说明除了已知天体对天王星的引力外，还有其他未知天体在吸引它，并且还算出了这个未知天体的位置。后来果然在这个位置上发现了太阳系的另一个大行星——海王星。

剩余法用公式表示是：

已知原因 A、B、C 能引起结果 m
观察中发现 A、B、C 引起了更复杂的结果 m+n
其中，A 是 a 的原因
B 是 b 的原因　}它们是结果 m 的原因
C 是 c 的原因

所以，N 是结果 n 的原因

2. 剩余法的特点

剩余法的主要特点是：从余果找余因。操作上分两步：

第一步排除已知的结果找到剩余的结果。

如从沥青铀矿的放射线强度中，排除掉它所含的纯铀的放射线强度，剩余下未知元素的放射线强度。这就找到了“余果”。

第二步再探求“余果”产生的真正原因。

如居里夫人推断出沥青铀矿的放射线强度包括两部分：它所含的纯铀的放射线强度和未知元素的放射线强度，又从未知元素的放射线强度找到了未知元素钋和镭。

3. 运用剩余法的注意事项

(1) 运用剩余法有个前提：必须以一定数量的已知的因果关系作基础。

已知原因 A、B、C 能引起结果 a、b、c，排除已知的结果才能找到剩余的结果，排除已知的原因才能找到剩余的原因。

(2) 剩余结果可能是单一的原因造成的，也可能是几个原因造成的。

如居里夫人在探求沥青铀矿比纯铀放射线强度大的原因时，先找到了放射性元素“钋”(第一个原因)，然后才找到了放射性更强的元素——镭(第二个原因)。

探求因果联系的这五种方法，在实践中有时是分散使用，有时是多种并用。综合应用多种方法，互相验证，互相补充，可以更准确地发现事物之间的因果关系。

练　习　题

一、下列各题的结论，是用何种归纳推理获得的？

1. 天下乌鸦一般黑。

2. 有志者事竟成。

3. 人能思维。

4. 我们班的所有工人都是大专毕业。

5. 这 40 个学生都是北京人。

6. 在 24～28 之间没有质数。

二、什么是轻率概括？请举出三个事例。

三、下列各例运用的是求因果五法的哪种方法？分别用公式写出五种方法的推理结构。

1. 棉花和雪是两种不同的东西：棉花是植物纤维，雪是水凝结成的。但这两种东西都能保温。因为它们有一个共同点：都疏松多孔，能容纳大量的空气。所以疏松多孔、能容纳大量空气是棉花和雪能保温的原因。（据测定，新降的雪有 40％到 50％的空气间隙。）

2. 种植黄豆、黑豆、绿豆等豆类作物的土地，无需施氮肥，而土壤中的氮肥含量却增加。种植非豆类作物的土壤就没有这种情况。经研究发现：豆类作物的根部长有根瘤，根瘤中有根瘤菌，可以把空气中的氮转化成土壤中的氮。所以，豆类植物的根瘤是土壤中氮肥含量增加的原因。

3. 有一种淡水龙虾遇到强烈的气味就立即逃跑。但把这种龙虾的触须剪掉后，再遇到这种强烈气味就不再逃跑。这说明这种龙虾是用触须感知强烈的气味的。

4. 空气是由高气压流向低气压。甲乙两地气压差越大，则两地之间的风速也就越大；气压差越小，则两地之间的风速就越小。所以甲乙两地的气压差的大小是两地之间风速大小的原因。

5. 在 19 世纪，人们对空气的成分还不完全了解。当时从其他各种化合物中分离出来的氮，一定体积的氮重量都是相同的。可是从空气中分离出来的同样体积的氮，却比从其他化合物中分离出来的氮重量多 5％。这 5％的重量是从哪儿来的呢？经过反复测定，才发现：从空气中分离出来的氮是不纯的，其中还混有一种新发现的气体——氩。从空气中分离出来同体积的氮，重量加重，是因为还存在氩气的缘故。

四、《光明日报》1997年4月4日登载了陈珍名为《高血压与盐确有关系》的文章，全文如下：

> 早在4 500年前，我国古代医书《黄帝内经》就阐明了盐与高血压之间的相互关系：体内盐分增多，血压也跟着上升。然而，迄今为止，科学界仍未就此取得共识，有人坚持认为食盐是导致高血压的元凶，有人则把高血压归咎于吸烟、酗酒和情感紧张等因素的作用，双方争论不休，莫衷一是。
>
> 不久前，美国科学家为了查实这一问题而对尚未开化的澳大利亚土著人与现代美国人做了对比调查。他们发现，前者的饮食主要以蔬菜为主，每天摄入的食盐不到0.5克，但后者人均几乎达到10克。这样，随着年岁的增加，后者高血压发病率直线上升，而前者依然保持稳定。可是，当使土著人移居城市并改变饮食习惯后，他们患高血压者也不在少数。这一事实似乎能够证明盐的危害，但有些学者却对此提出异议，因为这些人除了盐的摄入量增加外，其他诸如吸烟、酗酒、精神压力及高脂高糖化食物的影响也不能低估。他们因此认为，从严格的科学意义上讲，盐与高血压的因果关系还不能直接推导出来。
>
> 然而，一个国际专家小组的最新研究却取得了重大进展。他们选择与人类最接近的物种——黑猩猩作为试验对象，方法是先将它们分为两组，喂养条件完全相同，只不过是受试组每天还要在每只猩猩的饲料中添加15克盐。经过22周后，所作的测试表明，7只黑猩猩呈现高血压症状，其收缩压平均上升33毫米汞柱，舒张压也上升10毫米汞柱，另外3只黑猩猩因拒绝食盐而没有变化。更具说服力的是，当研究人员不再在食物中添加盐以后，只需经六个月，那些升高的血压又会恢复正常。
>
> 研究人员最后指出，上述试验不存在其他因素的干扰，而且再次证实了《黄帝内经》所阐述的观点。因此，在饮食结构中尽量减少盐的摄入无疑是健康长寿的明智之举。

美国的科学家用什么方法探求高血压与盐的因果关系，取得哪些进展，还存在什么问题？国际专家小组用什么实验探求高血压与盐的因果关系，又取得了哪些新的进展？请说明他们如何运用求同法与求异法。

21 世纪哲学系列教材

第八章 类比推理和假说

第一节 类比推理

一、什么是类比推理

类比推理是把两个（或两类）事物进行对比，并根据它们的某些属性相同，而推测它们的另一属性也可能相同的推理。简言之，它是在对两个（或两类）事物加以比较的基础上进行的推理。

如某些天文学家把火星与地球进行对比之后，发现它们有许多共同属性，并推测它们可能还有其他属性相同：

火星与地球都是太阳系的行星

火星与地球都有自转和公转

火星与地球都有大气层

火星与地球的表面温度都比较适中

地球上有水，火星上也有水存在的迹象

⋮

地球上有生命

所以，火星上也可能存在过生命

上例就是类比推理。从推理过程讲，它包括三个步骤：

首先，找出火星和地球的相似点，即：共有属性。

其次，找出地球的特殊属性，即另有属性：地球上有生命。

最后，根据前两点，推测火星上也可能有过生命。

类比推理可以用公式表示如下：

A 与 B 都具有属性 a、b、c

A 还有另一属性 d

所以 B 也可能具有属性 d

二、类比推理的特点

1. 从推理方向上看

类比推理的思维过程是从个别到个别（或从特殊到特殊）。它的前提是个别性的知识，结论也是个别性的知识。

2. 从结论的性质看

类比推理的前提和结论间没有蕴涵关系，它的结论是或然的，不是完全可靠的。

3. 从推理方法上看

类比推理是以比较为基础，以找出相似点为依据，从诸多的共同属性推出未知的共同属性，即“从同推同”。没有比较，就没有类比推理。但这种比较又不是泛泛的比较，而是要找出两个事物的相似点（或共同点），然后才能从“诸同”推“一同”。

三、提高结论可靠性的办法

类比推理的结论不是完全可靠的，那么怎样提高其结论的可靠程度呢？

（1）类比对象的共同属性越多，结论的可靠性越大。

因为两个类比对象的共同属性越多，就意味着它们可能属于同一类或者是两个相近的类。这样，二者共同具有推出属性的可能性就大。

譬如，为了把中国南方的柑橘移植到美国，有人把美国加利福尼亚州的地形、土壤、气候条件与我国南方某些地区的自然条件加以比较，并进行了如下的类比推理：

美国加利福尼亚州与我国南方某些地区

二者的地形条件相似
二者的水文条件相似
二者的土壤条件相似
二者的纬度高低相似
二者的气温条件相似
二者的降雨量相似
二者的湿度相似
二者的光照相似
⋮
我国南方某些地区适宜种柑橘
————————————————
所以，美国加利福尼亚州也适宜种柑橘

很明显，这两个地区的相似点越多，结论的可靠性就越大。事实也正是这样：有人把我国浙江黄岩的特产柑橘引种于美国加利福尼亚州，获得了巨大成功。

（2）类比对象的共同属性应是该对象的本质属性，并且与推出属性有内在联系，结论才可靠。

如果进行比较的不是两个事物的本质属性，或者共同属性与推出属性之间没有内在联系，推出的结论就可能是错误的。

《庄子·天运》讲了这么一个故事：美女西施生了病，皱着眉头，捂着心口在街上走，街上的人觉得西施很美，不住地用怜爱的眼光瞧她。同村的东施姑娘见了很羡慕，也装着生病，皱着眉头，捂着心口在街上走。街上的人见了都厌恶地躲开她。因为她本来长得很丑，又装腔作势，就显得更丑了。但东施自己不以为丑，反以为美，她把自己与西施姑娘进行了如下的类比：

西施和我都病了
西施和我都皱着眉头
西施和我都捂着心口
西施和我都在街上走
⋮
病中的西施很美
————————————————
所以，病中的我也很美

但这个类比推理是错误的。因为上面的东施和西施的四个共同点，都不是两个类比对象的本质属性，这四点与她们长得美不美又没有内在的必然联系。所以她得出的结论是错误的。

（3）在进行类比时，除了要研究二者的共同属性外，还要研究待推对象的特殊属性，如果这些特殊属性与推出属性是互相矛盾的，那么结论就不可靠。

譬如把月球与地球进行类比，它们有很多共同点：都是太阳系的星体，都是球形，都在运转，上面都有空气等。地球上有高等生物，那么能不能推出月球上也有高等生物呢？不能。因为月球还有它的特殊属性：月球上没有水、空气很稀薄、昼夜温差很大（白天可达135℃，夜间下降至零下160℃）。这些都不利于高等生物的生存。待推对象的某些特殊属性与推出属性有明显的矛盾，其结论不可靠。

四、机械类比的错误

如上所述，运用类比推理的关键是要抓住两个类比对象有没有共同的本质属性这个中心环节，忽略这一点就容易犯机械类比的错误。所谓机械类比，是指只根据两个事物的表面相似和事物的一些偶然属性，牵强附会地进行类比。

在“东施效颦”的故事中，东施和西施的相似（如“颦眉”、“捂心”）都是表面的相似，这些相似点都不反映事物的本质属性。根据非本质属性进行类比，其结论当然是错误的。这就是机械类比的错误。

“彗星招灾”的怪论也是一种机械类比。民谣说：“天上出彗星，地上动刀兵。”意思是说，只要天上一出现彗星，人间就发生战争。实际上彗星出现和发生战乱是一种偶然的联系，把事物之间的偶然联系作为依据进行类比推理，也会犯机械类比的错误。其推理过程是：

某年某月天上出现了彗星
今年今月天上又出现了彗星
某年某月地上发生了战乱
———————————————
所以，今年今月也要发生战乱

某些荒诞的东西，找不到科学上的根据，就企图用机械类比的方法来加以“证明”。如：为了证明上帝的存在，一些神学家把物质世界与钟表进行机械类比：

世界是由许多部分构成的一个和谐的整体
钟表是由许多零件构成的一个和谐的整体
世界的运动是有规律的，钟表的运动也是有规律的
钟表有它的制造者
———————————————
所以，世界也有它的创造者（上帝）

甚至一些错误的社会学理论也企图用机械类比的方法来寻找所谓“根据”。

如某些社会达尔文主义者，把人类社会和生物有机体作机械的类比，鼓吹生存竞争是人类社会发展的基本动力。

人类社会是有机的，生物界也是有机的
人类社会是不断进化的，生物界也是不断进化的
人类社会有生存竞争，生物界也有生存竞争
生存竞争是生物进化的基本动力
———————————————————
所以，生存竞争也是人类社会发展的基本动力

很明显，机械类比是一种错误的推理方法，它常常为错误的理论观点作论证。它也是一般人容易犯的逻辑错误之一。

简言之，进行类比推理的两个事物，必须具有可比性，才能进行类比推理。如果两个事物缺乏可比性，是不能进行类比推理的。如上面所举的例子，东施的长相与西施的长相、彗星的出现与战争的发生、人类社会的发展规律与生物界的发展规律都没有可比性，根据没有可比性的两个事物的表面相似进行推理，得出的结论往往是错误的。

五、类比推理的作用

类比推理的结论虽然不是完全可靠的，但它对思维有一种独有的启发作用，为人们进行创造性思维开辟了广阔的天地。它的作用表现在：

（1）在自然科学理论方面，许多重大的科学发现都是受类比推理的启发获得的。

譬如人们对光的本质的认识：光是一种电磁波（可见光是一种能引起视觉的电磁波），它具有波动性和粒子性。认识光的波动性，是受类比推理的启发获得的。一些科学家把“声音”和“光”进行类比，发现它们有很多共同属性：

声音是直线传播，光也是直线传播
声音在传播中可以发生反射和折射，光在传播中也可以发生反射和折射
声音可以受到干扰，光也可以受到干扰
⋮
声音具有波动性
———————————————————
所以，光也具有波动性

荷兰物理学家惠更斯正是受类比推理的启发创立了光的波动学说。

又如人们对天空中“闪电”的认识也是运用类比推理获得的。起初人们不知道空中的闪电是怎么回事，也不知道它能不能沿着导线传导。后来一些科学家把空中的闪电与发电机中的电进行类比，发现它们有很多相同的属性：

二者都能发光
二者放电时都有声音
二者都能射杀动物
二者都能引起物体燃烧
⋮
发电机中的电能沿导线传导

所以，空中的闪电也能沿导线传导

1752 年夏的一个雷雨天，美国年轻的科学家富兰克林做了一个“汲取天电”的实验。他冒着生命危险，把风筝放飞到空中，风筝线被雨打湿后成为导电体，结果把空中的雷电引到了地面上来，证实了空中的闪电不是什么“上帝之火”，它和发电机中产生的电性质相同，也可以通过导线传导。

类比推理在地质科学中也有重大应用。

我国地质学家李四光发现中国的松辽地区和中亚细亚的地质结构相类似。中亚细亚有丰富的石油。他运用类比推理推断我国的松辽平原也蕴藏着丰富的石油。经过勘探，在这个地区发现了大庆油田。华北平原和松辽平原的地质结构也类似，他又推断华北平原也可能有大量的石油。经过勘探，又发现了胜利油田。

(2) 在技术科学的创新上，许多新技术的创造发明也是受类比推理的启发获得成功的。

如医学上“叩诊”的诊断方法就是通过类比推理的运用创立的。18 世纪中叶，维也纳的医生奥恩布鲁格给一个病人看病，用一般的方法怎么也检查不出病源。患者死后经过尸体解剖，发现胸腔里有大量脓水。他想：用什么办法可以事先检查出病人的胸腔中有无积水呢？他回忆起儿时开酒店的父亲经常弯着手指关节敲打酒桶，听听发出的声音就能断定酒桶内有多少酒。他想胸腔里有积水也像酒桶中装着酒一样，也可以用敲打胸腔的办法来判断它里面有没有积水以及积水的多少。经过多年的摸索和试验，终于创造了用“叩诊”诊断胸腔疾病的新方法。

近几十年来仿生学的迅速发展，使类比推理在科技领域里得到更广泛的应用。仿生学是研究生物系统的结构、功能，并进行模拟，以创造出更先进的机械和仪器的学科。为什么人造的机器要模拟生物体的结构特征呢？因为某些生物体具有极其复杂巧妙的结构以及多种多样的奇特功能，其奇妙程度甚至远远超过迄今为止人造的许多机械和仪器。譬如苍蝇的眼睛结构就非常复杂，它是由 4 000 多只小单眼组成，这使它的视觉反应极其灵敏。人们仿照苍蝇眼睛的结构制造出的照相机，一次可拍摄1 329 张照片。狗的嗅觉比人的嗅觉灵敏一百万倍，而按照狗鼻子的结构特点研制出的一种新的仪器——“电子警犬”，又比狗鼻子灵敏一千倍。这些事例都说明类比推理的方法在科技方面的应用，对推动科学技术的发展有着多么重要的作用。

(3) 在议事说理中，类比推理也是一种重要的论证工具。

人们为了说明某个问题、论证某个观点，常常使用类比推理的方法。譬如《邹忌讽齐王纳谏》一文，邹忌为了向齐王说明“王之蔽甚矣”（王受的蒙蔽太厉害了）的道理，把自己受妻、妾、客所蒙蔽的情况（他们都说邹忌比徐公美，实际上邹忌远不如徐公美）与齐王受宫妃、大臣的蒙蔽情况加以类比：

> 臣诚知不如徐公美。臣之妻私臣，臣之妾畏臣，臣之客欲有求于臣，皆以美于徐公。今齐地方千里，百二十城，宫妇左右莫不私王，朝廷之臣莫不畏王，四境之内莫不有求于王。
>
> 由此观之，王之蔽甚矣。

在这个类比中，邹忌列举了自己和齐王的某些相似之处，并依此进行推理：

“臣之妻私臣”和“宫妇左右莫不私王”是相同的

“臣之妾畏臣”和“朝廷之臣莫不畏王”是相同的

“臣之客欲有求于臣”和“四境之内莫不有求于王”是相同的

二者性质相同，后者程度更甚

⋮

我受蒙蔽很深

所以，王受蒙蔽更甚

这个类比推理，以无可辩驳的事实和令人折服的逻辑力量形象地阐明了一个发人深省的哲理。

(4) 类比推理在日常生活中也有妙用，它是股民炒股最常用的推理形式之一。

到2010年底，我国约有1.3亿股民，十个国民中就有一人炒股。在这么庞大的人群中，类比推理是运用得最广泛的推理形式之一。他们在分析股票价格涨跌时，经常把两只股票进行对比，发现二者有很多相似点，其中一只股票价格涨上去了，然后就推测另一只股票价格也可能会涨上去，于是就持股待涨。在分析A股大盘走势时，把现阶段大盘走势和历史上某个阶段的大盘走势进行对比，发现二者也有很多相似点，其中历史上某个阶段大盘见顶了，然后就推测现阶段大盘也可能见到阶段性顶部，于是赶快卖出股票。这种方法，无人不用，无日不用。可以说，不会类比推理就无法炒股。

类比推理这种方法，很容易在群众中普及开来，因为这种方法简单易行。类比推理，顾名思义，先类比，后推理，很好掌握（只要注意防止机械类比的错误就行了）。类比推理虽是或然推理，但只要你善于运用它，同样妙用无穷。

第二节 假说

运用上节讲的类比推理，可以提出许多假说。运用前面讲的归纳推理和演绎推理，也可以提出许多假说。科学假说是正确运用推理的结果。

一、什么是假说

“假说”有两种含义：

作为日常用语，假说泛指对某种事物和某些现象的一种猜测，不具有理论形态，也不一定有什么科学研究价值。

作为科学术语，假说是指根据已有的事实材料和科学知识，对未被认识的事物及其规律提出的一种带有猜测性的、尚待进一步验证的理论观点。这种假说，也叫科学假说，它是科学研究当中对未知事物的一种假定，是对客观事物及客观规律作的一种猜测，具有浓厚的理论色彩和较高的科研价值。

逻辑学上讲的假说是科学假说。

譬如1912年德国地球物理学家魏根纳提出的“大陆漂移说”，就是解释地壳运动和大洲大洋分布原理的一种假说。他根据非洲西部的海岸线和南美洲东部的海岸线彼此互相吻合的事实，认为这两块大陆原来是拼合在一起的（而且北美洲和欧洲也可以拼合在一起，印度半岛、澳大利亚、南极洲也可以拼合在一起）。他还设想全世界的大陆在古生代石炭纪以前，是个统一的整体（原始大陆），它的周围是辽阔的海洋。原始大陆漂浮在岩浆之上，后来由于其他的天体的引潮力和地球自转的离心力的作用，碎裂成几大块，并逐渐漂移开来，形成了今日世界各大洲和大洋的分布现状。魏根纳提出的这种假说曾受到地球物理学界的高度重视。

假说具有下面两个特征：

（1）假说是以事实材料和科学知识为根据的，与无知妄说不同。科学假说，不是无稽之谈，它既有一定的事实根据，也有一定的理论根据。

如：“大陆漂移说”就有下面一些主要根据：

各大陆块边缘之间的吻合程度较高，这是大陆漂移的几何（形状）拼合证据。

大西洋两岸、印度洋两岸彼此相对应地区的地层构造是相同的，这是大陆漂移的地质证据。

大西洋两岸的古生物物种（生物化石）几乎是完全相同的，还有大量的古生物种属是各个大陆都相同的。这是大陆漂移的古生物证据。

留在岩层中的痕迹还表明：在距今3.5亿年～2.5亿年的时代，处于今天北极地区的板块当时曾是气候炎热的沙漠；而处于今天赤道地区的某些板块曾为冰川覆盖。这说明很古以前，它们都不处于现在的位置上。这是大陆漂移的古气候证据。

显而易见，科学假说必须有一定的事实根据和理论根据。没有根据的猜测，不能叫科学假说。

（2）假说具有推测性质，同已经证实的科学原理不同。它的正确性和科学性还没有得到充分的、最后的证实。

譬如“大陆漂移说”虽然有上面的事实根据和理论根据，但在解释一些重大问题时，如大陆漂移的原动力、深源地震、造山构造等，也遇到了不少困难，不能圆满地回答这些问题，曾一度受到怀疑和冷落。直到20世纪60年代“板块构造理论”提出之后，大陆漂移说获得新的含义，才再次受到地球物理学界的重视。

总之，科学假说都是有根据的，但它的真理性又没有得到最后证明，它还不是经过实践充分检验的科学真理。

还需指出：形式逻辑研究假说，主要不是研究它的具体内容，而是要研究假说这种特殊的思维形式的实质、特点、作用和发展的一般规律。

二、假说的发展过程

任何假说从提出到验证，都有一个发展过程，大体说来有三个阶段：

1. 假说的提出

科学发展的历史表明：许多重大的科学假说都是在掌握了大量的事实材料的基础上，依据一定的科学原理进行正确的推理，经过创造性思维提出的。1869年前后俄国的化学家门捷列夫等提出了元素周期律，但元素周期律的提出并不是偶然的。从18世纪末到19世纪60年代，在化学研究方面积累了大量的实验材料，已发现63种化学元素，并掌握了这些元素的主要的化学性质以及它们的化合物的化学性质。当时有两个重要的理论问题摆到化学研究的议事日程上来：第一，究竟还有哪些化学元素没有被发现？第二，各种化学元素之间有没有联系，究竟是什么样的联系？为了探讨这些问题，门捷列夫把所有的元素按原子序数的高低排列成表，表中将元素横向分为七个“周期”，纵向分为九个“族”，并发现元素的性质随着原子量的增加而呈周期性的变化，提出了元素周期律的假说。

2. 假说的推演

假说的推演就是根据假说提出的原理推出新的结论。任何假说提出之后，人们都会根据假说的要求进行各种推理，对许多未知事物作出新的判断和推测。如门捷列夫曾根据元素周期律预言了一些当时尚未发现的元素（如锗、镓等）的存在，并且推断它们都具有什么样的化学性质。这些预言和推断就是根据元素周期律进行的推演。

3. 假说的验证

假说的验证就是用实践来检验假说有没有真理性。经过实践的检验，如果根据假说推出的结论与事实相符，那么假说就被证实，科学假说就转化为科学定律。如果部分被证实，部分被否定，那么被证实的部分就转化为真理，错误的部分应得到修正。如果全部被否定，那么原来的假说就不能成立。

事实上，门捷列夫提出的元素周期律逐渐地被科学研究的实践发展所证实。他根据元素周期表上的空白，推断有一种未发现的新元素，并计算出它的比重为5.9～6.0。后来法国化学家巴波德朗用光谱分析发现了这个新元素——镓，并初步测定其比重为4.7，与根据元素周期律计算的比重不一致。后来巴波德朗又经过重新测定，镓的比重是5.96，果然证实了门捷列夫的预言。门捷列夫还预言过其他未知元素的存在及其化学性质，基本上都被实践证实了。经过长时间的检验，元素周期律已不再是假说，而被确认为一条基本的化学定律了。

三、假说的作用

假说的提出和验证是科学发展过程中的两个重要环节，它对科学发展具有普遍的、巨大的推动作用。

1. 假说的提出是科学探索的新尝试

在科学研究的过程中，提出假说是提出新观点、建立新理论、开拓新领域的重要环节和重要手段，是探索真理的第一步。一些重大的科学理论的形成和发展过程大都经过假说这个阶段。

2. 假说的证实是科学发展的新突破

假说的证实使其转化为科学原理，而一些重要的科学假说的证实，往往成为科学发展的重大的突破口。没有突破，就没有质变，就不可能有大的发展。

上面一、二、三小节讲的是科学假说，下面讲日常工作生活中常见的“假说”。

四、工作中常见的假说

在日常工作和生活中常常遇到许许多多未知的事情和问题，为了弄清并解决这些问题，也需要进行种种“假说”。譬如：有时候需要对某些事情未来的发展方向作出预测（如对美国总统奥巴马任期内的中美关系走向作出预测，对我国未来十年商品房价格走势作出预测）；有时候需要对未知的因果关系进行探寻（如对某艘舰只意外沉没原因的探寻，对某些城市地面沉降原因的探寻）；还有的时候需要对刑事案件发生的来龙去脉作出种种推测，这一切都需要提出各种“假说”。前面讲的“科学假说”和这一小节所讲的日常工作中常见的这些“假说”有两点不同：(1) 前者具有某种理论形态，后者不一定具有某种理论形态。(2) 前者存在于科技领域，对科技理论创新具有重要意义；后者存在于实际工作中，对指导实际工作有重要的实践意义。但二者也有共同点：提出和验证“科学假说”的一般指导原则，对工作中常见的“假说”也同样具有指导作用。

请看事例：

> 2009 年 6 月 5 日 8 时许，在四川省成都市三环路川陕立交桥下桥处，一辆 9 路公共汽车突然暴燃，烧死 27 人，烧伤 74 人，惨不忍睹，震惊全国（见新华网成都 7 月 2 日电　记者肖林）。

在“6·5”事件的侦破过程中，“侦查假说”的提出和验证起到了非常重要的作用（“侦查假说”是指侦查人员根据事实材料和侦查经验所做的一种对案件的假定性推测）。可以说，“侦查假说”的提出和验证过程就是整个“6·5”事件的侦破过程。

1.“侦查假说”的提出

按照科学假说的要求，假说的提出应该有一定的事实根据和科学根据，否则只能是凭空猜想。

事发的当天，谁也弄不清公共汽车燃烧的原因。许多人都认为是公共汽车自燃。公安部门立即成立专案组开展调查。按以往火灾发生的成例推测，主要有三种可能：可能是机械故障导致油箱等部位起火；也可能是乘客携带易燃品上车，无意中引起火灾；也可能是坏人故意纵火。

专案组首先请来西华大学及四川省质量监督局的专家，对车辆进行专业鉴定。结果表明，汽车油箱和发动机没有燃烧。油箱内残留的柴油与车辆行驶距离所消耗的柴油加在一起和油箱加满柴油的数量相等。这就排除了油箱等部位起火导致火灾的可能性。

会不会有乘客携带汽油上车，不小心溢出后被人体衣物互相摩擦产生的静电所点燃呢？专家组调来当日最权威的气象监测数据，证明在当天的空气湿度下，车厢内不可能因人体衣物互相摩擦而产生静电。这就排除了静电导致易燃品起火的可能性。

排除了以上两种可能性之后，侦查人员提出了“人为纵火”的侦查假说。这个假说的提出是有事实根据和推理根据的（根据选言推理得出的结论），不是凭空捏造。

2. “侦查假说”的推演

假说提出以后，需要根据假说进行必要的推演。即以假说为前提，进行合乎逻辑的某种推理。从“人为纵火”的侦查假说，可以推出下面三点推论：

（1）既然是人为纵火，那么凶手一定会携带易燃品上车。

（2）既然是想纵火，那么凶手就会进行必要的犯罪准备，购置犯罪所需器材。

（3）既然是在公共汽车上纵火，那么凶手就会具有极度负面的思想情绪和强烈仇恨社会的心理。（一个积极向上、充满爱心的人绝不会干这种极端缺德的事。）

“侦查假说”和这三点推论是否正确，需要在以后的侦查中用事实来验证。

3. “侦查假说”的验证

侦查人员通过现场勘查了解到：起火点位于汽车车厢后部，火势从倒数第二排座位开始向车厢的前半部呈扇形蔓延。地板上有汽油向车头方向扩散型流淌的痕迹（因为燃烧时汽车正驶下立交桥）。起火的中心区附近只有一具尸体，头向后窗户，竖躺在公共汽车中间的过道上。这具尸体烧得最严重。从倒地姿势和烧灼程度看，着火后他似乎没有主动逃生的意愿。在这具尸体旁，专案人员提取到一枚打火机防风罩的残片。在不远处，还找到一块烧焦的塑料桶残片，残片里还残留着未烧完的汽油。这块残片是被其上方烧坏的座位板突然落下而得以覆盖才保留下来的。技术分析证明，这块残片是一个容积约 2.5 升的塑料食用油桶燃烧后留下的（这个塑料桶可能是在汽车下坡时边燃烧边滑落到座位板底下的）。

人为纵火的迹象越来越明显。接着又有三个问题摆在刑侦人员的面前：

（1）查找把汽油桶带上汽车的嫌疑人。

为了解决这个问题，侦查人员展开了更细致的调查工作。他们准备逐个调阅 9 路公共汽车沿途车站的监控录像。当他们调阅 9 路汽车始发站（位于城乡结合部的天回镇）的监控录像时，看到一个穿红上衣的男人提着两个手提纸包，第一个挤上了汽车。手提纸包的大小，完全能够放下 2.5 升的塑料油桶。这一点引起了侦查人员的高度重视。但因为监控录像不够清晰，看不清那个男人的长相。为破案成都市公安局引进模糊图像处理系统这项高科技，使不清晰的监控录像，变得十分清晰。这样就弄清了那个穿红上衣男人的身份。他叫张云良，62 岁，天回镇是他的暂住地。侦查人员拿着他的照片，给乘坐出事汽车的乘客看，有个死里逃生的乘客回忆说："出事那天早晨，我在天回镇始发站上车时就看见了照片上这个人，他穿红上衣、秃头顶，提着两个手提纸包，粗鲁地挤开排在队伍前面的乘客，第一个上了汽车，抢占了车上倒数第二排靠窗的位置。"另一个死里逃生的乘客回忆说："出事那会儿，汽车正驶下立交桥，我看见他倾倒汽油，并点燃了打火机，我还没反应过来，大火便在车厢地板上烧了起来。"

（2）查清汽油从何处而来。

为了查清汽油的来源，侦查人员走访了张云良暂住地附近的加油站。加油站的工作人员说：6月3日12点多，张带着一个塑料桶来买汽油，因为使用塑料桶不符合安全规定，遭到拒绝。张又回家换了一个铁桶然后购买了汽油（这个过程加油站的电子摄像也录了下来）。事后还查明，那个铁桶是他从邻居家借的，他的邻居事后也证明了这一点。张云良买到汽油回家后，为了上汽车携带方便，又把汽油分装在两个塑料桶内。

（3）查清张云良作案的动机。

经查证：张云良原籍江苏人。起初在江苏吴县铁矿厂工作，后因"投机倒把"被县法院判处有期徒刑一年，缓刑两年。上世纪90年代初，张云良在建设银行苏州分行下属贸易公司任经理，后因经营不善被除名。那次以后，他瞒着家人拿走了家中仅有的5 000元积蓄到广东经商，最终全部亏空。从此长期漂泊在外，居无定所，老年以后到成都投靠女儿，靠女儿接济度日。女儿每月大概接济他1 500多元，后来听说父亲又嫖又赌，从2009年2月开始，每月只给他600来元。他有严重的痛风和贫血症，药费较多，入不敷出，曾以上吊、卧轨、跳河威逼女儿多给钱，都未得逞。他逐渐厌世、绝望，对人说："负担太重，活不下去，只有等死了。"

6月4日晚，生活拮据的张云良突然给自己烧了一顿红烧肉，还请左邻右舍都来尝尝。那天他似乎心情不错，一反常态地对上门催债的朋友说："6号早上你们再来找我还钱。"女儿发现他行为有点异常，就发短信好言相劝。6月5日凌晨2点张回复短信："木已成舟，无可挽回。"当日早晨8时许，发生纵火案。6月9日张的女儿收到了张案发前从成都寄出的交代后事的遗书。

张长期不务正业，穷困潦倒，虽有儿女接济，仍不知足，思想绝望，心绪恶劣，并把这种绝望情绪转化成对社会的仇恨，以在公共汽车上纵火这种极端方式发泄不满，结束了自己可耻的一生，也造成了无可挽回的社会悲剧。

从全案的侦破看，以上各种证据互相衔接，互相印证，构成了一条完整的证据链，非常有力地证明了"人为纵火"这个侦查假说和对它的三点推论的正确性。可以说，侦查人员能不能正确地提出和验证侦查假说，是案件能不能顺利侦破的关键。一般说来，案件的侦破过程，就是不断地提出侦查假说和验证侦查假说的过程。由此可见，逻辑学关于“假说”的理论，不但对推动科学理论的发展有重要指导意义，对日常实际工作也有重要的指导意义。

练　习　题

一、下列两段话运用的是什么推理？用公式写出其推理结构。

1. 张强的母亲对他说：你和李江都在重点中学读书；都有较高水平的老师讲课；他父亲是工程师，你父亲是讲师，都是知识分子；他有单独的房间自学，咱家也有单独的房间供你自学；他不做家务，你也不做家务；他本人很聪明，你本人也很聪明。为什么他能考上大学，你却考不上大学？

2. 东南沿海某县的县长在会上做自我批评说：邻县和我县都靠海，都毗邻大城市，都有丰富的农业资源，都有充足的劳力，都是新调的班子，都是一个中央、一个省委、一个政策。为什么邻县发展得那么快，我们的经济还上不去呢？

二、下列类比推理是否正确，为什么？

1. 根据长期观察，一个地方发生地震前夕，多会出现动物的异常反应。如鹅飞、狗狂吠、鸡不进窝、猪拱圈、鱼浮水面、牛马驴惊叫不已或不肯进圈等。1976 年 8 月，四川的松潘—平武地区，突然发现牛不吃食、狗狂叫哭泣、马牛群惊叫不已、大熊猫烦躁不安、鱼跃水面、老鼠发呆、鸡不进窝等现象。有关方面发出了可能发生地震的预报，后来真的发生了大地震。

2. 有一对年轻夫妻都长得非常漂亮，男的属虎，女的属羊。婚后不久，女的因车祸意外死去。过了两年，又有一个漂亮的姑娘爱上了这个小伙子。不巧，姑娘又是属羊的。她一问小伙子是属虎的，又知道了他前妻的死因，二话没说就吹了。她为什么吹？并写出其推理过程。

三、下面事例提出的假说是什么？分析这个假说提出、推演、验证的具体逻辑步骤。

1968 年冬，解放军某驻地发生流行感冒。卫生科用乳酸消毒制止了流感的蔓延。但费用太大，卫生科想找一个省钱简便的消毒方法。

他们走访了许多群众和一些中医。有个看门的老工人说：“醋，酸味也挺浓，是不是可以防止感冒？”他们想：乳酸和醋酸都是弱酸，有一定的共性。又联想：为什么蛆能在酱油里生长，而不能在醋里生长？为什么蛔虫钻进胆道后，喝了醋就退回去？为什么吃凉拌菜浇上醋能防止某些肠道传染病？为什么用醋洗洗手，可以防止霍乱菌感染？由此他们得出结论：醋酸也能杀菌消毒。

为验证这个想法，他们又深入到四个酱醋厂作调查，发现制造醋酸的工人患呼吸道传染病的大大少于其他工人。发生流行感冒期间，醋酸车间的工人没有一个发病的。他们从当地卫生所的病历中看到，呼吸道传染病一般发病率为8%左右，而醋酸工人的发病率仅为1%。通过调查，他们更有信心了。他们先在发生流感的七个连队作试验，在战士宿舍烧蒸食醋，消毒效果很好。1969年冬，他们又在发生流感的六个连队使用醋酸消毒法，控制了流感的蔓延。

接着，他们又回当地医院做了食醋烧蒸前后培养基细菌生长菌荷的试验，烧蒸食醋前生长菌荷肉眼无法计数，烧蒸后则生长菌荷不超过十个。实验结果证明：食醋烧蒸后，醋酸分子散布在空气中，可以杀伤流感病原体，控制其蔓延。

第九章
形式逻辑的基本规律

前面各章介绍了概念、判断、推理这三种思维形式及运用这些思维形式需要遵守的各种逻辑规则，如定义的规则、划分的规则、性质判断对当关系的规则、各种判断形式真假值的规则、演绎推理和归纳推理规则等。

但在逻辑思维中，除了要遵守概念、判断、推理、证明各自特有的逻辑规则之外，还必须遵守形式逻辑的基本规律。形式逻辑的基本规律不同于具体的逻辑规则：具体的逻辑规则是从微观上为保障正确使用某种思维形式而制定的规则，它反映的是局部性、特殊性的东西，适用范围较小（如划分的规则只适用于概念的划分和分类）。而形式逻辑的基本规律是进行逻辑思维需要遵守的基本规律之一（辩证逻辑的基本规律也是逻辑思维的基本规律），它是各种具体的逻辑规则的基础和前提，对各种思维形式普遍起作用。它制约着思维的一般过程，对人们的思维活动有重要的指导作用。只有遵守形式逻辑的基本规律，才能使人们的思维具有确定性、一贯性、明确性、合理性，做到概念明确、判断恰当、推理严密、论证有说服力。

为了具体说明形式逻辑基本规律在思维实际中的重要指导作用，让我们共同研究下面一道趣味逻辑题：

某大学讲授形式逻辑课的老师都住在一号教师宿舍楼，这是一座有四个单元门的四层楼房。由于家庭的熏陶，他们的家属，不论成人、孩子，对形式逻辑的各种推理规则都非常熟悉，并且常常运用逻辑问题开玩笑。

有一次哲学系一位学生到一号教师宿舍楼找教形式逻辑的欧阳山老师，但不知道他住在几门几层几号，就敲开一家的门问："欧阳山老师住在几门?"

这家的男孩说："住在一门。"

这家的女孩说："住在二门。"

孩子的爸爸说："住在三门。"

孩子的妈妈说："住在四门。"

孩子的爷爷说："他哪里会住在四门呢?"

奶奶说："他们在和你开玩笑，上面五句话中只有一句是真话。"

哲学系的那位学生说："谢谢你们，我已经知道欧阳山老师住在几门了。但是他又住在几层呢?"

男孩说："一层没有姓欧阳的。"

女孩说："二层也没有姓欧阳的。"

爸爸说："三层更没有姓欧阳的。"

妈妈说："四层还没有姓欧阳的。"

爷爷说："谁说三层没有姓欧阳的?"

奶奶说："这次回答好多了，五句话中只有一句是假话。不过这已经告诉你他住在几层了。"

那个学生又问："那么他住在几号呢?"

奶奶说："他住的那一层共有三套房子，各住一户……"奶奶的话没说完，男孩就抢过话茬说："他住在一号。"

女孩也抢着说："他住在二号。"

奶奶笑着又说："这两个孩子太调皮，没讲一句真话。"

那位大学生笑了笑："我全明白了，欧阳山老师住在四门三层三号。"

上例是一道非常简单的趣味逻辑题。但是对于没有学过不矛盾律和排中律的人来说，看到它似乎入了迷魂阵，不知从何入手解决问题。可是只要你学过不矛盾律和排中律，能够区别相互矛盾的判断和相互对立的判断，并且能掌握它们的特点，解开这样的逻辑题，就如探囊取物，不费吹灰之力了。

形式逻辑的基本规律有：同一律、不矛盾律、排中律、充足理由律。下面将分节加以介绍。

第一节　同　一　律

一、同一律的内容和要求

同一律的基本内容是：在同一个思维过程中，概念和判断都要保持自身的确定性（同一性）。即：在同一个思维过程中，同一个概念或同一个判断必须保持自身确定的内容，不能任意改变。

同一律的公式是：A 是 A。

A 表示任何一个概念或判断。此公式表示 A 的内容是确定的，A 是 A 自身，A 与自身必须保持同一。

同一律对思维和语言交流有以下几点要求：

1. 概念必须保持自身同一

所谓概念保持同一，就是保持概念的确定性（指概念的内涵和外延都必须是确定的）。在同一个思维过程中，同一个概念无论使用多少次，其内涵和外延都应该是相同的、确定的。只有概念保持了确定性，运用概念构成判断进行推理和论证才能有确定性，人的思维才会有确定性。

在一般情况下，人们进行思维和语言交流所使用的概念大都能保持自身的同一性，即保持概念自身的确定性。如彼此谈话时，你说的“房子”、“桌子”、“衣服”等概念和我说的“房子”、“桌子”、“衣服”等概念的内涵和外延都是一致的、确定的。如果不保持概念的确定性，双方就无法进行语言交流。所以进行语言交流，谈话双方都必须遵守同一律。但是在有些情况下，交谈双方讲的同一概念的内涵和外延不一致，即没有保持概念自身的同一性，双方就很难一起深入地讨论问题，甚至无法沟通思想。且看下例：

> 在一次讨论如何反对教条主义的座谈会上，张某提出不同意见，他说：“反对教条主义要看是哪一种教条主义，不能凡是教条主义都一概反对。例如背诵警句、记外语单词、阅读文件甚至背熟，就不应该反对。”多数人不同意张某的意见。

在上述一段文字中，“教条主义”这个概念出现过四次，其内涵和外延不同一。多数人讲的“教条主义”是指一种错误的思想方法、工作方法和学风。它的含义是：在处理理论和实践、共性和个性的关系上，不从实际出发，不认真研究具体事物的特殊性，而把某种理论（或经验）当成一种固定不变的模式到处生搬硬套。张某在使用“教条主义”这个概念时，没有保持这个概念的自身同一，把“背诵警句”、“记忆单词”等必要的记忆方法当成“教条主义”，违背了同一律，造成了思想混乱。

2. 判断也必须保持自身同一

所谓判断的同一性也就是判断的确定性，是指每一个具体的判断，它的断定内容都应该是确定的。确切地说是：任何一个判断对同一对象、同一时间、同一方面的断定应该是确定的（对同一对象不同时间、不同方面的断定可以是不同的）。

在一般情况下，保持判断的断定内容的确定性是容易做得到的。特别是对一些内容比较简单的判断来说更是这样。譬如“郑州市自 1954 年以来是河南省的省会”这样一个判断，它的断定内容和断定范围是清清楚楚的：它只断定了 1954 年以来郑州是河南省的省会，没有断定 1954 年以前河南省的省会在何处；只断定了郑州市是河南省的省会，没有断定郑州是河北省或其他省的省会。

但是对一些断定内容比较复杂的判断来说，要保持断定内容的确定性也是很不容易做得到的。如刚粉碎“四人帮”时，党多次重申“必须坚持毛泽东思想”，但在党的十一届三中全会之前，不同的人对这个判断的理解是有很大不同的：许多人认为坚持毛泽东思想就是坚持毛泽东思想的科学体系，但有的人所说的“坚持毛泽东思想”实际上也包括坚持毛泽东晚年的错误。这个口号涉及一个非常重大的理论和实践问题，如果这个判断的断定内容不确定，就会造成严重的思想混乱，引起不可设想的后果。为了统一全党的思想，在全国范围内开展了关于真理标准问题的大讨论，并且在党的十一届六中全会上做了《关于建国以来党的若干历史问题的决议》，对什么是毛泽东思想下了一个非常严谨、精辟、全面、科学的定义。这样就使“必须坚持毛泽东思想”这个判断有了统一的、明确的、确定的内容。全党有了统一的认识，才能更好地指导我们的各项工作。

有一些表达对立统一思想的判断，断定内容比较复杂。从表面看，断定内容好像是不确定的，实际上仍然是确定的。譬如认识论中所讲的“真理是绝对的又是相对的”、“人的认识既是有限的又是无限的”等判断。从表面看，这些判断是不确定的：一会儿说真理是绝对的，一会儿又说真理是相对的；一会儿说人的认识是有限的，一会儿又说人的认识是无限的。事实上，上述两个判断体现了对立统一的辩证思想，属于辩证逻辑的研究范畴，但它们并不违背形式逻辑的基本要求。上述两个判断的断定内容，既是辩证的，又是确定的。真理，从它包含的客观内容来讲，它是不以人的意志为转移的，不管你承认不承认它，它都客观存在并且起作用。从这一方面讲，它是绝对的。但是从真理的认识过程来讲，它是从相对走向绝对，就某一阶段真理所能达到的认识的深度和广度来讲都是有局限性的，它可以无限接近却永远不可能达到绝对真理。就这一点来讲，真理又是相对的。上述判断对真理的两个不同方面的断定又都是确定的。哪个方面是绝对的，哪个方面是相对的，二者不能任意改变。所以，反映辩证矛盾的判断，它的断定内容也仍然是确定的。

另外，还有些判断由于语言形式方面的原因产生歧义，这些判断的断定内容是不确定的。如“县委书记召集八个村干部开会”这个判断，它的断定内容就是不确定的：究竟是召集八个“村干部”开会，还是召集“八个村”的干部开会？两种理解，内容差别很大。所以，判断歧义也是违背同一律的一种表现。

3. 在写文章和讨论问题时，论题应该保持同一

论题要保持同一，是由概念和判断要保持同一引申出来的。因为判断是由概念构成的，论题又是由判断构成的。既然概念和判断的内容是确定的，那么论题的内容和论证范围也就是确定的。如：“论深化改革的必要性”这个论题本身就是个判断。判断的断定内容是确定的，那么论题的论述范围当然也就是确定的了。写文章只能写论题范围之内、与论题有关的问题，不能写与论题无关的问题，超出论题范围就转移了论题。论题不同一，绝写不出好文章。议论和讨论问题也是如此，都要围绕中心论题展开，离开论题东拉西扯，就很难讨论出结果来。

二、违背同一律常犯的逻辑错误

如上所述，同一律的基本要求是保持思维的确定性，即保持概念、判断、论题自身的同一。违背同一律的表现很多，表现在概念方面主要是混淆概念和偷换概念；表现在论证方面主要是转移论题和偷换论题。一些逻辑书把上述四种逻辑错误分成两种情况加以介绍，为了便于在实践中掌握，本书分成下面四种情况具体加以说明。

1. 混淆概念

混淆概念一般是由于对概念的内涵和外延不甚清楚，无意中把两个不同的概念混淆在一起而造成的逻辑错误。这种逻辑错误在工作和生活中都是比较常见的。如最近常听到类似下面一些对企业改革的议论：

> 企业改革搞优化组合，被优化下来的人失去了工作，丢掉了铁饭碗，还有什么社会主义的优越性？分配上还要拉开差距，这不是搞两极分化吗？

发议论者对什么是“社会主义的优越性”、什么是“两极分化”（“两极分化”

不是指分配上的合理差距，而是指向贫富两个极端分化）并不真正了解，却把“铁饭碗”和“社会主义优越性”两个不同概念，“分配上克服平均主义（拉开差距）”和“搞两极分化”两个不同概念混淆在一起了。上述四个概念都有自己确定的内涵，在思维过程中都应该保持自身的同一，把不同的概念混淆起来就违背了同一律。

再看下面一段议论教学方法的谈话：

> 有些谈教学法的文章提出，为了提高学生听课的兴趣，教师讲课应当力求生动。我不同意这种看法。讲课又不是表演相声，为什么要逗人发笑？

这段话把“讲课生动”和“说相声逗笑”两个不同概念混淆在一起了，认为“讲课一生动”就成了“说相声”了。其实这是两码事。“讲课生动”是指要讲究教学方法，把知识性和趣味性很好地结合起来，激发学生的兴趣和求知欲。而说相声虽然引人发笑，但它的主要任务不是传播知识，所以不能把二者混淆起来。

在《韩非子》中有这么一段寓言故事：郑县有个姓卜的人，他的裤子破了一个洞，让妻子再给做条新的。妻子问：“做什么样的？”丈夫答：“照原样做一条。”妻子把新裤子做好后，照原来的样子剪了一个洞。

妻子的做法非常可笑。她使用“照原样”这一概念时没有遵守同一律。丈夫讲的“照原样”是指“照原来的尺寸大小和款式”，她理解的“照原样”不仅包括“原来的尺寸大小和款式”，还包括“裤子原有的破损程度”。她改变了概念的内涵和外延，没有保持概念的同一性，闹出了大笑话，数千年来被人们传为笑柄。

2. 偷换概念

偷换概念是为了达到某种目的，故意地用一个概念去代替另一个不同概念。它有两个特点：其一，偷换概念是有意识的，是明知故犯；其二，偷换概念是悄悄进行的，带有隐蔽性，常常不易被发现。请看下例：

> 听说毛线涨价，柜台前排起了买毛线的长队，有个中年妇女挤到前面想“加塞儿”。排队的人纷纷喊“按次序，别加塞儿”，那位妇女把眼一瞪嚷道：“不让我买，我不买了，有什么大不了的，不就是二斤毛线吗！”说着气冲冲地走开了。

排队的群众不让她“加塞儿”，她觉得没趣，只好走开。但为了遮羞，她把不让她“加塞儿”说成是不让她“买”，偷换了概念。她进行得很隐蔽，不细心琢磨很难发现她偷换了概念。再看一例：

> 儿子刚上初中头一次考试就得了0分，回到家里父亲批评他说：“你为什么不好好学习，考得这样糟？”儿子不以为然地说：“考0分怎么了！你不是经常说要从零开始吗？”

儿子说得理直气壮,理亏的似乎是父亲,其实他是在狡辩。他为了反驳父亲的批评,偷换了"0"这个概念。从零开始,指的是不能满足已有的成绩,无论已有成绩多大,都只能作为新的起点。"零"这个概念的确切含义,是"新的起点"。这个"零"不是分数值,不是对某种行为的评价。而0分的"0",是对儿子学习成绩的一种评价。所以0分的"0"和从零开始的"零",根本不是一个概念。

再看下面一则笑话:

老师:"张琼,你妈妈今年多大年纪?"

张琼:"妈妈跟我一样大!"

老师:"别胡说,你妈妈怎么跟你同岁呢?"

张琼:"怎么不是呢,她生下我时才当妈妈的。"

张琼的话很荒谬,但好像又有几分道理。而要说明他荒谬在什么地方,似乎又很不容易。原来张偷换了概念。"妈妈的年龄"与"妈妈当妈妈的年头"不是一个概念。妈妈生下"我"时才当妈妈,这说明"我的年龄"与"妈妈当妈妈的年头"是相同的。但张把"妈妈当妈妈的年头"这个概念偷换成"妈妈的年龄"这个概念,就成了"我与妈妈同岁"了。

3. 转移论题

转移论题也叫离题或跑题,是无意识地违背同一律的要求,让笔锋或话题离开了原来的论题,转移到其他论题上去。转移论题和偷换论题的区别在于:前者是不自觉的,后者是自觉的。

转移论题是开会发言常犯的逻辑错误之一。每个会议都应该有中心议题(论题),发言要围绕中心议题展开。否则东拉西扯,谈天说地,漫无边际,会议开得再长,会议质量也不高。请看开会发言转移论题的例子:

在某工厂召开车间主任汇报产品质量的会上,有个车间主任发言说:"质量问题是一个很重要的问题。我们村过去有个打铁的老师傅,手艺很高明,但思想保守,不愿把技术传给别人,只教给他的三儿子,后来他和老三都死了,手艺也就失传了,很可惜……"

会议的中心议题是产品质量,这个车间主任不谈本车间的产品质量如何,却把论题岔开,扯到"铁匠师傅手艺高明但思想保守,致使技艺失传"的问题上,转移了论题。

不但开会发言不能离题,就是两人对话也不能所答非所问。所答非所问也是转移论题的一种表现。如:

甲问:你厂今年生产了多少部汽车?

乙答:我厂今年生产的都是豪华型的小卧车。

问东答西，问狗说鸡。抛开问话人的话题回答问题，也没有保持论题的同一性。

写文章更切忌东拉西扯、转移论题，尤其是写理论文章，一定要紧紧扣住主题，保持论题的同一。理论文章，一般是先提出论题，然后围绕论题逐步展开论证。论证层次比较复杂的理论文章，除了总论点外，还有若干个分论点。但是无论对总论点的论述，还是对分论点的论述，都要遵守同一律，保持论题的同一性。有些写得不好的理论文章，刚刚摆出论题还没有加以论证，笔锋就拐弯儿了，马上转移到第二个问题上去。第二个问题刚写三两笔又转移到第三个问题上。论题转来换去，结果提出一大堆问题，一个问题也没论述清楚，像一片乱麻，不知所云。

请看下面一篇短文是如何转移论题的：

时间靠挤

工作任务多、家务负担重，没有时间自学怎么办？答案是：时间靠挤（论题一）。时间像海绵里的水，你挤它就有，不挤就没有。但是有的人挤得出来，有的人挤不出来，问题的症结在于：如何挤时间（论题二）？

时间是宝贵的，因为对每一个人来说，时间都是一个常数（论题三）。上帝非常公平地把时间分配给每一个人。无论谁，一天都是 24 小时，一小时都是 60 分钟，一分钟都是 60 秒。一分钟也不多，一秒钟也不少。不偏不向，无亲无疏。所以上帝对时间的分配是很公正的（论题四）。而且谁的时间都是不可逆的。去年结束了，去年就不会再来。昨天过去了，昨天也就一去不复返。所以时间的最大特点是不可逆转性（论题五）。在现代社会里，时间就显得更加宝贵（论题六）。譬如在深圳，时间就是效率，时间就是金钱。深圳的速度是：五天一层楼房，五个月一幢高大建筑，所以深圳人的时间观念是很强的。时间这么重要，所以就得会支配它，支配好，就能挤出时间自学。

论题一是挤时间的重要性；论题二是如何挤时间；论题三是时间是常数；论题四是上帝对时间的分配是公正的；论题五是时间是不可逆转的；论题六是在现代社会如何利用时间显得更加重要。这篇文章的中心论题是挤时间的重要性和如何挤时间。但作者没有保持论题的同一，论题转移来转移去，一个问题也没有论证清楚。

4. 偷换论题

偷换论题是指在议论或论证的过程中，有意识地用另一个论题去代替原来所要论证的问题。请看一则笑话：

"这里摆摊妨碍交通，到别处去摆!"

"放心，我做这生意保险不会妨碍交通。"

"为什么?"

"因为我卖的是交通地图。"

两个人谈话的论题不一样：前者说的是"你"摆摊的位置妨碍交通；后者的论题是"我"卖的商品的内容不但不妨碍交通还有利于交通。摆地摊的小贩，用"内容不妨碍交通"这个论题偷换了"摆摊的位置妨碍交通"这个论题，以攻为守，颠倒是非，显得十分狡猾。

再看一例：

新来的交通警察小张性情急，脾气暴，纠正违章时经常大声训斥人，群众意见很大。班长对他说："小张，你要注意文明值勤，说话和气，以理服人。"

小张一听火冒三丈："这么说，我还要不要执行任务？要不要坚持原则？要不要纠正违章?"

班长讲的论题是"要文明值勤"，小张把这个论题偷换了，他提出的论题是：要不要坚持原则，要不要纠正违章。他用这样的问题为难班长，是为了替自己的缺点辩护。

三、怎样正确理解同一律

在很长一段时期内，同一律曾受到形而上学观点的歪曲，把同一律的公式A是A（或A=A）解释为A永远是A，即每一个事物永远和它自身同一，每个事物永远是它自身，不可能发生任何质变。猴子永远是猴子，它不会变成"人"的。"资本主义"永远是"资本主义"，它也不会灭亡的。所有事物都是永久不变的。这样解释同一律，它就成了"形而上学世界观"的同义语。

实际上，同一律是形式逻辑的规律，它不是一种世界观（对世界的根本看法）。它只要求在同一个思维过程中，人们使用的概念、判断与自身保持同一，不要求概念和判断所反映的客观事物永远和它自身同一；只要求概念和判断保持自身的确定性，不要求概念和判断所反映的客观事物永久不变。任何事物都只能在绝对运动中暂时保持自己质的相对稳定性，而不可能是绝对静止不变的。

同一律不仅没有断定客观事物是永久不变的，而且也没有断定概念是永久不变的。在历史发展的长河中，随着事物本身的发展，人们对同一个概念的内涵和外延的认识也会有发展变化。在古代人的思维中，"车"这个概念主要是指"人力车"和"畜力车"。在现代人的思维中，"车"这个概念的外延广泛多了，包括火车、汽车、电车、摩托车、自行车等。古代人说的"船"都是在水中运动的；

现代人说的“宇宙飞船”却是在空中运动的。从历史发展的长河看，许多概念的内涵和外延都是发展变化的，但是在发展的某一个阶段上概念的内涵和外延又都是确定的（而且发展中仍然有继承的方面）。同一律只要求在同一个思维过程中，概念和判断的内容是确定的，并不要求从古代到现代同一概念的内涵和外延都是一成不变的。

*　　*　　*　　*

本书初版时，“同一律”这一节写到此处就结束了。但再版修订时，当我看到中央电视台2004年2月2日的《今日说法》节目后，觉得非常有必要把《今日说法》中讲的故事在此处转述一遍。因为这件事太典型了。一个村的村民在选举自己的村官时，当事人因为对两个“概念”的理解和界定不同，发生了分歧，引起数千名群众的对立情绪，使村委会主任选举难产，久拖不决，最后还发生了砍伤人的恶性事件。这件事的发生有更深刻的社会原因，但又和“如何保持概念的同一性”这个最基本的逻辑问题直接相关。事情的经过大体是这样的：

位于山西省长治县西南9公里的八义村是个有着800多户，3 000多人口的大村。2003年5月29日召开村民大会选举村委会主任。对这次选举，八义镇政府很重视，派出了镇选举指导组，对八义村的选举进行指导。按规定，村民们又选举产生了村选委会，具体主持选举工作。经过预选产生了两位村委会主任候选人。一位叫丁建国，当过兵，退伍后在村子里搞汽车运输。一位叫赵斌，是上一届村委会主任。下午5点左右，得票结果统计出来了：丁建国得票1 225张，赵斌得票1 109张。可奇怪的是，村民们等了大半天，镇选举指导组却迟迟不让村选委会宣布选举结果。

原来，八义村这次选举共发出选票2 451张，收回选票2 448张。按照规定，候选人得票只要超过投票人数一半就能当选。镇选举指导组认为：投票人数应以发出选票2 451张计算，那么选票半数是1 226票（四舍五入），丁建国正好差一票不能当选。村选委会认为：投票人数应以收回选票2 448张计算，选票半数为1 224张，这样丁建国就超出一票，刚好当选。如何界定“投票人数”这个概念（是按发出票数计算还是按收回票数计算），成了决定选举结果的关键。

镇选举指导组不让公布选举结果引起了村民们的严重不满，他们把选举现场团团围住，要求必须给大家一个结果，否则谁也别想离开现场，甚至选举指导组成员去厕所都有村民跟着。这种状况一直持续到第二天下午。后来八义镇选举指导组向长治县选举指导组请示，县选举指导组的崔孝堂答复：选举结果应以发出票数为计票基数。县选举指导组当即起草复函，内容是八义村参加选举的选民数应按发出票数计算，为2 451人，候选人丁建国、赵斌二人所得票数均未过半数，不得当选。随后，镇选举指导组根据这份复函通知村选委会15日内另行安排选举村委会主任，并让村选委会当场向村民宣布这个结果。

对这个结果，八义村的许多老百姓非常不满。他们到主管村民选举的长治市民政局咨询上访。民政局的武晋川局长接待了他们。武局长说早在2002年10月份，山西省民政厅就针对《山西省村委会选举手册》中关于有效票总数的计算问题做了更正，更正说明中强调选民领了选票而未投票，实际是放弃选举权，因而应算参加选举但不计算在参加投票选民数内，即应按收回选票计算有效票的总数。于是，就在6月4日，长治县选举指导组又给八义镇选举指导组发出了第二份复函，其主要内容是，八义村的村委会换届选举应以实际收回选票数来确定。

这样一来，丁建国就可以名正言顺地当选村委会主任了。但恰在这时，新的问题又产生了。赵斌提出：丁建国是非农业户口，不算村民，没有参选资格。他还对选举提出了一些别的问题。八义镇选举指导组决定继续调查赵斌反映的情况，这样公布选举结果就变得遥遥无期了。

选举整整过去了四个月，9月22日，再也按捺不住的丁建国带领他的拥护者强行进入村委会大院上任，并占领了一间有广播的办公室，派专人24小时轮流值班。这引起了自认为仍然是村委会主任的赵斌的极大不满。10月4日，赵斌等几个人进入广播室，和丁建国发生了冲突，一阵拳打脚踢之后，丁建国被赵斌的人用刀砍倒在地，经长治县医院抢救，才脱离生命危险。现在村里上下一团糟，村民烧不了煤，吃不上水，垃圾成堆没人运走，电线断裂没人修。①

发生这件事出人意料，令人遗憾，发人深思。这次选举之所以不能顺利进行，除了社会原因外，还有一个选举中的技术问题没有解决好。这就是选举中使用的一些重要概念的内涵和外延不确定：一个是“投票人数”这个概念的内涵和外延不确定（是按发出选票数计算投票人数还是按收回选票数计算投票人数）；一个是“村民”这个概念的内涵和外延不确定（村民是否包含户口不在本村，但仍在本村居住、生活和劳动的人）。丁建国在1998年1月因父亲退休接班办理了户口农转非的手续，但仍在本村生活和劳动并履行村民义务，那么他算不算八义村的村民呢?《山西省村委会选举手册》第十七条规定：户口在村以及户口不在村但在村居住、生活、劳动，履行村民义务的公民，都有选举权和被选举权。有了这个解释，“村民”的定义就明确了。按照这个解释，丁建国应该是八义村的村民，应该享有选举权和被选举权。但“选举手册”不是法律法规，不具有法律

① 见中央电视台2004年2月2日《今日说法》栏目。

法规的效力。像“投票人数”、“村民”这些重要概念的内涵和外延应该由国家的法律法规来界定。

这件事启示我们：在社会实践中，需要分清哪些概念的内涵和外延需要严格的界定，哪些概念的内涵和外延不需要严格的界定；需要严格界定的概念，应由谁来界定，用什么方式界定。一般来说，界定概念的内涵和外延有四种不同的方式：

（1）约定俗成。

对日常生活中使用的一般概念，它的内涵和外延不需要严格界定，不需要对每个概念都去下定义，按照社会的约定俗成，就能大体掌握它的内涵和外延，在使用中也很少发生大的偏差。

（2）学术界定。

在科学研究和学术著作中，对使用的基本概念的内涵和外延都需要严格的界定。一般是由科研工作者和理论学术著作的作者用下定义的方法去界定基本概念的内涵和外延。这种方式可以叫“学术界定”。

（3）协议界定。

在经济、社会交往中，为了协调当事人双方不同的利益关系，双方在交往中对使用的一些重要概念的内涵和外延也需要加以严格的界定。双方常常通过书面协议和口头协议的方式来界定重要概念的内涵和外延，这叫协议界定或合同界定。

（4）法律界定。

为了规范所有社会成员的行为，需要对政治领域、经济领域、思想文化领域中经常使用的一些重要概念的内涵和外延加以严格的界定。这种界定只能由国家通过法律法规的形式来进行，这种界定具有规范性、公正性、强制性，能够更有效地规范社会成员的行为。

这个典型事件再一次证明：在同一个思维过程中，概念必须保持自身的同一性，即概念必须保持自己确定的内涵和外延，不能任意改变。否则，概念的内涵和外延不确定，在实际生活和工作中就会产生混乱。再加上某些环节上处置失当，就可能造成比较严重的损失。

练　习　题

一、下列各段话是否违反同一律？如果有，犯了什么逻辑错误？

1. 经验主义不能一概反对，例如工作经验和生产经验就不应该反对。

2. 个人主义思想任何人都有，因为在现实生活中，谁都有个人利益和个人问题需要考虑。

3. 甲问："你的儿子上大学了吗?"乙答："我的儿子心灵手巧，可能干了。"

二、汽车总厂工会发出通知，要举办新年画展，向各分厂征集绘画作品。

一分厂以为"新年画展"是展览新的年画，所以特意请杨柳青的年画师傅到厂里作指导，组织爱好绘画的工人新创作了一批年画。二分厂以为"新年画展"，主要是展览反映新年生活内容的绘画作品，所以征集的作品都是清一色的以"过年"为题材的绘画。三分厂以为"新年画展"，就是在新年举办的画展，作者、题材、画种都不应该限制，所以他们征集了古今中外的许多名画。

三个分厂把征集起来的作品都交到总厂工会。工会主席一看，出乎他的意料之外。他刚听完电视大学《形式逻辑》"同一律"这一课，很有感慨地说："我举办新年画展的原意是在新年期间举办本厂职工的业余绘画作品的展览。但由于'新年画展'这个概念的内涵和外延不确定，才闹出了这个大笑话。"

请你结合本例说明什么叫同一律?为什么必须遵守同一律?

三、古时候，有一位姓靳的内阁大学士，他的儿子不成材，但他儿子的儿子却考中了进士。这位内阁大学士常常责备他的儿子，可是他的儿子却反驳说："您的父亲不如我的父亲，您的儿子不如我的儿子，我有什么不成材的呢?"

请问：这个儿子反驳内阁大学士的话是否违反同一律?如是，犯了什么逻辑错误?

四、下面一段话摘自鲁苏谈文艺的一封信，这段话是否违反同一律?犯了什么逻辑错误?

我总觉得文艺是有阶级性的。为什么这样说呢?请看：列宁称赞《国际歌》是"无产阶级的歌"，"一个有觉悟的工人，不管他来到哪个国家，不管命运把他抛到哪里，不管他怎样感到自己是异邦人，言语不通，举目无亲，远离祖国，他都可以凭《国际歌》的熟悉的曲调，给自己找到同志和朋友"。由此可见，《国际歌》是有思想性的。美术作品也是有思想性的，据说八大山人朱耷画鸟有"白眼向人"的姿态，画兰花都露出根须，表示国土无存，以寄托他怀念明朝、对抗清朝统治的意思。由此可见，美术作品表现的思想感情都是极其隐晦曲折的。又例如，瞎子阿炳的二胡曲子，刘天华的《良宵》、《病中吟》和《光明行》，也是表现了作者不同思想感情的。可见，同一种艺术形式也可以表达不同的思想感情。总而言之，作品都是有思想性的。

五、根据法律规定，在刑事审判中，被告人可以聘请律师为自己辩护。起初有些人对此规定很不理解，说："法律是保护人民的，为什么法律还允许为罪犯辩护？律师为罪犯辩护就是为犯罪行为辩护，这站到什么人的立场上去了？”

这种说法对不对，为什么？从逻辑上讲他犯了什么错误？

第二节　不矛盾律

一、什么是不矛盾律

1. 不矛盾律的基本内容

不矛盾律也叫矛盾律，它的基本内容是：在同一个思维过程中，两个互相反对的或互相矛盾的思想（包括概念、判断等），不能同时都是真的。简言之：一个思想及其否定不能都是真的。

用公式表示是：A 不是非 A。

其中 A 和非 A 代表两个互相反对或互相矛盾的思想。

两个互相矛盾的思想如：

张市长现在在他的办公室里。

张市长现在不在他的办公室里。

按照不矛盾律，上述两个判断不能同时都是真的。因为张市长不可能同时又在他的办公室里又不在他的办公室里。

两个互相反对的思想如：

张市长现在在东郊区。

张市长现在在西郊区。

按照不矛盾律，上述两个判断也不能同时都是真的。因为张市长不可能同时既在东郊区又在西郊区，即：一个人不可能同时在两个不同地方。

但上述两组判断具有不同的性质：第一组的两个判断之间是互相矛盾的关系，它们叫互相矛盾的判断。第二组的两个判断之间是互相反对的关系，它们叫互相反对的判断。要真正弄清楚本节讲的不矛盾律和下节讲的排中律，就要真正分清什么是互相矛盾的判断、什么是互相反对的判断，并掌握它们各自的特点。

2. 分清互相矛盾的判断和互相反对的判断

什么是互相矛盾的判断呢？

如果有两个判断，既不可能同时都是真的也不可能同时都是假的，那么二者之间的关系叫互相矛盾的关系，这两个判断就叫互相矛盾的判断。如上面第一组的两个判断：

张市长现在在他的办公室里。

张市长现在不在他的办公室里。

这两个判断不能同时都是真的，也不能同时都是假的。其中，一个是真的，另一个就是假的；一个是假的，另一个就是真的。二者之中必有一真一假。所以二者是互相矛盾的判断。

互相矛盾的关系，是一种非此即彼的关系。在两个互相矛盾的判断中，不是这个真，就是那个真，二者必居其一，没有第三种可能。

具有矛盾关系的判断，常见的有下面几种：

(1) 性质判断对当关系中的A判断与O判断、E判断与I判断。

前者如：

所有的物体都是固体。

有些物体不是固体。

后者如：

所有的物体都不是固体。

有些物体是固体。

(2) 在性质判断中，主谓项相同的单称肯定判断与单称否定判断。

如：

鲁迅是文学家。

鲁迅不是文学家。

(3) 假言判断与它的负判断。

如：

如果物体摩擦就生热。

并非如果物体摩擦就生热。

后者等值于：物体摩擦了而不生热。

(4) 选言判断与它的负判断。

如：

莫泊桑或是英国人或是美国人。

并非莫泊桑或是英国人或是美国人。

后者等值于：莫泊桑不是英国人并且不是美国人。

(5) 关系判断与它的负判断。

如：

郑州在黄河之南。

并非郑州在黄河之南。

后者等值于：郑州不是在黄河之南。

以上各组判断都是互相矛盾的判断，其特点是：既不可同真也不可同假。二者之中必有一真一假。

那么什么是互相反对的判断呢？

如果有两个判断，不能同真但能够同假，那么二者之间的关系叫反对关系，此二判断叫互相反对的判断。

如本节开头的第二组判断：

张市长现在在东郊区。

张市长现在在西郊区。

这两个判断不能同时都是真的，但可以都是假的。因为张市长现在可能既不在东郊区也不在西郊区，而在南郊区或其他地方，所以二者是互相反对的判断。互相反对的判断，不是非此即彼的关系。因为两个互相反对的判断只反映了事物存在的多种可能情况中的两种可能，没有反映全部可能。

具有反对关系的判断，常见的有下面几种：

(1) 性质判断对当关系中的 A 判断与 E 判断。

如：

所有的物体都是固体。

所有的物体都不是固体。

(需要特别指出：I 判断与 O 判断是下反对关系，不是反对关系)

(2) 两个主项相同、谓项是反对概念的单称肯定判断。

如：

鲁迅是绍兴人。

鲁迅是宁波人。

或：

鲁迅是温州人。

鲁迅是宁波人。

绍兴、宁波、温州是互相反对的概念。

(3) 两个主项相同、谓项是反对概念的全称肯定判断。

如：

所有的物体都是固体。

所有的物体都是液体。

固体、液体是互相反对的概念。

(4) 断定同一对象、同一时间、同一方面具有不同数量的各个判断。

如：

这本书重 200 克。

这本书重 190 克。

这本书重 180 克。

这三个判断断定同一本书具有不同的重量，它们之间是互相反对的关系。

以上各组判断都是互相反对的判断，其特点是：不可同真可同假。

把上述两层意思归纳一下可以看出，矛盾判断和反对判断的共同点是：它们都具有互相排斥的关系，不能同时都是真的。二者的不同点是：矛盾关系是非此即彼的关系，反对关系不是非此即彼的关系。前者不可同假，后者可以同假。根据它们的特点，就可以很快地把二者区分开来。如问："这张纸（指单色纸）是什么颜色的呢？"

如果作下面两种回答：

这张纸是白的。

这张纸不是白的。

这两种回答不能同真也不能同假，其中必有一真一假。因为只有一种颜色的纸，不可能同时又是白的又不是白的，也不可能二者都不是。要么是白的，要么不是白的，非此即彼，二者必居其一。所以它们是互相矛盾的判断。

如果作下面两种回答：

这张纸是白的。

这张纸是红的。

这两种回答不可能同真但可能同假。因为只有一种颜色的纸不可能既是白的又是红的（不可同真）。但颜色有很多种，不只两种，二者不具有非此即彼的关系。所以这张纸也可能既不是白的，又不是红的，而是第三种颜色（可以同假）。因此，这两种判断是互相反对的判断。

能够区分互相矛盾的判断和互相反对的判断才能准确无误地运用不矛盾律。

二、不矛盾律在实践中的应用

1. 什么是逻辑矛盾

不矛盾律要求人们对同一对象、同一时间、同一方面的断定不能发生矛盾，否则就会出现逻辑矛盾。

逻辑矛盾是由于违背不矛盾律而造成的一种逻辑错误，也叫"自相矛盾"。这种错误同时承认两个互相反对或互相矛盾的思想为真。

如：

这座山峰非常险峻，从来没有人上去过，上去的人也从来没有再回来。

这句话包含着两个互相矛盾的判断："这座山峰从来没有人上去过"和"这座山峰有人上去过"。同时肯定两个互相矛盾的判断，犯了自相矛盾的错误。

又如：

他的毛病基本上完全克服了。

这句话包含着两个互相反对的判断："他的毛病基本上克服了"和"他的毛病完全克服了"。同时肯定两个互相反对的判断，犯了自相矛盾的错误。

2. 不矛盾律的实践意义

遵守不矛盾律对正确思维是很重要的，它可以使你保持思维的首尾一贯性，防止自相矛盾。违反不矛盾律就会产生逻辑矛盾。运用不矛盾律及时地发现并纠正逻辑矛盾，对进行思维活动和语言交流都有重要的实际意义。在案件侦破过程中，运用不矛盾律及时发现当事人言行中的某些"破绽"（与事实相矛盾的地方），对弄清真相、查出问题也会有某种帮助。

（1）发现并排除逻辑矛盾，对完善和创建科学理论体系有重要的推动作用。

任何一门科学的理论体系都应具有不矛盾性，即它的原理体系中不能包含逻辑矛盾。如果包含逻辑矛盾，人们就会对它的科学性产生怀疑。某种理论体系中存在逻辑矛盾，就说明该体系有不完善的地方，甚至有谬误的地方。及时发现并排除这些逻辑矛盾可以使该理论体系趋于完善，甚至会使某些学科取得突破性进展。

譬如意大利的大物理学家伽利略提出"自由落体定律"就是在发现原有的落体理论的逻辑矛盾后，经过反复实验创立的。

古代有一种落体理论认为：物体从高空落下时，它下落的速度和物体的重量成正比，即物体越重下落速度越快。在很长时间内，这种落体理论一直占据着统治地位，没有人对它产生过怀疑。到了16世纪80年代，伽利略发现这种理论自相矛盾。他想：假设有大小不同两块石头从高空落下，按照原来的理论，大的石头下落速度快，小的石头下落速度慢。如果把大小两块石头捆绑在一起，让它们从高空落下，那么它们将以怎样的速度下落呢？一方面，大的石头捆绑上一个小的石头，它的重量增加了，按照原来的理论，大的石头下落的速度应该加快。另一方面，运动快的大石头捆绑上一个运动慢的小石头，就又使大石头下落速度变慢了。因为一个快速运动的物体叠加上一个慢速运动的物体，就会使快速运动的物体变慢。这样按照旧的落体理论就能推出两个互相矛盾的结论：一方面，把两块石头捆绑在一起，可以使大石头下落的速度变快；另一方面，把两块石头捆绑在一起，又使大石头下落的速度变慢，造成不能自圆其说的逻辑矛盾。这就使伽利略开始怀疑传统落体理论的正确性。

为了解决这个问题，1589年伽利略在罗马比萨斜塔做了著名的自由落体实验。他把 5 000 克重和 1 000 克重的两个铁球从高塔上同时抛下，实验结果两球同时落地，证明了在空气阻力相同的情况下，不同重量的物体下落的速度是相同的，即：下落速度同物体的重量没有关系，从而推翻了旧的落体理论，创立了“自由落体定律”（自由落体运动可以看作近似匀变速直线运动，其加速度为重力加速度）。由此可知，发现并排除某种理论中存在的逻辑矛盾，可以使谬误转化为真理，有时还可取得突破性的进展。

（2）揭露论敌言论中的逻辑矛盾，是辩论中克敌制胜的重要法宝。

许多谬论和诡辩常常包含着这样那样的逻辑矛盾。当论敌的言论中出现逻辑矛盾时，要紧紧抓住并及时予以揭穿，以驳倒论敌的言论，取得胜利。

1941 年 1 月 7 日蒋介石制造了震惊中外的皖南事变，掀起了第二次反共高潮，并诬蔑新四军“叛变”。为驳斥顽固派的无耻诬蔑，1941 年 1 月 20 日毛泽东发表谈话指出：“至于重庆军委会发言人所说的那一篇，只好拿‘自相矛盾’四个字批评它。既在重庆军委会的通令中说新四军‘叛变’，又在发言人的谈话中说新四军的目的在于开到京、沪、杭三角地区创立根据地。就照他这样说吧，难道开到京、沪、杭三角地区算是‘叛变’吗？愚蠢的重庆发言人没有想一想，究竟到那里去叛变谁呢？那里不是日本占领的地方吗？你们为什么不让它到那里去，要在皖南就消灭它呢？啊，是了，替日本帝国主义尽忠的人原来应该如此。”在上面的谈话中，毛泽东同志紧紧抓住重庆军委会方面出尔反尔、自相矛盾的言论，予以揭露和驳斥。“通令”中说新四军叛变；发言人说新四军要“创立根据地”。新四军到日本占领区去创立根据地，怎么能算“叛变”呢？又叛变谁呢？毛泽东揭出顽固派的自相矛盾之处，重庆方面只好自打嘴巴。

（3）运用不矛盾律找出“破绽”，对刑事侦察和纠正错案都有重要意义。

在刑事案件的侦破过程中，犯罪分子大都比较狡猾，千方百计地制造各种假象迷惑刑侦人员。但有时欲盖弥彰，常常露出马脚。刑事侦察人员就要善于运用不矛盾律及时发现破绽，使它成为破案的突破口。请看史留斯破案的故事：

> 电话铃一连响了四次，大侦探康纳德·史留斯睁开眼看了看钟，已是深夜三点三十分。
>
> 电话里传来一个女人的声音：
>
> “你是侦探史留斯吗？我是伯顿夫人，我丈夫在家里被人杀害了，请你马上来一下。”
>
> 外面狂风呼啸，寒冷刺骨。史留斯多穿了些衣服，四十分钟后赶到了伯顿夫人家。她正在楼下客厅里等着他，史留斯一到她就开了门。进到这暖和

的客厅里，史留斯就摘下围巾、帽子、手套，并脱下大衣。伯顿夫人穿着拖鞋、睡衣，样子疲惫。

“尸体在楼上”，她啜泣着说，“我和丈夫在楼上卧室睡觉。我半夜醒来，听不到丈夫的呼吸声，走到他床边一看，他已被人杀死了。我就下楼给你打电话，看见那扇窗户大开着，凶手准是从那扇窗户进来，又从那儿逃走的”。她用手指着那扇还大开着的窗户，猛烈的风直往屋里灌，窗户摇晃着，史留斯走过去把它关好。

史留斯静静地听完她的叙述说：“您讲的不是真情，请把真相告诉我。”

史留斯为什么这么说呢？

因为史留斯发现伯顿夫人的话里有破绽。如果凶手从那扇大开着的窗户逃走，经过四十分钟，客厅里早就变冷了。但史留斯一进客厅感到很暖和，伯顿夫人还穿着睡衣。这说明那扇窗户不是四十分钟前打开的，打开的时间肯定不长，也许是在他到来之前不久打开的。

史留斯发现破绽的过程，就是运用不矛盾律和假言推理思考问题的过程：

首先，他根据不矛盾律断定下列两个判断不能都是真的：

窗户是四十分钟前打开的。

窗户不是四十分钟前打开的。

其次，运用假言推理否定第一个判断：

如果窗户是四十分钟前打开，那么客厅内早就变冷了

现在客厅内很暖和

所以，窗户不是四十分钟前打开的

窗户不是四十分钟前打开的，伯顿夫人却说：“我下楼给你打电话，看见那扇窗户大开着。”她的话与事实有明显的矛盾。这说明她有意地说假话，可见她与此案有牵连。就这样，史留斯发现了破绽，找到了破案的突破口。

运用不矛盾律不但可以对案件的侦破起重要作用，对纠正错案也有重要作用。清人宋永岳编撰的《志异续编》一书，记述了清代著名诗人袁枚当县令时纠正的一件错案。袁枚接任县令后，在查看某个刑事案件的案卷时，发现以前的判决有重要破绽，于是就重新调查审理，终于纠正了错案，查出了真凶。事情的大体经过是这样的：

清代乾隆年间，江宁府溧水县有个姓张的裁缝，妻子早亡，家中仅有一个女儿，长得非常漂亮。平时裁缝外出干活，女儿就关上大门，在楼上做针线活。乡里一些恶少，对她垂涎三尺，却无机可乘。

有一天张裁缝外出干活很晚才回家，见大门大开，呼唤女儿，无人答

应。上楼见女儿被捆绑在长板凳上，已经死了，她的裤子松弛地拖在脚下，地上有半截人舌头，她的喉咙处有手掐的痕迹，分明是被强奸后掐死的。张裁缝赶紧到县衙报案。县令到现场勘验后，就签发公文追捕断舌的人。本县寺庙里有个掌管香火的人，看见有个人趴在香桌底下，口中的鲜血不断往下滴，跟他说话，只是摇头不能言语。恰好捕役到此处搜寻，觉得他可疑，就把他带到县衙审讯，审讯证实他就是那个断舌人。抓到断舌人，就抓到了强奸杀人犯。这个案子就这么顺理成章地判结了。这个判决结果，当时没有任何人怀疑过。

结案不久，原县令因故离任，袁枚接任县令后，翻阅此案的案卷，觉得原判决有重大失误。袁枚考虑：强奸之前会先调情，调情就会搂抱亲嘴。如果舌头被少女咬断，就一定会负疼逃走。剧疼难忍，不可能再捆绑少女，发泄兽欲，且杀人灭口。现场也没有断舌人带伤强奸留下的任何痕迹。可见断舌人不是强奸杀人的真凶。于是把断舌人从牢房提出再审，拷打一顿，就把他释放。同时重新立案另外缉拿凶犯。后来经过多次明察暗访，袁枚终于捕获了真凶，原来是城外的两个浪荡青年所为。

案件的实际发生过程是这样：案发的这一天，有一个年轻的货郎经过少女家的门口，少女下楼买线，讲好价钱后就上楼取钱。货郎趁少女进楼取钱躲进门内，等少女关门上楼，货郎也悄悄地跟上楼，趁其不备突然闯出来调戏她，强行搂抱亲嘴。少女一怒之下，将他的舌头咬断。断舌人疼痛难忍，急忙下楼，开门逃跑了。此时，两个浪荡青年经过她家门口，看见门半开着，就侧身摸进去，里面没有一点动静。二人上楼后，见少女端坐发呆，就搂住寻欢作乐，少女大声喊叫。于是一人捂住少女的嘴，一人解下少女的裹脚布，将她捆绑在长板凳上进行轮奸。事后又怕她呼叫，就掐住她的喉咙，把她掐死了。

为什么大家都不怀疑的案子，到了袁枚手里就发现了重要疑点呢？因为袁枚发现了原判中的矛盾：断舌人无法实施强奸行为；而原判却说断舌人实施了强奸行为。下列两个判断是互相矛盾的判断：

断舌人不可能实施强奸行为

断舌人可以实施强奸行为

两个互相矛盾的判断不可能同真。既然前者为真，那么后者必假。所以袁枚有理由断定原判是错误的。

（4）不矛盾律在其他许多方面还有独特的推理作用。

不矛盾律是形式逻辑的思维规律，它对形式逻辑的各种推理活动都有指导作用。而且不矛盾律的运用过程，本身就是推理活动内容的一部分。在有些情况下，它还能起到一般推理形式所无法起到的作用。譬如要解开本章开头所列举的那道趣味逻辑题（请看原题），不矛盾律就可以发挥它独有的作用：

……那位大学生问："欧阳山老师住在几门？"

男孩说："住在一门。"

女孩说："住在二门。"

爸爸说："住在三门。"

妈妈说："住在四门。"

爷爷说："他哪里会住在四门呢？"

奶奶说："他们在和你开玩笑，上面五句话中只有一句是真话。"

〔题解〕

妈妈说的话（他住在四门）和爷爷说的话（他不住在四门）构成两个互相矛盾的判断，这两个判断中必有一真一假。奶奶说："上面五句话中只有一句是真话"，这句真话肯定在上述两个互相矛盾的判断中。那么，男孩、女孩、爸爸说的都是假话。也就是说，欧阳山老师不住在一门、不住在二门、不住在三门，那就必定住在四门了（因为他是教形式逻辑的老师，肯定在这个楼里住，而这个楼只有四个单元门）。

……那位大学生又问："他又住在几层呢？"

男孩说："一层没有姓欧阳的。"

女孩说："二层也没有姓欧阳的。"

爸爸说："三层更没有姓欧阳的。"

妈妈说："四层还没有姓欧阳的。"

爷爷说："谁说三层没有姓欧阳的？"

奶奶说："这次回答好多了，五句话中只有一句是假话。不过这已经告诉你他住在几层了。"

〔题解〕

爸爸说的话（三层没有姓欧阳的）和爷爷说的话（三层有姓欧阳的）构成两个互相矛盾的判断，其中必有一真一假。奶奶说："五句话中只有一句是假话"，这句假话肯定在上述两个互相矛盾的判断中。所以这一次男孩、女孩、妈妈说的都是真话。也就是说欧阳山老师不住在一层、不住在二层、不住在四层，只有住在三层了（因为这座楼只有四层）。

然后，还可以运用选言推理，很容易确定他住在三号。

正因为那位大学生对不矛盾律很熟悉，所以当场就推出了欧阳山老师住在四门三层三号。在这个推理过程中，不矛盾律的运用起了很关键的作用。

(5) 从语言表达的角度讲，不矛盾律的广泛应用，可以使我们的语言严谨、表达准确。

不矛盾律不但对进行思维活动有重要的指导意义，而且对进行语言交流也有重要的指导作用。在谈话和写作中，有些语言不严谨，常常是由于违背不矛盾律造成的，而在日常用语中出现逻辑矛盾的现象是相当多的。

在表达时间概念上发生逻辑矛盾的如：

她刚刚结婚不到两年多就生了个白胖小子。

他整整站了一个多小时才离开。

前例中的“不到两年多”就包含着逻辑矛盾：“不到两年”和“超过两年”(两年多) 的矛盾。

后例中的“整整站了一个多小时”也包含着逻辑矛盾：“整整站了一个小时”和“站了一个多小时”的矛盾。“整整”这个副词，常常用来修饰一个完整的量词单位，一般的不带任何“零头”。

在表达数量概念上发生逻辑矛盾的如：

参加这次环城赛跑的有近两千多人。

“近两千多人”包含着逻辑矛盾：“近两千人”和“两千多人”在数量上有矛盾。

在表达事物发生的范围上存在逻辑矛盾的如：

这个班所有的学生都出席了会议，只有一个长期病号请假了。

这句话包含着两个相互矛盾的判断：“这个班所有的学生都出席了会议”和“这个班有的学生（长期病号）没有出席会议”。二者不可并存。

在描写事物的发展程度上存在逻辑矛盾的如：

只要你稍微深思熟虑一下就会发现问题。

这句话在描写事物的程度上有矛盾：“稍微”和“深思熟虑”的矛盾。深思熟虑要求考虑问题既深且细，既是“稍微”，就不可能是“深思熟虑”。

在描写事物的存在状态上有逻辑矛盾的如：

深夜的田野万籁俱寂，只有一两声狗吠不时从远处传来。

“万籁俱寂”是各种声音都听不到的意思，这和不时传来狗吠声有矛盾。

在描写人的行为动作方面存在逻辑矛盾的如：

对于他的辞职人们众口一词、褒贬不一。

“众口一词”是大家的意见完全一致。“褒贬不一”是赞扬和批评的意见很不一致。

又如：

她久久凝视着自己久别重逢的儿子，不住地把他上下打量。

“凝视”是目光停在一处不动。“上下打量”是目光上下移动。这两个动作互相矛盾。

以上各个病句都违反不矛盾律。只有严格遵守不矛盾律，才能做到语言严谨、表达准确。

同时应该注意，以上五个方面，并不是对不矛盾律在实践中的运用作全面论述，只是挂一漏万，谈几个常见的方面，以窥豹一斑，以少见多。

三、分清逻辑矛盾和辩证矛盾

形式逻辑中讲“逻辑矛盾”，唯物辩证法中讲辩证矛盾，它们都讲“矛盾”，但讲的不是一回事。那么二者有什么不同呢？

1. 逻辑矛盾是人为产生的，辩证矛盾是事物本身固有的。

形式逻辑讲的逻辑矛盾是指人的思维活动（包括语言表达）由于违反不矛盾律而产生的一种逻辑错误。这种错误同时肯定两个互相反对或互相矛盾的思想为真。

譬如“他们相互做了自我批评”这句话，就包含了由于违反不矛盾律而产生的逻辑错误。“自我批评”是自己批评自己；“相互批评”是彼此互相开展批评，不是自己批评自己。“相互自我批评”这个概念同时肯定了两个互相否定的概念，形成了逻辑矛盾。

这种思维和表达上的逻辑错误是人为产生的。不但客观事物本身不存在什么“逻辑矛盾”，而且在人的正确的思维活动和规范的语言表达中，也不存在这种逻辑矛盾。

辩证矛盾是客观事物本身所固有的矛盾，是任何事物、任何时候都普遍存在的。辩证矛盾就是事物的对立统一体，它是指事物内部和事物之间既互相依赖又互相斗争的对立统一过程。如生产力和生产关系的矛盾、经济基础和上层建筑的矛盾、工业和农业的矛盾、生产和消费的矛盾、高速发展和稳步前进的矛盾、中央和地方的矛盾、全民和集体的矛盾等。

客观事物的矛盾反映到人们的思想意识中也会形成思想意识中的辩证矛盾，但思想意识中的辩证矛盾和思维中的逻辑矛盾也不是一回事。前者是客观事物的矛盾在人们头脑中的反映；后者是思维活动违背不矛盾律而产生的逻辑错误。

2. 逻辑矛盾是可以避免和排除的，辩证矛盾是无法避免和排除的。

第二点区别是由第一点区别直接派生出来的。正因为逻辑矛盾是人为产生的，所以它是可以避免和排除的。避免发生逻辑矛盾的主观条件是：要认真学习形式逻辑的思维规律，特别是要学好不矛盾律并且能够准确熟练地运用它。准确熟练地掌握不矛盾律就不会再讲出“他们相互做了自我批评”这一类的话。遇到这样的逻辑矛盾也能及时发现和纠正它。上面这句话，可以根据实际情况改为：“他们相互开展了批评”或“他们各自做了自我批评”。

另一方面，正因为辩证矛盾是事物本身固有的，所以它是无法避免和排除的。任何事物都有它自身的特殊的矛盾，原有的矛盾解决了，新的矛盾就又产生了；旧的事物死亡了，新的事物就又出现了。对于辩证矛盾，只能正确地解决它或者使它发生转化，不能避免和排除。

3. 逻辑矛盾和辩证矛盾分属于不同的研究领域，研究它们有不同的目的和作用。

逻辑矛盾和辩证矛盾是两个性质不同的范畴，属于不同的研究领域。逻辑矛盾是形式逻辑研究的范畴，研究它的主要目的是为了避免逻辑矛盾，更好地掌握不矛盾律，以保持思维的一贯性、确定性。辩证矛盾是辩证法，或者说是辩证逻辑的研究范畴，研究它的主要目的是为了克服形而上学观点，更好地掌握对立统一规律，提高辩证思维能力，用辩证观点分析和处理问题。

需要指出的是：虽然逻辑矛盾和辩证矛盾分属于不同的研究领域，但是辩证逻辑和形式逻辑又是紧密联系的。辩证逻辑的思维规律和形式逻辑的思维规律，都是逻辑思维的基本规律，都是进行正确思维所必须遵守的。尽管辩证逻辑的思维规律，是更深层次的思维规律，具有更高级的形式，但它总是以形式逻辑的思维规律为前提和基础的，它可以指导但并不否定形式逻辑的基本规律。请看著名诗人臧克家同志的两句诗：

有的人死了，他还活着
有的人活着，他已经死了

这两句诗，从逻辑学的角度讲，是两个反映辩证矛盾的判断，它们直接包含了对立统一的思想内容。从表面上看：人死了怎么还会活着？好像是自相矛盾的。实际上它们并不违背形式逻辑的不矛盾律，因为这是指不同方面而言的。“有的人死了”，是指他的生理活动停止了；但“他还活着”，是指他的精神影响还继续存在。“有的人活着”，是指他的生命活动还没有停止；“他已经死了”，是指他的精神已经腐朽、毫无价值了。

不矛盾律要求人们对同一对象、同一时间、同一方面的断定是不允许发生矛盾的；但对不同时间、不同方面的断定是可以有矛盾的。在这一点上，无论辩证逻辑还是形式逻辑，要求都是一致的。

练　习　题

一、下面的话是否违背矛盾律，为什么？

1. 上个月他又发表了一篇处女作。

2. 今晨彩霞满天、万里无云。今夜又明月高悬，繁星缀满夜空。

3. 巍巍长城，雄伟壮观。它是我国劳动人民智慧和血汗的结晶，是伟大祖国的天然屏障。

4. 她孤身一人，带着一个不满三岁的孩子。

5. 他是很多死难者中幸免的一个。

6. 南极洲鸟的种类很少，但鸟的数量很多。

7. 金代学者王虚君说：“或问文章有体乎？曰：无。又问无体乎？曰：有。然则果如何？曰：定体则无，大体则有。”

8. 这座工程一定要在今年元旦之前完成。

二、有个青年想到发明家爱迪生的实验室工作，并且雄心勃勃地说：“我想发明一种万能溶液，它能溶解一切物质。”

爱迪生笑着反问他：“那么你用什么器皿盛放这种溶液呢？”青年人无言以对。

请问：这个青年能制造出这种“万能溶液”吗？为什么？

三、赵五家里供了几尊菩萨。一天他要出门，就对儿子说：“锅里的肉煮好了，盛上敬菩萨，千万别忘了。”

他走后，儿子把煮好的肉都吃了，然后把菩萨打碎。赵五回家后，勃然大怒：“是谁打碎菩萨的？”

儿子说：“是菩萨争肉吃，互相打起来，才碎了的。”

赵五更生气：“胡说，菩萨是泥捏的，怎会打架？”

儿子说：“既然是泥捏的菩萨，她怎么能吃肉？”

赵五气得说不出话来。

请问：赵五为什么无话可说？他的逻辑思维中包含着什么矛盾？

四、有十个人，每人都讲了一句话：

赵：“我们十人中只有一人讲假话。”

钱：“我们十人中只有二人讲假话。”

孙：“我们十人中只有三人讲假话。”
李：“我们十人中只有四人讲假话。”
周：“我们十人中只有五人讲假话。”
吴：“我们十人中只有六人讲假话。”
郑：“我们十人中只有七人讲假话。”
王：“我们十人中只有八人讲假话。”
冯：“我们十人中只有九人讲假话。”
陈：“我们十人没有人讲假话。”
事实上他们不都是说谎者。
请你判断这十人中究竟谁讲的是真话，并写出你的推理过程。[①]

第三节　排　中　律

一、什么是排中律

排中律的基本内容是：在同一个思维过程中，对两个互相矛盾的判断不能同时加以否定，必须肯定其中有一个是真的。

排中律的公式是：要么 A 要么非 A。

譬如：

亚洲是世界最大的大陆。

亚洲不是世界最大的大陆。

上述二者是互相矛盾的判断，不能说第一个判断不对，第二个判断也不对，二者不能同是假的。要么前者真，要么后者真，其中必有一真。如果同时否定上述两个判断就违背排中律。排中律的“排中”，就是排斥中间状态，即：排斥在两个互相矛盾的判断之外还有第三种可能。

排中律的存在是有客观基础的，因为排中律是客观事物的质的规定性的反映。一切客观事物都具有自己特殊的质。一个事物，要么具有 A 的质，要么不具有 A 的质；要么是 A，要么是非 A，不可能二者都不是。也就是说，除了 A 和非 A 没有第三种可能。

排中律和矛盾律是有紧密联系的。二者都对互相矛盾的判断起作用。两个互

① 本题选自刘锦方：《趣味逻辑 100 题》，内容略有改动。

相矛盾的判断的特点是：既不能同真也不能同假。矛盾律的内容概括了“二者不能同真”的特点，排中律的内容概括了“二者不能同假”的特点。矛盾律和排中律从两个不同侧面揭示了两个互相矛盾的判断的逻辑特性。

排中律和矛盾律也有区别：

（1）适用范围不尽相同。

矛盾律适用于两个互相反对或互相矛盾的判断。排中律只适用于两个互相矛盾的判断，不适用于互相反对的判断。

（2）逻辑要求不同。

矛盾律要求思维具有首尾一贯性，不能包含逻辑矛盾。排中律要求思维具有明确性，不能模棱两不可、含糊其辞。

（3）逻辑错误不同。

违背矛盾律出现的是“自相矛盾”的错误；违背排中律出现的是“两不可”和“未置可否”的错误。

二、违背排中律的逻辑错误

违背排中律的逻辑错误大体有两种：

1.“两不可”的错误

所谓“两不可”的错误，就是对两个互相矛盾的判断全都加以否定。排中律要求在两个互相矛盾的判断中必须肯定其中有一个为真，而“两不可”的错误就是把两个互相矛盾的判断都当作假的，不承认其中任何一个是真的。

请看下面三个人的争论：

甲：中国申办2000年奥运会可能成功，因为中国有很多有利条件。

乙：中国申办2000年奥运会不可能成功，因为竞争太激烈。

丙：你们两个的推测都不对，因为成功不成功既和我们的努力有关，又不完全取决于我们。

甲的推测是“可能成功”，乙的推测是“不可能成功”，两者是互相矛盾的判断，丙同时把二者都否定，违反了排中律，犯了“两不可”的逻辑错误。

再看一位民警审问甲、乙两个嫌疑犯时的谈话：

警察：十一日九点半你们在哪儿待着？

甲：我在家里待着。

乙：他没在家里待着。

警察：都是胡说。当时你们俩都到作案现场去过。

这位警察犯了一个小小的逻辑错误。“他在家”和“他没在家”是两个互相矛盾的判断，不可能都是假的。其中必有一真一假，即一个人是胡说，一个人讲的是真话，不可一概而论。一概否定就犯了“两不可”的错误。

又如：

我的工资不算多，也不算不多，中不溜吧！

“我的工资多”和“我的工资不多”是两个互相矛盾的判断，把二者都否定，犯了“两不可”的错误。用规范的语言表达这句话的意思，应该是：“我的工资不算多，也不算少，中不溜吧！”（“我的工资多”和“我的工资少”是两个互相反对的判断，否定二者不违反排中律。）

类似上例的话还有很多：

这姑娘长得不算美，也不算不美，一般人吧。

这件事不算难，也不算不难，你应付得了。

他的能力说不上强，也说不上不强，过得去吧。

这些话经常有人讲，但都不规范，因为都违背排中律，应改为：

这姑娘长得不算美，也不算丑，一般人吧。

这件事不算难，也不算容易，你应付得了。

他的能力说不上强，也说不上弱，过得去吧。

2.“未置可否”的错误

排中律要求在两个互相矛盾的判断中明确地肯定其中有一个是真的。而“未置可否”的错误，对两个互相矛盾的判断既不肯定，也不否定，含糊其辞，不明确表态。常见的有两种情况：

（1）回避表态。

当表态涉及个人利害，特别是会引起严重后果时，说话人为了保护自己，有意识地违背排中律，常常岔开话题，避免明确表态。

请看一则寓言：

狮子当着老虎的面问狐狸：“我是不是山中之王？”狐狸如果回答“是”，就会得罪老虎，被老虎吃掉；如果回答“不是”，就会得罪狮子，被狮子吃掉。狡猾的狐狸想了想，笑着说：“狮子先生，您和老虎的雄威早就令人钦敬，你们俩的宽宏大量又无人可比。我愿为你们二位效劳。河边还有两头小鹿也自愿供你们享用，我现在就去把它们带来。”说着就逃开了。

狡猾的狐狸花言巧语，骑墙居中，说了一番恭维话，却没有明确表态，避免了一场杀身之祸。

（2）用语含糊。

面对两个互相矛盾的判断，用语含糊不清，既可以这样理解，又可以那样理解，这也是“未置可否”的一种表现。如：

甲：你到日本去过吗？

乙：我没怎么去过。

甲：你是大学毕业吗？

乙：我进过大学门。

甲：你出版过学术专著吗？

乙：我写过点东西。

按照排中律的要求，乙对甲提的三个问题的回答，必须是在两个互相矛盾的判断中作出明确的抉择。对第一个问题，要么明确回答“去过”，要么明确回答“没去过”。乙回答“没怎么去过”，其意含混不清，好像“去过”，又好像“没去过”。回答缺乏明确性和肯定性，违反排中律，犯了“未置可否”的逻辑错误。

对第二个问题，要么回答“是大学毕业”，要么回答“不是大学毕业”。乙不在两个互相矛盾的判断中作出明确的抉择，却用“进过大学门”这样含混不清的语言回答问题，也是一种未置可否（进过大学门的人很多：有的是去办事，有的是去上学；上学的有读到毕业的，有没读到毕业的）。

对第三个问题，要么回答“出版过”，要么回答“没出版过”。乙不作明确答复，却说“写过点东西”，写的是什么？是杂感？是论文？是专著？如果写的是专著，是出版了，还是没出版？用语都含混不清，同样犯了“未置可否”的错误。

上面分析了违反排中律的两种逻辑错误，下面几种情况不能视为违反排中律：

（1）由于对问题缺乏深入的认识而不能明确地作出抉择，不能视为违反排中律。特别是对自己不了解、没有把握的事情，暂时分不清真假是非，不能表态，不算违背排中律。

譬如有人问：“这里地下有没有金矿？”你回答：“我不知道。”虽然你没有在“有”与“无”之间作出明确地抉择，但并不违反排中律。

（2）对特别复杂的问题，需要从多方面作客观的具体的深入分析，不适宜在“是”与“不是”之间作简单的抉择，这也不违背排中律。

如：

癌症的病因是不是物理因素？

对这个问题，就不能简单地回答“是”或“不是”，而需要作全面的具体的深入分析。如果在两个互相矛盾的判断中，简单地肯定其中一个为真，就会把非常复杂的问题简单化，不利于人们认识事物的复杂性。避免这样做，并不违背排中律。

(3) 反驳“复杂问语”也不违背排中律。

复杂问语是有隐含前提的问语，问话人在问话中包含着对方不能接受的前提。譬如“你是否已经改掉了偷窃的毛病”这句话就是复杂问语，它隐含着“你早有偷窃的毛病”这个前提，不管你回答“改掉了”或是“没改掉”，都意味着你过去有偷窃的毛病。对复杂问语不应该直接回答，而应该予以反驳。对上述问话就可以这样反驳：“我从来没有偷窃的毛病，也谈不上改与不改的问题。”反驳复杂问语，不是在两个互相矛盾的判断中作出抉择，但这并不违背排中律。

三、排中律的作用

排中律具有下面几方面的作用：

1. 推理作用

排中律可以作为在两个互相矛盾的判断中进行推理的根据之一。根据排中律，在两个互相矛盾的判断中，可以由假推真（根据矛盾律，在两个互相矛盾的判断中，可以由真推假。排中律和矛盾律常常结合在一起，作为推理的根据）。譬如由“所有这堆西瓜都很甜”这个判断的假，可以推出“其中有的西瓜不很甜”这个判断为真。从“这块手表是他偷的”这个判断的假，推出“这块手表不是他偷的”这个判断为真。从“他住在三号房间”是假，推出“他不住在三号房间”为真。这种推理应用得非常广泛，但许多人并不知道这种推理的根据是什么。

2. 证明作用

排中律的推理作用和证明作用是紧密相连的。在通过反证法证明问题时（第十章再详述），排中律起着关键作用。譬如为了用反证法证明王某不是昨夜八点东大桥车祸的肇事者，先假定他是车祸的肇事者：

如果他是肇事者，那么八点前他肯定出车了
汽车队长证明他八点前未出车（二人正下棋）
————————————————————
所以，他是肇事者是假的

从“他是肇事者”为假，推出“他不是肇事者”为真，其推理根据就是排中律。这个推理在证明中起了关键作用。

3. 保持思维明确性的作用

排中律除了推理作用和证明作用之外，很重要的就是保持思维和表达的明确性。排中律不允许对两个互相矛盾的判断既不肯定，也不否定，骑墙居中，左右摇摆，必须明确地肯定其中一个为真。当问题处于非此即彼的情况下，我们可以根据排中律迫使那些在互相矛盾的判断面前犹豫不定的人作出明确的抉择。请看下例：

某省电视台在播放“质量万里行”的专题节目时，曾揭露过一个副食商店出售劣质食油的事情。电台记者提着一瓶劣质食油找到副食商店经理，下面是他们的对话：

记者：这种食油是你店出售的商品吗？

经理：我们店出售的副食品有几百种：油盐酱醋、鸡鸭鱼肉、咸淡甜辣，各色俱全。

记者：我不是问你店的货色全不全，我问这种食油是你店出售的吗？

经理：好像是。

记者：回答问题不要似是而非，明确回答究竟是不是？

经理：（无可奈何地）是。

记者：你店组织进货时检验过食油的质量吗？

经理：我店的化验员身体不好，家务事多，经常请假。

记者：我不是问你化验员身体如何、出勤多少。我问你这种食油你们检验过吗？

经理：（无可奈何地）检验过。

记者：质量符合国家规定的卫生标准吗？

经理：产品质量是个社会问题，带有普遍性。严格说起来，许多商品都不合格。

记者：我不是问你对整个社会产品质量的看法，我是问你这种食油符合国家规定的卫生标准吗？

经理：（无可奈何地）不符合标准。

在上面的对话中，经理多次转移话题，企图蒙混过关，而记者成功地运用排中律，迫使他在“是”与“不是”之间作出明确的抉择。

练 习 题

一、下面的话是否违反排中律？如果是，犯了什么逻辑错误？

1. 这个菜不算淡，也不算咸。

2. 这个菜不算咸，也不算不咸。

3. 有人说“有些精神产品可以成为商品”；有人说并非如此；有人说上述两种观点都不正确。

4. 甲：你赞成咱们车间实行优化组合吗？

乙：工人说什么呀！由领导定吧。

二、在下列三组对话中，丙的谈话是否违背排中律，为什么？

1. 甲：他可能十点以前来。
乙：他可能十点以后来。
丙：你们俩的估计都不对。

2. 甲：他可能十点以前来。
乙：他不可能十点以前来。
丙：你们俩的估计都不对。

3. 甲：他必然会来。
乙：他可能不来。
丙：你们俩的估计都不对。

三、农村某户有弟兄四人，养着鸡、鸭、牛、羊、猪、兔六种禽畜。每逢客人来，就杀掉其中一只，准备招待客人下餐。但杀掉什么禽畜，事先不告诉客人。先让客人猜，猜中的可以吃个酒足饭饱；猜不中的，未吃饭就下逐客令。

这一天，又来了一位客人。

大哥对客人说："杀的是两条腿的。"

二哥对客人说："杀的不是兔子。"

三哥对客人说："杀的是四条腿的。"

四弟说："三个哥哥只说了一句真话。"

客人略加思索说哈哈大笑："快把兔子肉端上来，我要饱餐一顿。"

请问：客人为什么知道主人杀的是兔子？在推理中，什么地方使用了排中律？

四、星期天上午，六个小淘气在楼前踢皮球。你追我赶，大呼小叫，累得满头大汗。忽然玲玲踩了谁的脚，冷不防被那个孩子打了一拳，就"哇""哇"地大哭起来。玲玲妈跑过来，急匆匆地问："是谁把玲玲打哭了？"

玲玲哭着说："我没看见是谁打我的，不过，我知道不是园园打的。"

芳芳说："反正别赖我，不是我打的。"

冬冬说："肯定不是我，我从来不打人。"

梅梅说："是毛毛打的。"

毛毛说："我才不打人呢，谁打人是小狗。"

园园说："我看见不是梅梅。"

在旁边闲坐的老爷爷笑着对玲玲妈说："六个人中只有一人说谎。你动脑筋想想，就知道是谁打人了。”

请你帮助玲玲妈找出打人的小淘气。

五、下面是数学家斯摩林，根据莎士比亚的名剧《威尼斯商人》中的情节编成的一道逻辑题：

千斤小姐鲍西亚对求婚者说：“这里有三个盒子：一个金盒、一个银盒、一个铅盒。我的肖像放在其中一个盒子里。每个盒子上都写着一句话。三句中只有一句是真的。谁能猜到我的肖像放在哪个盒子里，我就选他作丈夫。”

如果你是求婚者，你能猜着肖像放在哪个盒子里吗？请说明你是如何进行逻辑推理的。

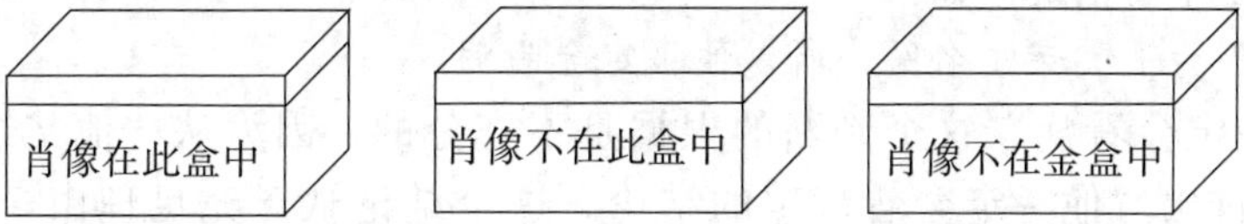

金盒　　银盒　　铅盒

六、鲁迅在《立论》这篇杂文中，辛辣地讽刺某些人不讲真话、遇事含糊其辞、未置可否的处世哲学。原文的大体意思是：一个学生向老师请教作文的立论方法，老师说，这个问题很难。并告诉学生一件事：一户人家生了个男孩，满月时人们去祝贺。一个人说：“这孩子将来要发财的。”一个人说：“这孩子将来要做官的。”一个人说：“这孩子将来要死的。”说要升官发财的是谎言，但得到主人感谢；说要死的是真话，但遭到毒打。学生听了说：“我既不想说谎骗人，也不愿讲真话挨打，该怎么说呢？”老师说：“那么，你得说：‘啊呀！这孩子呵？您瞧！多么……啊唷！哈哈！Hehe！hehehehe！’”

在以上文字中，学生最后说的话与老师最后说的话，是否违背排中律？为什么？

第四节　充足理由律

一、什么是充足理由律

充足理由律是关于思维论证的基本规律。它的主要内容是：要确定一个判断为真，必须有充足的理由。

其公式是：A 真，是因为 B 真，并且由 B 能推出 A。

其中 A 代表一个判断，B 代表一个或一组判断。这个公式的含义是：A 真，还应该有另外一个或一组判断为真，而且由这一个或一组判断能必然地推出 A。

如能够确定“汞是导电体”这个判断是真的，是因为下面两个判断是真的：

所有金属都是导电体。

汞是金属。

用直言三段论的推理方法，可以必然推出“汞是导电体”的结论。这个结论是有充分根据的，符合充足理由律的要求。

充足理由律要求人们的思维要有论证性，即人们提出论题、作出判断都必须有充足的根据（简言之：每一个正确的判断都必须有充分的根据）。没有充足根据的判断是不可信的。如：

因为他父亲是名医，所以他一定会看病。

“他一定会看病”这个判断的根据是不充分的，因为从“他父亲是名医”不能必然推出“他一定会看病”的结论。这个结论缺乏充足理由，是不可信的。

判断，有真的，有假的。对于一个真的判断来说，有的判断的真实性比较明显，有的判断的真实性不太明显。对于前者，要确认它的真实性无须加以特别证明，甚至对于一些比较简单的判断，通过感官就可以直接断定它的真假。譬如“外面正在下雨”这个判断，朝屋外一看就可以知道它是真是假。但对于真实性不太明显的判断来说，其真实性就需要加以证明。而要证明一个判断的真实性，常见的有两种方法：一种是实践证明，一种是逻辑证明（第十章再详述）。但是充足理由律要求：不管使用哪一种方法来证明判断的真实性，都需要有充分的根据。

充足理由律的存在是有客观基础的。它是客观事物的必然联系，特别是因果联系的一种反映。任何一个事物或现象的存在，都需要一定的条件和原因。所有这些条件和原因就是事物或现象存在的充分的根据。没有这些根据，事物或现象就不可能存在，那么它就是假的。所以对事物作出某种判断，就要论述充足的理由。

充足理由律的运用有重要的实践意义：

首先，任何一门科学理论，任何一部科学论著，任何一篇有价值的论文，按照充足理由律的要求，它们的立论都必须有充分的根据。没有充分的根据，就不具有严格的科学性，就会使人对它的真理性产生怀疑。所以任何科学理论都不能违背充足理由律的要求。

其次，在日常生活和工作中，我们对事物作出的判断，特别是重要的判断，也是应该有充分的根据的。譬如法院对案件的判决、政府部门对某项政策的确定、人们对某件事所作的重要结论、一次谈话的重要论点，都应该有充足的理由。有充足的理由，才有说服力，否则就缺乏可信性。

需要重复强调一下：在运用充足理由律时要根据实际情况，恰当地及时地使用论证的方法。对真实性比较明显的判断，无须过多地论证；过多地论证是画蛇添足、适得其反。对真实性不太明显的判断，必须加以论证，不论证不足以服人。有的人不懂得论证的必要性，在讲话或写作中，常常只讲论点不加论证，或者不善于论证，大大影响讲话或写文章的效果。所以讲话或写文章不但要提出鲜明的论点，还要给予充分的论证。

二、违反充足理由律的逻辑错误

违反充足理由律的逻辑错误大体有下面几种：

1. “有论无据”的错误

只讲论点，不摆论据。只下结论，不加论证。如某厂要在公共场所建立禁烟区，厂长在动员大会上讲：“抽烟是有害的，我们要在所有公共场所建立禁烟区。谁违背厂里的规定就要罚款。”接着他讲了许多罚款的具体规定，但是没有讲“为什么抽烟是有害的”，没有为自己的论点阐述充足的理由，结果厂里的规定不但行不通，还招来一大堆意见。后来他们吸取了教训，运用大量的事实和统计资料，从多方面论证“抽烟是有害的”道理，才使厂里的规定得到顺利的执行。

2. “理由虚假”的错误

理由虚假，主要是论据不真实。如：

地球是宇宙的中心，是因为日月星辰都是围绕地球转的。

“地球是宇宙的中心”是论点，“日月星辰都是围绕地球转的”是论据。论点的错误是由于论据不真实造成的。

3. “推不出”的错误

推不出的错误，主要是论题和论据没有必然联系，从论据推不出论题。这种错误常常表现为推理形式的不正确。如：

我不需要学外语，因为我不是搞外事工作的。

这个推理是一个简化的三段论，可以把它还原成下面的三段论：

搞外事工作的需要学外语
我不是搞外事工作的
————————————
所以，我不需要学外语

这是三段论的第一格。第一格的小前提应该是肯定判断。它的小前提是否定判断，因此推理形式错误，犯了“推不出”的逻辑错误。

违背充足理由律的逻辑错误不止这几种，因为在第十章还要作详细论述，所以其他逻辑错误，此处从略。

*　　*　　*　　*

上面四节叙述了形式逻辑的四条思维规律。它们既有联系又有区别。前三条规律是关于思维确定性的规律；第四条规律是关于思维论证性的规律。前三条的共同作用都是为了保持思维的确定性，但各条规律起作用的角度不同、侧重点不同：同一律是从保持概念、判断、论题的自身同一这个角度来保持思维的确定性；矛盾律是从保持思维的首尾一贯性、防止自相矛盾的角度来保持思维的确定性；排中律是从保持思维的明确性、防止在两个互相矛盾的思想中犹豫不定这个角度来保持思维的确定性。思维的确定性涵盖了思维的同一性、一贯性、明确性。但是人们的正常的思维活动只有确定性还不够，还需要有论证性。思维的确定性在于回答思维应该怎么样（应该同一、一致、明确）；思维的论证性在于回答思维的根据是什么。思维的确定性和论证性体现了人们运用各种思维形式开展正常的思维活动所必须遵守的基本的要求，是进行正确思维和语言交流的必要条件。

练　习　题

下面的论证是不是违反充足理由律？如果是，犯了什么逻辑错误？

1. 因为他经常跑步，所以才摔断了腿。

2. 他有很多书，所以他读书一定很多。

3. 他工作能力很强，因为他的工龄很长。

4. 主观唯心主义者认为：房屋、山岳、江河都是人的感觉，因为一切事物都是人的感觉。

5. 因为我不是共产党员，所以我不一定要遵守劳动纪律。

6. 因为他学了语法修辞，所以他一定能写出好文章。

7. 因为他是研究历史的，所以懂得许多历史知识。

8. 因为他不是研究历史的，所以不懂得许多历史知识。

9. 因为这个演绎推理的前提和结论都是真的，所以它的推理形式也是正确的。

10. 李某和王某住同村，二人有矛盾。有一天李某被人杀死在家中。有关方面认定王某是杀人犯，理由是：(1) 王某酒后曾扬言要杀死李某；(2) 李某是被20cm长的匕首刺死的，王某家中有20cm长的匕首一把；(3) 案发当天，有人看见王某到李某家中去过。

根据以上理由是否可以断定王某就是杀人犯，为什么？

第十章 逻辑论证

前九章侧重介绍了概念、判断、推理的逻辑形式、逻辑规则及形式逻辑的思维规律。本章介绍的逻辑论证是各种逻辑规则、逻辑规律的综合运用。下面分四节加以介绍。

第一节 逻辑论证的定义和结构

一、什么是逻辑论证

1. 什么是逻辑证明和实践证明

论证，也叫证明，是指确定某个判断真实性的思维过程。粗略说来，证明有两种：

一种叫实践证明，主要是通过人类实践活动的事实和结果来证实某个判断的真实性。

如地质工作者根据对地质结构和其他各种资料的分析研究，得出“松辽平原蕴藏着丰富石油”的初步结论。这个判断有没有真实性，需要通过地质钻探来验证。这种通过地质钻探的实践来证实“松辽平原蕴藏着丰富石油”这个判断的真实性，就是实践证明。实践证明，主要是通过事实来证明。

另一种叫逻辑证明（即逻辑论证），是指根据已知为真的判断，通过逻辑推理来确定某个判断的真实性。下面证明几何题的方法就是逻辑证明：

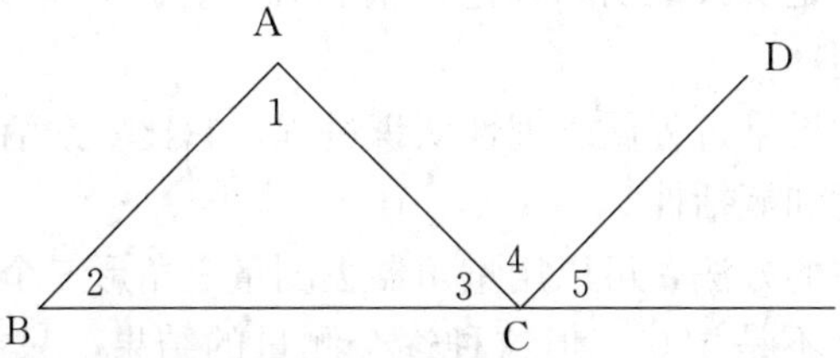

〔求证〕：三角形三内角之和等于180°。

〔证明〕：作辅助线 CD∥AB

则：∠1＝∠4（内错角相等）

∠2＝∠5（同位角相等）

∠3＋∠4＋∠5＝180°（平角是180°）

∠3＋∠4＋∠5＝∠1＋∠2＋∠3＝180°

（根据等量代替原理）

“三角形三内角之和等于180°”这个判断的真实性，通过上面的推理得到了证明。

逻辑证明有两个特点：

（1）证明的根据是已知为真的判断。

在上述证明中，“内错角相等”、“同位角相等”、“平角是180°”、“等量代替原理”都是已知为真的判断。

（2）证明的方法是通过逻辑推理。

譬如证明∠2和∠5相等就是一个数量关系推理：

同位角与同位角相等

∠2和∠5是同位角

所以，∠2与∠5相等

逻辑证明，主要是通过逻辑推理来证明判断的真实性。

2. 逻辑证明和实践证明的关系

逻辑证明和实践证明是两种基本的证明方法。它们的关系是非常密切的：

首先，实践证明是逻辑证明的基础，没有人类的实践活动，逻辑证明的方法就不可能产生和发展。

（1）逻辑证明的论据是从实践中得来的。

（2）逻辑证明所运用的推理形式也是从千百万次的实践中概括出来的。

（3）逻辑证明的结果是否正确最终靠实践来检验。

其次，逻辑证明是实践证明的理论概括和升华。在人类认识真理的过程中，它有不可取代的作用：

（1）逻辑证明的思维过程属于理性认识过程，它比实践活动的直观性和具体性具有更大的普遍性和概括性。

譬如用实践证明的方法，可以用量角器去测量三角形三个内角的角度，然后加起来看它们之和是不是 180°。但这种逐个测量的结果，只能得到对于三角形的个别性、具体性的知识，不能得到概括性、一般性的知识。三角形的几何图形的数量是无限多的，谁也不可能一个一个全部去测量。只有用逻辑证明的方法，才能证实三角形三内角之和等于 180°。而一般说来，只有经过逻辑证明的东西，人们才能确认它的普遍性和规律性。

（2）逻辑证明的思维过程具有人类意识的预见性，它比实践活动的现实性具有某种超前性。

逻辑证明可以通过推理活动，从已知推测未知，从现在推测未来，带有某种超前性质，对以后的实践活动具有重要的指导意义。

譬如人们用逻辑证明的方法，可以推断地下埋藏的矿物能源（煤、石油等）将来会有枯竭的时候，这种科学预见能够指导人们在地下矿物能源枯竭之前去开辟新的能源，更好地解决未来社会的能源供应问题。而科学预见的提出离不开逻辑论证。

（3）逻辑证明是揭示客观规律、获得真理的一种手段。没有逻辑论证，就没有科学的理论体系。

在科学理论中，除了为数不多的公理是被亿万次的实践所证明，无须再经过逻辑论证之外，其他的原理、定理一般地都需要经过逻辑论证才能成立。

（4）逻辑证明是宣传真理、传播科学知识的重要手段。

逻辑证明是论证真理的科学性的重要工具，没有逻辑论证，人们就很难相信任何科学道理。没有逻辑论证，任何科学真理就无法传播。

需要指出：逻辑证明和实践证明虽是两种不同的证明方法，但在实际运用时往往是交织在一起，你中有我，我中有你，互相渗透，相辅相成的。

二、逻辑论证的结构

逻辑论证的结构包括三部分：论题、论据和论证。

1．论题

论题是论证的对象，即真实性需要加以确定的判断。

讲话和理论文章中的论点，数学证明题当中求证的问题，都是论题。前面的几何题中，求证的“三角形三内角之和等于180°”就是论题。

论题回答“论证什么”。

2．论据

论据是论证的依据，即用来证明论题真实性的根据。论据大体有下面几种：

（1）客观事实。

事实是一种非常重要的论据，摆事实，讲道理，用事实作为根据论证论题的真实性。

（2）科学定义。

科学定义都是客观事物的本质和规律的反映，都是对某种事物的真实判断、真实反映，所以可以作为论据。

（3）科学公理。

在各门科学中，公理是真实性十分明显的、被亿万次实践所证明、不需要再经过逻辑论证的最基本的原理。公理的真实性是无可置疑的，所以也可以作论据。

（4）科学原理、定理。

科学原理、定理都是经过严格的科学论证，又被实践所反复证明的，其真实性是可靠的，也可以作为论据。

所有论据都应该是已知为真的判断。

论据回答“用什么证明”。

3．论证

论证是指运用论据证明论题的方式。

论证方式和论证过程及推理形式有关。从论证过程来讲，论证方式可以是直接论证，也可以是间接论证。从推理形式来讲，论证方式可以是演绎论证，也可以是归纳论证。上面一道几何题，运用的就是直接论证和演绎论证的方式。

论证回答“怎么样证明”。

第二节　论证的种类

根据论证过程的不同，可以把论证分成两种：直接论证和间接论证。根据推理形式的不同，也可以把论证分成两种：演绎论证和归纳论证。

一、直接论证和间接论证

1. 直接论证

直接论证是由论据直接推出论题的真实性。譬如证明水银是导电体用的就是直接论证：

〔论题〕：水银是导电体

〔论证〕：所有金属都是导电体

水银是金属

———————————

所以，水银是导电体

这个论证就是用直言三段论的推理形式直接推出论题的真实性。

在直接论证中，有一种选言证明法（也叫排除法，或者淘汰法），很值得注意。

选言证明是一种运用选言推理进行论证的直接证明方法。它的具体步骤是：

〔求证〕：论题 A

〔证明〕：(1) 以 A 为一个选言肢，提出一个选言判断：或 A 或 B 或 C（选言肢穷尽）

(2) B 不能成立

(3) C 不能成立

(4) 所以 A 成立

选言证明是通过选言推理直接推出论题 A。

毛泽东论证“人的正确思想只能从社会实践中来”，用的就是选言证明法：

人的正确思想是从哪里来的？是从天上掉下来的吗？不是。是自己头脑里固有的吗？不是。人的正确思想，只能从社会实践中来，只能从社会的生产斗争、阶级斗争和科学实验这三项实践中来。

这个选言证明包括三个步骤：

(1) 以论题作为一个选言肢，提出一个选言判断。

如：

人的正确思想或是从社会实践中来，或是从天上掉下来，或是头脑里固有的（此选言判断论证时省略了）。

（2）排除论题以外的所有选言肢。

如：

人的正确思想是从天上掉下来的吗？不是。是自己头脑里固有的吗？不是。

（3）根据选言推理的否定肯定式，确定论题的真实性。

如：

人的正确思想只能从社会实践中来。

选言证明法在论证中是常见的，如《求是》杂志1992年第12期题为《先挖渠，后放水》的文章，在论证“先挖渠后放水”的道理时，运用的就是选言证明法：

在深化改革当中，不少企业调整产品结构，转换管理机制，使企业出现了勃勃生机。但同时也出现了不少新问题，其中一个困扰人心的难题是：对调整下来的多余人员怎样安排？

对此，有人打了一个比方：一个水池子，水满了，得放水。放水的办法，大抵有两种：或扒个口子了事，或先挖好水渠再放水。哪一个办法好当然是不言而喻的。前者虽然简单省事，但后患无穷，不敢说一定会泛滥成灾，但起码是周围泥泞一片，行人叫苦不迭；后者则不同，水有水道，人有人道，各得其所，秩序井然。

放水的办法有两种，根据选言推理的否定肯定式，否定了前一种，肯定了后一种，从而论证了“先挖渠，后放水”的道理。

2. 间接论证

直接论证，在论证过程中不提出反论题。间接论证，在论证过程中需提出反论题。

间接论证也叫反证法。反证法是首先提出原论题的反论题（与原论题相矛盾的判断），然后通过证明反论题的虚假，从而证明原论题的真实性。也可理解为：首先提出反论题，然后通过反论题推演出错误的结果，来证明原论题的正确性。反证法可以用下列公式表示：

〔求证〕：论题A

〔证明〕：（1）设非A成立。

（2）则非A⟶B（由非A可推出B），但已知B是假的，所以非A是假的（根据充分条件假言推理的否定后件式）。

（3）所以 A 是真的（根据排中律）。

本书第六章第三节证明直言三段论第一格的第二条规则——小前提必须是肯定的——运用的就是反证法：

第一格

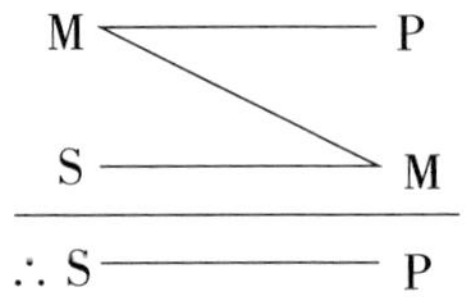

〔求证〕：小前提必须是肯定的。

〔证明〕：假定小前提是否定的（反论题）

如果小前提是否定判断，那么结论就是否定判断（根据规则五）

如果结论是否定判断，那么大项在前提中必须是周延的（根据规则三）

如果大项在前提中是周延的，那么大前提就是否定判断

所以，如果小前提是否定判断，那么大前提也必须是否定判断

又因为从两个否定判断推不出结论，所以小前提是否定判断就推不出结论，因此它不能成立。

根据排中律，小前提不能是否定判断，所以必须是肯定判断。

反证法的特点是：

先假定反论题成立，然后再揭示反论题的虚假性，最后再证明原论题的真实性。

譬如为了论证人民民主专政的必要性，毛泽东就使用了反证法：

对人民内部的民主方面和对反动派的专政方面，互相结合起来，就是人民民主专政。

为什么理由要这样做？大家很清楚。不这样，革命就要失败，人民就要遭殃，国家就要灭亡。

论题是：必须实行人民民主专政。为了论证这个论题，先提出反论题：不实行人民民主专政。再从反论题推出不可设想的严重后果——革命就要失败，人民就要遭殃，国家就要灭亡，从而说明反论题的荒谬性。最后根据排中律证明原论题的正确性。

为了论证深化经济体制改革的必要性，也可以使用反证法：

深化经济体制改革是非常必要的。不深化经济体制改革，旧体制的弊病就不能从深层次上得到解决；旧体制的弊病不能从深层次上得到解决，生产力就不能进一步得到解放；生产力得不到进一步的解放，我国经济就上不去。

为论证深化经济体制改革的必要性，先提出反论题：不深化经济体制改革。然后从反论题推出严重后果，证明其荒谬性。最后从反论题的荒谬性推出原论题的正确性。

在日常生活中，也经常使用反证法论证问题。如为了教育刚上初中的孩子学好初中的课程，家长经常讲类似下面的话：

> 初中阶段的学习是非常重要的。如果你认为它无关紧要，想上了高中再努力，那么初中的基础就打不好；如果初中的基础打不好，就会影响高中的学习；如果影响了高中的学习，就很难考上大学。即使不考大学，基础知识学不好，对你今后一生的深造都不利。

为论证初中阶段学习的重要性，先提出反论题：初中阶段是无关紧要的。然后推出反论题的荒谬，证明原论题的正确。

二、演绎论证和归纳论证

1. 演绎论证

演绎论证是运用演绎推理进行的论证。如用直言三段论推理、假言推理、选言推理、联言推理等形式进行的论证都是演绎论证。

演绎推理是必然性推理，演绎论证的论题和论据之间的联系是必然性联系。演绎推理是由一般到个别的推理，演绎论证也是根据一般原理论证个别性判断的真实性的论证。如要确定“铂是导电体”这个判断的真实性，就可以根据“所有金属都是导电体”这个一般性原理，用三段论推理加以证明：

〔论题〕：铂是导电体

〔论证〕：

所有金属都是导电体
铂是金属
———————————
所以，铂是导电体

2. 归纳论证

归纳论证是运用归纳推理进行的论证。完全归纳推理和科学归纳推理都是必然性推理，这两种归纳推理都可以作论证工具。下面一段话是毛泽东运用完全归纳推理进行的论证：

> 我党历史上曾经有过几次表现了大的骄傲，都是吃了亏的。第一次是在一九二七年上半年。那时北伐军到了武汉，一些同志骄傲起来，自以为了不得，忘记了国民党将要袭击我们。结果犯了陈独秀路线的错误，使这次革命归于失败。第二次是在一九三〇年。红军利用蒋冯阎大战的条件，打了一些

胜仗，又有一些同志骄傲起来，自以为了不得。结果犯了李立三路线的错误，也使革命力量遭到一些损失。第三次是在一九三一年。红军打破了第三次“围剿”，接着全国人民在日本进攻面前发动了轰轰烈烈的抗日运动，又有一些同志骄傲起来，自以为了不得。结果犯了更严重的路线错误，使辛苦地聚集起来的革命力量损失了百分之九十左右。第四次是在一九三八年。抗战起来了，统一战线建立了，又有一些同志骄傲起来，自以为了不得，结果犯了和陈独秀路线有某些相似的错误。这一次，又使得受这些同志的错误思想影响最大的那些地方的革命工作，遭到了很大的损失。全党同志对于这几次骄傲，几次错误，都要引为鉴戒。

毛泽东考察了党的历史上所有大的骄傲，用完全归纳推理证明了党历史上几次大的骄傲都是吃了亏的。

以上概述了逻辑论证的分类，下面简述一下逻辑论证和逻辑推理的联系和区别：

首先，逻辑论证和逻辑推理是紧密联系的。从某种意义上讲，逻辑推理是逻辑论证的工具，逻辑推理是为逻辑论证服务的。作为两种思维形式，二者有许多相通之处：逻辑论证的论题相当于逻辑推理的结论；逻辑论证的论据相当于逻辑推理的前提；逻辑论证的论证方式大体上相当于逻辑推理的推理形式。作为逻辑论证的论题，往往是逻辑推理的结果；而论题形成之后，又需要逻辑推理来证实它的真实性。

其次，二者也有区别。第一，作为两种相对独立的思维形式，它们的思维功能有区别：推理的功能，主要是从已知推出未知，目的在于获得新知识。逻辑论证的功能，主要是确定某一判断的真实性。第二，它们的思维进程也有区别。逻辑论证的思维过程是从提出论题开始，先提出结论，然后再证实它的真实性。推理的思维过程是从前提开始的。先有前提，再推出结论。第三，它们的复杂程度有区别。逻辑论证是各种逻辑推理的综合运用。一个复杂的逻辑论证往往可以包括许许多多的逻辑推理。每一个逻辑论证，至少包括一个逻辑推理。一个逻辑推理却不一定能构成一个完整的逻辑论证。第四，不是所有的逻辑推理都能独立地充当逻辑证明的工具。演绎推理、完全归纳推理和科学归纳推理是必然性推理，它们不但具有推理作用，还有证明作用。因为只有通过必然性推理确定判断的真实性才是可靠的。简单枚举归纳推理和类比推理的结论是或然性的，它们不能独立地充当论证的工具，只能起辅助论证的作用。

第三节　论证的规则

论证是由论题、论据、论证方式三个要素构成的。论证的规则也包括关于论题的规则、关于论据的规则、关于论证方式的规则三个方面。

一、关于论题的规则

1. 论题必须明确

所谓论题必须明确就是论证的对象是什么必须清楚，即要明确证明的是什么、驳斥的是什么。论题不明确，论证就会无的放矢，无法进行有效的论证。有的人讲起话来口若悬河、滔滔不绝，写起文章来洋洋洒洒、挥笔万言，但杂乱无章，不知所云。造成这种现象的原因之一，就是有些人在讲话和行文中不善于提出明确的论题，而且不善于对论题进行充分的论证。

那么，怎么样才能做到论题明确呢?

首先，论题明确是个思想认识问题。如果你对自己所论述的问题似懂非懂，似知非知，就很难提出明确的论题。只有对论述的问题了如指掌，思想上有明确的见解，才能在论证中提出明确的论题。

其次，论题明确还是个语言表达问题。在论证中，要善于对论题进行提炼和概括，必须用最精炼的语言表达论题。论题必须简明扼要，如果表达论题的语言拉杂拖沓，就会犯“论旨不清”的逻辑错误。

2. 论题必须同一

在论证中，论题不但要明确，还必须保持同一。所谓论题同一，就是按照同一律的要求，在同一个论证过程中论题保持不变，不能偷换论题或转移论题。无论偷换论题还是转移论题，都改变了原来的论证对象：不是论证原来应论证的问题，而是论证和原论题有某种联系的，或者比较近似的其他论题。改变论题大体有下面三种情况：

(1) 改变原论题的断定内容。

论题一般是用判断表达的。每一个具体判断都有它具体的断定内容。改变论题，经常表现在改变论题的断定内容方面。

请看一位同志在哲学读书班总结会上的一段发言：

这次哲学读书班结束了。我最深的一点体会是：学哲学只有联系实际才能有所收获。同学们都反映，这次学习班时间虽短，但收获不小，确实提高了思想理论水平。过去，你要问我：什么叫唯物论，什么叫唯心论；什么叫形而上学，什么叫辩证法；什么叫对立统一，什么叫否定之否定，我真说不出一二三四来。通过学习，这些基本的理论概念都弄清楚了，理论思维能力增强了。思想上的收获真不小。

发言者的论题是："学哲学只有理论联系实际才能有所收获。"但他论证的却不是这个问题，他论述的是学习哲学的收获，而不是发扬理论联系实际的学风和取得这些收获有什么联系。他论述的内容，虽然和原论题有某种联系（都涉及学习的收获），但不是原论题所要求论证的内容。

（2）改变原论题的论证范围。

每一个论题有特定的断定内容，也有大体的论证范围。改变原论题的论证范围，有下面两种情况：

其一，论证过多。

在论证过程中，不去论证原来的论题，而去论证比原来的论题断定更多而又虚假的判断，叫"论证过多"。"论证过多"是偷换论题常犯的一种逻辑错误。

譬如：论题是"意识对物质的反作用"，在论证过程中，不去论证这个论题，实际上却去论证"意识对物质具有决定作用"。这个判断比原论题的断定内容更多而又虚假，所以犯了"论证过多"的逻辑错误。

还有一种与"论证过多"表面相似而实质不同的情况，即在论证过程中，不去论证原来的论题，而去论证比原来的论题断定更多而又真实的判断。如：

学习马克思列宁主义哲学思想是非常必要的。因为马克思列宁主义是无产阶级革命经验的科学总结，是人类智慧的宝贵结晶。因为它是从实践中产生又在实践中不断丰富和发展，不断被实践所证明的科学真理。因为它的基本原理是放之四海而皆准的，它是指导我们各项工作的理论基础。所以必须认真学习马克思列宁主义的哲学思想。

这段话的原论题是：学习马克思列宁主义哲学思想是非常必要的。在论证中，实际论证的论题是：学习马克思列宁主义是非常必要的。马克思列宁主义包括哲学、政治经济学、科学社会主义三个组成部分，实际论证的论题的断定范围比原论题的断定范围要大得多，即扩大了原论题要求论证的范围，但上述两个判断都是真实的（后者真，前者就真）。从论证"所有S都是P"入手来证明"有些S是P"，这从逻辑证明来讲是合乎规则的。

上述一段话，虽然从逻辑论证来讲是正确的，但从写作实践讲是不可取的。因为这段话的论证缺乏针对性，论题要求重点论证"学习马克思列宁主义哲学思想的必要性"，而实际论证的是学习整个马克思列宁主义的必要性。针对性不强，重点不突出，对为什么要学习马克思列宁主义哲学思想论证得不具体，不透彻。写作和逻辑既有联系又有区别。从写作的角度来讲，除了要求逻辑论证正确之外，还有其他方面更多的要求，如修辞方面的要求、内容的针对性等。所以上述一段话从逻辑论证上讲是正确的，从写作论文上讲却是不足取的。

其二，论证过少。

“论证过少”也是偷换论题的一种错误。在论证过程中，不充分地论证原论题，而去论证比原论题断定内容少的判断，叫“论证过少”。譬如论题是“某人光辉战斗的一生”，在论证中实际上只论证了某人一生中的某一段历史是光辉的，如抗美援朝这一段历史是光辉的。实际论证的范围小于论题所要求论证的范围，因此犯了“论证过少”的逻辑错误。

“论证过多”和“论证过少”，都改变了原论题要求的论证范围，都偷换了论题。

(3)“以人为据”的题外论证。

“以人为据”的题外论证，常常发生在双方辩论的过程之中。辩论者离开双方正在辩论的论题，攻击对方品行和生理上的某些缺点，企图通过攻击对方的缺点来驳倒对方的论点。这种把对论题的辩论改换成对人身缺点的攻击的做法，也是偷换论题的一种表现。它的错误实质在于：混淆了对方的论题和对方本身存在的缺点这样两个不同性质的问题。这种偷换论题的逻辑错误，叫“以人为据”的题外论证。

请看甲乙二人的争论：

甲：我赞成实行优化组合，因为实行优化组合能够提高工作效率，有利于促进生产。

乙：有人当第三者不觉得脸红，觍着脸讲什么优化组合，先优化一下你自己吧。

乙不谈对优化组合有什么看法，却离开论题攻击对方的缺点，在论证中犯了“以人为据”的逻辑错误。

二、关于论据的规则

作为论据必须是已知为真的判断，这是对论据的基本要求。关于论据的规则有三条：

1. 所有论据必须真实

论据是证明论题的根据，论证是从论据的真实性推出论题的真实性。如果论据虚假就不能证明论题的真实性，因此论据必须真实。违背这一规则，就会犯“论据虚假”的逻辑错误。

譬如“鲸是用鳃呼吸的，因为鲸是在水中生存的动物”这句话，就是一个论据虚假的论证。它的论证过程是：

论题：鲸是用鳃呼吸的。

论据：（1）鲸是在水中生存的动物。

（2）在水中生存的动物都是用鳃呼吸的（表述中省略了）。

论证方式：直言三段论推理。

所有在水中生存的动物都是用鳃呼吸的
鲸是在水中生存的动物

所以，鲸是用鳃呼吸的

在这个论证中，论据（2）是虚假的，所以上面的论证是不可靠的。

2. 论据的真实性必须已被证实

在论证中，以虚假的判断作为论据是错误的，以真实性未被证实的判断作为论据也是错误的。如果以真实性尚待验证的判断为论据进行论证，就犯了“预期理由”的逻辑错误。因为论据本身的真实性尚未得到证明，那么论题的真实性更无从得到证明。

譬如“张京今年肯定能考上大学，因为张京在高中是三好学生”这句话，就是一个“预期理由”的错误论证。它的论证过程是：

论题：张京今年肯定能考上大学。

论据：（1）张京在高中是三好学生。

（2）高中的三好学生今年肯定都能够考上大学（表述中省略了）。

论证方式：直言三段论推理。

所有高中的三好学生今年肯定都能考上大学
张京是高中的三好学生

所以，张京今年肯定能考上大学

上面这个直言三段论的大前提（所有高中的三好学生今年肯定都能考上大学）的真实性尚未得到证实。它可能是真的，也可能是假的。引用真实性尚未验证的判断作论据，犯了“预期理由”的逻辑错误。

3. 论据的真实性不应当靠论题来证明

在论证中，论题与论据的关系是不可逆的，即：论题的真实性依赖论据的真实性来证明，但论据的真实性不能依赖论题的真实性来证明，否则就会犯“循环论证”的逻辑错误。

鲁迅在《论辩的魂灵》一文中就揭露复古派的诡辩是一种“循环论证”：

……你是卖国贼。我骂卖国贼，所以我是爱国者。爱国者的话是最有价值的，所以我的话是不错的，我的话既然不错，你就是卖国贼无疑了。

复古派以“爱国者”自居，攻击他的论敌是“卖国贼”。复古派怎样证明自己是爱国者呢？他的推理是：你是卖国贼；我骂卖国贼，所以我是爱国者。

复古派又怎样证明“你是卖国贼”呢？他的推理是：我是爱国者；爱国者的话是不错的；我的话既然不错，你就肯定是卖国贼了。

前面证明“我是爱国者”（论题）的主要论据是：“你是卖国贼”。后面证明“你是卖国贼”（论题）的主要论据是：“我是爱国者”。在论证中，“我是爱国者”这个判断，既作论题又作论据；“你是卖国贼”这个判断，也是既作论据又作论题。实际上它们的真实性都没有得到证明。这个论证是一个毫无意义的“循环论证”。

三、关于论证方式的规则

论证必须合乎推理规则。论证所使用的推理必须合乎逻辑规则，这是对于论证方式的基本要求。论证中所使用的推理不符合逻辑规则，就会犯“推不出”的逻辑错误。请看鲁迅在《论辩的魂灵》一文中的另一段话：

你说甲生疮。甲是中国人，你就是说中国人生疮了。既然中国人生疮，你是中国人，就是你也生疮了。

这一段诡辩违背了“论证必须合乎推理规则”的要求，犯了“推不出”的逻辑错误（从“甲生疮”推不出“中国人都生疮”，更推不出“你也生疮”）。

这一段话包含了两个直言三段论推理。第一个直言三段论推理是：

甲是生疮的人（即“甲生疮”）
甲是中国人
————————————
所以，中国人都生疮了

这是直言三段论推理的第三格，第三格的推理规则是：小肯定（小前提必须是肯定的）、推特称（推出的结论必须是特称判断）。上面的推理违背了第三格“推特称”的推理规则，推出的结论是全称判断。也就是说，运用直言三段论第三格的推理形式，推不出全称判断的结论来。因此上面的推理犯了“推不出”的逻辑错误。

第二个直言三段论推理是：

中国人都生疮了
你是中国人
————————————
所以，你也生疮了

这个三段论的大前提“中国人都生疮了”是虚假的。根据虚假的前提推不出必然正确的结论来。所以第二个推理也犯了“推不出”的逻辑错误。

在论证中，“推不出”的逻辑错误的具体形式很多，不再一一赘述。但“推不出”的逻辑错误有个基本特点：推理过程违背推理规则。掌握这一点就能识别各种形式的“推不出”的逻辑错误。

第四节　反　　驳

一、什么是反驳

反驳是论证的一种特殊形式。它是根据已知为真的判断确定另一个判断的虚假的思维过程。例如：

“太阳系的九大行星都有自己的卫星”这种说法是不对的。因为金星是太阳系的九大行星之一，它就没有自己的卫星。

这段话就是一个反驳。它根据两个已知为真的判断：第一，金星是太阳系的九大行星之一；第二，它没有自己的卫星，证明了“太阳系的九大行星都有自己的卫星”这个判断是虚假的。

反驳的过程，和证明的过程一样，从本质上讲都是推理的过程。如：

说“吉林市是吉林省会”是不对的。因为吉林市不是吉林省政府的所在地。

这段话也是反驳。这个反驳包含着下面的推理过程：

如果吉林市是吉林省的省会，那么它就是吉林省政府的所在地
吉林市不是吉林省政府的所在地
———————————————————————
所以，吉林市不是吉林省的省会

这个推理是充分条件假言推理的否定后件式，上面的反驳是通过它完成的。

反驳也是一种证明，不过它是证明的一种特殊形式。反驳和证明，既有联系又有区别。两者的共同点是：

(1) 证明和反驳，从思维形式的本质讲都是相同的，都是通过推理来确定某一判断是否具有真实性。

(2) 证明和反驳的结构都包括三个要素：论题（被反驳论题）、论据、论证方式。

(3) 证明和反驳的规则基本上是相同的。

两者的不同点是：

(1) 直接的目的不同：证明的目的是为了确定判断的真实性；反驳的目的是为了确定判断的虚假性。

(2) 具体作用不同：证明是从正面宣传真理；反驳是从反面（通过批驳谬论）宣传真理。

两者虽有不同，但又是互相渗透，相辅相成的。特别是在写作实践中，常常把证明和反驳结合起来，通过立论（证明）和驳论（反驳），从正反两方面阐明同一种道理。

二、反驳的途径

反驳可以从三个方面入手：

1. 反驳论题

反驳论题着重阐明对方的论题是错误的，反驳的重点放在论题本身。因为论题是对方论证的核心，驳倒了对方的论题，就驳倒了对方的论证。请看下例：

> 认为美国不存在侵犯人权的问题，这是不符合实际的。在美国存在种族歧视是任何人都否认不了的事实。而种族歧视说到底是个人权问题。四名白人警察痛打一名黑人，这难道不是明目张胆地侵犯人权又是什么？黑人罗德尼·金被警察毒打了66下，连还手自卫的权利都没有，还谈什么人权？而一贯高唱保护人权的美国的司法机构，竟然对毒打黑人的四名白人警察作出无罪判决，难道保护种族歧视就是保护人权吗？

这段话主要是反驳论题。在被反驳的论题之后常用一些习惯性语言，如：这个论题"是站不住脚的"、"是不符合实际的"、"是错误的"、"是荒谬的"，然后再论述反驳的理由。

2. 反驳论据

反驳论据主要是指出论据是虚假的。

论题是由论据作支柱的。如果论据虚假，那么论题的真实性就得不到证明。所以指出论据虚假是反驳常用的另一种手法。

譬如要反驳"他肯定会治病，因为他父亲是名医"的论证，就可以指出这个论证的一个论据是虚假的。这个论证运用的是直言三段论推理：

> 所有父亲是名医的人都肯定会治病
> 他父亲是名医
> ————————————————
> 所以，他肯定会治病

大前提在表述中省略了，省略的大前提是虚假的。也就是说两个论据中，有一个论据是虚假的。所以这个论证是错误的。

但必须说明：驳倒了对方的论据，并不等于对方的论题一定是假的，而只表明对论题的论证是无效的，而论题本身的真假是另外的问题。也有这种情况：论题是真实的，论证是错误的。

3. 反驳论证

反驳论证，就是指出论证过程中的推理是错误的。因为论证中的推理是错误的，论证也就是无效的。例如：

他是杀人凶手，因为凶手杀人使用的是勃朗宁手枪，他使用的也是勃朗宁手枪。

要反驳上面的论证，就可以从反驳论证方式入手，指出它的推理形式是错误的。它的推理形式是：

如果他是杀人凶手，那么他使用的就是勃朗宁手枪
他使用的是勃朗宁手枪
———————————————
所以，他是杀人凶手

这个推理是充分条件假言推理的肯定后件式，按照充分条件假言推理的规则，肯定后件不能肯定前件。所以这种推理形式是错误的，这个论证也就是无效的。

也必须指出：指明推理形式的错误，并不等于对方的论题一定是假的，只是表明对方的论证是错误的，而论题的真假与否是另外的问题。但是指出论证是错误的，就基本上达到了反驳的目的。因为反驳了对方的论证，就说明对方论题的真实性还没有得到证明。

三、反驳的方法

1. 用事实反驳和用推理反驳

粗略地说，反驳的方法有两种：

(1) 用事实反驳。

用事实反驳就是列举事实直接证明论题的虚假性。如：

为了驳斥分裂主义者散布的“中国政府禁止使用藏语文”、“藏语文正在消亡”的谬论，中国藏学研究中心副总干事、教授胡坦说：解放前的西藏，使用藏语文的约有 100 万人，到 1991 年仅使用藏语文的藏族人就达到了 210 万人，人数增加了一倍。藏语文的使用范围也由解放前的主要用于日常生活、生产、文学、宗教活动，扩展到了今天的政治、经济、文化教育，乃至科技等广大领域。

胡坦教授列举使用人数和使用范围两方面的事实直接驳斥了“藏语文正在消

亡”的谬论。这就是用事实反驳的方法。

(2) 用推理反驳。

用推理反驳就是通过逻辑推理证明论题的虚假性。

如日本电影《追捕》中有这么个情节：朝仓议员从高楼上“跳下身亡”，在分析朝仓死亡的原因时，有人认为“他是自杀的”。检察官杜丘不同意这种看法，并用下面的推理来反驳它：

如果他是自杀的，那么必然有自杀的动机和原因

他没有任何自杀的动机和原因

所以，他不是自杀的

杜丘事先并不了解事情的真相，但他用合乎逻辑的推理反驳了“他是自杀”的论断。案件侦破的最后结果证明：朝仓议员是被政界的幕后操纵者长冈害死的，杜丘的推理完全正确。

用事实反驳和用推理反驳是两种不同的反驳方法，但它们常常结合在一起，互相渗透，相辅相成。如：

有人说“一切动物的血都是红的”，其实有些动物的血并不是红的。如蚯蚓的血是玫瑰色的；蜘蛛的血是绿色的；虾和蟹的血是青色的；蜗牛的血是蓝色的；南极海洋中有些鱼的血是无色透明的。所以“一切动物的血都是红色的”这个说法是不符合实际的。

上面一段话，既用推理进行反驳，又用事实进行反驳。首先，运用了性质判断对当关系的推理：“一切动物的血都是红的”和“有些动物的血不是红的”是两个互相矛盾的判断，根据不矛盾律，从后者真就可以推出前者假。

那么，又怎么证明“有些动物的血不是红色的”这个判断的真实性呢？还是举例证明的办法。举例证明的办法，就是列举事实加以证明的办法。只要举出“蜘蛛的血是绿的”这个事实，也就证明了“有些动物的血不是红的”这个判断的真实性，也就用事实反驳了“一切动物的血都是红色的”论题。所以用事实反驳和用推理反驳的方法常常是并用的，是交织在一起的。

2. 用演绎推理反驳和用归纳推理反驳

通过逻辑推理进行反驳，还可以分为下面两种形式：

(1) 演绎反驳法。

演绎反驳法就是运用演绎推理的形式进行反驳的方法，包括运用直言三段论推理、假言推理、选言推理、联言推理、关系推理等各种形式的演绎推理进行的反驳。如前面举的例子，“他不是自杀的，因为他没有任何自杀的动机和原因”，就是运用假言推理进行的反驳。

（2）归纳反驳法。

归纳反驳法是运用归纳推理的形式进行的反驳。严格的归纳反驳，应该是使用完全归纳推理和科学归纳推理进行的反驳，其结果具有可靠性。使用简单枚举归纳推理进行反驳，其结果带有或然性。

请看毛泽东在《唯心历史观的破产》一文中，是怎么运用科学归纳推理进行反驳的：

> 革命的发生是由于人口太多的缘故吗？古今中外有过很多的革命，都是由于人口太多吗？中国几千年以来的很多次的革命，也是由于人口太多吗？美国一百七十四年以前的反英革命，也是由于人口太多吗？艾奇逊的历史知识等于零，他连美国独立宣言也没有读过。华盛顿杰斐逊们之所以举行反英革命，是因为英国人压迫和剥削美国人，而不是什么美国人口过剩。中国人民历次推翻自己的封建朝廷，是因为这些封建朝廷压迫和剥削人民，而不是什么人口过剩。俄国人所以举行二月革命和十月革命，是因为俄皇和俄国资产阶级的压迫和剥削，而不是什么人口过剩，俄国至今还是土地多过人口很远的。蒙古土地那么广大，人口那么稀少，照艾奇逊的道理是不能设想会发生革命的，但是却早已发生了。

毛泽东列举中国、美国、俄国、蒙古发生革命的事实，并且进行了科学归纳：革命的发生是反动统治阶级压迫和剥削人民的结果，不是由于人口过剩，从而驳斥了艾奇逊的谬论。

3. 两种常用的反驳方法

在运用逻辑推理进行反驳时，有两种常用的反驳方法应该特别加以介绍：

（1）归谬法。

归谬法是先从被反驳论题推导出荒谬的结果来，然后再证明其虚假性。如：

> 倘若说，作品愈高，知音愈少，那么，推论起来，谁也不懂的东西，就是世界上的绝作了。

这是鲁迅《文艺的大众化》一文的一段话。鲁迅在这里使用归谬法反驳“作品愈高，知音愈少”这个论题。

使用归谬法，大体分成三步：

第一步：先假定被反驳论题是真的。上例中先假定“作品愈高，知音愈少”是真的。

第二步：从被反驳论题推导出荒谬的结果来。上例中，从“作品愈高，知音愈少”推导出“谁也不懂的东西，就是世界上的绝作了”。这个推导过程可以用假言判断来表述：

如果作品愈高，知音愈少，那么谁也不懂的东西，就是世界上的绝作了。

第三步：根据充分条件假言推理的否定后件式，证明被反驳论题的虚假。上例中这个具体的推理过程是：

如果作品愈高知音愈少，那么谁也不懂的东西就是世界上的绝作了

谁也不懂的东西不是世界上的绝作

所以，并非作品愈高，知音愈少

为了驳斥“作文有秘诀”的论题，鲁迅也使用了归谬法，他反驳说：“假使有，每个作家一定是传给子孙的了，然而祖传的作家很少见。”

归谬法用得很普遍。再如：

有人主张办一切事情都要看本本上怎么写的，这是思想僵化的表现。如果一切都照本本办，那么本本上没有写的，我们就什么事情也不能办，那样社会就不能前进，它的生机也就停止了。

为了驳斥“本本主义”，先假定按照“本本办”，并推出照本本办的荒谬结果来，从而证明搞“本本主义”是错误的。

下面是两个小青年的谈话，请看乙是如何反驳甲的：

甲：说真的，没有她，我一天也不能活。

乙：不对。你们认识多久了？

甲：都两个多月了。

乙：那么前二十多年你是怎么活过来的？

乙是使用归谬法反驳甲的，乙的推理过程是：

如果没有她一天也不能活，那么前二十多年没有她也不能活

实际上前二十多年你活过来了

所以，并非没有她你一天也不能活

在这里需要说明：讲到“归谬法”，人们就容易联想起前面讲的“反证法”，而且容易把二者混为一谈。实际上二者是不同的：反证法是一种证明的方法，归谬法是一种反驳的方法。它们有三点不同：（1）使用范围不同：反证法是在证明过程中经常使用的方法；归谬法是在反驳过程中经常使用的方法。（2）使用的方法不同：反证法要提出反论题，并假定反论题成立，然后再从反论题推演出错误的结果来；归谬法不提出反论题，直接假定原论题成立，然后再从原论题推演出荒谬的结果来。（3）达到的目的不同：运用反证法的目的是证明原论题的真实

性；运用归谬法的目的是证明原论题的虚假性。

（2）反论题驳斥法。

反论题驳斥法，就是通过提出反论题来驳斥某个观点的方法。这种方法首先提出被反驳论题的反论题（与其相反对或相矛盾的论题），然后通过证明反论题的真实性，来证明被反驳论题的虚假性。具体地说，反论题驳斥法包括三个步骤：

第一步：提出与被反驳论题相反对或相矛盾的反论题；

第二步：证明反论题的真实性；

第三步：根据不矛盾律，由反论题的真推出被反驳论题的假。

如：

> 唯心主义者认为：先有意识，后有物质；意识是第一性的，物质是第二性的。其实，恰恰相反：物质是第一性的，意识是第二性的。因为第一，从意识的产生过程来讲，意识是物质世界长期发展的产物。物质世界从无机界产生出有机界，从低等生物发展到高级动物，最后产生人类。人类产生以后才有了意识。第二，从意识的内容来讲，意识是人脑对客观世界的反映。没有物质世界意识就没有反映对象，没有反映内容。第三，从意识存在的物质基础来讲，意识是人脑的机能，而人脑是高度发达的物质，没有这种高度发达的物质，就不会有意识产生。所以先有物质，后有意识，意识依赖于物质。物质是第一性的，意识是第二性的。

上面一段话使用的就是反论题驳斥法。它首先提出反论题：物质是第一性的、意识是第二性的。然后从三个方面证明反论题是真实的。最后根据不矛盾律，由反论题的真推出原论题的假。

再如：

> 有人认为：强调以经济建设为中心，思想政治工作就可有可无了。其实不然。越是强调以经济建设为中心，越是要围绕经济建设做好思想政治工作。只有做好思想政治工作，才能为发展经济提供持久的精神动力；只有做好思想政治工作，才能为发展经济指出明确的方向；只有做好思想政治工作，才能更好地协调各方面的利益关系，化解矛盾，搞好团结，调动广大群众生产、工作的积极性。强调以经济建设为中心，并不是要削弱思想政治工作，而是要加强和改进思想政治工作，使它更好地为经济建设这个中心服务。

上面一段话使用的也是反论题驳斥法。首先提出反论题“越是强调经济建设为中心，越是要围绕经济建设做好思想政治工作”。然后证明反论题的真实性，最后由反论题的真推出原论题的假。

再看一个运用反论题驳斥法的例子：

有人认为“只有上过大学才能大有作为”。其实，不上大学而大有作为者大有人在。苏联的高尔基只上过几年小学，却成为世界著名的大文豪。英国的物理学家法拉第，原来是个钉书匠，没受过正规教育，却发现了“电磁感应规律”，成为电磁学的奠基人。中国的数学家华罗庚也没上过几年学，14 岁开始自学数学，19 岁开始写数学论文，25 岁便成了世界闻名的数学家。所以“不上大学就不能大有作为”的说法是站不住脚的。

这里还需要说明：反论题驳斥法也容易和前面讲的反证法相混淆，因为二者有共同点：使用这两种方法都需要提出反论题。但二者有三点不同：(1) 使用范围不同：反论题驳斥法是反驳中经常使用的方法，反证法是证明中经常使用的方法。(2) 反论题的作用不同：在反论题驳斥法中，主要通过反论题的真，证明原论题的假；在反证法中，主要通过反论题的假，证明原论题的真。(3) 推理的依据不同：在反论题驳斥法中，最后的推理依据是矛盾律；在反证法中，最后的推理依据是排中律。

四、反驳诡辩

1. 什么是诡辩

故意违背逻辑规律和规则，为谬论作错误论证，或者通过错误的论证把本来正确的东西歪曲成错误的东西，就叫诡辩。

诡辩有三个特点：

(1) 任何诡辩都有一定的欺骗性。

诡辩是一种错误的论证。它的欺骗性在于：它有自己的“论点”、“论据”和“论证方式”。它不但提出“论据”，还要进行似是而非的推理，并企图通过似是而非的推理来“论证”谬论的“合理性”。所以它有一定的欺骗性。

(2) 任何诡辩都包含有逻辑错误。

诡辩的论证是通过歪曲各种逻辑规则来实现的，因此所有诡辩都包含逻辑错误。而且诡辩的手法是故意制造逻辑错误，没有逻辑错误就构不成诡辩。

(3) 一般来讲，诡辩都有非正当的目的。

除少数例外，诡辩的基本目的是颠倒黑白、混淆是非。通过诡辩把本来错误的东西硬说成是正确的，或者把本来正确的东西硬说成是错误的。

鲁迅《半夏小集（五）·且介亭杂文末编》中有这样一段人物对话：

A：B，我们当你是一个可靠的人，所以，几种关于革命的事情，都没有瞒了你。你怎么竟向敌人告密去了？

B：岂有此理！怎么是告密！我说出来，是因为他们问了我呀。

A：你不能推说不知道吗?

B：什么话！我一生没有说过谎，我不是这种靠不住的人。

B的讲话就是一种诡辩。他明明是向敌人告密，却狡辩说，不“说出来”就是对敌人“说谎”，声明“我不是这种靠不住的人”。按B的逻辑只有向敌人告密才是一个“诚实”的人。很明显，B企图通过这种错误的论证（其错误后面再分析），把自己的变节行为美化成“正当的行为”。所以B的话是一种典型的诡辩。

2. 诡辩的手法

诡辩的手法五花八门、层出不穷，很难对它进行严格的全面的概括。只有根据它包含的逻辑错误的性质不同，粗略地分为下面几种情况：

（1）故意违背形式逻辑的基本规律制造的诡辩。

例如，违背同一律，用“偷换概念”、“偷换论题”的手法进行诡辩；违背不矛盾律，用“自相矛盾”的思想进行诡辩；违背排中律，用“未置可否”的手法进行诡辩；违背充足理由律，用不合逻辑的推理进行诡辩等。

上例中B的讲话就是运用“偷换概念”的手法进行的诡辩：

首先，B偷换了“告密”这个概念。告密是指在对敌斗争中，主动或被动地向敌人提供革命的秘密情况。而B改变了这个概念的原意，认为敌人“不问而告”是告密，“问而后告”不是告密（岂有此理！怎么是告密！我说出来，是因为他们问了我呀）。

其次，B还偷换了“说谎”这个概念的含义。“说谎”，一般地说是一种不道德的行为。“不能说谎”是适用于人民内部的一种行为规范。B把适用于人民内部的行为规范推广到对敌斗争中，也偷换了概念。

（2）故意违背推理规则造成的诡辩。

例如，违背直言三段论的推理规则，用“四概念”的手法进行诡辩；违背充分条件假言推理的规则，用否定前件式的推理形式进行诡辩；违背归纳推理的规则，用“轻率概括”的手法进行诡辩；违背类比推理的规则，用“机械类比”的手法进行诡辩等。请看下面两个人的对话：

甲：世界上的儿子都比父亲聪明。你看爱因斯坦是个了不起的大科学家，而他的父亲就逊色多了。

乙：你说的不对。世界上的父亲都比儿子聪明。因为爱因斯坦是个了不起的大科学家，而他的儿子只能自愧不如了。

甲乙两人都以爱因斯坦为例，却为相反的观点论证。其实两个人都在诡辩。他们都违背了归纳推理的规则，犯了“轻率概括”的逻辑错误。但是这种诡辩和前面的诡辩略有不同。前面B的诡辩有不正当的目的，此例中甲乙两人的诡辩，只表现了一种机智和幽默，没有不可告人的目的。一些用诡辩的手法讲的笑话，就是如此。

(3) 故意违背论证规则造成的诡辩。

例如，违背论证的规则，用“循环论证”和“捏造论据”等手法进行诡辩。请看一个“赖债”人的诡辩：

> 某人欠了一身债，无法偿还。他在大门口贴了一张纸条：“不知我贫，借给我钱，是不智；明知我贫，要我还债，是不仁。你们不仁不智，我只得无礼无义，一律不还。特此敬告各位债主”。

他不还债的理由是什么呢？因为你们“不仁不智”，我才“无礼无义”，赖债不还。而你们“不仁不智”这个“论据”是通过一个错误的二难推理推导出来的。显而易见，借债人是用“捏造论据”的手法进行诡辩。

3. 揭露诡辩的方法

可以从下列三个方面揭露诡辩：

(1) 揭露诡辩所包含的逻辑错误。

正如前面所述任何诡辩都包含有逻辑错误。只要揭露出这些逻辑错误，也就驳倒了诡辩。

(2) 揭露诡辩所要达到的目的。

在多数情况下，诡辩都有不正当的目的。揭露诡辩者的丑恶用心，更有利于彻底戳穿诡辩。

(3) 揭露诡辩中包含的其他错误。

一些诡辩除了包含逻辑错误之外，还可能包含其他方面的错误，譬如思想方法和修辞方面的错误。思想方法的错误如：把偶然当必然、把现象当本质、把量变当质变、把相对当绝对等。揭露这些错误也有助于从多方面驳倒诡辩。

五、优秀驳论举例

本节主要讲述反驳（驳论）。为了加深对本节内容的理解，下面简要地分析宋代王安石《答司马谏议书》一文。在古代的政论文中，该文可以说是写得最好的驳论之一，堪称驳论中的上品。王安石在宋神宗年代任参知政事，是改革派的代表人物。司马光任右谏议大夫，是保守派的代表人物。二人通过书信来往的形式，展开了一场坚持改革和反对改革的大论战。司马光在给王安石的来信中，对改革进行了全面的抨击，概括起来主要是四条罪状：第一条罪状是“侵官”，指责王安石为了推行改革设立了一些新的官职和行政机构，侵犯了原有行政部门的职权。第二条罪状是“生事”，指责王安石废旧立新，制定和推行新的改革措施是“生事”。第三条罪状是“征利”，认为王安石为国家理财、增加财政收入是非法牟利，即“征利”。第四条罪状是“拒谏”，认为王安石不接纳反对派的意见是

“拒谏”。王安石在给司马光的回信中，对司马光的责难一一进行了驳斥。在谈到重大的政治原则问题时，王安石针锋相对，旗帜鲜明，语言犀利，严词驳斥。在谈到两人私交时，王安石态度诚恳，把握分寸，不忘旧情，不失礼仪。请看《答司马谏议书》原文：

某启（1）：昨日蒙教（2），窃以为与君实游处相好之日久（3），而议事每不合，所操之术多异故也（4）。虽欲强聒（5），终必不蒙见察（6），故略上报，不复一一自辨（7）。重念蒙君实视遇厚（8），于反复不宜卤莽（9），故今具道所以，冀君实或见恕也（10）。

盖儒者所争，尤在于名实（11）。名实已明，而天下之理得矣（12）。今君实所以见教者，以为侵官、生事、征利、拒谏，以致天下怨谤也（13）。某则以为受命于人主，议法度而修之于朝廷，以授之于有司，不为侵官（14）；举先王之政，以兴利除弊，不为生事；为天下理财，不为征利；辟邪说，难壬人，不为拒谏。至于怨谤之多，则固前知其如此也（15）。人习于苟且非一日，士大夫多以不恤国事、同俗自媚于众为善（16），上乃欲变此，而某不量敌之众寡，欲出力助上以抗之，则众何为而不汹汹然（17）？盘庚之迁，胥怨者民也，非特朝廷士大夫而已（18）。盘庚不为怨者故改其度（19）。度义而后动（20），是而不见可悔故也（21）。如君实责我以在位久，未能助上大有为，以膏泽斯民（22），则某知罪矣（23）；如曰今日当一切不事事，守前所为而已，则非某之所敢知（24）。

无由会晤，不任区区向往之至（25）。

注释：

（1）我写信向您禀告。某：我。启：禀告的意思。

（2）昨日聆听您的指教（指来信）。蒙教：接受您的指教。

（3）我心想与您友好相处时间也很久了。君实：是司马光的字。游处：指共同出游和一起相处，泛指彼此往来。

（4）讨论问题时意见经常不一致，是因为两人所持的政治主张不相同的缘故。所操之术：指所持的政治主张。

（5）虽欲强聒：虽然想勉强对您多啰嗦几句。强聒：别人不愿听，仍不停地说。聒（guō）：语声噪杂。

（6）结果是一定不被理解。见察：被理解。

（7）略：简略。上报：答复。辨：同辩，辩解。

（8）重念：又想。视遇：看待。

（9）反复：指书信往来。卤莽：粗鲁，简慢无礼。

(10) 因此全都说出这样做的原因，希望君实能原谅我。具道所以：全部说出这样做的原因。冀：希望。或见恕：也许会原谅我。

(11) 大凡儒者所争，特别在乎名与实是否相符。

(12) 名与实的问题一解决，天下的道理就弄清楚了。

(13) 现在君实用来指教我的是，以为侵官、生事、征利、拒谏四件事导致了天下人对我的怨恨和批评。侵官：指侵犯了原有官职的职权。

(14) 受命于人主：是接受皇帝的命令。人主：指皇上。议法度而修之于朝廷：是讨论制定和修改法令在朝廷之上。以授之于有司：是交给主管官员去承办。有司：指主管官员。

(15) 怨谤之多：指怨恨与批评的声音很多。固：本来。前知：早知道。

(16) 不恤国事：不关心国家大事。恤：忧虑，关心。同俗自媚于众为善：以附和旧俗，讨好众人为上策。媚：讨好。为善：为上策。

(17) 上乃欲变此：皇上想改变这种状况。上：指皇上。某不量敌之众寡：我不考虑敌对势力的大小。欲出力助上以抗之：想尽力帮助皇上对抗他们。则众何为而不汹汹然：那么众人为什么不大吵大闹呢?

(18) 盘庚：商代君王，他把商朝的国都迁到殷地（今安阳市小安屯），使商王朝得以中兴。胥怨者民也：民众都一起抱怨。胥：全部，一起。

(19) 盘庚不为怨者故改其度：盘庚不因为民怨的原因而改变想法。故：原因。度：忖度，想法。

(20) 度义而后动：考虑到理由正当，然后行动。

(21) 是而不见可悔故也：认为正确，看不出有什么值得悔改的理由。是（读重音）：认为正确。不见：看不出。故：理由。

(22) 膏泽斯民：使民众得到恩惠。膏：油脂。泽：雨水。膏泽：比喻恩惠。

(23) 则某知罪矣：那我承认错误。知罪：承认错误。

(24) 一切不事事：一切事都不做。事事：做事情，前一“事”字为动词。则非某之所敢知：那就不是我所敢接受的（看法）。

(25) 会晤：见面。不任：不胜，承受不了。区区：自称的谦辞。向往：仰慕。后半句的大概意思是：我承受不了对您的仰慕和思念，因为这种仰慕和思念太多了，已达到了极点。全句话的意思是：我见不到您，但极其仰慕和思念您。

接下来分析王安石是如何驳斥司马光的。王安石驳斥司马光，可以分成三个层次：

第一，把司马光的来信进行梳理、提炼、概括出要驳斥的主要论点。

司马光的来信较长，内容较多，有3 000多字。为了击中要害，王安石把司马光的来信进行了必要的梳理，提炼，经过删繁就简，把他抨击自己的四件事概括成8个字：侵官、生事、征利、拒谏。这四件事，是司马光兴师问罪的主要根据，也是王安石集中反驳的主要论点。写驳论之前，首先要用最简明的语言概括出论敌的主要观点，以明确什么是自己驳斥的主要对象。

第二，对司马光的一系列错误观点逐一进行驳斥。

如果论敌的错误观点不是一个，而是多个，那么就逐个连续进行驳斥。像在战争中攻城拔寨一样，攻下第一个，接着攻第二个，然后攻第三个，直至全胜。

（1）驳“侵官”说。

王安石在回信中说：“某则以为受命于人主，议法度而修之于朝廷，以授之于有司，不为侵官”。大意是说，我接受皇帝关于变法的命令，在朝廷之上集体讨论和修订有关的法规和改革方案，交给主管部门去承办，这没有侵犯其他职能部门的职权。这一切，王安石都是按照封建王朝的议事规则和行政程序运作的，应该说是无可指责的。

（2）驳“生事”说。

王安石在回信中说：“举先王之政，以兴利除弊，不为生事”。王安石搞改革是打着“复古”的旗号进行的（他的变法以《周礼》为理论根据）。他说的先王是指周王朝的君王。这句话的大意是，我搞改革是恢复周文王时代的德政，兴办对国家有利的各种事业，革除对国家不利的各种弊端，这不是生事。什么叫“生事”？做不应该做的事，或者做没必要做的事，才叫“生事”（也叫无事生非）。做应该做、而且必须做好的事，怎么能叫“生事”呢？

（3）驳“征利”说。

王安石在回信中说：“为天下理财，不为征利”。王安石变法有许多限制贵族豪强和大商人利益、增加国家财政收入的措施，司马光指责说这是国家与民争利。他指责变法是“暴敛钱财”（征利），是不正当的牟利。而王安石针锋相对地驳斥他，这句话的大体意思是说，我为天下理财，为国家谋利，不是为个人谋私利，这绝不是不正当的牟利。

（4）驳“拒谏”说。

王安石在回信中说：“辟邪说，难壬（rén）人，不为拒谏”。（壬人：奸佞之人。）这句话的大意是说，我批驳错误的观点，拒绝佞人的意见，不能叫“拒谏”。什么叫拒谏？拒绝接纳正确的意见，才叫拒谏。拒绝接纳错误的意见，那叫坚持原则，怎么能叫拒谏呢？

王安石的驳论有一个明显特点：就是语言极其简练但笔锋特别犀利，他仅仅用了61个字，就全面有力地驳斥了司马光的四个错误观点。别人用长篇大论都无法解决的问题，他三言两语就能致敌于死地。真可谓单刀直入，笔锋如剑，刀刀击中要害。

在一篇短文中，驳斥论敌的多个错误观点，这种驳论可以叫组合驳论。从反驳的途径来说，这一组驳论都是直接驳斥对方的论点（没有涉及对方的论据和论证过程）。从反驳的方法来说，这一组反驳都是用推理反驳①，不是用事实反驳（没有摆出事实和例证）。王安石在回信中说“盖儒者所争，尤在于名实”。名与实之争，是个焦点问题。司马光说：你侵权；王安石说：这名不符实。司马光说：你生事；王安石说：这也名不符实。你征利，你拒谏，这都与事实不符。既然名不符实，那你司马光的责难就站不住脚了。

第三，王安石用立论正面阐述“怨谤之多”的社会原因，表明坚持改革的决心。

王安石在回信中说：“人习于苟且非一日，士大夫多以不恤国事、同俗自媚于众为善，上乃欲变此，而某不量敌之众寡，欲出力助上以抗之，则众何为而不汹汹然?”王安石认为，怨谤之多，是预料中的事。这种阻力主要来自于旧的习惯势力和贵族官僚阶层的反对。王安石还把盘庚不顾众人反对、坚持把首都迁至殷，最终使商王朝得以复兴作为自己改革的历史借鉴，进一步向司马光表明坚持改革的立场和决心。

王安石的这封信，以驳论为主，以立论为辅。他先竖靶子（摆出对方观点），后攻击（像拳师用组合拳连续进攻），最后正面说明坚持改革的坚定态度。认真研究这封信，对如何写好驳论会有多方面的启发和帮助。

练　习　题

一、分析下列证明的逻辑结构，指出论题、论据和论证方式：

1. 马克思主义是一种科学真理，它是不怕批评的。如果马克思主义害怕批

① 如王安石驳“征利”说，就包含如下推理：

凡为天下理财都不是征利

我的改革是为天下理财

所以我的改革不是征利

评，如果可以批评倒，那么马克思主义就没有用了。

2. 凡是自由讨论的风气旺盛的时代，学术的发展都是蓬蓬勃勃的……

在公元前4世纪至公元前3世纪末期的战国时代，在中国的文化史上是自由讨论最旺盛的时代……因而那个时代在中国文化发展上也形成了一个突出的高峰。

在长期停顿的封建社会中，中国历史也曾有过几次大规模的自由争论。例如公元前81年汉昭帝始元六年的盐铁论便是有名的一例……这次争论，产生了一次值得重视的文化成果，便是桓宽的《盐铁论》。

……解放前五四运动以来……在那短短的30年间，曾经有过不少次的激烈争论，有时是对敌战斗的，战斗和论争的成功……“帮助了中国革命”，使中国的封建文化和适应帝国主义侵略的买办文化的地盘逐渐缩小，其力量逐渐削弱了。

3. 在以往的阶级社会中，劳动人民都是受压迫和剥削的。因为在奴隶社会中，劳动人民是受压迫和剥削的；在封建社会中，劳动人民也是受压迫和剥削的；在资本主义社会中，劳动人民还是受压迫和剥削的。

二、在下列证明中，指出哪些证明使用的是反证法，哪些使用的是选言证明的方法？并写出具体的推理过程。

1. 我国现在的社会制度比较旧时代的社会制度要优越得多。如果不优越，旧制度就不会被推翻，新制度就不可能建立。

2. 五四运动所反对的是卖国政府，是勾结帝国主义出卖民族利益的政府，是压迫人民的政府。这样的政府要不要反对呢？假使不要反对的话，那么，五四运动就是错的。这是很明白的，这样的政府一定要反对，卖国政府应该打倒。

3. 文学艺术也要实行民主。如果没有不同意见的争论，没有自由的批评，任何科学都不能发展，不可能进步，文学艺术也不例外。

4. 1962年《人民文学》上发表了毛泽东的六首词，其中的《减字木兰花》一词，是描写红军冒着漫天大雪行军，去攻打吉安的壮观场面。毛泽东在六首词的题记里说明：“这六首词是1929年至1931年在马背上哼成的。”《减字木兰花》作于何年何月没有具体说明。

据有关专家考证，这首词写于1930年2月。根据历史资料记载，红军攻打吉安都在1930年，共有九次：第一次在2月，第二次在4月上旬，第三次在4月下旬，第四次在5月，第五次在6月，第六、七次在六七月间，第八次在8月下旬，第九次在九十月间。吉安在江西省，接近亚热带气候，4月至10月不可能下大雪。既然是大雪中行军，那只能是在1930年2月。

5. 毛泽东在《中国革命战争的战略问题》一文中，论证“中国革命战争只能由中国无产阶级及其政党来领导”时，说：“中国革命战争的主要敌人，是帝国主义和封建势力。中国资产阶级虽然在某种历史时机可以参加革命战争，然而由于它的自私自利性和政治上经济上的缺乏独立性，不愿意也不能领导中国革命战争走上彻底胜利的道路。中国农民群众和城市小资产阶级群众，是愿意积极地参加革命战争，并愿意使战争得到彻底胜利的。他们是革命战争的主力军；然而他们的小生产的特点，使他们的政治眼光受到限制（一部分失业群众则具有无政府思想），所以他们不能成为战争的正确的领导者。因此，在无产阶级已经走上政治舞台的时代，中国革命战争的领导责任，就不得不落到中国共产党的肩上。”

6. 解决党内矛盾，只能采取“团结——批评——团结”的方针。大家都知道，解决党内矛盾，不是采取“团结——批评——团结”的方针，就是采取“残酷斗争，无情打击”的方针。历史经验证明，采取后一种方针，不仅不能达到教育党员的目的，而且会造成很多后患。

三、指出下列证明中包含的逻辑错误：

1. 昆曲《十五贯》中讲了这么个故事：

屠户尤胡芦在外面借了十五贯钱回到家，其养女苏戌娟问他：“这钱是从哪儿弄来的?”尤胡芦对养女开玩笑说：“这是卖你的身价钱。”苏戌娟害怕被卖，半夜逃走，忘了关好家门。其养父夜里被人杀死，放在床边的十五贯钱也被盗走。无锡县知府过于执断定尤胡芦是被其养女苏戌娟杀死，并盗走十五贯钱，然后与其奸夫一起逃走。因此判苏戌娟死刑，他的推理过程是这样的：

“看她艳如桃李，岂能无人勾引？年正青春，怎能冷若冰霜？她与奸夫情投意合，自然要生比翼双飞之意。父亲拦阻，因之杀其父而盗其财，此乃人之常情。”

2. 甲问：为什么整体大于部分？乙答：因为部分小于整体。甲又问：为什么部分小于整体？乙又答：因为整体大于部分。

3. 冷战结束以后，国防就不那么重要了，因为今后不会再爆发大规模的战争。

四、在下面一段话中，指出被反驳的论题、用来反驳的论据和反驳方式：

有神论者认为至善和万能的神是存在的。古希腊的无神论者伊壁鸠鲁反驳说：

如果神能够而不愿意除掉世上的灾难和罪恶，那么他不是至善的，说明至善和万能的神是不存在的；

如果神愿意而不能够除掉世上的灾难和罪恶，那么他就不是万能的，说明至善和万能的神是不存在的；

如果神愿意而且能够除掉世上的灾难和罪恶，那么世上就没有灾难和罪恶了。实际上世上充满灾难和罪恶，说明至善和万能的神是不存在的。

神或者能够而不愿意，或者愿意而不能够，或者愿意而且能够消除世界的灾难和罪恶，总之，至善和万能的神是不存在的。

五、古时候，有个县官想买两锭金子。金店老板把两锭金子亲自送到县衙，县太爷问："金锭什么价钱？"金店老板说："按市价一锭金子卖2 000元，既然是您县太爷买，我按半价卖给您，一锭金子1 000元，两锭金子只收2 000元就够了。"说着就恭恭敬敬地把两锭金子放在县官的办公桌上。县太爷从办公桌上取一锭金子递给金店老板，说："请回吧！"金店老板愣了，说："您还没付钱呢！"县太爷立刻变脸说："谁说没付给你钱！你按半价卖给我，一锭金子应收1 000元，我刚才买了两锭金子应收2 000元。我递给你的这锭金子正好值2 000元，你拿走不是收了我的钱吗！"说完就让当差的把金店老板轰出了县衙。

县官的话很荒谬，但又很迷惑人，似乎他说的话不无道理，这就是诡辩。既然是诡辩，那么你能揭露出他的诡辩所包含的逻辑错误吗？

六、《笑林广记》记载了下面一个故事：

有个小孩发高烧，请医生诊治，吃药后死了。小孩的父亲到医生那里责怪他，医生不相信会发生这样的事，就要亲自去看小孩。到了小孩家，医生用手摸着小孩的尸体对他父亲说："你太欺负人了。你让我给他退烧，孩子现在不烧了，你摸摸，他浑身冰凉冰凉的，怎么你还要责备我！"

很明显，医生是在强词夺理进行诡辩。那么，他的诡辩又包含什么逻辑错误呢？

第十一章 文章的逻辑性

经常听人说，某人讲话层次分明，逻辑严密，环环相扣，层层深入，令人折服。这主要说的就是讲话的逻辑性问题。讲话和文章的逻辑性，体现着一个人理论素养的高低、逻辑思维能力的强弱、语言表达能力的优劣。逻辑性强，可以增加文章（讲话）的说服力和感染力；反之就会削弱文章的说服力和感染力。那么究竟怎样才能提高文章的逻辑性呢？

第一节 层次分明是提高逻辑性的基础条件

一、什么是文章的层次

大体说来，论说文和记叙文都比较注重文章的层次性。那么什么是文章的层次呢？

所谓层次，是文章中具有不同内容和功能、起着不同作用的各个组成部分，它是组成文章的基本单位。而且层次有大有小，一个大的层次包括若干小的层次，小的层次还可以分成更小的层次，若干大的层次又可以组成更大的层次。

下面以一篇记叙文为例，来说明文章的层次性。因为有些记叙文，叙事有条有理，逐步展开，层层深入，引人入胜，不但层次分明，逻辑性也很强。请看蒲松龄《聊斋志异》中《地震》一篇的叙事：

> 康熙七年六月十七日戌刻，地大震。余适客稷下（我正好在稷下做客），方与表兄李笃之对烛饮①。忽闻有声如雷，自东南来，向西北去。众骇异，不解其故②。俄而几案摆簸，酒杯倾覆；屋梁椽柱，错折有声。相顾失色③。久之，方知地震，各疾趋出④。见楼阁房舍，仆而复起；墙倾屋塌之声，与儿啼女号，喧如鼎沸⑤。人眩晕不能立，坐地上，随地转侧⑥。河水倾泼丈余，鸡鸣犬吠满城中⑦。逾一时许，始稍定。视街上，则男女裸聚，竞相告语，并忘其未衣也⑧。后闻某处井倾仄，不可汲；某家楼台南北易向；栖霞山裂；沂水陷穴，广数亩⑨。此真非常之奇变也⑩。

一段短文仅200余字，把一场大地震描绘得淋漓尽致，有声有色，使人如亲临其境，情景历历在目。其叙事不但传神，而且层次尤其分明。文虽短，却包含着10个层次：第一个层次叙述地震发生的时间地点；第二个层次描写“地声”的大小和方向（还包括人们的对地声的反应）；第三个层次描写初震时几案摆簸、酒杯倾覆、梁柱错折有声（及人们对此的反应）；第四个层次描写人们从屋内向外跑的神态；第五个层次描写大震时楼阁房舍仆而复起，墙倾屋塌，儿啼女号；第六个层次描写人眩晕不能立，坐地随之转侧状；第七个层次写河水倾泼丈余，鸡鸣犬吠满城中的乱相；第八个层次写男女裸聚，竞相告语；第九个层次写后来听说的四件事（水井倾斜不可汲、楼台南北易向、栖霞山裂、沂水陷穴广数亩）；第十个层次写作者总的认识和感受（此真非常之奇变也）。

这十个层次，各有其特定内容，各有其特定作用。它们互相区别，又紧密联系：从地声写到初震、从初震写到大震、从屋内写到屋外、从近处写到远处、从亲见写到耳闻。写人是：从“不解其故”写到“相顾失色”，又从“相顾失色”写到“各疾趋出（屋外）”，又从“各疾趋出”写到“眩晕坐地”，又从“眩晕坐地”写到“男女裸聚”。这十个层次的排列，按照时间顺序，由轻到重，由缓到急，由近到远，内在联系非常紧密。行文着墨，既层次分明又浑然一体，确实难能可贵。

二、层次性和逻辑性的关系

文章的逻辑性和文章的层次性是有密切关联的。

1. 层次分明是作者逻辑思维清晰的具体表现

一般说来，只有作者逻辑思维清晰，他的文章的逻辑层次才会分明；而文章逻辑层次分明，正是作者逻辑思维清晰的具体表现。如果作者缺乏必要的逻辑思维能力，他写出的文章就可能语无伦次，就没有逻辑层次可言。对读者来说，如果他分不出文章的逻辑层次，就很难全面深刻地理解文章的具体内容。

2. 层次分明是提高文章逻辑性的基础条件

这可从下列三个方面看：

(1) 层次的鲜明性。

层次是文章中内容和功能互不相同的各个组成部分。一个层次有一个层次的特定内容，与其他层次相互区别，对表达中心思想又起着不同作用。对论说文和记叙文来说，没有层次性就谈不上逻辑性。所以层次分明是逻辑性强的基础条件。

(2) 联系的有机性。

不同层次的内容和功能不同，但不同层次之间应该有内在的有机联系。如果把内容互不相干的两个层次放在一起，就会极大地削弱文章的逻辑性。所以层次之间是否有内在联系也是文章具有逻辑性的必要条件。

(3) 排列的规律性。

不但相邻的几个层次应该有内在联系，而且整篇文章所有层次的排列组合都应该是有序的。文章层次的排列组合，没有固定不变的模式，但不管什么形式的排列组合都应该有一定的规律性。层次的排列组合有规律，文章才有逻辑性，而且这种规律性越强文章的逻辑性就越强。

总之，文章要有逻辑性，起码要做到上面三点，即：不同层次要相互区别；层次之间要有内在联系；层次的排列组合要有规律性。

第二节　提高文章逻辑性需注意的五个关键问题

层次分明是提高文章逻辑性的基础条件，但文章的层次性与文章的逻辑性又不能简单画等号。要提高文章的逻辑性（主要指论说文，也涉及记叙文等），除了层次要分明之外，还要注意下面五个关键问题：

一、全文主干突出、脉络清晰

每一篇论说文都有自己的逻辑结构。它包括自己的主论点、分论点、小论点；包括与各个层次的论点相对应的论据，以及相应的分析论证。一篇好的论说文，应该像地上长的一棵大树一样，不仅仅让人能够欣赏它高大的树冠，还能够让人一眼就能看出它的主干在哪儿、有几个大的分枝、有什么样的小分枝。也就是说，一篇论说文，要主干突出，脉络清晰。使读者能够从主干找到大的分枝，又能够从大的分枝找到小的分枝。然而要做到这一点，既容易又不容易。有的文章找不到主干，甚至分枝比主干还粗，小枝比大枝还长。还有甚者，有的论说文还把自己的树枝与另外一棵树的树枝纠缠在一起，节外生枝，谈论与主论点无关的其他问题。看一篇主干不突出、脉络不清晰的论说文，像走进迷宫一样，分不清东西南北，当然就没有什么逻辑性可谈。特别是长篇论说文，涉及的问题多，文章的结构复杂，但是文章的结构越复杂，越要把主干突出出来。这样逻辑层次才清晰分明。

二、分论点要环环相扣、层层深入

一般说来，论说文都有自己的论证层次。主论点下面是分论点，分论点下面是小论点。分论点处于主论点与小论点之间，起着承上启下的作用，而且它直接论证主论点，占据着非常重要的地位。分论点能否全面深刻地阐明主论点，将直接影响整个论说文的质量。如果分论点能够环环相扣，层层深入，就能够极大地提高论说文的逻辑性。如果分论点之间缺乏内在联系，散漫无力，就会极大地削弱文章的逻辑性。所以，分论点的情况如何非常重要。为了说明这一点，请参阅本人拙作《新时期文化政策与党的三代领导核心的文艺思想》一书，该书对新时期的各项文化政策都进行了具体阐述。下面是其中的一节：

坚持把社会效益放在首位、社会效益与经济效益相统一
是文化产品生产和经营的重要政策

坚持把社会效益放在首位、社会效益与经济效益相统一，是新时期提出的一项重要的文化政策。这项政策是由我党的第二代、第三代领导核心共同提出的。邓小平同志1985年9月23日《在中国共产党全国代表会议上的讲话》指出："思想文化教育卫生部门，都要以社会效益为一切活动的唯一准则，它们所属的企业也要以社会效益为最高准则。"江泽民同志1994年1月24日《在全国宣传思想工作会议上的讲话》指出："坚持把社会效益放在首位，在这个基本前提下实现经济效益和社会效益的统一。"1996年10月10日党的十四届六中全会通过的《中共中央关于加强社会主义精神文明建设若干重要问题的决议》进一步明确指出："要坚持把社会效益放在首位，力求实现社会效益和经济效益的最佳结合。"

这一条政策提出了文化艺术产品进入市场以后开展经营活动应该遵守的

基本原则。文化系统的广大从业人员，特别是领导者、管理者、文化产品的生产经营者，都应该了解它的主要内容和基本精神。但是不少文化工作者，起初对这项政策并不理解，在学习中提出了不少问题：

有人问：什么是社会效益、什么是经济效益？

文化产品的社会效益，是指文化产品的生产、经营和消费对社会产生的政治效益、思想效益、传播知识的效益、审美娱乐效益等方面总的影响和社会效果。社会效益好坏要看文化产品在社会上传播引起的客观效果如何。文化产品的经济效益，是指文化艺术产品的生产和经营活动所产生的直接的、间接的经济价值。经济效益高低要看文化产品在生产经营活动中，产出与投入的比例大小如何。前者体现文化产品的社会价值，后者体现文化产品的经济价值。

有人又问：为什么对物质产品不讲社会效益，对精神产品必须讲社会效益呢？

(1) 精神产品有精神内涵

精神产品有精神内涵，它直接作用于人的思想领域和精神层面，对人的思想和精神产生影响，并且通过影响人的思想和精神，对社会产生不同程度的影响。这种对人的思想和精神的影响，对社会的影响，就是我们常说的社会效益。而物质产品，它没有精神内涵，不直接作用于人的思想和精神，一般也没有社会效益。

(2) 精神产品有良性与非良性之分

不同的精神产品有不同的社会作用。有的精神产品对社会的作用是良性的、积极的、正面的；有的精神产品对社会的作用是非良性的、消极的、负面的。为了使我们的精神产品对我们的社会发挥正面的、好的作用，就必须讲求精神产品的社会效益。而物质产品，只要使用得当，一般说来，它的作用都是正面的，所以不需要特殊地强调它的社会效益。

(3) 精神产品的传播范围较广

精神产品的传播一般地不受时间、空间的限制，它的传播范围较广，因此可以引起广泛的社会效应。精神产品有比较特殊的存在方式和传播方式。精神产品是以物质载体为其存在方式的。有的物质载体不但是它的存在方式，也是它的传播方式（如书籍）。精神产品还可以通过电视、广播、网络、报刊等大众媒体进行传播。因此它可以通过物质载体和大众媒体传播到更多的社会群体，从而引起更广泛的社会效应。这种广泛的社会效应，就是社会效益。而物质产品，不需要物质载体，也不需要传播方式，它直接作用于它的消费者和使用者，一般说来不会引起广泛的社会效益。

有人还问：处理两个效益的关系，为什么必须把社会效益摆在首位呢？

(1) 把社会效益摆在首位，是由社会主义文艺的性质和功能决定的。既然是社会主义的文化艺术，就不能以赢利为最高原则。为人民服务，为社会主义服务，是发展社会主义文艺的根本宗旨，所以必须把社会效益放在首位。

(2) 社会效益是社会整体利益的体现，而经济效益是生产单位局部利益的体现。从全局和局部的关系来看，经济效益也应该服从社会效益。当经济效益和社会效益发生矛盾时，也必须把社会效益摆在首位。

(3) 把社会效益摆在首位，也是文化市场现状所需要的。文化产品的社会效益和经济效益都与受众的多少有关。但受众多少又受各种复杂因素的影响。优秀的文化产品可以征服无数观众，淫秽色情的文化产品也可以腐蚀很多观众。在文化领域里，靠生产贩卖淫秽产品和其他有害的文化产品牟利者大有人在。为了树立正气、打击邪气，也必须强调把社会效益摆在首位。

有人最后又问：处理两个效益的关系，为什么还要把二者统一起来呢？

把社会效益与经济效益统一起来，是由社会主义文艺的性质与社会主义市场经济体制两方面的因素共同决定的。在社会主义市场经济体制条件下发展社会主义文艺，既必须把社会效益放在首位，也必须把经济效益与社会效益很好地结合起来。因为在社会主义市场经济体制条件下取得一定的经济效益，是文化艺术生产者生存和发展的必要条件。对多数文化艺术的生产单位来讲（公益性的除外）没有起码的经济效益，就很难维持简单再生产，更谈不上扩大再生产。连简单再生产都无法维持，繁荣社会主义文艺事业就是一句空话。所以让文化艺术生产单位取得合理的经济效益，是繁荣社会主义文艺的一个必要条件。文化艺术生产单位不能不择手段地追求利润最大化，但在保证社会效益的前提下，有权去争取最好的经济效益。只要找到社会效益与经济效益的最佳结合点，文化产业可以成为国民经济新的增长点，并逐步发展成为国民经济的支柱产业。所以正确处理二者关系，就要努力做到把社会效益摆在首位，并把二者统一起来，寻找二者的最佳结合点，使社会效益和经济效益都得到最大程度的发挥。

在这篇文章中，笔者以设问的口吻提出了四个发人深思的问题，这四个问题正是许多人心中的疑惑，而且这四个问题环环相扣，层层深入（这四个问题就是要论述的四个分论点）。通过回答这四个问题，说明了什么是两个效益、为什么只强调精神产品的社会效益、为什么要把社会效益摆在首位、为什么要把两个效益结合起来，从而全面阐明了这项文化政策的主要内容和基本精神。在论说文中，不一定要求小论点都能做到环环相扣，层层深入；但只要分论点能够环环相扣，层层深入，就能够大大地提高文章的逻辑性。

三、说理透彻、分析精到、表述井然有序

论说文是这一大类文体的统称，如果细分，它还包括很多子项，如：说明文、说理文、议论文、报刊评论、学术论文、政论文等。其中有三个小类最常见，需要特别加以说明：一类是说明文，它的主要功能是说明事物性状（性质、状态）；另一类是说理文，它的主要功能是说明某种道理；第三类是论证文（论文），主要是通过逻辑论证证明某种观点的正确与否。(后者一般篇幅较长，论证层次较多，论点、论据、论证过程较系统完整。)

说明文和说理文，都离不开“分析说明”。但由于说明的对象不同，分析说明的方法也有很大差异。有时候需要说明事物的状态、性质、特点、功能、活动规律；有时候需要说明事物产生发展的原因、发展过程、发展规律、发展趋势；有时候需要直接阐明一种理论或一个道理；或者像教科书一样，需要系统阐明某一学科的概念体系和原理体系。但不管你分析说明什么问题，大体都需要掌握叙事说理的一般的逻辑方法。叙事说理需要掌握一定的逻辑方法，这些方法大体有：先总后分（先总述后分述）；先主后次（先谈主干后谈枝叶）；先大后小（先讲大事件大过程后讲小事件小过程）；先虚后实，或先实后虚；或以时间方位为序；或由浅入深、由表及里、层层剖析、先分后合（先分析后综合）等。在分析说明比较复杂一点的问题时，一般又会联合采用先总述后分述，先分析后综合，即：总述——分述——合述的叙事说理的逻辑方法。只有掌握叙事说理的一般的逻辑方法，在表述中才能做到井然有序。井然有序是对说理文、说明文、记叙文共同的逻辑要求，是提高这些文章逻辑性的关键所在。说理，要井然有序；叙事，要井然有序；状物，也要井然有序。

请先看下面一篇说明文，它叙事井然有序：

故宫博物院[①] 黄传惕

在北京的中心，有一座城中之城，这就是紫禁城。现在人们叫它故宫，也叫故宫博物院。这是明清两代的皇宫，是我国现存的最大最完整的古代宫殿建筑群，有五百多年的历史了。

紫禁城的城墙十米多高，有四座城门：南面午门，北面神武门，东西面东华门、西华门。宫殿呈长方形，占地72万平方米，有大小宫殿七十多座、房屋九千多间。城墙外是五十多米宽的护城河。城墙的四角上，各有一座玲

---

① 选自《地理知识》1979年第11期。

珑奇巧的角楼。故宫建筑群规模宏大壮丽，建筑精美，布局统一，集中体现了我国古代建筑艺术的独特风格。

从天安门往里走，沿着一条笔直的大道穿过端门，就到午门的前面。午门俗称五凤楼，是紫禁城的正门。走进午门，是一个宽广的庭院，弯弯的金水河像一条玉带横贯东西，河上是五座精美的汉白玉石桥。桥的北面是太和门，一对威武的铜狮守卫在门的两侧。

进了太和门，就到紫禁城的中心——三大殿：太和殿、中和殿、保和殿。三座大殿矗立在七米多高的白石台阶上。台阶有三层，每层的边缘都用汉白玉栏杆围绕着，上面刻着龙凤流云，四角和望柱下面伸出一千多个圆雕鳌头，嘴里都有一个小圆洞，是台阶的排水管道。

太和殿俗称金銮殿，高 28 米，面积 2 380 多平方米，是故宫最大的殿堂。在湛蓝的天空下，那金黄色的琉璃瓦重檐屋顶，显得格外辉煌。殿檐斗拱、额枋、梁柱，装饰着青蓝点金和贴金彩画。正面是 12 根红色大圆柱，金琐窗，朱漆门，同台基相互衬映，色彩鲜明，雄伟壮丽。

大殿正中是一个约两米高的朱漆方台，上面安放着金漆雕龙宝座，背后是雕龙屏。方台两旁有六根高大的蟠龙金柱，每根大柱上盘绕着矫健的金龙。仰望殿顶，中央藻井有一条巨大的雕金蟠龙。从龙口里垂下一颗银白色大圆珠，周围环绕着六颗小珠，龙头、宝珠正对着下面的宝座。梁枋间彩画绚丽，有双龙戏珠、单龙翔舞，有行龙、升龙、降龙，多态多姿，龙身周围还衬托着流云火焰。

三大殿建筑在紫禁城的中轴线上，这条线也是北京城的中轴线，向南从午门到天安门延伸到正阳门、永定门，往北从神武门到地安门、鼓楼，全长约八公里。

太和殿是举行重大典礼的地方。皇帝即位、生日、婚礼和元旦等都在这里受朝贺。每逢大典，殿外的白石台阶上下跪满文武百官，中间御道两边排列着仪仗，皇帝端坐在宝座上。大殿廊下，鸣钟击磬，乐声悠扬。台阶上的香炉和铜龟、铜鹤里点起檀香或松柏枝，烟雾缭绕。

太和殿后面是中和殿。这是一个亭子形的方殿，殿顶把四道垂脊攒在一起，正中安放着一个大圆鎏金宝顶，轮廓非常优美。举行大典，皇帝先在这里休息。

中和殿后面是保和殿。雍正后，这里是最高一级考试——殿试的地方。

从保和殿出来，下了石级，是一片长方形的小广场，西起隆宗门，东到景运门。它把紫禁城分为前后两大部分。广场以南，主要建筑是三大殿和东西两侧的文华殿、武英殿，叫“前朝”。广场北面乾清门以内叫“内廷”，是皇帝和后妃们起居生活的地方，主要建筑有乾清宫、交泰殿、坤宁宫和东六宫西六宫。

乾清宫是皇帝处理日常政务，披阅各种奏章的地方，后来还在这里接见外国使节。

乾清宫后面是交泰殿，交泰殿后面是坤宁宫。坤宁宫是皇后宫，也就是皇帝结婚的地方。

乾清宫、交泰殿、坤宁宫称“后三宫”。布局和前三殿基本一样，但庄严肃穆的气氛减少了，彩画图案也有明显的变化。前三殿的图案以龙为主，后三宫凤凰逐渐增加，出现了双凤朝阳、龙凤呈祥的彩画，还有凤飞、舞凤、凤凰牡丹等图案。

后三宫往北就是御花园。御花园面积不很大，有大小建筑二十多座，但毫无拥挤和重复的感觉。这里的建筑布局，环境气氛，和前几部分迥然不同。亭台楼阁、池馆水榭，掩映在青松翠柏之中；假山怪石、花坛盆景、藤萝翠竹，点缀其间。来到这里，仿佛进入苏州园林。

从御花园出顺贞门，就到紫禁城的北门——神武门，对面就是景山。景山是明代修建紫禁城的时候，用护城河中挖出的泥土堆起来的，现在成了风景优美的景山公园。站在景山的高处望故宫，重重殿宇，层层楼阁，道道宫墙，错综相连，而井然有序。这样宏伟的建筑群，这样和谐统一的布局，不能不令人惊叹。

这篇说明文叙事层次分明，井然有序，有下面几个特点：

1. 全文按照方位顺序逐步展开

该文向人们介绍一个庞大的宫殿建筑群，建筑群结构非常复杂，需要说明的问题很多，如果安排不当，内容就会杂乱无章。而全文按照方位顺序逐步展开，显得井然有序。作者沿着中轴线，由南到北先后介绍端门、午门、太和门；太和殿、中和殿、保和殿；乾清宫、交泰殿、坤宁宫；御花园、神武门、景山等处景物。使文章的脉络非常清楚，让人一目了然。

不但全文按照方位顺序展开，许多自然段内的景物描写也同样按照方位顺序安排，如第6自然段，介绍金銮殿时用的就是这种方法。金銮殿的中心是皇帝的“宝座”，围绕这个“中心”，依次介绍周围的景物：大殿正中是一个两米高的“朱漆方台”，朱漆方台上面是“金漆雕龙宝座”，背后是“雕龙屏”，两旁有六根高大的“蟠龙金柱”。殿顶的中央有一条巨大的“雕金蟠龙”，从龙口里垂下一颗银白色大圆珠，周围环绕着六颗小珠……龙头和宝珠正对着下面的宝座。这样就把金銮殿的前后左右上下介绍得清清楚楚。即使是没到过故宫的读者，闭目一想，就可以心中了然。

2. 叙事从总到分，又从分到合

这篇说明文，先总述后分述。第一、二自然段是总述，先从整体上介绍故宫的历史和名称由来、总体布局和一般概况，介绍对故宫建筑群的总体评价。（“故宫建筑群规模宏大壮丽，建筑精美，布局统一，集中体现了我国古代建筑艺术的独特风格。”）接下来是分述，分别介绍三座门、三座大殿、三座后宫、御花园、景山等。在分述之后，又合起来介绍对故宫的总体印象。在最后一段介绍景山的历史和现状之后接着说：“站在景山的高处望故宫，重重殿宇，层层楼阁，道道宫墙，错综相连，而井然有序。这样宏伟的建筑群，这样和谐统一的布局，不能不令人惊叹。”由总到分，又由分到合，首尾呼应，恰到好处。

3. 大小层次分明

这篇说明文包括许多层次，其中有大层次，也有小层次。但无论是包含几个自然段的大层次，还是段落内部的小层次，都十分鲜明。譬如上面提到的第 2 自然段就包括 5 个小层次：(1) 介绍宫城城墙的高度和四个城门；(2) 介绍宫城的形状、占地面积和建筑数量；(3) 介绍宫城外的护城河；(4) 介绍宫城四角的精美的角楼；(5) 介绍对故宫总的评价。不仅第 2 自然段，几乎所有段落内部的景物描写都层次分明。

4. 写景从大到小，笔触由粗到细

第 3 自然段还有一个特点，就是写景由大到小，笔触由粗到细。该段写道：“走进午门，是一个宽广的庭院，弯弯的金水河像一条玉带横贯东西，河上是五座精美的汉白玉石桥。桥的北面是太和门，一对威武的铜狮守卫在门的两侧。”从庭院写到金水河，又从金水河写到石桥，再从石桥写到太和门，最后写到一对铜狮。写景的顺序是由大到小。像拍电影一样，镜头由远推近，全景、中景、近景，最后对两个铜狮来个特写。这样写，层次也很分明。

乍一看，这篇说明文平淡无奇，仔细阅读就会发现：该文素材的取舍，内容的详略，文章的布局，语言的运用，都颇见功力。尤其是该文叙事井然有序，非常值得称道。该文按照方位顺序介绍景物，依据“总述——分述——合述”的一般叙事说理的逻辑方法展开文字，叙事有主有次，有分有合，层次分明，脉络清晰，可以说是此类文章中的范文。

下面再看一段说理文：

概念的作用

概念反映的对象包括一切认识对象：既包括客观世界中的一切认识对

象，也包括主观世界中的一切认识对象。概念作为一种基本的思维形式，在人类思维活动中起着十分重要的作用：

1. 概念是认识事物的工具

概念在认识过程中所起的作用，可以从两方面来考察：一方面，概念的形成，使人们的认识由个别上升到一般；另一方面，概念的形成使人们的认识由现象深入到本质。

就人们认识事物的先后次序来说，认识是由个别到一般，再由一般到个别……交替反复、循环上升的。当人们的认识，由个别上升为一般时，头脑里就会形成初步的概念（日常习用的概念）。概念的产生意味着人们掌握了同类事物的共同特征，标志着人们的认识由个别上升为一般，它使人们的认识能力大大增强了。它不仅使人们认识一个一个的个别事物，还使人们认识一类一类的一般事物。有了概念这种思维形式，人类认识领域的广度就大大扩展了，认识速度也大大加快了。

就人们认识事物的深浅层次来讲，认识是由表及里，由现象到本质，由不太深刻的本质到比较深刻的本质……逐步深化，永无止境的。当人们的认识，透过表面现象深入到内在本质时，头脑里就会形成科学的概念。科学概念的产生标志着人们的认识由现象深入到本质，意味着人们的认识在深度上产生了质的飞跃。科学的概念与日常习用的概念相比，不但认识的广度增加了，而且认识的深度也大大深化了。

所以说，无论日常习用的概念，还是严格的、科学的概念在认识事物时都有重要的作用。(科学概念反映事物的本质，日常习用的概念反映事物的基本特征。)

2. 概念是进行思维的细胞

概念是一种思维形式，它同另外两种思维形式——判断和推理，联系是很密切的。判断是由概念构成的，推理又是由判断构成的。没有概念就不可能进行判断和推理，也就是说不能进行任何思维活动。所以概念是构成思维的细胞，是基础，是思维活动的起点。但从另一个角度讲，概念又是思维成果的结晶。因为任何一个概念的形成都离不开一定的判断和推理。人们通过判断和推理所获得的新知识，又会凝结成新的概念，人们又会运用这些新的概念去进行更深层次的思维活动。所以，概念、判断和推理，虽然是三种不同的思维形式，但在实际的思维活动中，绝不是彼此孤立的，而是紧密联系，共同起作用的。

这段文字是本书第二章第一节中的一小段[①]。这段文字也属于说理文的范畴。这段文字在说理时，也做到了井然有序，主要表现在两个方面：

（1）这段说理文，也按照先总述后分述、先分析后综合（总述——分述——合述）的叙事说理常用的逻辑方法展开文字，显得井井有条。在说理文中，总述是提示性的，概括地提示下面要分述的内容；分述是分解和分析性的，即把论题分解成几个部分或层面，分别进行详细的分析论述；合述是综合性的，即对上面分述的部分进行一个小结。请看 1. 概念是认识事物的工具，在这一部分中：

总述的文字有一段：“概念在认识过程中所起的作用，可以从两方面来考察：一方面……另一方面……”这段文字从总体上介绍下面要分述的内容。总述是对分述的提示和指引，为下面的分述做准备。

分述的文字有两段：“就人们认识事物的先后次序来说……”是一段，“就人们认识事物的深浅层次来讲……”是另一段。分述是对各个部分和各个层面的详述，是对总述的细化和展开。

合述的文字有一段：“所以说，无论日常习用的概念，还是严格的、科学的概念在认识事物时都有重要的作用。（科学概念反映事物的本质，日常习用的概念反映事物的基本特征。）”合述是对分述的总结和概括，语言简而明，虽然放在最后却是画龙点睛之笔。

需要指出：合述不应是总述的简单重复。总述是对分述的提示，合述是对分述的总结，二者的作用是不同的。它们首尾呼应，相得益彰，既浑然一体，又富于层次感。

（如果你仔细阅读本章的文字就会发现：笔者在阐明大小论点时，开头部分往往都有简要的“总述”，结尾部分大都有简要的“合述”，中间是分述，所以总述——分述——合述，是叙事说理中运用得比较普遍的逻辑方法。当然，在有些时候，总述或合述又可以省略。）

（2）在说理时，方方面面逐层剖析，层次分明，有条不紊。在论述第一个小问题时（概念是认识事物的工具），从两个不同角度，把概念在认识中所起的作用分成两个方面进行分析论述，这样讲显得层次分明，井井有条。而且分层讲，比笼统讲，更容易把道理讲细讲透。在论述第二个小问题时（概念是进行思维的细胞），也分成两个层次：一个层次讲没有概念就没有判断和推理，也就没有任何思维活动，说明概念是思维的细胞、基础和起点；另一个层次讲，没有一定的

---

① 本书三版修订时，作者年事已高，眼睛患病，视力下降，无力博览群书，以寻找更恰当的事例。为了说明问题，只好引用自己的拙作，以次品代上品，滥竽充数而已。

判断和推理也形不成概念，概念是思维成果的结晶。从而说明概念、判断、推理这三种思维形式是紧密相连，共同起作用的。

总之，无论说明文还是说理文，叙事说理都要井然有序，才能够提高文章的逻辑性。这是对二者的共同逻辑要求。但说理文，还有自己的特殊要求：除了做到井然有序之外，还要说理透彻，分析精到（精细周到）。所谓说理透彻，就是要把道理讲透，让人一听就明白。所谓分析精到，就是分析问题既要精深，又要全面；既要深刻，又要严谨。对说理文而言，只有说理透彻、分析精到、表述井然有序，才能彰显出文章的逻辑性。

四、论据翔实、论证严密、论证层次分明

前一小节，主要是对说明文和说理文而言的。这一小节，主要是对以逻辑论证为主的论说文而言的。对以逻辑论证为主的论说文，只有做到论据翔实、论证严密、论证层次分明，才能增强文章的逻辑性。

首先，只有论证层次分明，论说文的逻辑结构才清晰。

对以逻辑论证为主的论说文来说，论证层次是否分明非常重要。因为只有论证层次分明，论说文的逻辑结构才清晰。一般说来，一个论点需要有一组相应的论据和一组相应的推理来证明。而逻辑论证也是分层次的。证明总论点（主论点）的论证层次，是一级论证层次；证明分论点的论证层次，是二级论证层次；证明小论点的论证层次，是三级论证层次（以此类推）。不同的论证层次不能彼此混淆，不能彼此交叉。整个论说文的论证层次分明，就能够帮助读者了解论证的全过程，使你了解这些论证是否正确，论点能否成立。如果论证层次混乱不堪，读者就不了解你在论证什么，怎样论证，也无法判断你的论证是否正确。

其次，不但要求论说文的论证层次分明，还要求每一个论证的论据翔实，论证严密。只有这样，这些论证才有效，得出的结论才可靠。只有论据翔实、论证严密，论证层次分明的论说文，才算得上逻辑性强的好论说文。下面简略地分析一下毛泽东《论持久战》一文的主要的论证层次（该文逻辑结构比较复杂，受篇幅所限，只能做适当的简化）。

《论持久战》一文的主论点是：抗日战争是一场持久战争，最后胜利是属于中国的。该文主要的论证层次大体如下：

1. 对主论点的论证（一级论证）

毛泽东对主论点的论证使用的是选言证明法，即通过选言推理来证明主论点的正确。他在“问题的提起”一节中说：“中国会亡吗？答复：不会亡，最后胜利是中国的。中国能够速胜吗？答复：不能速胜，抗日战争是持久战。”

这个选言推理的推理形式是：

中国或者亡国，或者速胜，或者通过持久战争取得最后胜利
中国不会亡国，也不会速胜

所以中国会通过持久战争取得最后胜利

毛泽东写《论持久战》是在1938年5月。近一年的抗争实践，初步证明了“亡国论”和“速胜论”是错误的。毛泽东在“问题的提起”一节中明确写道：

抗战十个月以来，一切经验都证明下述两种观点的不对：一种是中国必亡论，一种是中国速胜论。前者产生妥协倾向，后者产生轻敌倾向。他们看问题的方法都是主观的和片面的，一句话，非科学的。

但直到毛泽东写《论持久战》前后，“亡国论”与“速胜论”的阴魂始终不散，在各个不同时期以不同形式冒出来蛊惑人心，很有必要从理论上作深入的剖析，以正视听。

2. 对分论点的论证（二级论证）

为了说明主论点，《论持久战》还提出了四个主要的分论点：(1)“问题的根据”(此节主要分析作战双方各自的特点)；(2) 为什么亡国论是错误的；(3) 为什么速胜论也是错误的；(4) 为什么是持久战争。这四个分论点，又进一步从四个不同侧面对主论点进行论证说明。

在第一个分论点“问题的根据”一节中，毛泽东全面深刻地分析了中日双方的不同特点，指出了双方在战争中各自的优势和劣势：(1) 日本是帝国主义强国，它的军事实力、经济实力、政治组织实力在东方是一流的，在世界上也是少有的。而中国是一个半殖民地半封建的国家，是一个弱国，军力、经济力和政治组织力都不如敌人。这是战争不可避免和中国不能速胜的基本原因。(2) 日本对华发动的战争是侵略战争，它的战争是退步的和野蛮的。(日本是军事封建性帝国，这决定了它发动的战争具有特殊的野蛮性。)“这样就要最大地激起它国内的阶级对立、日本民族和中国民族的对立、日本和世界大多数国家的对立。日本战争的退步性和野蛮性是日本战争必然失败的主要根据。”而中国的抗日战争是正义的。“因为这个战争是正义的，就能唤起全国的团结，激起敌国人民的同情，争取世界多数国家的援助。”这是中国能够取得最后胜利的根本原因。(3) 日本是小国，它有先天不足，人力、军力、物力、财力均感缺乏，经受不起长期的战争。而中国地大、物博、人多、兵多，能够支持长期的战争。这也是日本必败、中国不会亡国的一个重要原因。(4) 中国得道多助，会受到众多国家的坚决支持；日本失道寡助，会遭到国际力量的强烈反对。这是中国非但不会亡国，还会取得最后胜利的又一个重要原因。

日本是强国、小国、非正义的、寡助的；中国是弱国、大国、正义的、多助

的。这就是决定这场战争进程和最后结果的全部问题的根据。在这里，作者只摆出重要的论据，而把人所共知的推理过程和推理形式省略了。虽然推理形式省略了，但读者仍能感到该文论据翔实、论证严密。

3. 对小论点的论证（三级论证）

在对分论点的论证中又包含着许多小论点。譬如在“驳亡国论”中就有两个典型的小论点：

(1) 亡国论者以英灭印度为例，证明小而强的国家能够灭掉大而弱的国家。毛泽东驳斥说，当时的英国和现在的日本有许多不同点，当时的印度和现在的中国也有许多不同点：当时的英国处于资本主义发展的上升阶段；而现在的日本处于法西斯国家大崩溃的前夜。世界许多国家正在遭遇或者即将遭遇战争，他们正在或准备为反抗野蛮侵略而战。这是日本的野心不能得逞的重要原因。当时印度的反英斗争是孤立无援的，而中国的抗日战争是受到广泛的国际援助的。再说，现在的中国已经不是完全的封建国家，已经有了资本主义，有了资产阶级和无产阶级，有了正在觉悟的广大人民，有了正在走向成熟的共产党和它领导的军队，有了 17 年革命斗争的经验教训。所以现在的中国不会像当时的印度一样亡国。

(2) 亡国论者还以阿比西尼亚被侵略者意大利灭掉为例，证明正义的一方也会被非正义的一方打败。毛泽东又驳斥说：第一，阿比西尼亚不但是弱国，还是小国。第二，它不如中国进步，它是一个古老的农奴制国家，没有资本主义，没有资产阶级政党，更没有共产党，也没有像八路军这样的军队。第三，它没有国际援助。第四，他们在战争指导上有严重错误，而我们没有。所以，我们也不会像阿比西尼亚一样亡国。

4. 对主论点论证的延伸

《论持久战》的主论点是：经过长期抗战最后的胜利是属于中国的。它的以上论述都可以看作对战争结果的分析。以下论述可以看作是对战争进程的分析。

作者在对主论点进行论证之后，又分析了持久战发展的三个阶段，作为对主论点认识的深化。因为人们不仅需要了解这场战争为什么是持久的，还需要了解它是怎样向前发展的，了解它的发展进程和发展阶段。在这部经典著作中，毛泽东准确地预见了持久战发展的三个阶段：

第一阶段是敌之战略进攻、我之战略防御阶段。在此阶段，敌人会采取猛烈的战略进攻态势，企图占领广州、武汉、兰州三点并把三点联系起来，以控制我国广大地区。由于战线太长，并遭遇到全国人民的拼死抵抗，敌人将困难重重。毛泽东指出“敌人如此深入，其困难是非常之大的，其后果将不堪设想”。在此阶段的末期，敌人将感到兵力严重不足，财力呈现竭蹶状态，士兵将出现厌战情绪。

第二阶段是战略相持阶段。在此阶段，敌人将达到战略进攻的终点并停止战略进攻，转入巩固占领地的阶段。在此阶段，中国还保有大量的正规军，但除了正面防御部队外，我军将大量地转入敌后，向敌展开猛烈的游击战争，并尽可能调动敌人于运动战中消灭之。此阶段的战争将是非常残酷的。此时之战局，敌人已停止战略进攻，我国尚无力量进行战略反攻，于是进入战略相持阶段。

第三阶段是我方战略反攻阶段。在此阶段，中国将展开收复失地的战略反攻。毛泽东指出，收复失地主要依靠中国人民自己的力量，但只靠自己的力量还不够，还需依靠国际力量的援助。在国际力量的援助下，中国将全面展开战略反攻，收复全部失地，并取得抗日战争的最后的胜利。

5. 其他重要论点

毛泽东在指出持久战的三个发展阶段后，又用几节的篇幅论述了与持久战有关的其他重要问题：如“战争和政治”、“抗日的政治动员”以及抗日的战略战术思想问题。（如防御中的进攻、持久中的速决、内线中的外线；战争的主动性、灵活性、计划性；运动战、游击战、阵地战；消耗战、歼灭战；抗日战争中的决战；兵民是胜利之本等。）这些都是取得战争最后胜利必须认真研究的重要问题。论述这些问题，都是对主论点论证的继续延伸与拓展。

总之，《论持久战》一文全面地分析了亡国论与速胜论的错误，明确地指出了战争的长期性与持久性，深刻地揭示了抗日战争的发展规律，科学地预见了战争的发展进程，精辟地提出了符合规律的战略战术思想，是指导我国取得抗日战争胜利的纲领性文件。该文论证层次清晰，论据翔实，论证严密，分析精到。重温这篇经典著作，不但能使我们再次领略毛泽东思想的正确与伟大，也可以使我们在写作论说文时得到多方面的重要启示。

五、揭示事物之间的深层联系，是提高理论著作逻辑性的关键所在

对什么是文章的逻辑性，很难下一个十分确切的定义。但一般说来，它和文章的层次性、叙事的条理性、理论的严密性、体系的完整性、各部分内容联系的紧密性等因素有关。但只谈这些东西还不够，对大部头的理论著作来说，只有揭示出事物内部的、深层的本质联系，并按照事物的发展规律和人的认识规律安排自己著作的逻辑结构才能展现出理论著作高度严密的逻辑性。这里面有两个问题：一个是对规律的认识；一个是对规律的表述。一个理论著作的作者，只有在对客观事物的规律有了深刻认识的基础上，才能在表述规律时呈现出高度严密的逻辑性。这方面最典型的例子就是马克思的《资本论》。对这部不朽巨著来说，内容的高度的科学性和理论表述的严密的逻辑性是密不可分的。

读过《资本论》的人，都会被它严密的逻辑性所折服。

先看全书的结构。《资本论》的研究对象，是资本及其运动的总过程，并通过这些研究揭示资本主义的生产方式和生产关系的本质特点和深刻矛盾。《资本论》共三卷：第一卷研究资本的生产过程；第二卷研究资本的流通过程；第三卷研究资本的分配过程。三卷的研究对象和侧重点各不相同，而卷与卷之间的内在联系又非常紧密。资本的生产过程、资本的流通过程、资本的分配过程构成了资本运动的总过程，这三个阶段互相区别，而又彼此衔接，浑然一体。从各卷的分工和衔接，就清晰地呈现出全书结构的严密的逻辑性。

再看第一卷的逻辑结构。第一卷共七篇。第一篇，商品和货币。马克思首先以资本主义社会最普通最常见的基本元素——商品，作为自己研究的逻辑起点。马克思指出，商品是用来交换的劳动产品。不同的商品有不同的使用价值，而不同的商品却有一个共同点，它们都是劳动产品，都包含着“人类的抽象劳动”。所以马克思在研究商品时，首先研究商品中包含的两种因素：价值和使用价值，并指出商品是价值与使用价值的统一体。那么，商品的使用价值和价值又是怎么产生的呢？于是马克思接着就研究体现在商品中的劳动的二重性：具体劳动和抽象劳动；并指出具体劳动产生商品的使用价值，抽象劳动产生商品的价值。那么，商品又是依据什么来进行交换呢？于是马克思又提出了价值量的概念，并指出商品的价值量取决于生产这种商品的社会必要劳动时间。那么，价值又是怎么表现出来呢？马克思接着研究价值形式：从简单的、偶然的价值形式到扩大的价值形式，再到一般的价值形式，再到货币的价值形式。于是马克思从商品交换的历史发展中，揭示出了货币产生的发展历史及货币的本质。货币是商品交换的媒介。这样马克思就从对商品的研究又过渡到了对货币的研究。接着马克思就对货币的职能以及货币如何充当流通手段、货币流通量等重要问题展开了全面研究。

《资本论》第一卷第二篇的题目是“货币转化为资本”。上一篇在研究货币之后，这一篇紧接着研究货币如何转化为资本。资本是能够带来剩余价值的货币。那么货币怎么能够转化为资本，又怎么能够带来剩余价值呢？其中的关键因素是劳动力成为了可供买卖的商品。资本家用货币从市场上买到了生产资料和一种特殊的商品——劳动力，投入生产后就可以占有劳动力创造的剩余价值。劳动力成为商品是货币转化为资本的前提条件，也是资本关系形成的起点。

劳动力成为商品，资本家才可以攫取工人劳动的剩余价值。而剩余价值理论正是《资本论》的理论基础。于是第三篇、第四篇、第五篇都详细地分析剩余价值的生产过程，从根本上揭露了资本家剥削工人的秘密。而有了剩余价值的生产，资本家才能实现资本积累。于是第七篇又重点研究资本积累过程①。

《资本论》第一卷从研究商品开始，然后研究货币，接着研究货币如何转化为资本，在研究货币转化为资本之后又转入研究剩余价值的生产，最后又从剩余价值的生产转入到研究资本的积累。第一卷的理论内涵非常丰富而且深刻，但逻辑层次却十分简明，大体是：商品——货币——货币转化资本——剩余价值的生产——资本积累。从第一个问题的研究引出第二个问题，又从第二个问题的研究引出第三个问题，第三个问题的研究又引出第四个问题……这些问题环环相扣，层层深入，内在联系非常紧密。而且上一个问题的研究又为下一个问题的研究作理论准备，没有上一个问题的研究就无法进入下一个问题的研究。而对下一个问题的研究，又是对上一个问题研究的继续和深化。逐步递进，层层深入。这种研究方法和表述方法，呈现出高度严密的逻辑性。试想：如果第一卷第一篇不是研究“商品和货币”，而是研究“商品和资本”，即在研究商品之后不研究“货币”，而直接去研究“资本”，那么在“商品”和“资本”之间就缺少一个重要的中间环节。没有“货币”这个中间环节，而把“商品”和“资本”这两个研究对象直接放在一起，就缺乏必要的内在联系。这样做，不但违背客观事物本身的发展逻辑，也违背人们认识发展的逻辑。因为人们只有弄清什么是商品之后，才能够真正弄清什么是货币；弄清什么是货币之后才能真正弄清什么是资本。如果真要那么写，很遗憾，就破坏了《资本论》原有的逻辑性。

所以《资本论》不只是高度的科学性令人折服，它严密的逻辑性也同样令人折服。如果你要研究理论著作的逻辑性，那么《资本论》就是最好的范本。

---

① 为了叙述的方便，此处没有提及第一卷第六篇（工资）的内容。这样做可以使不熟悉经济专业的读者更容易了解第一卷的逻辑结构。

第十二章

从成功与失误的典型事例中学习逻辑学

问：逻辑学的应用范围有多广？

答：凡是有思维的地方，就有逻辑学的用武之地。

为了说明这一点，本章选取不同领域、不同方面的典型事例，进行一些基本的逻辑分析，其中有成功的、有失误的，但无论成功与失误都与逻辑学有某种联系。研究这些事例，是从实践中学习逻辑学的有效途径之一。

第一节　诸葛亮《隆中对》中的逻辑推理

诸葛亮的隆中对策，是古今中外重大战略决策的最成功的范例之一。什么是重大战略决策？一般是指关乎全局和长期发展的根本性决策。战略决策的影响，带有全局性、长期性、根本性。国家重大战略决策是否成功，往往能够影响到国家的成败盛衰。而许多政治家在提出和论证重大战略决策时，都离不开最基本的逻辑推理。

汉代末年军阀混战，刘备集团势力最小。刘备为了打开局面，三顾茅庐，向诸葛亮请教建国良策，而诸葛亮在隆中对策中为刘备提出了一整套完整的建国方针，受到刘备的高度重视。正是在这整套正确的建国方针的指导下，刘备集团这个后起之秀，才能够由小到大，由弱变强，建立了蜀国，三分天下有其一。

诸葛亮在《隆中对》中说：

自董卓以来，豪杰并起，跨州连郡者不可胜数。曹操比于袁绍，则名微而众寡，然操遂能克绍，以弱为强者，非惟天时，抑亦人谋也（不只是天时有利，也还是人力谋划的结果）。今操已拥百万之众，挟天子而令诸侯，此诚不可与争锋（争高下）。

孙权据有江东，已历三世（经历孙坚、孙策、孙权三代），国险而民附（地势险要且百姓归顺），贤能（指有德有能的人）为之用，此可以为援（它可以作为援军）而不可图也（别想吃掉它）。

荆州北据汉、沔（指汉水和沔水），利尽南海（全部取得南方沿海的物资。利，指物资。尽，指全部取得），东连吴、会（吴郡和会稽郡。吴郡的治所在今之苏州，会稽郡的治所在今之绍兴，因绍兴有会稽山而得名。吴、会泛指苏州、绍兴等江浙一带），西通巴、蜀，此用武之国，而其主不能守，此殆（大概是）天所以资（帮助）将军，将军岂有意乎？

益州（成都）险塞，沃野千里，天府之土，高祖因之以成帝业。刘璋暗弱，张鲁在北，民殷国富而不知存恤（不知爱惜民力），智能之士思得明君。

将军既帝室之胄（后代），信义著于四海，总揽英雄，思贤如渴，若跨有荆、益（占领荆州和成都），保其岩阻（守住险要的地方。保，保护，守住。岩阻，险要之处），西和诸戎（与西边的少数民族和睦相处），南抚夷越（安抚南方的少数民族），外结好孙权，内修政理，天下有变，则命一上将将荆州之军以向宛、洛（南阳、洛阳），将军身率益州之众出于秦川（秦川，泛指秦岭以北的陕、甘两省的平原地带），百姓孰敢不箪食壶浆（携带食品酒水）以迎将军者乎？

诚如是，则霸业可成，汉室可兴矣！

诸葛亮提出的这套建国方针，包括以下四个战略支点：

1. 主攻方向

为了正确地选择战略主攻方向，诸葛亮向刘备全面地分析了东汉末年军阀混战的天下形势。

诸葛亮首先分析了长江以北的形势。此时曹操已经打败了大军阀袁绍，基本上统一了北方，拥有上百万军队。在政治上，他还有一张王牌，就是汉献帝在他手里，可以“挟天子以令诸侯”。这些优势，都是刘备无法匹敌的。刘备集团的主攻方向不能放在北面，向北发展，是没有成功希望的。

接着诸葛亮又分析了长江中下游的形势。长江中下游是孙权的势力范围。东吴经过孙坚、孙策、孙权三代领导人的多年经营，实力也比较雄厚。再加上东吴地势险要、百姓归顺，还有许多有德有能的人士为他卖命，东吴集团的势力也是不可小觑的。如果你想吃掉东吴向东发展，也没有成功的可能性。

然后，诸葛亮分析西南方向的形势。西南方向有两个重要地区：荆州和益州。荆州北面占据汉水与沔水广大流域；南面可以得到沿海各地的丰富的物资；西面可以通达四川；东面可以通达江浙等地。这是兵家必争之地。而且统治荆州的刘表集团软弱无能，这是上天留给你的一块宝地，不知道你愿意不愿意得到它？

益州（成都）地势险要，物产丰富，沃野千里，是天府之国。而它的统治者刘璋集团更是昏庸无能，不知道爱惜民力，早已失去民心。而你是帝王的后裔，信义天下闻名，你正是益州民众心中渴望得到的明君。

经过分析，诸葛亮得出一个结论：刘备集团的主攻方向，既不应该放在北方，也不应该放在东方，而应该放在西南方向，占领荆、益二州，建立自己的政权。

向物产丰富、地理位置重要、统治力量薄弱的西南方向发展，这是唯一正确的选择。这个选择可以使刘备集团避实就虚，趋利避害，事半功倍。而这个正确选择，又是依据下面一个基本的逻辑推理：

刘备集团或者向北发展，或者向东发展，或者向西南方向发展
向北发展没有出路，向东发展也没有出路

所以，只能向西南发展

（这是选言推理的否定肯定式，其推理规则是“排除其他，肯定一个”。见第六章第五节。）

诸葛亮正是依据这个简单的选言推理，确定了刘备集团未来发展的主攻方向。

刘备从寄人篱下，到发展成独立的政治集团；从到处奔波，到建立巩固的根据地，走过了一条非常曲折的发展道路。当刘备在诸葛亮的帮助下，明确了主攻方向之后，就势如破竹，所向披靡，先后占领荆、益二州，并以此为根据地不断向外扩张，最后建国称帝。刘备集团的成功，在某种程度上可以说是，战略主攻方向选择正确的胜利。

2. 内政方针

诸葛亮在隆中对策中不但提出了刘备集团的主攻方向，还提出了建立政权后

如何巩固政权的内政方针。这个内政方针主要包括两个方面：

一是内修政理，即加强政权建设和社会治理。

为什么诸葛亮这么重视政权建设和社会治理呢？因为在诸葛亮的头脑中，装有一个最基本的逻辑推理：

只有加强政权建设和社会治理，才能得到民众的拥护
只有得到民众的拥护，才能巩固政权

所以，如果刘备集团要巩固政权，必须内修政理

这是一个必要条件纯假言推理的肯定后件式。它的推理规则是肯定“尾”，必须肯定“头”，即有尾有头①。这个演绎推理是必然性推理，它的结论是可靠的、科学的（见第六章第四节）。这也是一个比较简单的逻辑推理，但这个简单推理却是诸葛亮提出这个政策方针的重要依据。

蜀国建国后，诸葛亮担任丞相，独揽军政大权。在他主政时期，政治比较清明，社会比较稳定，政权相对比较巩固。事实证明，诸葛亮在隆中对策中提出的内修政理的方针是正确的。

诸葛亮提出的内政方针的第二点是：西和诸戎，南抚夷越。

诸葛亮非常清楚，刘备集团将要建立的政权，位于少数民族聚集的西南地区。在少数民族聚集的地区建立政权，必须处理好民族关系；处理不好民族关系，政权就很难巩固。所以他才提出了西和诸戎、南抚夷越的民族政策。而制定这项政策的过程，实际上也是诸葛亮进行逻辑推理的过程：

只有西和诸戎、南抚夷越，才能处理好与少数民族的关系；
只有处理好与少数民族的关系，社会才能稳定；
只有社会稳定，才能巩固政权；

所以要巩固政权，就要西和诸戎、南抚夷越

（这是必要条件纯假言推理的肯定后件式，肯定后件式的推理规则是：肯定“尾”，就要肯定“头”，即有尾有头。见第六章第四节。）

《三国志》中记载了诸葛亮七擒孟获的故事。孟获是益州豪强雍闿的旧部。雍闿反叛蜀汉政权被夷人杀死后，孟获还继续与诸葛亮的部队交战。他七次战败，七次被擒，七次被诸葛亮释放。诸葛亮第八次还要放他走，允许他再战。孟获终于心服口服，对诸葛亮说：“诸葛公天威，南人不再反了。”诸葛亮进军至滇池，用本地夷人和汉人做官吏，大大改善了与少数民族的关系，社会也比较稳

① 在纯假言推理中：头，指第一个前提的前件；尾，指最后一个前提的后件。

定。正因为蜀汉政权执行了西和诸戎、南抚夷越的方针，所以在一段时期内政权相对巩固。

3. 外交方针

诸葛亮在隆中对策中，还向刘备提出了外结好孙权的外交方针。这条方针的实质是，与东吴结成统一战线，共同对抗曹操。在诸葛亮加入刘备集团的领导核心之后，就开始认真贯彻执行联吴抗曹的方针。公元208年曹操率几十万大军，企图渡过长江一举消灭东吴政权和刘备集团。刘备派诸葛亮到东吴说服孙权，最终与周瑜联合作战，并用火攻的办法取得了赤壁大战的完全胜利。这是刘备联吴抗曹取得的第一个大胜利。以后诸葛亮又用吴蜀联姻的方式进一步巩固了这条统一战线。但是刘备和孙权手下的一些将领，对联吴抗曹的方针，并不完全理解，执行不力，经常产生这样那样的摩擦。公元219年东吴杀了荆州守将关羽，取得荆州。公元221年，刘备又亲率大军攻吴，企图夺回荆州并给关羽报仇，结果大败而归，次年病死白帝城。此时吴蜀联盟已经土崩瓦解。刘备死后诸葛亮又全力修复吴蜀联盟，派遣使官到东吴，劝孙权与曹魏绝交，终于使吴魏交恶，蜀吴归于和好。遗憾的是，在诸葛亮死后的一段时间内，魏国仍利用矛盾各个击破，先后灭掉了蜀吴两国。事实证明：当两国的统一战线牢固的时候，吴蜀两国都没有亡国之忧；而破裂的时候，亡国的厄运就在眼前。

那么我们要问：未出茅庐的诸葛亮，怎么就会意识到联吴抗曹的高度重要性，并且在以后的施政活动中去身体力行呢？

这是因为诸葛亮实事求是地科学分析了魏蜀吴三国将来的政治军事实力和三足鼎立的格局，进行了严密的逻辑推理，才得出必须联吴抗曹的正确结论。在即将形成的三足鼎立的格局中，魏蜀吴的实力并不均衡，而是一强两弱。两个弱国必须联合起来，才能不被强国吃掉。这个推理可以用下面的逻辑竖式来表示：

两个弱国只有联合起来共同与强国抗衡，才不会被强国吃掉
蜀国要不被强国吃掉
————————————————————
所以，必须联吴抗曹

（这是必要条件假言推理的肯定后件式，肯定后件式的推理规则是：肯定后件必须肯定前件，即有后有前。见第六章第四节。）

显而易见，诸葛亮提出联吴抗曹的外交方针，也是以科学的逻辑推理为依据的。

4. 复兴汉室

建立蜀国后，积蓄力量，选择适当的时机，灭掉曹魏，恢复汉家天下。（此点不展开）

从以上的分析可以看出，诸葛亮在隆中对策中向刘备提出的建国方略，是一次成功的、富有远见的战略决策。蜀汉建国的成功，在某种意义上说，是这次战略决策的胜利。

年仅26岁的诸葛亮，在其未涉足政坛之前，就能够准确而深刻地分析当时的政治军事形势，预见到今后将会出现鼎足三分的局面，并为刘备提出了一整套切实可行的建国方略。以后事态的发展，基本上符合隆中对策的预言。

许多人把诸葛亮神化，认为他具有神仙般的“超常智力”。诸葛亮的确很高明，但他的高明之处，不在于他是神，而在于他遇事能够进行严密的逻辑推理。没有严密的逻辑推理，他就提不出隆中对策。没有隆中对策，刘备一时还很难找到建国的正确道路。

请看下面的推理：

没有严密的逻辑推理，就没有诸葛亮的隆中对策

没有诸葛亮的隆中对策，刘备集团一时就制定不出正确的建国方略

所以，没有诸葛亮严密的逻辑推理，刘备集团一时就制定不出正确的建国方略

（这是必要条件的纯假言推理的传递式，它的推理公式是：留头留尾。见第六章第四节。）

第二节　处理大国关系方面的逻辑推理
——简析中美关系和中俄关系

中美俄三个大国之间的关系，是对整个世界局势走向有重大影响的国家关系。中俄关系与中美关系都很重要，又各自具有不同的特点。

先说中美关系，中美关系可以用三句话来概括：

一、构建新型大国关系是中美之间唯一理智的选择

构建新型大国关系，是中美双方唯一理智的选择。中美就构建新型大国关系达成共识，体现了两国领导人深邃的政治智慧。

2013年6月7日至8日，中国国家主席习近平同美国总统奥巴马在美国加州安纳伯格庄园举行会晤。两国元首同意，共同努力构建中美新型大国关系，相互尊重、合作共赢。这是双方着眼世情国情以及中美关系未来发展达成的重要共识。这个共识指明了中美两国关系发展的正确方向。

守成大国和新兴大国的关系可以有两种选择：或者走冲突对抗的老路；或者走不冲突不对抗的新路。中美两国选择的是后者。用逻辑竖式表示就是下面的选言推理：

守成大国和新兴大国之间的关系或者走冲突对抗的老路，或者走不冲突不对抗的新路

中美两国不走冲突对抗的老路

所以，中美两国走不冲突不对抗的新路

（这是一个不相容的选言推理，中美否定了第一个选项，选择了第二个选项。见第六章第五节。）

那么，中美两国为什么不走冲突对抗的老路呢？

习近平的一段话很好地回答了这个问题。习近平主席会见美国总统国家安全事务助理多尼伦时说："双方应该从两国人民和世界人民根本利益出发，共同致力于建设中美合作伙伴关系，走出一条前无古人、后启来者的新型大国关系之路。"这段话包含着下面一个推理：

中美两国只有走构建新型大国关系之路，才符合两国人民和世界人民的根本利益

要保障中美两国人民和世界人民的根本利益

所以，中美两国必须走构建新型大国关系之路

（这是必要条件假言推理的肯定后件式，其推理规则是肯定后件必须肯定前件，即有后有前。见第六章第四节。）

正是这个推理揭示了中美构建新型大国关系的必要性，说明了中美构建新型大国关系的客观依据。

为了深入阐明这一点，下面从三个方面加以论述：

1. 构建新型大国关系符合时代发展的主流

从上世纪90年代开始，全球的政治和经济领域都发生了极其深刻的变化。从政治领域讲，苏联的解体，结束了两大阵营对立的冷战时代。从经济领域讲，冷战时代的结束，又大大加快了经济全球化的步伐，使经济全球化达到了前所未有的广度和深度。而冷战时代的结束和经济全球化的加快，又给当今的世界带来深刻巨大的变化，其中最大的变化，就是使和平与发展成为当今时代的主流。而中美两国努力构建新型大国关系，是完全符合当今时代发展的主流的。这可以从下面一个直言推理得到证明：

不冲突不对抗的国家关系，是符合当今时代发展的主流的

中美构建的新型大国关系，是不冲突不对抗的国家关系

所以，中美构建新型大国关系是符合当今时代发展的主流的

（这个推理是直言三段论推理的第一格，第一格也叫证明格。通过第一格，可以证明上述结论的正确性。见第六章第二节。）

2. 构建新型大国关系符合中美两国国情

先看美国国情。从政治看，美国是超级大国，它称霸全球的战略目标给它自身带来沉重的战略负担。为了称霸全球，它就会直接、间接地频繁介入世界热点地区、热点问题。自第二次世界大战以来，美国是卷入战争最多的国家，朝鲜战争、越南战争、海湾战争、轰炸南联盟与利比亚、阿富汗战争、伊拉克战争等。战争消耗了美国大量人力、物力、财力，人民群众反战情绪严重。从经济领域看，金融危机使美国经济严重衰退，虽然开始缓慢复苏，但经济前景仍十分脆弱。债台高筑，财政赤字不堪重负。美国越来越感到力不从心。在这种情况下，与中国构建新型大国关系，对美国自身是有利的。

从中国看，中国最大的国情是，人口多，底子薄，经过30多年的改革开放虽有惊人的发展，但与西方发达国家比仍有很大差距。中国当今的主要任务是实现“两个一百年”的奋斗目标，实现祖国统一、民族振兴的伟大理想。中国需要长时期的和平环境来实现这些目标。所以与美国构建一种新型大国关系，对中国也是有利的。

总之，构建新型大国关系，是符合两国国情的。得出这个结论的过程，实际上是联言推理的过程：

构建新型大国关系是符合中国国情的
构建新型大国关系是符合美国国情的

所以，构建新型大国关系既符合中国国情，又符合美国国情

（这是联言推理的合成式。联言推理的合成式，是由各个联言肢的真，推出整个联言判断的真。见第六章第七节。）

联言推理很简单，用得最多，但大家司空见惯、习而不察，似乎感觉不到它是一种独立存在的推理形式了。

3. 构建新型大国关系是由“和则两利、战则两伤”的利益格局决定的

中美之间“和则两利、战则两伤”的基本利益格局已经客观形成并且基本定型。

2013年中美货物贸易额已达到5 210亿美元，双向投资额累计超过了1 000亿美元。中国是美国第二大贸易伙伴。美国是中国最大的出口国。中国还是美国

最大的债权国。中美两国经济互补性强，互相依存，互相渗透，难舍难分。如果两国交好，经济联系会越来越紧密，对增加两国经济实力、提高两国人民生活水平都是非常有利的。如果两国交恶，甚至交战，就会使两国经济受到重挫，引发双方许多难以解决的社会问题，甚至会导致社会动乱，这是双方政府都无法承受的。

这种客观形成的“和则两利、战则两伤”的利益格局，是人力无法改变的。这就决定了中美之间必须构建不冲突不对抗的新型大国关系。这种利益格局，用逻辑竖式表示就是：

如果和，则两利；如果战，则两伤

或者和，或者战

或者两利，或者两伤

（这是二难推理的复杂构成式。在这个推理中，选言判断的两个选言肢肯定两个假言判断的前件，结论肯定两个假言判断的后件。）

这个二难推理，提出两种假设条件并指出两种结果，供人们选择。这里说的“两利”，不是小利，也不是中利，而是巨大利益；这里说的“两伤”，不是小伤，也不是中伤，而是严重伤害。正反两方面的不同选择，会有天壤之别。

和则两利，利莫大焉；战则两伤，伤莫重焉。两种后果之所以差别这么大，是由两国的经济体量和军事实力决定的。

美中两国分别是世界第一、第二大经济体。两大经济体如果友好交流，双方获利都会非常巨大；如果处处对着干，对双方的伤害当然会非常深重。

中美两国又是拥有核武器的军事强国，一个超强，一个很强。如果和，则中美两国的安全与世界和平均有保障；如果战，则破坏力之强是可以预见的，后果难以设想。

总之，是中美之间这种特殊的利益格局，决定了中美之间只能构建不冲突不对抗的新型大国关系。这种选择是理智的最佳选择。之所以是理智的最佳选择，是因为这种选择是建立在精辟的分析判断和严密的逻辑推理之上的。只有合乎逻辑的东西，才具有现实合理性和可行性。

二、中美之间也还存在某种战略利益的冲突

中美就构建新型大国关系虽然取得共识，但还存在一些重要分歧。特别是中美之间还存在某种战略利益的冲突：美国称霸全球的战略目标和中国建设海洋强国的目标有某种冲突，这种冲突集中于东海和南海，表现为遏制与反遏制这一对矛盾上。尽管奥巴马口头上多次声明不遏制中国，但却在行动上采取许多措施遏制中国。譬如实行战略中心东移，把 60％的海空军作战力量放在亚洲；把钓鱼岛列入《日美安全保障条约》的适用范围，把最先进的战略性武器调往日本，并支持日本右翼势力解禁集体自卫权；支持并怂恿菲律宾在南海多次向中国挑衅，还要在新加坡部署最先进的滨海战斗舰，企图扼住马六甲海峡咽喉地带等，这一切都针对中国。美国遏制中国的意图越来越明显，越来越升级，所以在中美之间摩擦不断，热点很多；中美关系时紧时松，起伏不定。这又给中美构建新型大国关系增加了新的难度和变数。美国一方面要与中国构建新型大国关系，另一方面又对中国采取遏制和围堵政策，这使中美关系存在出现曲折和倒退的可能性。对美方的错误做法，我方必须旗帜鲜明地进行针锋相对的坚决斗争，使其回到构建新型大国关系的正确道路上来。

三、中美之间斗而不破、疑而不战的局面仍将持续

有人用这样的话形容中美关系：中美非敌非友，亦敌亦友。这种形容，未必恰当。因为很难用敌友关系，来简单化地描述极其复杂的中美关系。又有人说，中美关系好不到哪儿去，也坏不到哪儿去。就现状而言，这句话有几分道理。因为中美之间始终有对立的两种因素同时存在：巨大的共同利益和严重的分歧。正因为有严重的分歧，所以好也好不到哪儿去；也正因为有巨大的共同利益，所以坏也坏不到哪儿去。中美关系时起时伏，波动很大，斗而不破、疑而不战的局面将会持续。之所以斗，是因为遏制必然会引起反遏制；之所以不破，是因为双方都不愿把事情闹大。之所以疑，是因为双方缺乏战略信任；之所以不战，是因为双方都了解后果极其严重。

细细想来，中美之间的共同利益远远大于分歧。共同利益像一座巍峨的大山，分歧虽然严重也不过是个小丘。小丘，双方应该共同翻越；大山，双方才应该一起攀登。因为，和则造福两国人民，战则重创两个巨人。习近平主席和奥巴马总统正是看到了这一点，所以就构建新型大国关系达成了共识，并且确定了通过谈判协商解决分歧，而不诉诸武力。构建新型大国关系是习近平最先提出、很快与奥巴马取得共识的一个全新的政治理念。这个全新的政治理念，体现了双方的根本利益，充满了政治智慧。双方都要珍惜它，践行它。不管道路多么曲折，都要走下去，使中美关系沿着正确的方向健康地向前发展。

中俄关系也可以用三句话来概括：

一、中俄不是盟国但是最好的战略协作伙伴

中俄同时受到美国的战略挤压，这几乎是不争的事实。在西方，北约东扩、在人家家门口部署反导系统，还支持乌克兰搞颜色革命，使俄国感到很大的战略威胁。在东方，美国战略中心东移、支持日本军国主义幽灵复活，在东海和南海同时发难，也同样使我国感到很大的战略威胁。面对美国巨大的战略压力，中俄都感到需要寻求可靠的战略协作伙伴。

为什么中俄都需要战略协作伙伴呢?

因为在以美国为首的强大的战略军事同盟继续存在并不断得到强化的情况下:

如果中俄没有一个战略协作伙伴，一旦东西方发生大的冲突，中俄就会陷入战略孤立的地位

中俄都不想陷于战略孤立的地位

所以，中俄就必须有自己的战略协作伙伴

(这是充分条件假言推理的否定后件式，推理规则是否定后件必须否定前件，即无后无前。见第六章第四节。)

这是一个简单的假言推理，但这个简单的假言推理，肯定会在中俄两国、两军领导人的大脑里盘旋多次，成为处理两国、两军关系首先需要考虑的因素。

中俄成为战略协作伙伴，一方面是由于形势所逼，另一方面也与中俄美三大国的实力对比有关。中俄美三大国，在世界政治舞台上，构成了一种特殊的三角关系。在这三角关系中，中俄美的实力并不完全均衡，其中一个超强，两个很强。在强与超强之间，存在一定实力的差距。一强与超强博弈，超强占主动;两强与超强博弈，两强占主动。请看下面的推理:

只有两强结成战略协作伙伴，在与超强的博弈中才会占据主动

中国要在博弈中占据主动

所以，中国需要与俄国结成战略协作伙伴

(这是必要条件假言推理的肯定后件式，其推理规则是:肯定后件必须肯定前件，即有后有前。见第六章第四节。)

其实这个道理很简单:在平面几何中，任何一个不等边三角形的一条长边，不管它有多长，都小于另外两条短边之和。

所以中俄虽然不是盟国，但结成重要的战略协作伙伴，仍有特殊意义。这种战略协作伙伴关系，弹性很大，即伸缩的余地很大。风平浪静的时候，双方维持一般的友好关系;当两国同时受到巨大的压力时，就会靠得很近，借力给力，彼此都会给对方以有力支持。这种相互支持，即使不结成盟国，力量也是非常强大的。两个巨人站在一起，即使什么话也不说，也能产生一种很大的威慑力量。两个巨人靠近，对维护世界的和平与稳定也是必需的。

2014 年 5 月 30 日在新加坡参加香格里拉对话会时，俄国国防部副部长安东诺夫在与解放军副总参谋长王冠中会谈后说:“中俄两军携手，全世界都可以安

然入睡了。”这句话表达了面对第三方的巨大战略威胁时，中俄两军具有强烈的战略自信，也说明了中俄成为战略协作伙伴的重要性和必要性。

二、中俄之间虽有事务性的具体矛盾但没有战略性的利害冲突

中俄关系与中美关系有一个明显的不同：在一个可以预见的时段内，中俄互不构成战略威胁，彼此之间没有根本性的战略冲突。这是中俄关系的一个重要特点。这也是中俄之间存在高度的政治互信的基本原因。

请看下面的推理：

只有互不构成战略威胁，才能够建立高度的政治互信

中俄互不构成战略威胁

所以，中俄能够建立高度的政治互信

（这是充分必要条件假言推理的肯定前件式，其推理规则之一是：肯定前件必须肯定后件，即有前有后。见第六章第四节。）

研究中俄关系，需要回溯新中国与苏联的关系。

新中国与苏联有很深的渊源关系。新中国刚成立时，西方对我们采取敌对态度和全面封锁的政策。在这种特定的历史条件下，双方签订了《中苏友好同盟互助条约》。这个条约的签订对双方都有好处，对刚刚建立的新中国更有特殊意义。但十年过后，由于苏共和中共之间意识形态分歧的公开和逐步扩大，造成政治上的严重对立，导致中苏关系全面破裂，两国关系又逐渐演变成敌对关系。苏联在中苏边界陈兵百万，当时对我国的安全构成了极大战略威胁。

苏联解体后，原有的一页翻了过去。原来不共戴天的意识形态分歧烟消云散了；经过谈判，边疆那边的百万大军撤走了；两国原来未划定的部分边界也划定了，4 000 多公里的中俄边界又成了和平边界。并于 2001 年 7 月 16 日签订了《中俄睦邻友好合作条约》，把“世代友好、永不为敌”的理念用法律形式确定下来，使两国关系又走上迅速发展的康庄大道，并且近年来达到了历史最好水平。

那么，什么是推动中俄改善关系的基本动力呢？

如果中俄能够建立良好的国家关系，那么就会增加两国的战略安全，并且为经济文化的全面交流发展创造有利条件

中俄都需要增强自己的战略安全，并且为经济文化的全面交流发展提供有利条件

所以，中俄必须建立良好的国家关系

（这是充分必要条件假言推理的肯定后件式，其推理规则之一是：肯定后件必须肯定前件，即有后有前。见第六章第四节。）

三、中俄之间虽有高度的政治互信但都不愿走军事结盟的老路

中俄之间具有高度的政治互信，但为什么不会走军事结盟的老路呢？这主要有两个原因：

1. 军事结盟不符合两国现在的国情

首先，中俄都是军事强国，依靠自己的力量，完全有能力保卫自己国家的主权和领土完整，不需要结盟。再说中俄都是按照自己的国家利益独立自主处理问题的大国，结盟后又难免会产生新的矛盾和问题，所以都不愿走出这一步。请看推理：

不符合两国国情的政策是不可行的

军事结盟的政策不符合两国现在国情

所以，两国军事结盟是不可行的

（这是直言三段论推理的第一格。其推理规则是：大全称，小肯定。见第六章第二节。）

第一格是证明格，通过这个推理证明结盟是不可行的。

2. 结盟不符合当今的时代潮流

缔结政治军事同盟，是热战和冷战时代的产物，是早已过时的东西。如果中俄两个大国缔结新的政治军事同盟，世界就会重新回到两大阵营对立的冷战时代，这是两国人民和世界人民都不愿看到的。

请看推理：

如果中俄两个大国结盟，世界就会重新回到冷战时代

中俄两国都不愿回到冷战时代

所以，中俄两个大国不会结盟

（这是充分条件假言推理的否定后件式，其推理规则是：否定后件必须否定前件，即无后无前。见第六章第四节。）

综上所述，无论处理中美关系还是中俄关系，都需要正确的逻辑推理和判断作支撑。没有正确的逻辑推理和分析判断，就很难制定出正确的外交方针，也就无法正确地处理大国之间的关系。

第三节　刑事案件侦破中的逻辑推理

刑事案件的侦破，自始至终都充满了逻辑推理。接到刑事案件后，首先要进

行现场勘查，勘查现场后要进行初步的逻辑分析和推理，提出进一步深入侦查的意见。经过深入侦查后，再进行第二次的逻辑分析和推理。然后再侦查，再推理，直至破案。在破案过程中，侦查和推理是反复交替进行的。侦查和技术分析为逻辑推理提供前提和依据，逻辑推理提供侦破方向和重点，解开层层迷雾，还原案件的始末原由。由此可知，逻辑推理在案件侦破中，占有十分重要的位置。请看下面的案例。

据《京华时报》2010年3月18日A12版（记者　穆奕）报道：

家住海淀区世纪城的李女士，2月24日下午驾驶本田雅阁轿车到曙光路附近一家超市买菜。回到家后，她打开后备箱取菜时，突然发现后备箱内一个装有65.5万元现金的手提包不见了。这65.5万元现金，是她做生意的周转金，没了这笔钱，对她可是不小打击。她急急忙忙到派出所报案。

警方通过现场勘查，发现李女士的汽车没有被撬的痕迹。侦查人员问李女士："你锁车后，有没有再拉一下门把手，检查车门是否锁好？"李女士说："我记得很清楚，我肯定锁车了。但我很自信，锁车后从来不再检查。"侦查人员还发现，停放在案发现场附近的其他汽车，均未发现被盗的情况。而且除了装有巨款的手提包丢失外，后备箱中的其他物品均未丢失。遗憾的是案发现场没有监控录像，也找不到其他破案线索。对这件没有什么破案线索的案件来说，如果没有刑侦人员一环套一环严密的逻辑推理，这个案子是很难侦破的。

请看刑侦人员是如何通过一环套一环的逻辑推理侦破此案的：

1. 根据窃贼作案目标非常明确，推测这是知情人作案。

案发现场是公共场所，只有李女士的汽车被盗，停车场的其他汽车均未被盗。而且后备箱中除了装有65.5万元巨款的手提包丢失外，其他物品一概没丢。这说明窃贼作案目标非常明确。那么窃贼的作案目标为什么会这么明确呢？

请看警方的如下推理：

只有窃贼事先知道手提包中放有巨款，作案目标才会这么明确
窃贼的作案目标非常明确

所以，窃贼事先知道手提包中放有巨款

（这是必要条件假言推理的肯定后件式，其推理规则是：肯定后件必须肯定前件，即有后有前。见第六章第四节。）

既然窃贼事先知道手提包中放有巨款，说明窃贼是知情人。

通过上面这个推理，警方断定窃贼是知情人。

2. 根据后备箱没有撬痕而巨款不翼而飞，推测窃贼可能使用了汽车门锁干扰仪。

从现场勘查的情况看，汽车没有撬痕，后备箱完好无损，但巨款不翼而飞。事主李女士记得很清楚，她肯定锁车了（遥控车锁）。而且她的汽车钥匙只有她一人拿着，别人根本摸不着。办案人员推测：这很可能是窃贼使用了汽车门锁干扰仪，阻止了李女士锁上车门和后备箱，而李女士却一无所知。使用汽车门锁干扰仪可以使50米范围内车辆的遥控车锁失灵。这种作案手段虽然刚出现不久，但全市已发现多起。

在排除忘记锁车与丢失钥匙等情况下，警方断定窃贼使用了汽车门锁干扰仪，刑侦人员又是这么推理的：

只有使用汽车门锁干扰仪，才能在后备箱完好的情况下偷走巨款
窃贼在后备箱完好的情况下偷走巨款

所以，窃贼使用了汽车门锁干扰仪

（这是必要条件假言推理的肯定后件式，其推理规则是：肯定后件必须肯定前件，即有后有前。见第六章第四节。）

根据这个推理，警方断定窃贼使用了汽车门锁干扰仪。

3. 根据窃贼作案时间短暂，推测窃贼当时正在跟踪事主李女士。

使用汽车门锁干扰仪作案，窃贼必须随时跟踪女事主。因为只有在李女士锁车的一瞬间，窃贼在现场才能使用汽车门锁干扰仪。如果李女士锁车的当时窃贼不在现场，那么汽车门锁干扰仪就无用武之地。为了伺机下手，窃贼必须随时跟踪李女士。请看警方的推理：

如果使用汽车门锁干扰仪，那么就需要随时跟踪李女士
窃贼使用了汽车门锁干扰仪

所以，窃贼需要随时跟踪李女士

（这是充分条件假言推理的肯定前件式，其推理规则是：肯定前件就要肯定后件，即有前有后。见第六章第四节。）

通过这个推理，警方断定窃贼会随时跟踪李女士。

4. 要随时跟踪李女士，那么窃贼就可能经常在李女士居家和工作单位附近转悠。

警方又推测，窃贼要掌握李女士的行踪，就必然会在李女士居家和工作单位附近转悠。警方是这么推理的：

如果窃贼要随时掌握李女士的行踪，那么就会在她居家和工作单位附近转悠
窃贼需要随时掌握李女士的行踪

所以，窃贼会在李女士居家与工作单位附近转悠

（这是充分条件假言推理的肯定前件式，其推理规则是：肯定前件必须肯定

后件，即有前有后。见第六章第四节。）

分析到这儿，警方一下就找到了破案的突破口：调阅有关监控录像就可以发现嫌疑人。

请看警方的推理：

如果窃贼经常在事主居家和工作单位附近转悠，那么就可以从事主居家和工作单位附近的监控录像中发现嫌疑人

窃贼经常在李女士居家与工作单位附近转悠

所以，调阅李女士居家和工作单位附近的监控录像就可以发现嫌疑人

于是警方就从调阅李女士居家和工作单位附近的监控录像入手查找嫌疑人。通过反复地查看和分析监控录像，发现有一辆黑色捷达车在案发前几天，多次出现在李女士居家和工作单位周围，具有重大作案嫌疑。黑色捷达车车主武某，住在北京通州区宋庄镇，有重大嫌疑。

通过以上推理和后续侦查，发现了作案嫌疑人武某。

5. 深入调查

接着警方对武某展开了深入调查。侦查员发现，武某曾因敲诈勒索被通州警方处理过，目前无正当职业，但是有人反映最近几日武某花钱大手大脚，像是发了横财。还有人看见武某赌博，输光了就到汽车后备箱中抓一把钱回来再赌，一点也不在乎。通过进一步侦查，警方还发现，另一名男子张某与武某联系密切，张某经常坐着武某的汽车在李女士居家和工作地点周围转悠。从通州宋庄镇开车到海淀世纪城李女士住处，需要跑很远的路。警方了解到，他们天天跑这么远的路，并无正当理由，断定他们一定有不可告人的目的，否则不会无缘无故地这样做。警方是这么推理的：

如果没有不可告人的目的，那么武某与张某就不会天天在李女士居家和工作单位附近转悠

武某与张某天天在李女士居家和工作单位附近转悠

所以，武某与张某有不可告人的目的

（这是充分条件假言推理的否定后件式，其推理规则是：否定后件必须否定前件，即无后无前。见第六章第四节。）

通过以上的推理和后续侦查，进一步确认了武某与张某的作案嫌疑。

6. 抓捕搜查

有一天，警方在武某正在赌博时对他进行抓捕。在预审中，警方讯问武某干什么工作，每月有多少收入，为什么花钱大手大脚？为什么三番五次开车到海淀

区世纪城转悠，去那里干什么？武某回答漏洞百出。警方马上搜查武某的黑色捷达车。在捷达车中起获了22万元赃款和汽车门锁干扰仪等作案工具。武某无法抵赖，初步交代了犯罪事实。

7. 扩大战果

警方接着追问武某：你过去与事主李女士没有任何接触，你是怎么知道李女士的本田雅阁后备箱内放有巨款的？武某随后交代，参与盗窃的还有男子秦某以及秦某的女朋友晋某。警方随后又把秦、晋二人抓获，并在他们那里起获了15万元赃款（其余赃款仍在追缴中）。

据晋某交代，晋某的孩子和李女士的孩子在同一所幼儿园，两人是在接送孩子时认识的，而且很谈得来。时间长了，便成了无话不说的好姐妹。一个偶然的机会，晋某得知李女士经常把做生意用的巨款放在汽车后备箱内。她把这个消息告诉了自己的男友秦某。于是秦某、张某、武某、晋某四人合谋盗窃李女士车内的钱财。2月中旬，4人开始尾随李女士。2月24日下午5点多，武、张二人再次尾随李女士到案发地，用汽车门锁干扰仪阻止了李女士锁车，并轻而易举地盗走那笔巨款。

为什么警方知道武某与张某还有同案人？请看警方的推理：

武某与张某过去与李女士没有任何接触，如果没有其他知情的同案犯，那么他们就不会知道手提包中放有巨款

武某与张某知道手提包中放有巨款

所以，他们还有其他知情的同案犯

（这是充分条件假言推理的否定后件式，其推理规则是：否定后件必须否定前件，即无后无前。见第六章第四节。）

通过上面的推理和后续侦查，很快抓到了武某与张某的同案犯：晋某与秦某。至此，全案侦查终结。

总起来看，这个案子的破案线索很少。简单说就是：东西丢了，锁没撬；别的东西没拿，手提包拿走了。但是，得益于一环套一环的严密的逻辑推理，这个难度很大的案件，被警方顺利地侦破了。纵观破案的全过程可以看出：在侦破的每一个重要环节上，逻辑推理都起了关键作用。

第四节　疑难病症诊治中的逻辑推理

医生诊断疾病的过程，实际上都是推理和分析判断的过程。你嗓子疼，一检

查扁桃腺肿大，还有点化脓，医生说：扁桃腺发炎了。他的推理过程是：

凡有扁桃腺肿大或化脓的症状都是扁桃腺发炎

你扁桃腺肿大化脓

所以，你的扁桃腺发炎了

这是直言三段论推理的第一格，推出的结论是可靠的。但有时候病情复杂，检查来检查去就是找不到病因。这时候不但需要医生有精深的医术，还必须有很强的逻辑推理能力才能作出正确判断，否则就查不出病因。请看下例。

北京科教频道《健康北京》栏目 2014 年 3 月 10 日播出了一个访谈节目，题目是《无处不在的隐患》，讲述了下面一个故事：

路女士不知道患上了什么怪病，折磨得她痛不欲生，已经十多年了，跑了许多大医院，就是查不出病因。到了 2013 年底，病情急剧恶化。咳喘憋气，呼吸极度困难。到医院就诊，检查后马上输液，打抗生素和激素后病情稍有好转，刚回到家，到了夜里十二点左右，呼吸又困难起来，喘得厉害，人都要不行了，赶快打 120 要急救车，再上医院抢救。就这样，白天看门诊，输液；晚上要急救车，抢救。20 多天来，天天如此，一天不拉。而且最近多种疾病集中爆发。刚吃完饭就头疼，疼得受不了，想撞墙；还经常胃疼，上吐下泻；浑身瘙痒；鼻子不通气，用嘴呼吸。看了呼吸科、消化科、神经内科、耳鼻喉科、皮肤科，连更年期方面的病都查了。CT 查了，各种片子都拍了，血呀尿呀都验了，全身各个部件都检查遍了，一切正常。但她 20 多天来，不吃不喝，滴水未进，靠输液维持生命，感到生不如死。有一次，她在急诊室待了两天两夜，强烈要求住院，急诊室的大夫说：查不出病来怎么收你呀？是呼吸科收你呀，还是消化科收你呀，还是神经内科收你呀，还是耳鼻喉科收你呀？

各科都不收，医院住不上，只好回家等死。

实在走投无路时，他们去了北京世纪坛医院。接诊的是主任医师王学艳，她看到路女士病情非常危重。王大夫详细看了路女士在各大医院检查的结果，立即断定路女士的疾病不是由炎症引起的。她是这么推理的：

如果是炎症引起的疾病，那么就可以用 CT、B 超、拍片、化验等手段检查出来

路女士的疾病用 CT、B 超、拍片、化验等手段都检查不出来

所以，路女士的疾病不是炎症引起的

这是充分条件假言推理的否定后件式，它的推理规则是：否定后件就要否定前件，即无后无前。这个推理符合规则，推出的结论是可信的。

王大夫断定路女士的病不是炎症引起的同时，又详细询问了路女士的病史。发现路女士在铺床叠被、打扫卫生以后喘得不行，憋气特别厉害，就推测她可能是过敏引起的疾病。王大夫的推测，实际上又包含着下面一个选言推理：

路女士的疾病可能是炎症引起的，也可能是过敏引起的

路女士的疾病不是炎症引起的

所以，路女士的疾病可能是过敏引起的

这是选言推理的否定肯定式，它的小前提否定了一个选言肢，结论肯定了另一个选言肢，符合推理规则，它的结论也是可靠的。

炎症引起的疾病，多是细菌、病毒感染引起的疾病；而过敏性疾病多是接触过敏源导致的疾病。不是前者，就可能是后者。有了这个基本推测，王大夫马上给路女士做过敏试验。通过试验发现，路女士对两种东西严重过敏：一种是葵花籽等食物；一种是螨虫。路女士总是喜欢大把大把吃葵花籽，之所以吃过东西就胃疼，就是过敏引起的胃缺氧造成的。她之所以白天输液病情缓解，夜里睡觉病情又急剧加重，就是因为被褥和枕头上有大量螨虫引起过敏造成的。其他诸多严重症状，如头疼，也都是过敏引起的缺氧造成的。病因找到后，王大夫首先让她脱离过敏源，不吃葵花籽等食物，注意消灭螨虫，吃药后两天症状就基本消除，使路女士喜出望外，脸上露出了久违的笑容。接着又给她进行脱敏治疗，过了一段时间就完全康复了。路女士对王大夫千恩万谢，说："你不但救了我，还救了我们全家。"（她丈夫跑前跑后，瘦了十多斤。）

笔者不禁要问：一个不太复杂的病，她大大小小跑了许多医院，历时十年，查遍了全身，怎么就找不到病因呢？而且查不出病因的，不只是一个医生，也不只是一个科室，也不只是一家医院；不是一天两天，也不是一个月两个月，而是十年之久。这难道不值得深思吗？而王学艳医生怎么两天就让她的疾病奇迹般地好转了呢？

这其中有一个重要原因，就是王大夫诊病时善于进行逻辑推理，而有些大夫不善于进行逻辑推理。其实，医生诊病的过程，就是逻辑推理的过程。医生诊病，既需要医疗方面的专业知识，也需要一定的逻辑推理方面的素养。有许多医生，只注意学习本专业的医疗知识，而忽略了学习一些逻辑知识，也不注意在实践中培养和提高逻辑分析能力，不太会推理，所以有些病就诊断不出来。

由此可以得出一个重要结论：医生必须要学习一定的逻辑知识，善于推理，才是一个称职的好医生。

第五节　下定义和概念方面的逻辑错误

上高中的小孙子正在复习物理课，我问他：什么是“力”？他说：“力是物体间的相互作用（物理教科书上的定义。——笔者注）。”我说：“这个定义太宽泛，是错的。”他说：“错在哪？”我说：“贾宝玉和林黛玉谈恋爱，他们彼此爱慕。人体也是物体，他们的感情作用也是相互的，这种作用能叫‘力’吗？”他说：“不能，可物理书上就是这么写的。”我说：“植物和土壤也是相互作用的。土壤为植物提供营养和水分，植物的繁殖又改变土壤的性状。它们之间的这种相互作用能叫‘力’吗？”他说：“也不能。那您给‘力’下个定义吧。”我说：“力是物体间的相互作用，它能使物体改变运动状态或者使物体发生形变，这种相互作用才叫‘力’。所谓改变运动状态，包括由静止到运动、或者由运动到静止、或者改变运动的速度和方向，这都是改变运动状态。物体发生形变，也同样是力作用的结果。”他想了想，说：“您下的定义比较明白，也比较准确，我赞成。”

其实我的物理知识很少，只知道一点儿一般常识。但我懂得给概念下定义的规则，给概念下定义有四条规则，其中一条就是“外延相称”的规则。所谓外延相称，是指下定义的概念的外延，与被定义概念的外延大小要相等。下定义概念的外延太大了，就犯“定义过宽”的逻辑错误，太小了就犯“定义过窄”的逻辑错误。物理教科书上的定义，很明显犯了“定义过宽”的逻辑错误。（在上例中，“力”是被定义概念，“物体间的相互作用”是下定义概念。见第三章第一节。）

我早已年过古稀，60 年前上中学时，物理教科书上关于“力”的定义，和现在一模一样，都犯“定义过宽”的错误。60 年过去了，我国经济总量已跃居世界第二，宇宙飞船和“天宫一号”早已上天，过去谁也没见过的手机现在几乎要泛滥成灾了，国家和社会发生了翻天覆地的变化，而物理教科书上这个小小逻辑错误，却大模大样地躺在那儿，至今没有人想动它，真是令人啼笑皆非。

60 多年来，经过那么多专家、学者、读者，教材的编写者换了多少拨儿，都没有提出这个问题。这说明什么问题呢？

这说明在许多高层次的物理专业人士中甚至在许多高层次的其他专业人士中，逻辑知识还不够普及。实际上只要具备一般的逻辑知识、掌握下定义的一般规则，这个小小的逻辑错误就完全可以避免。

但 60 多年之久，东西南北范围之大，编者读者人数之多，却发现不了这个小小的逻辑错误，真是不可思议。逻辑学是一门基础科学，人人应该学一点逻辑知识，懂一点逻辑知识，然而竟有这么多的人不了解它，不熟悉它，甚至高层次的专业人士也不了解它，这种怪现象真应该引起整个社会的深思。

如果再深问一句：逻辑知识在社会上为什么就这么不普及呢？

这和中、高等教育的课程设置有关。中学里不开设逻辑知识课，大学里只有很少专业开设逻辑课，甚至许多院校连逻辑选修课都不怎么开。不上大学，难听到逻辑课；进了大学依然很少听到逻辑课。而我们许多搞教育的和受教育的人，对这种现象都熟视无睹。

根据联合国教科文组织（1974）的学科分类，基础学科包括数学、逻辑学、天文学和天体物理学、地理科学和空间科学、物理学、化学、生命科学。所谓基础学科，就是说，没有这个基础，其他学科门类也很难发展起来。而且逻辑学是七大基础学科的第二位，充分说明了逻辑学的重要性。但我们的大、中学的课程设置如此忽视逻辑课，是非常令人不解的。似乎整个社会都觉得逻辑学可有可无，那么一些专业人士犯如此低级的逻辑错误并且过了半个多世纪都无人纠正，就不足为怪了。

上面这件事不应该发生，下面这件事更不应该发生。

在第十二届全国人民代表大会上，当安徽代表团审议“两高”的工作报告时，代表臧世凯发言说：最近我特别关注发生在不同地区审判的三个案件：第一个，受贿10万多元，被法院判了10年；第二个，受贿514万元，被判14年；第三个，受贿300多万元，也被判了10年。量刑如此不公，使我感到不可思议。（臧世凯是安徽省人大副主任，自然掌握这方面的第一手资料。）

第三个案例的受贿数额，是第一个案例受贿数额的30倍，但所判刑期都是10年。三个法院的判决差别如此之大，显失公平，却都有法律依据。

中华人民共和国刑法（2013年最新版）第三百八十三条第一款规定：个人贪污数额在十万元以上的，处十年以上有期徒刑或者无期徒刑，可以并处没收财产；情节特别严重的，处死刑，并处没收财产。

按照这款规定量刑，第一个案例受贿数额在10万元以上，当然可以判10年徒刑；第三个案例，受贿300万元，也在10万元以上，判10年也没有违背法律。受贿数额几乎相差30倍，都判10年徒刑合理吗？（刑法规定：受贿罪按贪污罪处罚。——笔者注。）

不合理，但合法。问题出在哪？

出在有关法律条文的规定太笼统。这款条文中，有两个模糊概念：一个是“个人贪污数额在十万元以上”这个概念，只有下限，没有上限，对贪污数额的界定不够明确具体。“处十年以上有期徒刑”也是一个模糊概念，也是只有下限，没有上限。对刑期、刑罚的界定都不够具体明确。有些概念，作为日常用语，字面含义很清楚；但是作为法律用语，在司法实践中就含混不清，这也叫概念模糊。

作为量刑标准的一些重要法律概念，只有下限，没有上限，是不妥当的。只有对受贿数额处于最高端的很少数犯人量刑时，才适合只定下限，不定上限。现在受贿十万、百万、千万元的犯人大有人在。受贿数额在十万元以上者，估计约占全部受贿犯人的一多半，只设下限，不设上限，怎么量刑？这意味着对一多半受贿罪量刑时，量刑标准都不够清晰，法官的自由裁量权幅度太大。法律概念模糊，法官的自由裁量权太大，执行中难免就会产生混乱。审判人员掌握不好，就会产生司法不公。

这说明什么？

这说明在高层次的法律人士中，更要学好逻辑学。特别是和立法、司法有关的人员，应该经过更严格的逻辑思维的训练，具备较深的专业的逻辑修养，才能更好地做好自己的工作。

第六节　社会乱象中隐藏的逻辑推理

各地报纸经常报道一些能够吸引人们眼球的社会新闻。笔者从中挑选了 4 条具有逻辑分析价值的新闻，并对其进行一些简要的逻辑分析。

不动脑子　害死自己

某地报纸登载了这样一条新闻：

有个中年男子，家住一栋高层建筑的 7 楼。一天出门，把钥匙锁在屋内，又急着回家。就跑到 8 楼，向楼上的大嫂借一条绳子，想拉着绳子下到自家晾台，回家取钥匙。楼上的大嫂说，这样做很危险。中年男子说，我身强力壮没问题。邻居大嫂说，我家只有这条绳子，你看行不行？男子接过绳子说“行”，就捆住暖器管道，拉着绳子慢慢往下行。谁知不一会儿，绳子咔嚓断了，只听“咚”的一声，中年男子摔死在楼下水泥地上。他的妻子赶回家后，悲痛欲绝，哭得昏死了过去。醒来后，一遍嚎啕大哭，一遍愤怒地质问邻居大嫂，为什么借给她丈夫绳子？事后，这位妻子把邻居大嫂告上法庭。法官认为，男事主负大部分责任，邻居大嫂负连带责任。经过调解，邻居大嫂补偿事主丧葬费等 1 万元。此后，两家好邻居就形同路人了。

为什么出现这样的悲剧？主要是男事主不动脑子。

从8楼吊着绳子回家取钥匙，是非常危险的。这种危险邻居大嫂也提醒过，但没有引起他的重视。你不是专业的高空作业人员，又没有任何保护措施，为什么就想不到这种冒险行为可能产生的后果呢？如果他能进行下面的简单的推理，他就不会这样做了。采取这种方式回家取钥匙：

如果稍有闪失，就可能被摔死

我有可能发生闪失

所以，我有可能被摔死

（这是充分条件假言推理的肯定前件式，其推理规则是：肯定前件就要肯定后件，即有前有后。见第六章第四节。）

这个推理太简单了，没有学过逻辑学的人，大部分都会进行这样的推理。

想到这样的后果，你还会去冒险吗！像这样简单的逻辑推理，人人都能想得到，但男事主想不到，这说明他的逻辑推理能力太差了。

为什么他的逻辑推理能力就这么差呢？

主要是因为他平常不爱动脑子想问题，没有养成良好的逻辑思维的习惯。你可以不专门去学逻辑学，但你不能没有良好的逻辑思维的习惯。不然，你就会做错很多事情，而有些错误是无法挽回的。当然，这种逻辑思维习惯不是天生的，而是靠日常生活中有意识地一点一滴地培养起来的。有些人，有思维惰性，大脑懒惯了，不爱想问题，自然就养不成良好的逻辑思维习惯。

一个人如果没有养成良好的逻辑思维的习惯，在具体的思维过程中，就会发生这样那样的错误。男事主是怎么想的呢？

他想：我身强力壮，不会发生问题。

他是这么推理的：

只要身强力壮，抓紧绳子就不会掉下去

我身强力壮

所以，我不会掉下去

（这是充分条件假言推理的肯定前件式，其推理规则是：肯定前件就要肯定后件，即有前有后。见第六章第四节。）

这个推理是错误的，虽然他没有违背充分条件假言推理的规则，但因为大前提是虚假的，所以结论也是不可靠的。掉下去的原因有两种：一种是抓不紧绳子掉下去；另一种是绳子断开掉下去。因为一条绳子，下面吊着很重的物体，是很容易被坚硬的砖石磨断的。他只知道第一种可能不太会发生，认为只要用力抓住绳子就不会掉下去，没有想到绳子断裂也会掉下去。结果他想错了，断送了自己的性命。

实际上，只要稍微细心一点的人，都会想到绳子断裂的可能性，并且能够进行下面的推理：

如果抓不住绳子掉下去，可能被摔死
如果绳子断开掉下去，也可能被摔死
或抓不住绳子掉下去，或绳子断开掉下去

所以，掉下去都可能被摔死

这是一个二难推理（见第六章第六节）。即使没有学过逻辑学的人，只要你动脑子，也应该能进行这样的推理。但遇到思想懒汉，也许想不到这一点。思想懒汉，懒于进行推理，也懒于作出判断。自己长着大脑，就是不肯用它思考问题。不用大脑思考问题的懒汉，比不用双手干活的懒汉更可气，更令人不能容忍。

当然，发生这件事，楼上大嫂也有一定的责任。请看下面的推理：

只要借给他绳子，就是为他的冒险行为提供条件
只要为他的冒险行为提供条件，那么就要对冒险行为产生的后果承担一定的责任

所以只要借给他绳子，就要为冒险行为产生的后果承担一定的责任

（这是一个充分条件纯假言推理的肯定前件式，其推理规则是：肯定“头”，就要肯定“尾”，即有头有尾。见第六章第四节。）

如果楼上大嫂能进行上面的推理，就肯定不会借给他绳子；如果不借给他绳子，这个悲剧也许就不会发生。正因为楼上大嫂也不善于进行逻辑推理，所以悲剧就发生了。

这个悲剧的发生，和两个当事人都不善于逻辑推理有关。

刚看到这条新闻，笔者以为这件事，在全国是绝无仅有的个例。后来上网一查大吃一惊，用类似方法回家取钥匙被摔死的事例，全国大概有十几起。我的心情格外沉重起来。一个人不善于进行逻辑推理，丢了一条性命；十多个人都不善于进行逻辑推理，丢了十多条性命。多么令人痛心啊！

血淋淋的事实告诉人们：不管你做什么工作，平常抽时间学点逻辑知识总没有坏处呀！

三个人的粗心，断送了一条命

2014 年 4 月 23 日《京华时报》A15 版登载了这样一条消息（记者　周鑫）：

修车后着急走司机误将修理工轧死。

事情的经过大体是这样的：

2013年10月26日凌晨，成鹏驾驶一辆十轮重型货车来到夏某开的汽车修理店，补车胎。夏某和徒弟易心一起把车胎补好后，易心负责把轮胎装回车上，夏某转身忙别的活去了。

成鹏因急着拉活儿，在装轮胎之前，就把补胎的钱付给了店主夏某。后来他看见徒弟易心把轮胎安装到车上了，就登上了自己的重型货车，匆匆忙忙发动汽车，马上就走。谁知徒弟易心这时正在货车下面取千斤顶，他听到汽车发动的声音，就高喊救命。发动汽车的声音，也惊动了店主夏某，夏某也急忙高喊“别开车”，可惜司机成鹏都没有听到，活活地把易心轧死在车下了。

这件事实在令人痛心。货车司机成鹏太粗心了。他自己也应该换过轮胎，也应该知道轮胎装到车上后，还需要钻到车下去取千斤顶。正因为他急着去拉活儿，所以把这个重要细节给忽略了。他的思维活动是：

如果轮胎装上了并且我也交了钱了，那么就可以开车走了
这两件事都做完了

所以，我可以开车走了

（这是充分条件假言推理的肯定前件式。其推理规则是：肯定前件必须肯定后件，即：有前有后。见第六章第四节。）

实际上他的推理是错误的。因为他推理的大前提是不正确的。他应该进行下面的推理：

只有看见取出千斤顶，才能发动汽车
他没有看见取出千斤顶

所以，不能发动汽车

（这是必要条件假言推理的否定前件式，其推理规则是：否定前件必须否定后件，即：无前无后。见第六章第四节。）

在工作和生活中，一些重要的细节是不能忽略的。而粗心人，常常忽略一些重要细节，因而造成推理和判断失误，以致酿成大祸。

货车司机忽略了取千斤顶这个重要细节，把修理工活活轧死了。那么，店主和徒弟易心是不是很细心呢？也不是。

从店主来说，他看见顾客急着走提前交了款，就应该提醒顾客装上轮胎先别走，等取出千斤顶再开车。因为急着走的顾客可能忽略取千斤顶这个细节，而店主绝对不应该忽略取千斤顶这个细节，因为他对补车胎的业务流程非常熟悉，他

清楚地知道装上轮胎还得取出千斤顶。如果他是个细心人，就会这样想：

如果顾客急着走，就可能忽略取千斤顶的事儿
如果顾客忽略取千斤顶的事儿，就可能会发生危险
如果可能发生危险，我就得告诉他取出千斤顶再开车

所以如果顾客急着走，我就得告诉他取出千斤顶再开车

（这是充分条件纯假言推理的肯定前件式，其推理规则是：肯定“头”就要肯定“尾”，即：有头有尾。见第六章第四节。）

他应该提醒，但他粗心了，没有提醒。

从徒弟易心来说，他也不够细心。如果他是细心人，就应该这样想：

如果顾客急着走提前交了款，那么他看见装上轮胎就会去开车
如果顾客看见装上轮胎就会去开车，那么我可能被轧到
如果我可能被轧到，就得提醒他取出千斤顶才能开车

所以如果顾客急着走提前交了款，那么我就得提醒他取出千斤顶才能开车

（这也是充分条件纯假言推理的肯定前件式。其推理规则是：肯定“头”就要肯定“尾”，即：有头有尾。见第六章第四节。）

不幸的是徒弟易心也没有提醒顾客。正因为三个人都粗心大意了，所以悲剧就发生了。

什么是粗心？就是忽略了不应该忽略的重要细节。一个人是否经过严格的逻辑思维的训练，是有很大差别的。经过训练的人，思维就会很严谨，就不会忽略重要细节。

形式逻辑专门有一节课，是研究科学分类的（见第三章第二节）。掌握了科学分类的方法，就会把日常生活中所有的细节分成两类：一类是重要细节；一类是无关紧要的细节。对前者必须高度重视，对后者完全可以忽略。有了这样的分类，你遇到重要细节，就会提高警惕，时刻提醒自己防范事故的发生，事故也就不会发生了。不懂科学分类的人，根本不去区分什么是重要细节、什么是无关紧要的细节，他们误认为所有细节都是无关紧要的，都不放在心上，常常误了大事。

什么是重要细节？

关乎人身安全、重大财产安全以及影响全局成败的细节等，都是重要细节。

他们三人，都忽略了重要细节。只要有一个人细心一些，把握住“取千斤顶”这个重要细节，哪怕多说一句话，这个悲剧就不会发生。这个悲剧的发生，再次告诉人们：无视逻辑知识的学习，付出了多么沉重的代价！

出歪点子　被行政拘留

2014 年 4 月 22 日《京华时报》A16 版（记者　杨凤临）登载了一条社会新闻：担心警方嫌案情太轻　快餐店丢盒饭谎称还丢了两万元。

4 月 9 日北京东直门某餐馆的送餐员吴韬，上楼送餐，回来后发现车筐里的 12 盒炒豆角不翼而飞。餐馆老板赵会很气愤，想报警又觉得案情太轻，怕警方不重视。就找来自己的弟弟赵坤、赵坤的女友汪敏，还有送餐员吴韬四个人商量如何谎报案情。

报警时餐馆老板赵会说，自己上楼去送餐，回来后看见车筐里 12 盒炒豆角和压在餐盒下面的 2 万元现金都丢失了。他说这 2 万元是汪敏刚与他结算的餐费。听了他的话，民警用电话向汪敏核实情况，汪敏证明，她确实给赵会结了 2 万元餐费。随后，民警带赵会到案发地点查看情况，调出该处的录像资料一看，是另一餐馆的送餐员陈明，偷走了 12 盒炒豆角，陈明自己也承认偷拿了 12 盒炒豆角，但坚持说车筐里根本没有 2 万元现金。

但赵会一口咬定他还丢失了 2 万元现金。他的弟弟赵坤，也站出来证明说，亲眼看见哥哥赵会从汪敏处结了 2 万元餐费。但监控录像显示，塑料袋被 12 盒炒菜撑得满满的，很难塞进厚厚一沓钞票。

4 月 10 日上午民警又调取另一段监控录像，发现到现场送餐的不是赵会，而是送餐员吴韬。民警由此开始对小老板赵会心生怀疑。民警又找吴韬到派出所核实情况，最后真相终于大白：赵会承认自己谎报案情；赵坤、汪敏、吴韬承认提供了虚假证言。后来，偷窃 12 盒炒豆角的陈明被行政拘留 5 天；谎报案情的赵会被行政拘留 7 天；提供虚假证言的赵坤、汪敏、吴韬也被行政拘留 5 天。

这件事近乎闹剧，闹剧的结局是，所有演员都受到了惩罚（被行政拘留）。闹剧的主角是餐馆的老板赵会。赵会与不爱动脑子的人不一样，他爱动脑子想问题，但他大脑一转，想出的是歪点子。为什么赵会想出的净是歪点子呢？

这有两个原因：

一是他进行了错误的推理。

赵会想出歪点子，也是经过一番推理的。不过他进行的不是正确的推理，而是错误的推理。他的错误推理有两个：

一个错误推理是：

只有谎报案情，才能受到警方的重视

要受到警方重视

所以，要谎报案情（说还丢了 2 万元）

（这是必要条件假言推理的肯定后件式。其推理规则是：肯定后件就要肯定前件，即：有后有前。他运用推理规则没错，但大前提错了。）

他很有想象力，把一二百元的失窃案，谎报成2万多元的失窃案，把案情扩大了二百多倍。

另一个错误的推理是：

如果没有证人证言，警方是不会采信的

要让警方相信

所以，需要提供周密策划的证人证言

（这是充分条件假言推理的否定后件式。其推理规则是：否定后件就要否定前件，即：无后无前。运用推理规则没错，但大前提错了。）

他知道警方办案是凭证据说话的。为了让警方相信他们谎报的案情是真实的，所以他又想出了提供虚假证人证言的歪点子。

总起来说，赵会根据两条错误的推理，想出了两条歪点子：一条是要谎报案情；另一条是提供虚假证言。

二是赵会不善于进行正确的逻辑推理。

赵会想出歪点子，一方面是因为他进行了错误的推理，另一方面是因为他不善于进行正确的逻辑推理。如果他善于进行正确的逻辑推理，他就会放弃自己的歪点子，或者根本就不想这些歪点子。下面两个逻辑推理都会阻止赵会去想歪点子：

一个正确的推理是：

说谎话总是要被揭穿的

谎报案情是说谎话

所以，谎报案情总是要被揭穿的

这是直言三段论推理的第一格，其推理规则是“大全称，小肯定”。前提正确，符合规则，这样推出的结论才是正确的。

另一个正确的推理是：

谎报案情和提供虚假证据是违法的（小前提）

违法是要负法律责任的（大前提）

所以，谎报案情和提供虚假证据是要负法律责任的

这也是直言三段论推理的第一格，不过这个推理把大前提摆在了下面，小前提摆在了上面，这并不违背推理规则，其结论也是正确的。

如果赵会能够进行上面两个正确推理，就会知道他的歪点子可能产生两种结果：谎报案情和提供虚假证言最终是会被揭穿的；被揭穿之后，他们是要负法律

责任的。如果事先他们能预见到这两种结果，他们还会这么做吗？即使脑子里产生了这些歪念头，经过思想斗争，也会放弃这些错误想法的。

一个人想问题，大多是进行推理和判断。而人想问题时，不是进行正确的推理，就是进行错误的推理。为什么有些人会进行正确的推理，有些人却会进行错误的推理呢？

推理是根据已知推出未知的思维过程。逻辑推理由三部分内容组成：一部分是前提，一部分是结论，另外还有推理方法。而演绎推理，又是从一般到个别的推理。它的大前提，常常是带有普遍性、规律性、一般共性的东西。演绎推理，正是根据带有普遍性、规律性、一般共性的东西，推出关于个别事物的个别结论。在日常生活中，许多人都会把一般性的、带有共同性的生活经验作为大前提进行推理。但不同的是：有的人用正确的生活经验做大前提进行推理（这样的前提是真实的）；有的人用错误的生活经验做大前提进行推理（这样的前提是虚假的）。一般来说，用正确的生活经验作为大前提进行推理，推导出来的结论，会形成正面的意见。以错误的生活经验作为大前提进行推理，推导出来的结论，会形成歪点子。

在日常生活中，每个人都会进行一些推理。而要进行推理，就必须有前提。而推理的前提，都是推理的人自己设定的。设定前提之后，再按照推理规则进行推理。但有的人设定的前提是真实的，有的人设定的前提是虚假的。所以，有的人的推理可能是正确的；有的人的推理可能是错误的。

所以，歪点子的出现，和错误推理有关。而要防止歪点子的出现，需要进行正确的逻辑推理。而要掌握正确的逻辑推理的方法，就要多学点逻辑知识。

不明人情事理　被打断肋骨

2014 年 4 月 21 日《京华时报》（记者　裴晓兰）登载了这样一条消息：男子在情人葬礼上坦白地下情　被情人丈夫和儿子打成重伤。

2013 年底，王女士因车祸去世。王女士生前所在公司老板卢某，与她有私情。在操办王女士的丧事时，老板卢某来到她家里，很痛心地对王女士的儿子张某说：“你母亲生前跟我挺好，她的衣服都是我给买的，我还给你妈买了个精美的玉佛，她也非常喜欢。希望你把玉佛放在她骨灰盒里，把衣服都烧了让她带走。毕竟我和你妈好过一场，你以后有什么事儿和我说一声，只要我能做的，我一定帮忙。”

张某知道母亲和卢某关系挺熟，两家经常来往，但他从没往这方面想过。张某把卢某的话说给了父亲，其父亲听后大怒。张某父亲翻出妻子生前的电话通信记录和短信详单，发现妻子与卢某通信频繁，更加相信他们是情人关系。

卢某表面上伪装得很好，背地里却勾搭人家的妻子和母亲，这使张氏父子非常愤恨。父子俩一直想找机会暴打卢某一顿。有一天，父子俩开车把卢某约了出来，把车开到了通州一个偏僻地方。父子俩下车后对卢某一通暴打，直到卢某失去了意识才离开。

晚上7点多卢某醒来，他报警时谎称自己摔倒受伤，让民警送他回家。次日到医院检查伤情：多根肋骨骨折、脑震荡、肺部感染等，需立刻手术。此时卢某才让家属报警说被人打伤，事后又告到了法院。法庭考虑到本案的特殊起因，认定张氏父子构成故意伤害罪，分别判处两人有期徒刑一年，缓刑一年。

这件事真是奇闻。

卢某在人家办丧事时，亲口把勾搭别人妻子的隐情告诉人家家人，究竟是出于什么心理：是为情所惑，丧失理智，情不自禁地吐露真言呢？还是以偷情为荣，得便宜卖乖，向弱者炫耀什么呢？

也许两者都不是。只是他既缺德，又缺心眼儿。下面三种推理，人人都会想得到，唯独卢某想不到：

1. 破坏别人家庭是会引起仇恨和报复的

如果破坏别人的家庭，那么是会引起人家的仇恨和报复的
卢某破坏别人的家庭

所以，卢某是会招致人家的仇恨和报复的

（这是充分条件假言推理的肯定前件式，其推理规则是：肯定前件就要肯定后件，即：有前有后。见第六章第四节。）

你勾搭人家的妻子，人家岂能与你善罢甘休！这是人人都知道的道理，偏偏卢某不知道。你与人家的妻子通奸，人家感到奇耻大辱，你还亲口告诉人家家人，生怕人家不知道，你如此不通人情事理，打断肋骨活该！

2. 伪装成朋友对人家妻子下手，会使人家加倍痛恨

卢某与张家关系挺熟，经常来往。卢某在经济上也帮助过张家，张家也会心存感激。卢某表面和张家做朋友，暗地里却与人家妻子勾搭成奸。在晚辈看来，他是大伯，可正是这个混蛋“大伯”，糟蹋他的妈妈。在他父亲看来，卢某是朋友，可正是这个看来不错的朋友，从背后狠狠戳他一刀。在这种情况下，一旦事情败露，心中的怒火是压制不住的。下面这个推理，用大脚拇指思考一下，都应该想得到：

如果伪装成人家的朋友对人家做坏事，引起的仇恨会更深一层
卢某伪装成朋友对人家妻子下手

所以，张家会加倍痛恨他

（这是充分条件假言推理的肯定前件式，其推理规则是：肯定前件就要肯定后件，即：有前有后。见第六章第四节。）

3. 在葬礼上受到羞辱更容易情绪失控

卢某选择在情人的葬礼上，把偷情的丑事，告诉人家家人，他愚蠢的程度简直登峰造极、无以复加了。

葬礼是亲人与逝者最后诀别的时刻，往往撕心裂肺，痛苦不堪。这时候如果受到不良刺激，最容易情绪失控。当卢某把偷情的丑事告诉人家家人的时候，丈夫会感到卢某的不义、妻子的不忠；儿子会感到卢某的缺德、母亲的不良，爱恨交加，无以名状，然后把满腔怒火都撒在卢某一人身上，一定会作出过激行为。卢某再傻，也应该想到下面这个问题：

如果张氏父子在亲人葬礼上受到羞辱，就最容易情绪失控
如果情绪失控，就容易作出过激行为
如果作出过激行为，他就会受到攻击

所以，如果张氏父子在亲人的葬礼上受到卢某羞辱，卢某就可能遭到攻击

（这是充分条件纯假言推理的肯定前件式，其推理规则是：肯定“头”就要肯定“尾”，即：有头有尾。见第六章第四节。）

卢某如果长了大脑，他就应该想到上面这个问题将会发生，但他没有长脑子，明摆着会发生的事，他都预见不到。当他被打断几根肋骨又醒来之后，他最先感到的是浑身的疼痛呢，还是自己出类拔萃的愚蠢呢？

本来随着张家妻子的去世，这段丑闻从此无人知晓，两家相安无事，可以各过各的日子了。谁知卢某偏偏要把这件丑事捅出来，非让人家打个半死才算心满意足。

我只知道：卢某在被痛打之前，把一些重要的逻辑推理都忘到了脑后；但我不知道：当他被打断肋骨之后，会不会长点记性，记住偷情会种下什么孽果，也记住这次不懂逻辑推理尝到了什么苦头！

附　录

附录一　逻辑规则和逻辑规律

形式逻辑教材的逻辑规则和逻辑规律散见于各章各节，内容繁多，文字表述也比较完备严谨，但不便于记忆和掌握全貌。为解决这个问题，附录一对全书几乎所有的逻辑规则和逻辑规律进行了必要的梳理和适当的简化，列表归纳如下，以期对读者有所帮助。

关于概念的逻辑规则

一、关于使用概念的逻辑规则

使用概念总的逻辑要求是：概念要明白准确，否则易犯

- 概念模糊
- 概念混淆
- 概念歧义
- 概念赘余

等错误

1. 使用同一概念应遵守的逻辑规则
   - (1) 不得滥用同一概念造成语义重复
   - (2) 不得把非同一概念当成同一概念使用
   - (3) 不得把同一概念当成非同一概念使用
2. 使用属种概念应遵守的逻辑规则
   - (1) 属种概念一般不能并列使用，否则犯“并列不当”的逻辑错误。但有四种特例可以变通
     - 限制并列
     - 递进并列
     - 强调并列
     - 比照并列
   - (2) 非包含关系不得作属种关系，否则犯“误作属种”的逻辑错误
3. 使用交叉概念应遵守的逻辑规则
   - 交叉概念一般不能并列使用，但
   - 有三种情况可以变通
     - (1) 相容的并列关系
     - (2) 特定并列
     - (3) 强调并列
4. 使用矛盾概念应遵守的逻辑规则
   - (1) 使用矛盾概念构成的反义词组作判断时不能顾此失彼
   - (2) 反对概念不得当作矛盾概念使用
5. 使用反对概念应遵守的逻辑规则
   - (1) 使用反对概念构成的反义词组作判断时不能顾此失彼
   - (2) 矛盾概念不得当作反对概念使用
6. 逻辑并列的规则
   - (1) 属种不当并列
   - (2) 交叉不当并列
   - (3) 整分不当并列
   - (4) 不能跨类并列
   - (5) 注意并列顺序

二、关于明确概念的逻辑规则

1. 下定义的规则
   - （1）外延相称，否则犯{定义过宽/定义过窄}的错误
   - （2）不得循环，否则犯循环定义的错误
   - （3）不得含混，否则犯{定义模糊不清/以比喻代定义}的错误
   - （4）不宜否定（给正概念下定义）
2. 划分的规则
   - （1）外延相称，否则犯{多出子项/遗漏子项}的错误
   - （2）子项排斥，否则犯子项重叠的错误
   - （3）标准统一，否则犯标准混乱的错误
   - （4）逐级划分，否则犯越级划分的错误
3. 概念限制的规则
   - （1）限制后的概念与限制前的概念有种属关系
   - （2）单独概念不能进行逻辑限制
4. 概念概括的规则
   - （1）不得进行非属种概括
   - （2）防止概括失度

关于判断的逻辑规则

一、直言判断的逻辑规则

1. 直言判断周延问题的逻辑规则
   - （1）区分主项是否周延看量项
   - （2）区分谓项是否周延看联项
2. 直言判断对当关系的逻辑规则
   - （1）反对关系（A 与 E）
     特点：不可同真可同假
     推理方向：顺向推——由真推假
   - （2）下反对关系（I 与 O）
     特点：不可同假可同真
     推理方向：反向推——由假推真
   - （3）矛盾关系（A 与 O、E 与 I）
     特点：既不可同真也不可同假
     推理方向：双向推{由真推假/由假推真}

- (4) 从属关系（A 与 I、E 与 O）
  - 特点：既可同真也可同假
  - 推理方向：往下推——由真推真
  - 往上推——由假推假
- (5) 除此之外，真假不定

二、复合判断真假值的逻辑规则

1. 假言判断真假值的规则
   - (1) 充分条件假言判断真假值的规则
     - 1) 在“前件真后件假”的情况下，该假言判断是假的
     - 2) 在其他情况下，都可能是真的
   - (2) 必要条件假言判断真假值的规则
     - 1) 在“前件假后件真”的情况下，该假言判断是假的
     - 2) 在其他情况下都可能是真的
   - (3) 充要条件假言判断真假值的规则
     - 1) 前后件真假值不同时，该假言判断是假的
     - 2) 前后件真假值相同时，该假言判断是真的

2. 选言判断真假值的规则

   所有选言肢假，则该选言判断假

3. 联言判断真假值的规则

   有一个联言肢假，则该联言判断假

4. 负判断真假值的规则

   负判断与它的肢判断是矛盾关系
   - 肢判断真则负判断假
   - 肢判断假则负判断真

   反之亦然

三、负判断等值的逻辑规则

1. 直言判断的负判断（不含单称判断）
   - A 判断的负判断等值于 O
   - O 判断的负判断等值于 A
   - E 判断的负判断等值于 I
   - I 判断的负判断等值于 E

2. 复合判断的负判断：

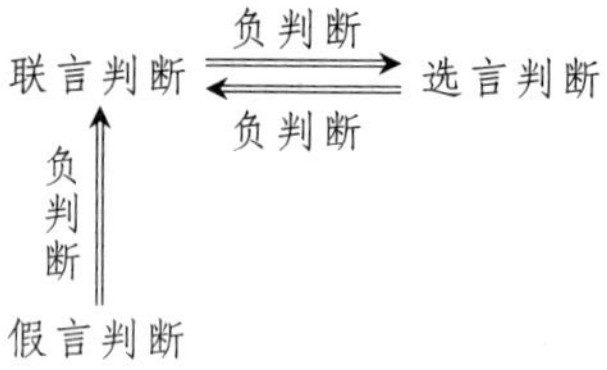

以上图表的含义是：联言判断的负判断等值于相应的选言判断；选言判断的负判断等值于相应的联言判断；假言判断的负判断等值于相应的联言判断。

四、模态判断等值的逻辑规则

必然 P←→不可能非 P

必然非 P←→不可能 P

可能 P←→不必然非 P

可能非 P←→不必然 P

关于推理的逻辑规则

推理的一般逻辑要求：

(1) 前提真实

(2) 推理形式正确

一、直言三段论的规则

1. 直言三段论总的规则：

(1)只能有三个不同概念，否则易犯“四概念”的错误

(2)中项至少周延一次，否则犯“中项不周延”的错误

(3)在前提中不周延的概念在结论中也不得周延，否则犯“大项不当周延”或“小项不当周延”的错误

(4)两否推不出

(5)一否推一否

(6)两特推不出

(7)一特推一特

2. 直言三段论前三格的规则

	第二格	第三格
第一格	大全称	小肯定
	有一否	推特称

二、假言推理的规则

1. 充分条件假言推理的规则

	两种正确的推理形式	推理规则
充分条件假言推理	肯定前件式	有前有后
	否定后件式	无后无前

2. 必要条件假言推理的规则

	两种正确的推理形式	推理规则
必要条件假言推理	否定前件式	无前无后
	肯定后件式	有后有前

3. 充要条件假言推理的规则

	四种正确的推理形式	推理规则
充要条件假言推理	肯定前件式 否定前件式	有前有后 无前无后
	肯定后件式 否定后件式	有后有前 无后无前

三、选言推理的规则

1. 不相容的选言推理的规则

(1) 肯定否定式：肯定一个，否定其他

(2) 否定肯定式：用逐个排除法

剩一个未被排除的，结论是直言肯定判断

剩两个未被排除的，结论是二肢选言判断

剩三个未被排除的，结论是三肢选言判断

……

2. 相容的选言推理规则

否定肯定式：用逐个排除法
- 剩一个未被排除的，结论是直言肯定判断
- 剩两个未被排除的，结论是二肢选言判断
- 剩三个未被排除的，结论是三肢选言判断
- ……

四、二难推理的规则

二难推理有四种形式，第四种形式实践意义不大，可以忽略不记；前三种形式，可以用记住“典型个例”的办法记住其推理规则。

1. 简单构成式的规则，可以记住“进退两难”这个个例：

如进则难，如不进也难

或进或不进

———————————

所以，总之是难

2. 简单破斥式的规则，可以记住“正方形”这个个例：

如是正方形则四边相等

如是正方形则四角相等

四边不相等或四角不相等

———————————

所以，总之不是正方形

3. 复杂构成式的规则，可以记住“坦白从宽，抗拒从严”这个个例：

如坦白则从宽，如抗拒则从严

或坦白或抗拒

———————————

所以，或从宽或从严

五、联言推理的规则

1. 合成式的规则：由各个联言肢的真推出整个联言判断的真

2. 分解式的规则：由联言判断的真推出各个联言肢的真

六、归纳推理的规则

1. 完全归纳推理的规则
- （1）考察必须穷尽
- （2）每个前提必须真实

2. 简单枚举归纳推理的规则
- (1)不断重复
- (2)无一相反

提高结论可靠性的办法
- (1)考察对象越多越可靠
- (2)考察范围分布越广越可靠
- (3)注意有无相反事例发生

否则易犯“轻率概括”的错误

七、类比推理的规则

类比推理的方法
- (1)在比较的基础上找出类比对象的共有属性
- (2)找出其中一对象的另有属性
- (3)推测其中另一对象也具有另有属性

提高结论可靠性的办法
- (1)类比对象的共同属性越多越可靠
- (2)共同点应是二者的本质属性
- (3)注意研究二者的重要差异

否则易犯“机械类比”的错误

关于论证的逻辑规则

一、关于论题的规则

1. 论题必须明确，否则犯“论旨不清”的逻辑错误。
2. 论题必须同一，否则犯{转移论题、偷换论题}的逻辑错误。

二、关于论据的规则

1. 论据必须真实，否则犯“论据虚假”的逻辑错误。
2. 论据的真实性必须已被证实，否则犯“预期理由”的逻辑错误。
3. 论据的真实性不能靠论题来证明，否则犯“循环论证”的逻辑错误。

三、关于论证方法的规则

论证中的推理必须合乎推理规则，否则犯“推不出”的逻辑错误。

逻辑规律

一、同一律

1. 基本内容：在同一个思维过程中，同一概念或同一判断必须保持自身确定的内容（即同一性），不能任意改变。

2. 公式：A 是 A。

3. 对思维和语言交流的逻辑要求
   - （1）保持概念的同一性
   - （2）保持判断的同一性
   - （3）保持论题的同一性

4. 违背同一律常犯的逻辑错误
   - 偷换概念
   - 混淆概念
   - 偷换论题
   - 转移论题

二、矛盾律

1. 基本内容：在同一个思维过程中，两个互相反对和互相矛盾的思想不能同时都是真的。

2. 公式：A 不是非 A。

3. 对思维和语言交流的逻辑要求：不能自相矛盾。

4. 违背矛盾律常犯的逻辑错误：自相矛盾。

三、排中律

1. 基本内容：在同一个思维过程中，对两个互相矛盾的判断不能同时加以否定，必须肯定其中有一个是真的。

2. 公式：要么 A 要么非 A。

3. 逻辑要求：保持思维和表达的明确性。

4. 违背排中律常犯的逻辑错误
   - “两不可”的错误
   - “未置可否”的错误
     - 回避表态
     - 用语含糊

四、充足理由律

1. 基本内容：要确定某个判断为真，必须有充足的理由。

2. 公式：A 真是因为 B 真，并且由 B 能推出 A。

3. 逻辑要求：保持思维有论证性。

4. 违背充足理由律常犯的逻辑错误
   - 有论无据
   - 理由虚假
   - 推不出

附录二 部分习题参考答案

《实用逻辑教程》的所有习题难度都不大，可以说没有难题和偏题。但对初学者，特别是自学者来讲，有些习题仍需要给以指导和帮助。附录二中列有部分练习题的参考答案，供初学者参考。

第六章第三节
练习题三参考答案

解题

根据（1）和（2）可知，安妮强于爱娃；

根据（3）可知，琳娜强于安妮；

根据以上推理可知：琳娜强于安妮、安妮强于爱娃。爱娃最弱。

根据（1）可知，伊莲与最弱的爱娃为一方，能与另一方战平，说明伊莲最强。

因此可知：伊莲强于琳娜、琳娜强于安妮、安妮强于爱娃。

第六章第四节
练习题六参考答案

解题

根据 1、3、4 可作如下推理：

如果黛布和伊芙属于不同年龄段，那么其中有一人与爱达、茜德年龄段相同；

如果爱达、茜德等三人属于同一年龄段，那么爱达、茜德就在 30 岁以下；

如果爱达、茜德年龄在 30 岁以下，那么就不是弗里曼的未婚妻。

根据 2、5、6 可作如下的推理：

如果茜德与黛布的职业不同，那么其中有一人的职业与比莉、伊芙相同；

如果比莉、伊芙等三人职业相同，那么比莉与伊芙就是秘书；

如果比莉与伊芙是秘书，那么就不是弗里曼的未婚妻。

从以上推理可知：弗里曼的未婚妻是黛布。

第六章第四节
练习题七参考答案

解题

解开这道难题的关键是：如何留下最后1枚棋子，让对方拿。

一、如何留下最后1枚棋子?

棋子共有25枚，剩下1枚还有24枚。24是4的6倍。

两人轮流拿棋子，如果轮流一次能拿出4枚，轮流6次就能剩下最后1枚。

二、如何做到轮流一次能拿出4枚?

按照规则：每人一次最少拿1枚，最多拿3枚。张将军可以让李将军先拿，然后根据李将军拿的多少，再决定自己拿的数目，张将军每一次都把两人拿的总数凑足4枚。两人轮流1次拿出4枚；轮流6次，盒中就只剩下最后1枚棋子了。

因为是李将军先拿，他还要拿第7次，这最后1枚棋子当然就是他的了。

从表面看，解开此题与假言推理没有多大关系。实际上，提出解题的思路和假言推理关系很密切。你可能这么思考：

如果轮流一次能拿出4枚，那么轮流6次就能拿出24枚
如果轮流6次能拿出24枚，那么盒中就剩下最后1枚了
张将军可以使轮流一次拿出4枚

所以张将军可以使盒中剩下最后1枚棋子

如果让李将军先拿，那么他就要拿第7次
如果他拿第7次，那么最后1枚棋子就是他的了
张将军让李将军先拿

所以最后1枚棋子就是李将军的了

第六章第四节
练习题八参考答案

解题

一、先把文字整理一下

科恩说："不是园丁，也不是厨娘。"

詹姆斯说："不是园丁，而是管家。"

乔森说："是园丁，不是管家。"

詹姆斯的话与乔森的话完全相反，你如果全对，我就全错；你如果全错，我就全对。

二、先假定詹姆斯说的全对

如詹姆斯说的全对，则乔森说的全错

如詹姆斯说的全对，则偷钻石的是管家

如偷钻石的是管家，则科恩说的也全对

如詹姆斯说的全对，则科恩说的也全对

两个人全对，这与题意有矛盾，所以这种假设是错误的。

三、再假定乔森说的全对

如乔森说的全对，则詹姆斯说的全错；

如乔森说的全对，则偷钻石的是园丁；

如偷钻石的是园丁，则科恩说的一对一错。

根据这种假设推出的结果，与题意完全相符。所以这种假设是正确的。即：钻石是园丁偷的。

第六章第四节
练习题九参考答案

刑警张燕断定陌生男子不是住在宾馆的客人而是小偷，主要有三点理由：

1. 客人回自己的房间是不会敲门的。推理过程是：

如果是宾馆的客人，那么回自己的房间是不会敲门的

陌生男子先敲门后推门

所以，他不是住在那个房间的客人

2. 陌生男子不是走错了房间。推理过程是：

如果他真是走错了房间，那么他住的房间应该离 310 房间很近

他走进了走廊另一头的房间，离 310 房间很远

所以，他不是走错了房间

3. 不是无意走错门，就是有意进房偷东西。推理过程是：

陌生男子或是无意走错门，或是有意进房偷东西

他不是无意走错门

所以，他是有意进房偷东西

第六章第四节
练习题十参考答案

这是发生在天津市郊区的一个真实的刑事案件。主持侦破此案的是被誉为“津门神探”的天津市公安局刑侦处长贾三立同志。经过现场勘察，在案情分析会上，贾三立讲了几点意见，明确了主攻方向，成为指导侦破此案的关键。

1. 凶手是个农民

贾三立断言，凶手百分之百是个农民。他认定凶手是个农民，主要不是根据凶器是三齿钉耙，因为在城乡结合部，谁都有可能接触钉耙这种农具。他认定凶手是农民，主要是根据凶手作案后逃走在麦地里留下的足迹。他逃走时在麦地里走了二里多远，脚印都在垄背上，不在垄沟里，也就是说没有踩坏一垄麦苗。只有从小在农村长大而且长期务农的农民才会严格养成不踩庄稼苗的职业习惯。贾三立运用的是必要条件假言推理的肯定后件式：

只有长期务农的农民，才能严格养成不踩庄稼苗的职业习惯
凶手具有严格不踩庄稼苗的职业习惯

所以，凶手是长期务农的农民

2. 凶手下手如此凶狠，很可能有犯罪前科

凶手不像其他袭击青年恋人的案件，把男方赶跑或打晕，然后对女方实施强奸，而是一钉耙把男方打得“头颅破裂，濒于死亡”，接着对女方实施强奸。他下手如此凶狠，没有任何初次作案的犹豫和胆怯，很可能有犯罪前科。这个推理是充分条件假言推理的否定后件式：

凶手如果是初次作案，那么他会有不同程度的犹豫和胆怯
他下手如此凶狠，没有任何犹豫和胆怯

所以，凶手不是初次作案

凶手既然不是初次作案，那么他很可能有犯罪前科。

3. 凶手住在附近某个村庄

凶手作案时，没有携带任何交通工具，他不可能扛着钉耙走很远的路来此处作案，所以凶手住处离案发地不会太远。这个推理是充分条件假言推理的否定后

件式：

如果凶手住在远处，那么他需要扛着钉耙徒步走很远来作案
凶手不可能扛着钉耙徒步远行作案

所以，他不可能住在远处

根据这三点分析，贾三立处长认为，凶手很可能是住在附近几个村庄的有犯罪前科的农民。这就指出了案件侦破的主攻方向。实际上这个范围很小。刑侦人员集中力量在这个范围内重点排查，很快就在天津西郊小韩庄抓到了凶手。凶手果然有犯罪前科，是附近村庄的农民。

第六章第五节
练习题四参考答案

解开这道题的关键是选准突破口。在赵、钱、孙、李、周、吴六位运动员中，有三个已知条件都和孙有关，这说明已知条件对孙的断定最多。所以解此题先从孙入手。

根据(1)，孙不是4、5、6号；
根据(2)，孙不是1号；
根据(3)，孙不是2号；
所以孙是3号。

第六章第五节
练习题六参考答案

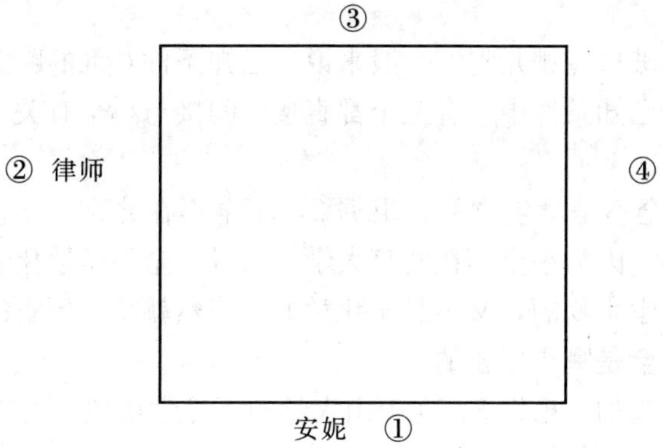

解题

一、根据题意可知，演员不可能坐在③的位置上，也不可能坐在②的位置上，只可能坐在①或者④的位置上；

二、假设演员坐在①的位置上，那么对面③的位置就应该是乔治；如果③的位置坐的是乔治，那么琳达与蒂姆就无法相邻而坐；这与题意不符。所以演员不应该坐在①的位置上，而应该坐在④的位置上。

三、既然演员坐的是④的位置，那么演员对面的律师就是乔治，即②的位置上是乔治，①的位置上是安妮（她坐在演员的左边）；那么琳达和蒂姆可以在③和④位置上相邻而坐；可是，琳达究竟坐的位置是③还是④呢？

四、如果琳达坐在③的位置上，那么她不是坐在牙医的左边，而是坐在律师的左边，这与题意不合。所以琳达不能坐在③的位置上，只能坐在④的位置上。即：蒂姆坐在③的位置上、琳达坐在④的位置上（琳达是演员）。

五、蒂姆坐在③的位置上，有一位女士（演员琳达）坐在牙医的左边，蒂姆是牙医。

总的说：乔治是律师、琳达是演员、蒂姆是牙医。

所以说安妮是警察。

第六章第五节
练习题七参考答案

解题

一、先寻找突破口

解难题就像攻城一样，应先寻找突破口。选对了突破口，问题就会迎刃而解。

这道题的突破口在哪儿呢？一般来说，已知条件对谁的断定最多，就选谁做突破口。在五个已知条件中，有三个都直接、间接与小全有关，所以解开此题应从小全入手。

根据 5，小全不是学生物的。根据 2，小全不在北京大学。根据 4，在北京大学的是学化学。因为小全不在北京大学，所以小全不是学化学的。

小全既不是学生物的，又不是学化学的，当然就是学历史的。

二、找出小全是哪个学校的

小全是学历史的。根据 3，在中山大学的不是学历史。所以小全考上的不是中山大学。根据 2，小全不在北京大学。

小全既不在中山大学，又不在北京大学，所以他考上的是复旦大学。

三、推出小刘和小胡考取的学校和专业（略）

第九章第二节
练习题四参考答案

解答这道习题，需要经过三个步骤：

一、变通已知条件

在已知条件中，每个人都说："在我们十人中只有×人讲假话。"根据讲假话的人数，可以推出讲真话的人数。

据此，原已知条件经过整理，可以变通为下列内容：

赵：我们十人中有九人讲真话。

钱：我们十人中有八人讲真话。

孙：我们十人中有七人讲真话。

李：我们十人中有六人讲真话。

周：我们十人中有五人讲真话。

吴：我们十人中有四人讲真话。

郑：我们十人中有三人讲真话。

王：我们十人中有二人讲真话。

冯：我们十人中有一人讲真话。

陈：我们十人都讲真话。

二、逐个分析真假

先分析赵讲的话。赵说：十人中有九人讲真话，九个人对讲真话的人数又有九种不同判断（即有九种不同答案）。对同一个问题，有九种互相反对的答案，当然不可能同时都是真的。矛盾律告诉我们：两个互相反对的判断不能同真。那么九个互相反对的判断，更不可能同时都是真的。赵断定了九个互相反对的判断都是真的，所以赵的话是错误的，因而赵说的是假话。

同理：钱断定了八个互相反对的判断同时为真，所以钱的话也是错误的，因而钱说的也是假话。

……

由此可知，赵、钱、孙、李、周、吴、郑、王、陈九人讲的都是假话。

三、找出讲真话者

已知条件还告诉我们：他们十人不都是说谎者，即十人中有讲真话者。讲真话者不是赵、不是钱、不是孙、不是李、不是周、不是吴、不是郑、不是王、不是陈，那么肯定是冯了。

本题主要是让初学者掌握两点：(1) 什么是互相反对的判断；(2) 互相反对的判断不能同时为真。

第九章第三节
练习题六参考答案

在《立论》中，鲁迅从社会生活中发生的一个极端事例引申开来，借题发挥，辛辣地讽刺既不愿讲真话又不愿讲假话，在是非面前明哲保身、含糊其辞、未置可否的处世哲学。

学生听了老师讲的“讲真话遭到毒打，讲假话受到善待”的故事，产生了既不想讲真话遭受痛苦，又不想讲假话落下恶名的想法。为了“两全其美”，他要追求一种既不讲真话又不讲假话的人生目标。然而，这一目标实际上是无法达到的。因为“我要讲真话”和“我要讲假话”，是一对互相矛盾的判断，对两个互相矛盾的判断不能同时加以否定，二者必居其一，否则就违反排中律，犯“两不可”的逻辑错误。正因为学生的想法是违背思维规律的，所以他追求的目标是无法实现的。

但是，当学生向老师请教如何才能既不讲真话挨打、又不讲假话骗人时，老师的回答真是妙语惊人。老师说：“那么，你得说：‘啊呀！这孩子呵！您瞧！多么……啊唷！哈哈！Hehe！he，hehehehe！’”

回答太典型太精彩了。老师教给学生的锦囊妙计无非是“含糊其辞、不置可否”八个字。而未置可否正是违背排中律常犯的第二种逻辑错误。学生犯“两不可”的逻辑错误；老师犯“未置可否”的逻辑错误。师生二人把违背排中律常犯的两种逻辑错误占全了。

一篇短文，二百来字，形象深刻地勾勒出两个违背排中律的典型人物。真不愧是杂文高手，一代文豪！

第十章第四节
练习题五参考答案

县官收了金店老板两锭金子，给人家退回去一锭，白白占了人家一锭金子的便宜，还把人家轰出了县衙。县官这么做还“理直气壮”，他讲了一套歪理，说：

"谁说我没给你钱！你按半价卖给我，一锭金子应收1 000元，我刚才买了两锭金子应收2 000元。我递给你的这锭金子正好值2 000元，你拿走不是收了我的钱么!"这话很迷惑人。乍一听，好像有几分道理。仔细一想，又觉得是歪理，但又说不出这话错在哪儿。这就是诡辩的欺骗性。那么，县官的诡辩当中究竟包含什么逻辑错误呢?

县官非常巧妙地偷换了"买"这个概念，他利用"付款"的机会把"买金锭"的行为偷换成"卖金锭"的行为。他说："我刚才买了两锭金子应收2 000元，我递给你的这锭金子正好值2 000元，你拿走不是收了我的钱么!"从表面看，这是"付款"，实际上这是县官把刚才按半价买的金锭又按全价卖给了金店老板。县官的高明之处在于：他由买方变成了卖方，却让人丝毫觉察不出来。

实际上在县官买金锭的过程中，进行了两次交易：

第一次交易是明的：县官是买方，金店老板是卖方。交易价格是市价的一半，每锭金子1 000元。

第二次交易是暗的：县官是卖方，金店老板是买方。这次交易不是按半价进行的，而是按市价进行的（即2 000元一锭）。县官按半价买进，按全价卖出，当然就"赚"了。两次交易下来，金店老板白赔了一锭金子，还让人家轰出县衙。精明的生意人被狡猾的县官骗了，可笑！可笑!

第十章第四节
练习题六参考答案

诡辩是一种错误的论证。通过这种错误的"论证"把本来错误的东西说成是正确的，或者把本来正确的东西说成是错误的。诡辩的欺骗性在于：它也有自己的"论点"、"论据"和"论证方式"。请看这个医生是怎么进行诡辩的：

诡辩的论点：你不应该责怪我。

诡辩的论据：你的孩子退烧了。

他的论证过程包含下面两个假言推理：

（1）　只要孩子高烧的体温减退了，就是退烧了
　　　你的孩子高烧减退了（浑身冰凉）
　　　————————————————
　　　所以，你的孩子退烧了

（2）　只要你的孩子退烧了，你就不应该责怪我
　　　你的孩子已经退烧了
　　　————————————————
　　　所以，你不应该责怪我

任何诡辩都包含有逻辑错误，那么医生的上述诡辩都包含有哪些逻辑错误呢？

首先，医生偷换了“退烧”这个概念。医学上所说的“退烧”，是指把高烧的体温降低到正常体温。而这个医生所说的“退烧”只是把高烧的体温降下来，不管降到多么低都叫“退烧”。他改变了“退烧”这个概念的内涵和外延。

其次，他的论据是虚假的。因为孩子是死亡，不是退烧。

最后，他的推理也是错误的。第一个假言推理，大前提是错误的，所以它的结论也是错误的；第二个假言推理，小前提是虚假的，因而结论也是错误的。

图书在版编目（CIP）数据

实用逻辑教程/张绵厘编著．—5 版．—北京：中国人民大学出版社，2015.5
21 世纪哲学系列教材
ISBN 978-7-300-21245-6

Ⅰ.①实… Ⅱ.①张… Ⅲ.①逻辑-高等学校-教材 Ⅳ.①B81

中国版本图书馆 CIP 数据核字（2015）第 097954 号

21 世纪哲学系列教材
实用逻辑教程（第 5 版）
张绵厘　编著
Shiyong Luoji Jiaocheng

出版发行	中国人民大学出版社		
社　　址	北京中关村大街 31 号	**邮政编码**	100080
电　　话	010－62511242（总编室）		010－62511770（质管部）
	010－82501766（邮购部）		010－62514148（门市部）
	010－62515195（发行公司）		010－62515275（盗版举报）
网　　址	http：//www.crup.com.cn		
经　　销	新华书店		
印　　刷	唐山玺诚印务有限公司	**版　　次**	1993 年 10 月第 1 版
规　　格	720 mm×1000 mm　1/16		2015 年 5 月第 5 版
印　　张	24.75	**印　　次**	2023 年 8 月第 7 次印刷
字　　数	441 000	**定　　价**	49.80 元